江西财经大学会计系列教材

成本会计

李金泉　郭小金　张绪军　编著

中国财政经济出版社

图书在版编目（CIP）数据

成本会计/李金泉，郭小金，张绪军编著．—北京：中国财政经济出版社，2007.2

（江西财经大学会计系列教材）

ISBN 978-7-5005-9682-0

Ⅰ．成…　Ⅱ．①李…②郭…③张…　Ⅲ．成本会计-高等学校-教材　Ⅳ．F234.2

中国版本图书馆 CIP 数据核字（2007）第 018166 号

中国财政经济出版社 出版

URL：http：//ckfz.cfeph.cn

E-mail：ckfz@cfeph.cn

社址：北京市海淀区阜成路甲 28 号　邮政编码：100036

发行处电话：88190406　财经书店电话：64033436

北京富生印刷厂印刷　各地新华书店经销

850×1168 毫米　32 开　18.5 印张　439 000 字

2007 年 2 月第 1 版　2010 年 7 月北京第 4 次印刷

印数：11 081—13 090　定价：37.00 元

ISBN 978—7—5005—9682—0/F·8407

（图书出现印装问题，本社负责调换）

江西财经大学会计系列教材
编　委　会

序

人类进入了21世纪，世界经济日益走向全球化，我国加入了世界贸易组织（WTO），我国社会主义经济建设更加快速发展，举世瞩目。在新世纪、新经济、新环境中，在国际上，为了适应全球贸易经济和全球资本市场发展的需要，1973年创立的国际会计准则委员会（IASC）改组为国际会计准则理事会（IASB），促使全球的会计准则不断走向高质量，进一步提高了企业财务报告的透明度、可比性和充分披露。在国内，我国的会计事业蓬勃发展，2006年2月15日财政部颁布新的《企业会计准则——基本准则》及38项具体会计准则，在切实加强各方面的监管之后，以摧枯拉朽之势，生气蓬勃地向国际准则趋同。我国原任证监会首席会计师张为国博士，也遴选为国际会计准则理事会（IASB）的理事，从而大大提高了我国在国际会计准则理事会中的地位和话语权。

历史的发展昭示我们：发达的经济需要发达的会计（或簿记）为其服务，因此，一定时间、一定区域的经济发展，必须带动当时当地的会计的发展。15世纪后期地中海海上贸易的发达，带动了意大利半岛各城帮商业簿记的创新与发展；18～19世纪英国产业革命的兴起，产生了“英国簿记”；两次世界大战得天独厚的美国，其国民经济的发展，推动了现代会计在美国的高速发展。同样的道理，为经济各部门服务的会计的发展也必然驱动并促进会计学术和会计教育的发达。

我国在十一届三中全会以来，实施改革开放政策，国民经济各个方面齐头并进，飞速发展。经济越发展，会计越重要。1985年全国人大常委会通过我国第一部《会计法》，1992年我国财政部发布《企业会计准则》（基本准则），随后又发布了若干具体会计准则及征求意见稿，1993年全国人大常委会通过《中华人民共和国注册会计师法》，1994年通过《中华人民共和国审计法》，2000年国务院公布《企业财务报告条例》，2001年财政部又颁发了新的不分行业的《企业会计制度》，在连续经过多年的准则国际化和"特色化"的研讨之后，终于于2006年2月15日由财政部印发了修订的《企业会计准则——基本准则》和配套的38项具体会计准则，迈上与国际会计准则趋同的轨道。

五年来，随着我国加入WTO，社会主义市场经济一枝独秀。经济的增长，引发了人才、资金等资源的大量需求。在财务会计人才供不应求的形势下，全国各种类型的大专院校无不设有会计学专业，本科和专科的会计教育得到空前的发展。与此同时，面向21世纪的会计学各学科的课程教材也陆续上市，百花齐放，绚丽多彩。江西财经大学会计学院是这奇葩中亮丽的一朵，他从事会计学教学将近半个世纪，为国家和社会培养、输送了各种类型的财经人才。在张蕊博士出任院长期间，做大做强，已开创辉煌的业绩，并曾积极组织老师编撰符合新形势要求的会计系列教材，遴选的主编皆具有硕士、博士学位，他们将自己多年积累的较丰富的教学科研经验，凝聚于教材中，为连续多年来教学成绩的显著提高作出了贡献。在蒋尧明博士续任院长后，为了迎接今年颁发的新修订的企业会计准则在2007年1月1日起的施行，决定在总结原系列教材经验的基础上更新、丰富教材的内容，以推进教学质量的进一步提高，在新的起点上更创辉煌。

高质量教材的编撰，可以促进开展科学研究，提高科研能力，引发辩论，持续探索和研讨，浓厚学术研究气氛。编撰这套教材，要求以科学发展观和“三个代表”的思想教育为指针，贯彻小平理论“面向现代化，面向世界，面向未来”的教育思想，力求做到继承与创新并举，技能、素质培养与道德品质并重。在新教材出版首稿试用后，将尽快收集教师和学生的意见，根据形势的发展与需要，在再版之前再次更新，使教材能及时除旧创新，吸收新鲜的观点和内容，保持常新。

这套教材的编撰和出版，得到我校和我院党政领导的大力鼓励与支持，还得到中国财政经济出版社郭兆旭副总编和会计分社徐洁社长的鼎力支持，谨在此一并表示感激之情。再者，这套教材的编写，尽管我们是全力以赴，但限于能力和水平，差错在所难免，敬请批评指正。

裘宗舜

2006年12月

前　言

本书是江西财经大学会计系列教材之一。

企业成本信息不仅是企业进行资产计价和损益确定的重要依据，而且是企业进行经营管理的重要依据。作为研究如何提供成本信息的成本会计学是会计学的一个重要分支，有自身相对独立的理论和方法体系。教材对于培养高素质专业人才起着至关重要的作用。一本好的会计专业教材，不应局限于对现行制度、准则的解释，应阐述隐藏在其背后的质的规定性，让学生知其所以然；但教材又有别于研究专著，应主要介绍某一学科领域内成熟的、已有定论的理论和方法。所以，在编写本书的过程中，我们力求吸收成本会计成熟的理论和方法，并根据成本会计操作性强的特点，注重理论联系实际。本书在结构体系和内容安排上具有以下特点：

1. 鉴于成本会计课程应着重讲授基本理论、基本方法和基本技能，其基本原理适用于各行业，同时考虑到教学课时的限制，本书主要以生产经营过程最为典型的工业企业为例，对成本核算理论和方法进行全面、系统的阐述。

2. 财政部最新颁布的《企业会计准则》和《企业财务通则》于2007年开始实施，本书以此为依据来阐述工业企业产品成本和期间费用的核算。

3. 考虑到成本会计的操作性和实用性特点，为了使读者更好地掌握和运用成本会计的基本理论和方法，提高基本技能，增强实务能力，在本书的编写过程中，我们尽量结合成本会计实务，多举实例。尤其是在成本计算的基本方法一章中，列举了许多操作性实例。

4. 为了避免与管理会计课程在内容上的重复，本书未安排成本预测、成本决策、成本控制和作业成本法等内容。但考虑到成本会计面临环境的变革和管理现代化的要求，在研究内容上有许多新的发展，我们在本书中安排了物流成本核算和质量成本核算的内容，使教材具有现实性、趋向性和前瞻性的特征。

本书由李金泉、郭小金、张绪军担任主编。第一章、第二章、第三章的第一节～第五节、第九章由郭小金撰写，第四章、第五章、第六章、第十一章由李金泉撰写，第七章、第八章、第十章、第三章的第六节由张绪军撰写。最后由李金泉对全书进行了总纂。

本书的编写得到了江西财经大学会计学院领导和同仁的大力支持和帮助，在编写过程中我们参考了许多前辈和同仁的研究成果，在此，向他们表示诚挚的谢意。

尽管我们已尽了最大努力，但由于成书时间紧迫，加之我们的水平所限制，本书肯定存在错误和缺点，在此，恳切希望读者批评指正。

编　者

2007 年 1 月

目　录

第一章　总　论

学习目的与要求

本章阐述成本会计的基本理论问题。通过本章学习，应该了解和掌握成本的经济内涵、成本概念的扩展和作用，理解成本会计的对象、职能和目标，认识做好成本会计工作对于加强企业生产经营管理的意义，了解应该怎样组织和做好成本会计工作，充分发挥成本会计应有的作用等。

第一节　成本的经济内涵

成本作为一个经济范畴，它随着产品交换而产生，又随着商品经济的发展而不断改变其表现形式。它是在商品生产发展到一定阶段之后才逐渐形成和完善起来的。在资本主义生产以前，小商品生产者为了维持再生产，也要考虑价值的补偿，但对活劳动的消耗并不十分在意，他们将出售产品所获得的收入主要用来补偿消耗掉的生产资料，剩余部分都用来供养家庭生活。所以，那时的成本概念不够完整。到了资本主义时期，资本家的全部预付资本，除了包括预付在生产资料上的不变资本外，还包括付给工人工资的可变资本。因而，资本主义商品生产就要核算生产商品所耗费的一切，并尽可能地用销售商品所获得的收入补偿其全部耗费，此时，才形成比较完整的成本概念。

一、理论成本表述

对商品成本作出最经典的经济分析的理论，是在商品经济发展到一定阶段后，马克思通过对成本的考察，既看到耗费，又重视补偿，形成了马克思关于“商品成本价格”的理论。社会主义经济与资本主义经济都是建立在社会化大生产的基础之上的，这两种社会生产方式存在着一些既具有它们的共同性质，又具有它们的特殊性质的经济范畴。马克思关于资本主义商品成本价格的理论，揭示了资本主义商品成本的经济实质，同时也揭示了商品成本的一般共性。因此，认真学习马克思关于成本的理论，对于我们研究社会主义市场经济条件下商品成本的本质，具有重要的现实意义。

马克思关于资本主义商品成本价格的理论，主要集中在《资本论》第三卷第一章中。在论述商品成本价格时，马克思指出：“按照资本主义生产方式生产的每一商品W的价值，用公式来表示是W = C + V + M。如果我们从这个产品价值中减去剩余价值M，那么，在商品中剩下来的只是一个在生产要素上耗费的资本价值C + V的等价或补偿价值。……商品价值的这个部分，即补偿所消耗的生产资料价格和所使用的劳动力价格的部分，只是补偿商品使资本家自身耗费的东西，所以对资本家来说，这就是商品的成本价格。”由此可见，商品价值是由三个部分组成的：一是已消耗的劳动对象的转移价值（原材料等）和已被磨损的劳动资料的转移价值（固定资产折旧费等）C；二是劳动者的必要劳动所创造的价值V，即劳动者活劳动的消耗价值（工资等）；三是劳动者剩余劳动所创造的价值M。成本的经济实质就是指商品价值中的 C 和 V 的部分。总之，马克思认为，资本主义商品成本是资本耗费与价值补偿的统一体，它既是生产耗费的货币表现，又是价值补偿的尺度。因此，理解成本的经济含义，不仅要看到成本的耗费，还要重视成本的补偿。从理论上说，成本是企业在生产产品过程中已经耗费的、用货币表现的生产资料的价值与相当于工资的劳动者为自己劳动所创造的价值的总和。这种成本被称为“理论成本”。它是成本研究的理论基础，是规范成本开支范围的客观依据。

因此，成本是一个价值范畴，但又不等同于价值。首先，成本是一个价值范畴，是商品经济发展到一定阶段人们为了比较生产中的所费与所得对所费进行补偿而产生的一个用价值表现的生产耗费的概念。即通过货币计量综合反映商品生产中所耗费的物化劳动和活劳动。其次，成本又不等同于价值，因为，马克思所说的商品的价值是由 C + V + M 三部分组成，而成本仅由 C + V 组成。而且商品价值中的 C + V 是千千万万个生产同一产品企业生产耗费的平均水平，由此构成社会平均成本。而企业成本则是每个具体化物化劳动 C 和部分活劳动 V 的个别耗费，表现为商品价值中的 C + V，是商品价值中的补偿部分，它构成商品的理论成本。

二、应用成本表述

应用成本是理论成本的具体化，以正常的生产经营活动为前提，根据生产过程中实际消耗的物化劳动的转移价值和活劳动所创造的价值中应纳入成本范围的那部分价值的货币表现。

应用成本与理论成本不完全相同。理论成本不考虑生产经营活动中偶然因素和异常情况的消耗，只对正常的物化劳动和活劳动消耗进行货币计算；而应用成本往往受客观条件，包括经济政策、财经法规、会计制度和当期生产经营条件变化的影响。

美国会计师协会（CICPA）1957 年发布的《第 4 号会计名词公告》对成本所下的定义为：“成本系指为获取货物或劳务而支付的现金或转移其他资产、发行股票、提供劳务或发生负债而以货币衡量的数额。成本可分为未耗成本和已耗成本。未耗成本可由未来的收入负担，例如存货、预付费用、厂房、投资、递延费用等属之；已耗成本不能由未来的收入负担，故应列为当期收入的减项或借记保留盈余。”也就是说，成本是为获取财物或劳务而支付的现金或等价物，换句话，这里的成本是一种广义的成本概念，它是指为获得某一项资产或劳务所要付出的代价。

美国会计学会（AAA）所属成本概念与标准委员会将成本定义为：“成本是指为达到特定目的而发生或应发生的价值牺牲，它可用货币单位加以衡量。”

《日本成本计算标准》中将成本定义为：“成本的实质是经营者为获得一定的经营成果而消耗的物质资料和劳务的价值。”

我国财政部制定的《企业会计制度》指出：“成本是指企业为生产产品、提供劳务而发生的各种耗费。”该制度中所说的成本是指生产经营成本，它具有以下特征：（1）成本是经济资源的耗费。生产经营过程同时也是经济资源的耗费过程，例如，为生产产品需要耗费原材料、磨损固定资产以及用现金支付工资等。原材料、固定资产和现金都是企业的资产，这些资产原本可以为企业换取经济利益，现在被耗用掉了。成本是经济资源的耗费，经常作为耗费、花费的同义词使用。（2）成本是以货币计量的耗费。生产经营成本是以货币支付计量的，它们若不是过去已经支付了货币，就是将来需要支付货币。没有支付货币的耗费，如生产对环境的损害等，如果企业对此不需要支付现金则不能计入生产经营成本。（3）成本是特定对象的耗费。成本总是针对特定对象或目的的，成本是转嫁到一定产出物的耗费，是针对一定的产出物计算归集的。这个产出物称为成本计算对象，它可以是一件产品或者一项服务。成本和费用的区别之一就是成本有特定的对象，而广义的费用是资产的耗费，它强调资产已经被耗费，而不是被“谁”耗费；狭义的费用仅指为取得营业收入的资产耗费，它强调与特定会计期间收入配比的耗费，而不是特定产出物的耗费。(4) 成本是正常生产经营活动的耗费。

在实际工作中，为了促使企业厉行节约，减少生产损失，加强企业的经济责任，对某些不形成产品价值的损失性支出（如废品损失，季节性和修理期间的停工损失），也计入了产品成本之内。此外，对某些应从为社会创造的价值中进行分配的部分（如企业车间的财产保险费等）也列入产品成本。这说明，产品成本的实际内容，一方面要求反映成本的客观经济内涵，另一方面又要按照国家规定的分配方针和财务管理的要求，把某些不属于 C + V 的内容列入了成本，这就形成了我们国家的理论成本。还有，对于企业的行政管理部门，为组织和管理企业生产经营而发生的管理费用、为筹集生产经营所需资金而发生的财务费用、为销售企业产品而发生的销售费用，本应列入企业产品成本（这些费用的发生虽不直接为生产产品发生，但间接为生产产品发生或直接为销售产品而发生），但由于大多按时期发生，难以按产品归集与分配，为简化成本核算工作，都作为期间费用处理，直接计入当期损益，从当期利润中扣除，没有分配计入产品成本。

为了统一成本所包含的内容，使各企业列入成本的各种支出项目和内容保持一致，便于进行成本分析对比和控制，以挖掘降低成本的潜力，防止乱挤乱摊成本，减少资金浪费，从而正确计算利润和应交纳税金，我国在理论成本的基础上，考虑加强企业经济核算和成本管理要求，由财政部统一制定并颁发了“成本开支范围”，各企业必须严格执行。

第二节 成本概念的扩展

从商品生产的角度出发，抽象地分析了商品成本的一般概念，将它表述为商品生产过程中物化劳动和必要劳动的耗费，即C＋V。但是，在现实生产中，成本概念的使用是极其广泛的。首先，商品成本虽然是最普通、最抽象的成本概念，但成本概念不一定都与商品生产发生联系，在其他的经营或管理领域，同样需要使用成本概念。其次，就商品成本而言，C＋V也只是一个理论成本的概念，在实际计算商品成本时，除了需要考虑商品成本的客观经济内容C＋V之外，还应考虑国家方针政策和企业管理等方面的需要，因此，理论成本与应用成本或财务成本之间往往存在着一些差异。为此，需要对商品成本的概念作出适当的引申或扩展。

一、现代西方经济学中的成本概念

在现代西方经济学中，通常区分使用以下三种不同的成本概念：机会成本、会计成本和经济成本。对于经济学家而言，其中最重要的是机会成本的概念。美国著名经济学家保尔·萨穆尔森认为：“作决定具有机会成本，因为在一个稀缺的世界中，选择一个东西意味着放弃其他的一些东西。机会成本是被错过的商品和服务的价格。”例如：某企业因业务需要拟购置一台运货卡车，其成本通常包括买价和运杂费等。所需资金虽为自有资金，但若用这笔资金进行其他投资，如买卖债券等，就会有投资报酬，为了正确评价购置运货卡车这项决策方案的可行性，尽管投资报酬并未实际取得，但应将投资报酬视同机会成本进行估算。机会成本的概念被广泛地应用于选择理论之中，虽然它与马克思的以劳动价值学说为基础的成本价格理论具有不同之处，但它却为成本概念的扩展提供了新的视角。

除了机会成本之外，其他两种成本概念即会计成本与经济成本。会计人员将成本定义为：为了取得某些财产或劳务而牺牲的某些经济资源。而经济学家对于成本的定义则较为宏观：凡是经济资源的牺牲都是成本。换言之，成本可以是有形的或无形的，主观认定的或客观认定的，货币性的或非货币性的，也可以包括社会成本，如因噪音和污染所引起的成本。

因此，在现代西方经济学中，认为会计成本与经济成本有以下几个方面的区别：

第一，会计成本通常与历史成本或沉淀成本有关，因为会计人员需要描述企业财务状况和经营业绩，需要按已经发生的历史交易的价格记录资产和负债，并对经济活动作出评价。而经济成本通常以机会成本的概念为基础，只关心将来成本是多少，在作出一项经济决策时，甚至可以不考虑沉淀成本的因素。

第二，经济学家的成本定义比会计的成本定义通常更加广泛。经济成本不仅包括明显的从口袋里拿钱的购买和支出，如企业支付的工资、购买原材料的费用等（显性成本），而且还包括比较隐蔽的机会成本以及企业所拥有的并在生产中使用的各种要素的成本（隐性成本）。第二种形式的成本在企业的成本核算中常常被忽视掉。

第三，会计成本只包括企业实际的货币支出或耗费部分，因此强调必须可以用货币计价。然而，经济成本将企业的货币支出或耗费仅仅看成是企业总成本的一部分。

总之，会计成本比较具体和客观，而经济成本比较抽象，用途比较广泛，并注重于未来以及与决策相关。应该说，现代西方经济学极大地丰富了成本理论，在许多方面具有可借鉴之处。

二、财务成本的概念

与现代西方经济学将成本概念划分为会计成本与经济成本的做法相类似，我国会计理论界则习惯地将成本概念划分为财务成本与管理成本。

财务成本也就是会计成本或账面成本，它是按照国家的政策法规、会计制度和会计准则的要求，通过复式簿记原理和规定的成本核算程序所计算的产品或劳务的成本。财务成本一般具有以下几个特点：

第一，合规性。由于财务成本是根据国家统一的财务与会计法规及制度核算出来的，因此，它有时又被称为法定成本或制度成本。

第二，成本内容上的完整性。由于财务成本作为价值补偿的尺度，通常是企业确定盈利、制定产品价格和缴纳税金等方面的主要依据，因此，它一般以产品成本的经济内涵 C + V 作为基础，结合国家宏观政策和企业管理的需要，按一定的成本开支范围和开支标准加以计算。财务成本通常计算的是完全成本，而不像管理成本那样为企业管理或决策的需要有时仅计算部分成本，如边际成本、增量成本和变动成本等。

第三，与财务会计制度的结合性。财务成本不是一种临时性、局部性的成本核算，实际上它作为财务会计的一种要素已融入企业财务会计的循环之中。需要按照会计制度或会计准则的要求，对财务成本的内容进行确认、计量、记录以及定期的报告。因此，财务成本是系统的、周期性的、以复式记账法为基础计算的成本。

第四，财务成本所计算的是实际发生的成本，而不是计划成本或预测成本。虽然为了成本控制的需要，在计算财务成本时可以采用定额成本法或标准成本法，但最终都需要计算出实际成本。

需要指出的是，为计算财务成本而规定的产品成本开支范围虽然是以产品成本的经济内涵 C + V 作为基础的，但又不完全与 C + V 保持一致。前面已经指出，在实际工作中，为了财务分配和管理的需要，产品成本的现实内容与它的经济内涵可能会发生一些背离，如为了减少损失，将一些不形成产品价值的损失性支出（包括废品损失、停工损失等）列入成本开支范围；有时还将原属于 M 的一些内容如利息、财产保险费等，也列入产品的实际成本，等等。

三、管理成本的概念

与财务成本相对应的是管理成本的概念。管理成本是根据企业生产经营决策、成本控制及责任考核的需要，所建立的成本指标体系。管理成本为适应企业管理不同的特殊目的，其涉及的范围庞大，且成本认定往往具有非常规性。管理成本又细分为决策成本、控制成本与考核成本。

1. 决策成本是企业用于计算生产经营决策方面的成本指标，包括预测成本、设计成本、目标成本、功能成本、相关成本、个别成本、沉没成本、固定成本、变动成本、差别成本、边际成本、质量成本、机会成本、重置成本、环境成本、资金成本等。

2. 控制成本和考核成本是企业用于控制和考核生产经营过程中劳动耗费水平的成本指标，包括标准成本、定额成本、责任成本、可控成本、计划成本等。

管理成本实际上是一种分析性成本，它一般以产品的账面成本或财务成本为依据，经过加工整理，按照不同的需要计算并分析各种不同的成本，从而达到为企业经营管理服务的目的。各种管理成本的概念均是在“不同的目的需要不同的成本”的理念下发展起来的。随着科技的发展与时代的进步，新的管理成本的概念还将不断地衍生。

管理成本虽然是在财务成本的基础上形成的，并且需要依赖财务成本以及其他有关的资料加以计算，但是，管理成本与财务成本有着本质的区别，主要表现在核算目的不同、核算内容不同、核算方法不同、核算范围不同、核算期间不同、核算要求不同、核算资料来源不同等各个方面。总之，财务成本是常规的、按制度规定并与财务会计体系相互结合所计算的完全成本（通常是产品成本）及期间费用，而管理成本则是为了预测、决策和控制的需要对有关的成本构成要素进行不同的组合和分析所产生的成本概念，它在核算的原则、内容、方法、时间等方面均比较灵活，没有统一的规定。

四、社会成本的概念

社会成本概念的提出，是成本概念由微观领域向宏观领域的拓展。目前，会计理论界对社会成本概念的认识还不统一，下面是几种主要观点：

第一，社会成本是社会平均成本。“社会成本是指在整个国民经济范围内，一定时期和一定生产技术条件下，生产和销售某种产品所需的平均费用”。

第二，社会成本是社会责任成本。社会责任成本是反映、计量企业经济活动给整个社会带来的损失和不良影响。主要包括人力资源耗用的社会成本、环境污染的社会成本、生产资源被破坏的社会成本、技术变革的社会成本、失业和闲置资源的社会成本。

第三，社会成本是企业对社会的任何成本。社会成本是指“企业对社会的任何成本、牺牲或损失，包括经济的和非经济的、内部的和外部的。其社会成本主要包括以下几项：(1) 物质耗费，主要包括生产资源实体耗费成本、价差成本、土地使用成本和资源耗费成本等。(2) 人力消耗，主要包括劳动力成本、人才培养成本、工伤成本等。(3) 资金占用成本。(4) 环境污染成本。(5) 社会管理费。(6) 其他社会成本”。

第四，社会成本是企业非自愿性支出和耗费。“社会成本是指因社会原因引起的企业非自愿性支出和耗费。这种意义上的社会成本是一种不可控成本，它与企业收入大多无直接关系。主要包括：(1) 国家资本金不足而引起的融资成本。(2) 非正常拖欠带来的成本。(3) 企业办社会发生的支出。(4) 公用设施支出。(5) 各种摊派等”。

第五，社会成本是国民经济成本。国民经济成本是整个社会意义上的成本。企业在生产过程中从原材料的采购到产品生产出来以后的销售都要同其他社会再生产部门发生联系，有些成本不是企业能够控制的，如基本建设布局的不合理导致企业因远离材料、动力供应地和销售市场造成成本升高等。影响国民经济成本的主要因素包括生产力布局不合理、产业结构、固定资产投资方向、资源利用方法、国家的技术经济政策、环境因素以及市场体系等。

第三节 成本的作用

财务会计最传统以及最基本的职能是资产计价和损益确定，而资产计价和损益确定均离不开成本的计算。进而言之，成本是反映企业生产经营管理质量的综合性指标，它对加强微观经济管理和宏观经济管理都具有重要的作用。成本的作用主要表现在以下几个方面：

一、作为价值补偿的尺度

成本首先作为价值补偿的尺度，规定了企业进行简单再生产的必要条件。如前所述，商品成本代表了商品生产过程中物化劳动和活劳动的耗费，是商品价值中维系简单再生产的那部分价值。为了保证企业再生产的不断进行，企业必须通过商品或劳务的销售收入对生产耗费进行补偿，成本则是衡量这一补偿份额大小的尺度。成本的高低，反映了生产耗费的多少，从而决定了补偿份额的大小。如果企业收入恰好补偿成本，企业无利可图，只能在原有的生产规模下简单地重复生产；如果企业收入除了足额补偿所消耗的成本外还有盈余，企业可以在扩大的基础上进行再生产，可以为国家和社会多作贡献，并且还能有效地增加职工收入和改善职工的福利；如果企业收入不能使成本得到足额补偿，企业就不能收回生产过程所耗费的资金，就不能维持简单再生产，企业的生产将发生萎缩甚至中断。可见，成本是计算企业盈利的基础，企业要获取盈利并进一步发展壮大，首先必须保证使成本得到足额补偿。

二、作为制定产品价格的基础

产品价格是产品价值的货币表现。在商品经济中，产品价格通常根据价值规律的作用在产品价值的上下进行波动。因此，产品价格的制定应按照价值规律的要求，力使产品价格大体符合它的价值，同时也要考虑国家有关价格政策、各种产品比价关系以及市场供求关系等因素的影响。在现阶段，由于人们还不能直接计算产品的价值，因此，企业在制定产品价格时，除了有成熟市场的成熟产品其价格可以直接参照市场价格决定外，其余的产品（尤其是一些垄断产品和新开发产品）只能以产品成本为基础，加上一定的利润来确定其销售价格。这种确定产品价格的方法就是所谓的“成本加成定价法”。显然，在“成本加成定价法”中，产品成本成为制定产品价格的主要决定因素，而所确定的价格也可以相对间接地反映出产品的价值。

三、作为企业经济决策的依据

所谓经济决策，就是企业为了完成一定目标，在具有各种备选经济方案的情况下，选择对企业最为有利的一种方案。这种方案通常就是利润最大、成本最小或者风险最小的一种方案。因此，企业在进行经济决策时，成本往往是考虑问题的最重要因素之一，成本甚至可以成为一票否决制的手段，即通常所说的“成本否决制”。在市场经济条件下，市场竞争日趋激烈。企业要在激烈的市场竞争中取胜，就必须根据市场的变化，结合自身的生产经营情况，尤其是现有资金实力和管理水平，作出正确的经营决策。决策过程离不开对生产成本或机会成本的考虑，而涉及成本的有关决策方案，本身又称为成本决策方案。

四、作为制定宏观经济政策的参考数据

成本不仅是微观经济管理需要探讨的问题，也是宏观经济管理不可回避的问题。宏观经济政策制定得合理与否，直接关系到国民经济发展的方向和速度，关系到经济能否稳定增长。社会成本信息的提供，可为宏观经济政策的制定提供高度相关的信息支持，为国民经济快速、持续和健康地发展提供良好的前提条件。例如，在决定国家的产业方向和产业结构时，比较成本优势就是需要考虑的一个重要因素。

五、成本的其他作用

1. 提高劳动生产率。劳动生产率的提高，不仅会使生产过程中的活劳动消耗得到节约，促使单位产品成本中的工资降低；同时，也会使产量增加，从而促使单位产品中的固定费用下降。要提高劳动生产率，就必须采用新技术、新设备，提高生产的科学技术水平；必须合理安排生产，改善劳动组织，建立岗位责任制，做到均衡生产；对职工进行必要的培训，提高企业职工的素质。

2. 节约材料消耗。不断降低产品成本中材料的成本，也是降低产品成本的重要途径。因为在产品成本中，材料成本通常占有很大的比重，特别是在一些加工行业更是如此。由于材料的消耗量较大，因此，降低材料消耗的潜力很大。在技术上应通过不断改进产品设计，采用新工艺和代用材料或廉价材料，大搞材料综合利用，减轻产品重量和缩小产品体积，从而使材料消耗减少；在管理上应采取有效的措施，诸如制定各种消耗定额、实行限额发料制度、采用材料数量差异分批核算法等，使材料成本不断降低。

3. 提高生产设备的利用程度。生产设备的利用程度同产品产量直接相关，它们之间存在一种正比例关系。生产设备利用程度提高，可以增加产量；反之，则使产量减少。所以，生产设备利用的好坏，通过产量的变动可以影响单位产品成本中的折旧费、修理费和其他固定费用。提高生产设备利用程度的主要措施有：提高在用设备占全部固定资产的比重，积极促使未使用的固定资产尽快投入生产；合理组织生产，消除不合理的停工时间，增加设备的实际利用时间；强化设备的维护、保养和维修工作；正确制定和推行设备利用定额；加强现有设备的技术改造和必要的更新，提高旧设备的性能，向高自动化、高速度、高质量、高效益发展。

4. 控制废品损失。在产品生产过程中，必然要发生一些废品损失。而大部分废品损失都是列入产品成本的。因而，不断地提高产品质量，减少废品损失，也是降低产品成本的一个重要途径。为此，应采取以下措施：（1）采用先进的技术和工艺，不断提高工人技术水平和熟练程度；（2）加强全面质量管理，向事先的预防管理、全过程管理、全员管理方面发展；（3）将全面质量管理同成本会计有机结合起来，构成质量成本管理，通过事先的质量成本决策、日常质量成本控制以及事后的质量成本核算和分析，借以降低质量成本。

5. 控制制造费用。制造费用从其构成内容来看，可以概括成两部分：一是生产单位为组织和管理生产所发生的费用；二是生产单位固定资产的折旧费和修理费等。对于前一项费用应通过提高生产单位经营管理水平和工作效率，尽可能减少非生产人员，并制定相应的费用定额和开支标准，压缩不必要的费用开支。至于后一项费用，其将随着生产自动化的发展，在产品成本中的比重逐渐提高，这是生产发展的必然趋势。对于这部分制造费用，应通过节约能源、降低物耗、提高效率、改进产品质量、增加新产品等方面，扩大费用支出所取得的经济效果，以达到降低产品成本的目的。

第四节　成本会计的职能和目标

一、成本会计的含义

成本会计是随着商品经济的发展而逐步形成和发展起来的，

随着成本会计的发展，人们对它的认识也在不断地加深。社会经济与科学技术的发展，使早期的成本会计进一步发展成为现代成本会计，其职能从单一的成本核算向成本预测、成本决策、成本计划、成本控制、成本分析和成本考核等多方面扩展。随着现代成本会计理论的日益成熟、学科体系的日益完善以及内容的日益丰富，它又逐渐从传统的财务会计中相对地独立出来，成为一门独立的会计学科。它是以提高经济效益为目的，运用财务会计方法对在企业生产经营管理中的成本及相关费用进行核算和监督的一种管理活动。同时，为以后的管理会计的发展奠定了基础。

成本会计是为适应成本管理的需要设计的，同时又是成本管理的重要组成部分。成本管理是企业为降低成本所进行的各项管理工作的总称。为适应成本管理的要求，企业必须及时提供足够相关、可靠的成本信息。成本会计便是成本计算方法与会计上的复式簿记体系有机结合的产物。

根据成本的概念，成本会计的主体应当是企业，各种类型的企业都应有成本会计。由于工业资本是产业资本的典型形式，通常以工业企业为主体来设计成本会计学科体系。成本会计的基本方法和原则，也适用于施工企业、交通运输企业等各类企业。

成本会计的核心是成本计算，它实际上是一个全方位的，并不只限于产品成本计算，如采购成本计算、车间成本计算等。在我国，成本计算和成本会计工作要根据国家统一规定的成本管理法规进行。

成本会计、管理会计与财务会计既有联系又有区别，如图1－1所示。

会计信息系统是任何企业组织取得财务和管理信息不可缺少的工具。现代会计信息系统大体可分为财务会计和管理会计两类。财务会计主要为投资者、债权人、政府机构以及其他的企业

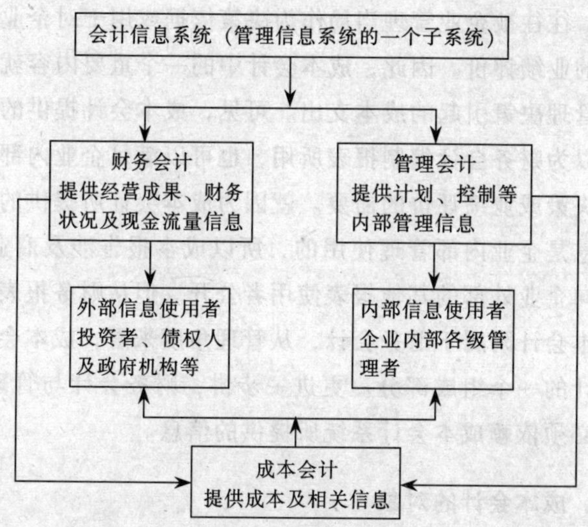

图1-1 成本会计、管理会计与财务会计关系图

外部信息使用者提供经营成果、财务状况及现金流量信息，其主要目的是发挥会计信息的社会职能；财务会计关注过去发生的事情，为满足客观性、可验证性以及一致性的要求，必须受制于“公认会计准则”。而管理会计则主要为企业内部各阶层管理人员提供各种相关的管理信息，主要目的是协助其实现组织目标，一般不受限于公认会计准则；管理会计强调未来，除了提供历史报告外，还提供预测和其他预测信息。成本会计是财务会计与管理会计的混合物，是计算及提供成本信息的会计方法。成本会计主要处理企业获取和消耗资源的成本及其相关信息，它需要向财务会计和管理会计提供必要的数据。财务会计要依据成本会计所提供的有关资料进行资产计价和利润确定，而成本的形成、归集和分配程序也要纳入以复式记账法为基础的财务会计总框架中。因此，成本数据往往被企业外部信息使用者用于对企业管理当局业绩的评价，并据此作出投资决策。同样，成本会计所提供的成本数据，往往被企业管理当局作为决策依据或用于对企业内部管理人员的业绩评价。因此，成本会计中的一个重要内容就是确认以前的管理决策引起的成本支出。可见，成本会计提供的成本信息既可以为财务会计编制报表所用，也可以满足企业内部管理人员进行决策或业绩评价的需要。就因为成本会计所提供的成本和相关信息是企业内部管理使用的，所以成本报告涉及商业秘密，一般不向企业外部的其他报表使用者公开。但从财务报表编制而言，成本会计附属于财务会计，从管理角度来看，成本会计也是管理会计的一个组成部分。更进一步讲，财务会计与管理会计，两者都必须依赖成本会计系统所提供的信息。

二、成本会计的对象

成本会计的对象是指成本会计反映和监督的内容。明确成本会计的对象，对于确定成本会计的任务，研究和运用成本会计的方法，更好地发挥成本会计在经济管理中的作用，有着重要的意义。

第一节对成本的经济内涵进行了说明。从理论上讲，成本所包括的内容也就是成本会计应该反映和监督的内容。但为了更为详细、具体地了解成本会计的对象，还必须结合企业的具体生产经营过程和现行企业会计制度的有关规定来加以说明。下面以工业企业为例，说明成本会计应反映和监督的内容。

工业企业的基本生产经营活动是生产和销售工业产品。在产品的直接生产过程中，即从原材料投入生产到产成品制成的产品制造过程，一方面制造出产品来；另一方面要发生各种各样的生产耗费。这一过程中的生产耗费，概括地讲，包括劳动资料与劳动对象等物化劳动耗费和活劳动耗费两大部分。其中房屋、机器设备等作为固定资产的劳动资料，在生产过程中长期发挥作用，直至报废而不改变其实物形态，但其价值则随着固定资产的磨损，通过计提折旧的方式，逐渐地、部分地转移到所制造的产品中去，构成产品生产成本的一部分。原材料等劳动对象，在生产过程中或者被消耗掉，或者改变其实物形态，其价值也随之一次全部地转移到新产品中去，也构成产品生产成本的一部分。生产过程是劳动者借助于劳动工具对劳动对象进行加工、制造产品的过程，通过劳动者对劳动对象的加工，才能改变原有劳动对象的使用价值，并且创造出新的使用价值来。其中劳动者为自己劳动所创造的那部分价值，则以工资形式支付给劳动者，用于个人消费，因此，这部分工资也构成产品生产成本的一部分。具体来说，在产品的制造过程中发生的各种生产耗费，主要包括原料及主要材料、辅助材料、燃料等的支出，生产单位（如分厂、车间）固定资产的折旧，直接生产人员及生产单位管理人员的工资以及其他一些货币支出等。所有这些支出，就构成了企业在产品制造过程中的全部生产费用，而为生产一定种类、一定数量产品而发生的各种生产费用支出的总和就构成了产品的生产成本。上述产品制造过程中各种生产费用的支出和产品生产成本的形成，应是成本会计反映和监督的主要内容。

在产品的销售过程中，企业为销售产品也会发生各种各样的费用支出。例如，应由企业负担的运输费、装卸费、包装费、保险费、展览费、差旅费、广告费，以及为销售本企业商品而专设销售机构的职工工资及福利费、业务费等。所有这些为销售本企业产品而发生的费用构成了企业的营业费用。营业费用也是企业在生产经营过程中所发生的一项重要费用，它的支出及归集过程也应该成为成本会计所反映和监督的内容。

企业的行政管理部门为组织和管理生产经营活动也会发生各种各样的费用。例如，企业行政管理部门人员的工资、固定资产折旧、工会经费、业务招待费、坏账损失等。这些费用可统称为管理费用。企业的管理费用也是企业在生产经营过程中所发生的一项重要费用，其支出及归集过程也应该成为成本会计所反映和监督的内容。

此外，企业为筹集生产经营所需资金等也会发生一些费用。例如，利息净支出、汇兑净损失、金融机构的手续费等。这些费用可统称为财务费用。财务费用亦是企业在生产经营过程中发生的费用，它的支出及归集过程也应该属于成本会计反映和监督的内容。工业企业成本流转过程如图 1－2 所示。

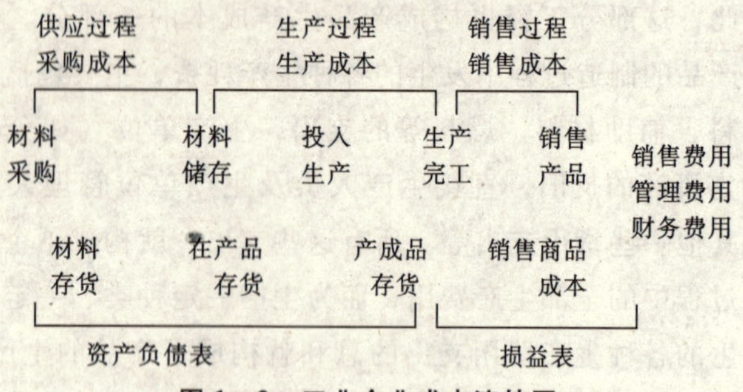

图 1－2　工业企业成本流转图

上述的销售费用、管理费用和财务费用与产品生产没有直接联系，而是按发生的期间归集、直接计入当期损益的，因此，它们构成了企业的期间费用。

综上所述，按照工业企业会计制度的有关规定，可以把工业企业成本会计的对象概括为：工业企业生产经营过程中发生的产品与劳务生产成本和期间费用。

商品流通企业、交通运输企业、施工企业、农业企业等其他行业企业的生产经营过程虽然各有其特点，但按照现行企业会计制度的有关规定，从总体上看，它们在生产经营过程中所发生的各种费用，同样是部分形成企业的生产经营业务成本，部分作为期间费用直接计入当期损益。因此，从现行企业会计制度的有关规定出发，可以把成本会计的对象概括为：企业生产经营过程中发生的生产经营业务成本和期间费用。

以上按照现行企业会计制度的有关规定，对成本会计的对象进行了概括性的阐述。但成本会计不仅应该按照现行企业会计制度的有关规定为企业正确确定利润和进行成本管理提供可靠的生产经营业务成本和期间费用信息，而且应该从企业内部经营管理的需要出发，提供多方面的成本信息。例如，为了进行短期的生产经营的预测和决策，应计算变动成本、固定成本、机会成本和差别成本等；为了加强企业内部的成本控制和考核，应计算可控成本和不可控成本；为了进一步提高成本信息的决策相关性，还可以计算作业成本，等等。上述按照现行企业会计制度的有关规定所计算的成本（包括生产经营业务成本和期间费用），可称为财务成本；为企业内部经营管理的需要所计算的成本，可称为管理成本。因此，成本会计的对象，总括地说应该包括各行业企业财务成本和管理成本。

三、成本会计的职能

成本会计的职能，是指成本会计在经济管理中的功能。成本会计作为会计的一个重要分支，其基本职能同会计一样，具有反映和监督两大职能。但从成本会计产生和发展的历史看，随着生产过程的日趋复杂，生产、经营管理对成本会计不断提出新的要求，成本会计的具体内容在不断发展。下面分别说明成本会计职能的基本内容。

（一）反映的职能

反映的职能是成本会计的首要职能。成本会计的反映职能，就是从价值补偿的角度出发，反映生产经营过程中各种费用的支出，以及生产经营业务成本和期间费用的形成情况，为经营管理提供各种成本信息的功能。就成本会计反映职能的最基本方面来说，是以已经发生的各种费用为依据，为经营管理提供真实的、可以验证的成本信息，从而使成本分析、考核等工作建立在有客观依据的基础上。随着社会的不断发展，经营规模的不断扩大，经营活动情况的日趋复杂，在成本管理上就需要加强计划性和预见性。因此，对成本会计提出了更高要求，需要通过成本会计为经营管理提供更多的信息，即除了要提供反映成本现状的核算资料外，还要提供有关预测未来经济活动的成本信息资料，以便于正确地作出决策和采取措施，达到预期的目的。由此可见，成本会计的反映职能从事后反映发展到了分析预测未来。只有这样，才能满足经营管理的需要，才能更好地发挥其在经营管理中的作用。

应当指出的是，反映过去同预测未来是密切联系的。要进行成本预测，首先必须了解能够反映成本水平现状和历史的各项指标以及各项指标之间的内在联系，才能据以分析未来的成本状况，以及为实现预期的成本管理目标应具备的条件和应采取的措施。因此，对实际发生的生产经营耗费的反映，提供实际的成本资料，是成本会计提供成本信息的基础。

（二）监督的职能

成本会计的监督职能，是指按照一定的目的和要求，通过控制、调节、指导和考核等，监督各项生产经营耗费的合理性、合法性和有效性，以达到预期的成本管理目标的功能。

在社会主义经济中，任何企业为了自己预期的经管目标，不仅要制定计划、分配资源和组织计划实施，而且必须进行有效的监督，以使各项经济活动符合有关规定的要求。成本会计的监督是会计监督的重要组成内容，是对经济活动进行监督的一个重要方面。

成本会计的监督包括事前、事中和事后监督。首先，成本会计应从经营管理对降低成本、提高经济效益的要求出发，对企业未来经济活动的计划或方案进行审查，并提出合理化建议，从而发挥对经济活动的指导作用；在反映各种生产经营耗费的同时，进行事前的监督，即以国家有关政策、制度和企业的计划、预算等为依据，对有关经济活动的合理性、合法性和有效性进行审查，限制或制止违反政策、制度和计划、预算等的经济活动，支持和促进增产节约、增收节支的经济活动，以实现提高经济效益的目的。其次，成本会计要通过成本信息的反馈进行事中、事后的监督，也就是通过对所提供的成本信息资料的检查分析，控制和考核有关经济活动，从中及时总结经验，发现问题，提出建议，促使有关方面采取措施，调整经济活动，使其按照规定的要求和预期的目标进行。

成本会计的反映和监督两大职能是辨正统一，相辅相成的，没有正确、及时的反映，监督就失去了存在的基础，就无法在成本管理中发挥制约、控制、指导和考核等作用；而只有进行有效的监督，才能使成本会计为管理提供真实可靠的信息资料，使反映的职能得以充分的发挥。可见，只有把反映和监督两大职能有机地结合起来，才能更为有效地发挥成本会计在管理中的作用。

四、成本会计的目标

成本会计的目标是指成本会计的目的、任务或宗旨。成本会计的目标是会计人员在一定时期内和一定条件下从事成本会计实践工作所追求和希望达到的预期结果。成本会计的目标分为整体目标和具体目标。成本会计的整体目标与企业的整体目标是一致的，即不断提高企业的经济效益。通过成本的预测、决策、计划、控制、核算、分析和考核等成本管理工作，提高企业全体职员成本管理的意识，促使企业不断降低成本，节约生产耗费，提高经济效益。成本会计的具体目标包括如下几个方面：

（一）进行成本预测，优化成本决策

成本会计的目标之一是通过成本的预测和决策，争取企业经济效益的最优化。成本会计人员要根据企业生产技术和财务计划以及历史成本资料，结合市场调查，运用科学的方法，预测计划年度的成本水平，拟出各种成本预测方案，从中选择出最佳的、可行的成本决策方案供企业管理当局作出正确的经营决策，同时为企业编制财务成本计划打下坚定的基础。

（二）编制成本计划，加强成本控制

编制科学的成本计划，为成本控制提供依据，并采用有效的成本控制方法保证成本计划的顺利实施。要达到这一目标，企业成本会计人员首先必须制定先进可行的日常成本控制标准。如制定各种物资消耗定额、费用定额、工时定额，根据标准严格控制日常成本费用的发生，消除浪费，减少损失，节约开支。同时要运用先进的、科学的成本控制方法，如标准成本、责任成本、作业成本及战略成本等做好成本控制工作，促使企业不断提高竞争实力和经济效益。

（三）正确计算产品成本，及时提供成本信息

企业成本会计人员按照成本核算制度的规定计算产品成本和归集经营管理费用是成本会计的日常和基础工作。企业只有正确地计算出产品成本和费用，及时地提供成本费用资料，才能保证盈亏计算和存货估价的正确性，才能有效地分析和考核成本计划的完成情况，才能满足管理当局评价各成本责任单位和责任人工作业绩的要求，才能为下期成本预测、决策和计划提供参考信息。因此，企业成本会计的重要目标之一就是要正确计算成本，

及时提供成本信息。

（四）开展成本分析，寻求降低成本的途径

成本分析是按照一定的原则，采用一定的方法，揭示成本的计划执行情况，查明成本升降的原因，落实成本责任人，提出改进工作的措施，寻求降低成本的途径。因此，加强成本分析，包括成本计划执行情况的分析、成本水平和成本结构变动情况的分析、技术经济指标变动对成本影响的分析，以及新产品开发、老产品升级换代的成本分析，挖掘降低成本的潜力，寻求降低成本的途径是成本会计的又一重要目标。

以上几个方面并不是孤立的，而是相互依赖、相互补充、相互作用的，企业放松或削弱其中的任何一项内容，都不利于企业成本会计目标的实现。

第五节 成本会计的工作组织

成本会计的根本任务就是促进企业改进生产经营管理，尽可能节约能源的消耗，不断降低成本，提高经济效益。为了充分完成成本会计的目标，企业必须科学地组织成本会计工作。成本会计的组织工作主要包括：设置成本会计机构；配置成本会计人员；建立成本会计制度。

一、建立成本会计机构

成本会计机构是指企业从事成本会计工作的主要职能单位。设置成本会计机构应明确企业内部对成本会计应承担的职责和义务，坚持分工与协作相结合，统一与分散相结合，专业与群众相结合的原则，使成本会计机构的设置与企业规模大小、业务繁简、管理要求相适应。

由于成本会计工作是会计工作的一部分，因而企业的成本会计机构一般是企业会计机构的一部分。在大中型企业，厂部的成本会计机构一般设在厂部会计部门中，是厂部会计处的一个成本核算科室。在小型企业，通常在会计部门中设置成本核算组或专职成本核算人员负责成本会计工作。

厂部成本会计机构是全厂成本会计的综合部门，负责组织全厂成本的集中统一管理，为企业管理当局提供必要的成本信息；进行成本预测和成本决策；编制成本计划，并将成本计划分解下达给各责任部门；实行日常成本控制，监督生产费用的支出；正确地核算企业产品成本及有关费用；检查各项成本计划的执行结果，分析成本变动的原因；考核各责任部门和个人的成本责任完成情况，实行物资利益分配；组织车间成本核算和管理，加强对班组成本核算的指导和帮助；制定全厂的成本会计制度，配备必要的成本会计人员。

企业内部成本会计的组织分工通常有集中核算和非集中核算两种组织方式。

在成本会计工作中，采用集中核算的形式下，厂部的成本会计部门要集中处理全厂的成本会计工作。也就是说，成本会计的成本预测、成本决策、成本计划、成本控制、成本核算、成本分析及成本考核都由厂部成本会计机构集中处理。车间等二级机构的成本会计人员只负责登记原始凭证，汇总原始凭证，为厂部的成本计算工作提供资料。在这种方式下，除厂部成本会计机构以外的二级单位大多只配备专职或兼职的成本会计工作核算人员。采用集中核算方式，厂部成本机构可以比较及时、集中地掌握全厂的成本信息，便于使用计算机处理成本资料，可以减少核算层次和核算人员。但此种方式不便于实行责任成本核算，不便于基层单位及时掌握和控制成本，不便于调动全体职工降低成本的积极性。

非集中核算方式，也叫分散核算方式，是指企业的成本计划的编制、成本控制、成本核算和成本分析均由车间成本会计机构或会计核算人员进行。厂部的成本会计机构除对车间成本工作进行指导以外，还负责成本数据的汇总和成本预测、成本决策及成本考核等工作。非集中核算方式相应需要增加成本会计人员，但有利于车间等基层单位的领导、会计人员，甚至职工都能及时了解和关心本部门的成本水平及其变动情况，促使全厂从领导干部到职工群众人人关心成本，个个降低成本。

究竟采用何种方式比较好，应视企业具体情况而定。企业应根据其规模大小，内部各单位经营管理的要求，以及这些单位成本会计人员的数量和素质，从有利于充分发挥成本会计工作的作用、提高成本会计工作效率出发，确定采用哪一种核算方式。一般来说，大中型企业应采用非集中核算方式，中小型企业应采用集中核算方式。为了扬长避短，也可以在一个企业中结合采用两种方式，即对某些单位采用分散核算方式，而对另一些单位则采用集中核算方式。

二、配备成本会计人员

成本会计人员是指在企业成本会计机构配备的成本会计工作人员。在企业的成本会计机构中，根据企业的规模大小，业务繁简配备适当的成本会计人员是实现成本会计目标的重要保证。为了充分地调动成本会计人员的工作积极性，《中华人民共和国会计法》规定了会计人员的职责和权限。这些职责和权限对于成本会计人员也是完全适用的。

（一）成本会计人员的职责

成本会计人员应该根据成本会计的要求，搞好成本预测和决策，编制有关成本计划，加强日常成本控制，做好成本的核算、分析和考核工作；参与和制定企业的生产经营决策，提出改进生产经营管理、降低成本、节约费用的建议和措施；当好企业领导者的参谋，及时提供成本信息。

成本会计机构的负责人应该在企业总会计师或主管财务负责人的领导下，按照有关财经政策和法规，结合企业本身的实际情况，组织全厂的成本会计工作，执行本企业成本会计制度和核算办法，并督促成本会计人员履行其职责，组织成本会计人员学习专业知识，不断提高成本会计的业务水平，定期考核成本会计人员的工作情况，合理选任成本会计人员，以保证企业成本会计机构有一支知识水平高、业务能力强的成本会计队伍。

（二）成本会计人员的权限

成本会计人员的权限是指成本会计人员在履行其职责过程中享有的工作权限。其工作权限包括：

1. 有权要求企业各单位、职工认真执行成本计划，严格遵守成本会计法规和制度。

2. 有权参与制定企业与成本有关的生产经营计划和各项消耗定额、工时定额和费用定额等。

3. 有权督促检查企业内部各成本责任单位和个人对其责任的执行情况，按其责任完成情况实行物质利益分配。

（三）成本会计人员的素质

成本会计人员应该认真履行自己的职责，正确行使自己的职权。要做到这一点，成本会计人员除了应精通成本会计、具备会计职业道德以外，还要懂得财务管理，也要熟悉生产技术。在实际工作中，由于影响成本的因素很多，既有经济的因素，又有技术的因素；既有企业外部因素，又有企业内部因素；既有客观因素，又有主观因素。要求成本会计人员要努力学习生产技术、价值工程、成本优化理论等，不断提高个人的素质。

成本会计工作不仅限于计划、核算和考核，同时还要进行成本技术经济分析和成本效益分析，尤其是要把成本预测和决策放在首位。成本会计人员要熟练地掌握成本预测、成本决策的理论和方法。在当今电子计算机时代，还要求成本会计人员学会使用电子计算机进行信息处理，以适应经济发展对成本会计越来越高的要求。

三、建立成本会计制度

成本会计制度是组织和从事成本会计工作必须遵循的规范和具体依据，是企业会计制度的一个组成部分。建立和健全成本会计制度对规范成本会计工作，保证成本会计信息质量具有重要意义。

企业成本会计制度必须符合社会主义市场经济的要求，体现国家有关方针、政策和法规，与国家颁布的《会计法》、《成本管理条例》、《企业会计准则》、《企业财务通则》及《企业会计制度》保持一致。企业成本会计制度应从实际出发，适应企业生产经营的特点，满足内部经营管理的需要，符合简便易行，实用有效的原则。

成本会计制度一般应有如下几个内容：

1. 关于成本预测和决策的制度。

2. 关于成本定额的制定、成本计划编制的制度。

3. 关于成本控制的制度。

4. 关于成本核算的制度。包括成本开支范围的规定；成本会计科目、成本项目的设置；成本计算方法的规定；各项费用的归集与分配的程序和方法；完工产品与在产品之间的费用分配方法；成本报表的规定。

5. 关于成本分析的制度。

6. 关于成本考核的制度。

7. 其他有关成本会计的制度。

成本会计制度是开展成本会计工作的依据和行为规范，其是否科学、合理会直接影响成本会计工作的成效。因此，成本会计制度一经制定，应保持相对稳定。制度的修订是一项严肃的、涉及面较大且较复杂的工作，必须既要积极，又要稳妥，不能轻易废止，以免无章可循，引起成本会计工作的混乱和影响财务成本信息及时、准确地提供。上述各项成本会计制度，一部分由国家统一制定，如成本开支范围、成本项目规定等；一部分由企业自行制定。对于国家统一规定的部分，企业应严格遵照执行；企业自己制定的成本会计制度部分，也应符合国家的财经法规和有关会计制度。

思考题

1. 怎样理解成本的经济内涵？
2. 成本有哪些作用？
3. 成本会计有哪几项职能？分别说明各项职能的含义。
4. 成本会计的组织工作有哪些主要内容？各起什么作用？
5. 制定企业成本会计制度主要包括哪些方面的内容？

第二章　成本核算的要求和一般程序

学习目的与要求

通过本章学习，应理解工业企业经营管理对于成本核算的要求，了解工业企业费用的分类；理解工业企业费用要素与成本项目之间的联系和区别；初步掌握成本核算的一般程序和账务处理，为进一步学习成本核算打好基础，有助于读者理解以后各章的内容。

第一节　成本核算的要求

成本核算是成本会计的核心内容。它是按照国家有关的法规、制度和企业经营管理的要求，对生产经营过程中实际发生的各种劳动耗费进行计算，并进行相应的账务处理，以提供真实、有用的成本信息的管理活动。

成本核算不仅是成本会计的基本任务，同时也是企业经营管理的重要组成部分。做好成本核算工作，对于降低成本、费用，提高企业生产经营管理水平，正确处理企业与国家、投资者之间的分配关系具有重要的意义。因此，为了充分发挥成本核算的作用，在成本核算工作中，应满足以下各项要求。

一、严格遵守国家所规定的成本开支范围和费用开支标准

成本开支范围是我们国家为了加强成本管理，确保成本能够正确地反映和计量企业生产经营耗费情况，根据成本的经济内容和国家成本管理的要求，对应计入企业成本的生产费用项目的具体规定。

在我国，成本开支范围是在《企业财务通则》的一般原则指导下，由国家财政部按各类企业性质统一制定颁布的。它是一项重要的经济法规，每个企业都必须严格遵照执行，防止乱挤乱摊成本的行为发生。

工业企业的成本开支范围包括产品制造成本开支范围和期间费用开支范围两部分。

（一）产品制造成本开支范围

1. 生产过程中实际消耗的各种材料，辅助材料，备品配料，外购半成品，燃料，动力，包装物，低值易耗品和运输、装卸、整理等费用。

2. 直接从事产品生产人员的工资、奖金、津贴和补贴、职工福利费、社会保险费、住房公积金、工会经费和职工教育经费、非货币性福利、因解除与职工的劳动关系给予的补偿以及其他与获得职工提供的服务相关的支出。

社会保险费是指企业依法为生产人员支付的基本医疗、基本养老、失业、工伤等保险支出。

3. 企业各个生产单位（车间）为组织和管理生产所发生的生产单位管理人员的职工薪酬。

4. 生产单位房屋、建筑物、机器设备等折旧费，固定资产租赁费（不包括融资租赁费）等。

5. 生产单位一般性消耗的机物料，低值易耗品，取暖费，水电费，办公费，差旅费，运输费，保险费，设计制图费，检验费，劳动保护费，季节性、修理期间的停工损失及其他制造费用。

以上各项耗费都是企业为生产产品而发生的费用，其中第一项构成“直接材料”成本项目，第二项构成“直接人工”成本项目，第三至五项构成“制造费用”成本项目。

（二）期间费用开支范围

1. 管理费用。企业行政管理部门为组织和管理生产经营活动而发生的各项费用。包括：

（1）公司经费。行政管理部门职工工资及福利费、物料消耗、低值易耗品摊销、办公费、差旅费等。

（2）工会经费。按企业行政管理部门职工工资总额的一定比例计提并拨交工会的经费。

（3）职工教育经费。为培训企业行政管理部门职工而支出的费用，按职工工资总额的一定比例计提。

（4）社会保险费。企业依法为行政管理部门人员支付的基本医疗、基本养老、失业、工伤等保险支出。

（5）住房公积金。企业为行政管理部门职工在为其提供服务的会计期间，根据工资总额的一定比例计算缴存的长期住房储备金而发生的支出。

（6）董事会费。企业最高权力机构及其成员为执行职能而发生的各项费用，包括董事会成员津贴、会议费和差旅费等。

（7）咨询费（含顾问费）。企业向有关咨询机构咨询有关科学技术、经营管理等信息时所支付的费用。

（8）聘请中介机构费。聘请注册会计师等进行查账、验资以及进行资产评估等发生的各项费用。

(9) 诉讼费。企业因起诉或应诉而发生的各项费用。

(10) 排污费。企业按规定交纳的排污费。

(11) 绿化费。厂区绿化而发生的费用。

(12) 税金。企业按规定应缴纳的房产税，车船使用税，土地使用税，印花税。

(13) 矿产资源补偿费。对在中华人民共和国领域或其他管辖海域开采矿产资料而征收的一项费用。

(14) 技术转让费。企业使用非专利技术而支付的费用。

(15) 研究费用。企业研究开发新产品、新技术、新工艺而发生的新产品设计费、工艺规程制定费、设备测试费、原材料和半成品的试验费、技术图书资料费、未纳入国家计划的中间实验费、研究人员工资、研究设备的折旧费、与新产品试制有关的其他费用、委托其他单位进行的科研试制以及试制失败而损失的费用。

(16) 无形资产摊销。专利权、商标权、土地使用权、著作权、非专利技术等无形资产的摊销。

(17) 业务招待费。企业因业务经营的合理需要而支付的招待费用，按国家规定比例计提列支。

2. 财务费用。企业筹集资金，即在理财活动过程中所发生的各项费用。包括利息费用（减利息收入）、汇兑损益（减汇兑收益）以及相关的手续费、发生的现金折扣或收到的现金折扣等。

3. 销售费用。工业企业在销售产品过程中所发生的保险费、包装费、展览和广告费、商品维修费、预计产品质量保证损失、运输费、装卸费等以及销售本企业商品而专门设立的销售机构（含销售网点、售后服务网点等）的职工薪酬、业务费、折旧费等经营费用以及与专设销售机构相关的固定资产修理等后续支出。

已参加基本医疗、基本养老保险的企业，具有持续盈利能力和支付能力的，可以为职工建立补充医疗保险和补充养老保险，所需费用按照省级以上人民政府规定的比例从成本（费用）中提取。超出规定比例的部分，由职工个人负担。

属于个人的下列支出不得列入企业的成本（费用）：

1. 娱乐、健身、旅游、招待、购物、馈赠等支出。
2. 购买商业保险、证券、股权、收藏品等支出。
3. 个人行为导致的罚款、赔偿等支出。
4. 购买住房、支付物业管理费等支出。
5. 应由个人承担的其他支出。

国家所规定的成本（费用）开支范围和费用开支标准，是对企业成本核算的一项纪律要求，它不仅可以保证产品成本的真实可靠，而且可以使不同企业或同一企业不同时期的成本内容一致，具有可比性。

二、正确划分各种费用界限

为了正确地核算生产费用和经营管理费用，正确地计算产品的实际成本，必须严格划清以下几个方面的费用界限：

（一）正确划分计入产品成本与不计入产品成本的费用的界限

在企业的日常经济活动中，可能发生各种各样的支出。支出是指企业的一切开支及耗费。一般情况下，企业的支出可分为资本性支出、收益性支出、营业外支出和利润分配性支出四大类。

资本性支出是指支出的效益及于几个会计年度（或几个营业周期）的支出，如企业购置和建造固定资产、购买无形资产，以及对外投资的支出等。

收益性支出是指支出的效益及于本年度（或一个营业周期）的支出，如生产过程中发生的原材料消耗、职工薪酬、制造费用以及期间费用的支出等。

营业外支出是指与企业的生产经营活动没有直接关系的支出，如罚款支出、捐赠支出等。

利润分配性支出是指利润分配环节发生的支出，如所得税支出、股利分配支出等。

为了正确计算各期产品的实际成本，必须划清应计入产品成本与不计入产品成本的费用界限。一般应区分如下内容：

1. 企业用于产品生产的生产费用，应计入产品成本。用于组织和管理企业生产经营活动的管理费用、用于筹集生产经营资金的财务费用和用于产品销售的销售费用，属于期间费用，不应分配计入产品成本，而是直接进入当期损益，从当期利润中扣除。

2. 与生产经营业务无直接关系的营业外支出不应列入产品成本，应该计入当期损益。用于购建固定资产、无形资产的支出不应在发生当期直接计入产品成本或期间费用，而应先将其资本化，然后分期计入产品成本或期间费用。

3. 利润分配中发生的分配性支出已退出了企业资金的循环过程，也不应列入产品成本。企业在进行产品成本核算时，如果把不应计入产品成本的支出计入了产品成本，会造成成本的虚增，利润减少，进而减少国家的财政收入；如果把属于产品成本的支出不计入产品成本，则会造成少计成本，虚增利润，超额分配，不利于补偿已消耗的生产资料价值，影响企业再生产的顺利进行。因此，无论是乱挤成本还是少计成本，都会影响成本计算的正确性，企业必须正确划分计入产品成本与不计入产品成本的费用界限。

(二) 正确划分生产费用与经营管理费用的界限

生产费用是指用于产品生产的直接材料、直接人工和制造费用等，生产费用应计入产品成本。经营管理费用是指用于企业经营管理的各项费用，包括销售费用、管理费用和财务费用等，经营管理费用不计入产品成本。计入产品成本的生产费用与不计入产品成本的经营管理费用对企业的损益有着不同的影响：生产费用要在产品生产并销售以后才体现在企业的损益之中，而当月投产的产品不一定当月生产并销售，当月生产并销售的产品也不一定是当月投产的，因而当月发生的生产费用往往不等于计入当月损益、从当月收入中扣除的产品销售成本；但是，企业发生的经营管理费用是作为期间费用处理的，不计入产品成本，而直接计入当月损益，从当月收入中扣除。因此，为了正确地计算企业各个月份的损益，必须将生产经营管理费用再进一步划分为生产费用和经营管理费用，要防止混淆成本（产品成本）和费用（期间费用）的界限，防止人为地将某些产品成本计入期间费用，或者将某些期间费用计入产品成本，借以调节产品成本和各月损益的错误做法。

(三) 正确划分各个会计期间的费用界限

按照企业会计准则的规定，企业要按月份反映其财务状况及经营成果。为此，成本核算必须划清各个月份的费用界限。本月发生的成本、费用应在本月内入账，不得延至下月入账，企业不应在月末提前结账，变相地把本月成本、费用的一部分作为下月成本、费用处理。企业应贯彻权责发生制的要求，正确核算预付费用和应计费用，对于本月支出、但属于以后各期受益的预付费用（受益期超过一年的预付费用，记作长期待摊费用），应分期摊配并计入以后各期的成本、费用；对于本月虽未支付、但本月已经受益的应计费用，应预先计入本月成本、费用，到实际支付时予以冲销。企业要防止利用费用待摊和预提的办法人为地调节各月的产品成本和经营管理费用，任意调剂各月损益。

（四）正确划分各种产品的费用的界限

为了满足企业成本考核和成本管理的要求，为企业的成本预测和决策提供依据，应该分别计算各种产品的实际成本。因此，对于计入本月产品成本的生产费用，还应该在各种产品之间进行划分。属于某种产品单独发生，能够直接计入该种产品成本的生产费用，应该直接计入该种产品成本；属于几种产品共同发生的费用，不能够直接计入某种产品成本的，应该采用适当的方法分配计入各种产品成本。

划分各种产品的费用界限时，应该特别注意划清盈利产品与亏损产品、可比产品与不可比产品、征税产品与减免税产品之间的费用界限。防止在盈利产品与亏损产品之间、可比产品与不可比产品之间任意调节生产成本，以盈补亏、掩盖超支、弄虚作假、粉饰业绩。

（五）正确划分完工产品与在产品之间的费用的界限

月末计算产品成本时，如果某种产品已全部完工，那么，已归属到这种产品中的生产费用之和就是这种产品的完工产品成本；如果某种产品月末没有完工产品，这种产品的各项生产费用之和就是这种产品的月末在产品成本。但是，当产品生产周期与会计核算期不一致时，往往出现月末某种产品一部分已经完工，另一部分尚未完工，这时，应当采用适当的分配方法把这种产品的生产费用在完工产品与月末在产品之间进行分配，分别计算出完工产品成本与月末在产品成本。要防止通过月末在产品成本的升降来人为地调节完工产品成本的错误做法。

三、正确确定财产物资的计价和价值结转的方法

工业企业拥有的财产物资，有相当一部分是生产资料，它们

的价值会随着生产过程的进行而转移到产品成本中去。因此，这些财产物资的计价和价值结转的方法会直接影响产品成本的计算。例如：涉及固定资产的计价和价值结转的内容有固定资产原值的计算方法、折旧方法、折旧率的高低、固定资产修理费的入账方法等。涉及流动资产的计价和价值结转的内容则更为复杂，有低值易耗品和包装物的计价及摊销方法、摊销期限；材料采购成本的构成内容，材料按实际成本核算时发出材料单位成本的确定（先进先出法、加权平均法、个别计价法等）；材料按计划成本核算时材料成本差异率种类（个别差异率、分类差异率还是综合差异率，本月差异率还是上月差异率）及计算，材料成本差异的按期结转并将计划成本调整为实际成本；还有固定资产与低值易耗品划分标准的确定等。

对于这些财产物资的计价和价值结转，应制定既科学合理又简单易行的方法。国家有统一规定的，应采用国家统一规定的方法，以方便各企业产品成本的对比。方法一经确定，应保持相对稳定，不得任意改变。

企业要防止任意改变财产物资的计价和价值结转方法，人为调节产品成本，例如固定资产折旧不按规定的方法和期限计算，任意改变折旧率，任意调整材料成本差异等，其结果都会造成财产物资和成本费用的失实，给国家和企业造成损失。

四、做好各项基础工作

为了使成本核算工作顺利进行，提高成本信息的质量，企业还应做好以下几项基础工作：

（一）建立和健全原始记录制度

原始记录是对企业生产经营管理活动中的具体事实所做的最初的书面记载，它是成本核算的第一手材料。如果企业成本核算的基础工作不扎实、不完善，就不可能提供正确的成本资料，成本核算就没有实际意义了。为了满足成本核算的要求，符合各方面管理的需要，企业应制定相应的原始记录制度，使之既简便易行，又科学有效。常用的与成本核算相关联的原始记录主要有：

1. 工时记录。工时记录包括各产品生产所耗生产工人工时记录和所耗机器工时记录。前者是计算和分配生产工人工资费用的主要依据，后者是分配有关生产费用的主要依据。

2. 产量记录。产量记录包括产品品种、规格、数量、质量、完工日期等方面的记录。产量记录是计算计件工资时进行生产费用分配和计算完工产品成本的主要依据。

3. 财产物资收发领用的原始记录。财产物资收发领用的原始记录包括各项实物资产的收发领用、耗用报废等方面的记录。如材料物资验收入库、发放领用、多余退库的记录单，固定资产的转移单、报废清理单以及工程竣工验收单等。

4. 有关费用支出的原始记录。有关费用支出的原始记录包括各项费用支出的原始凭证、发票、账单等。

5. 其他原始记录。如工资分配制度记录，职工人事记录等。

企业必须建立健全原始记录制度，做好原始记录的登记、传递、保管和审核工作，落实责任人，以便为成本核算提供准确、及时的原始资料。

（二）建立和健全科学的定额管理制度

定额是指企业在一定的生产技术和设备条件下，对生产经营活动中消耗的人力、物力和财力所制定的消耗标准和应达到效能的水平。它主要包括：生产工时定额、机器工时定额、材料消耗定额、燃料动力消耗定额，等等。定额管理制度是指以定额为依据，制定生产计划、组织生产、控制消耗的一种科学管理制度。

定额不仅是企业编制成本计划、进行成本控制和分析考核的依据，而且是企业开展全面经济核算，加强成本管理的基础。有时在计算产品成本时，需要根据原材料定额和工时的定额消耗量或定额费用作为分配实际费用的标准。因此，定额既是衡量企业工作数量又是评价企业工作质量的客观尺度。

制定定额的方法一般有统计分析法、技术分析法和经验估计法等。统计分析法是根据统计数据资料，在分析比较的基础上制定定额的方法。技术分析法是指通过技术测定和技术计算，结合生产实践经验以及可能采用的技术措施制定定额的方法。经验估计法是指由生产工人、技术人员和定额管理人员一起，以过去的经验为依据，参考有关技术文件和资料制定定额的方法。不管采用哪一种方法，企业均应根据当前的设备状况、技术水平、职工素质等因素来综合分析，制定既先进又可行的定额。定额制定以后，如果各方面条件变化，应及时修订定额，以保证定额水平的先进性和合理性，调动职工完成定额的积极性，充分发挥定额管理的作用。

(三) 建立健全材料物质计量、验收、领退和盘点的制度

成本核算依据的各种原始数据，主要是反映企业各项材料物质增减变动的数量资料，为了保证材料物质在实物数量上的真实可靠，必须建立健全材料物质的计量、验收、领退和盘点的制度。

建立计量验收制度，首先必须在思想上提高认识，没有准确的计量，便不能提供准确的数量和实物消耗资料，从而使成本核算失去真实的数据基础，成本管理也就无从谈起。其次，必须根据不同的计量对象，配置必要的计量器具，而且对计量器具要做好管理和定期校验工作。第三，要设立专职的质验机构和责任人，以明确计量责任，同时应有审核制度。最后，计量工作不仅要保证数量的准确，而且要注意对质量的检验。

为了保证计量的准确性，企业还必须做好对原材料、在产品、半成品、产成品等各项财产物资的收发、领退、转移、报废和清查盘点工作，建立健全审批手续，填制必要的凭证，防止任意转移、丢失、积压、损坏变质和被贪污盗窃。

（四）建立企业内部结算价格和结算制度

对于规模较大、组织结构复杂、计划管理基础较好的企业，为了分清企业内部各部门的经济责任，便于分析和考核内部各部门的成本计划完成情况，应该制定合理的内部结算价格，建立企业内部结算制度。

内部结算制度是指对企业内部各部门、车间相互提供的原材料、燃料、动力、半成品、产成品和劳务等，进行收付结算的制度。

制定企业内部结算价格，通常有三种方式：一是采用生产单位的计划成本作为企业内部价格；二是以生产单位的计划成本加上一定的内部利润作为企业内部价格；三是按内部供需双方协商确定的价格作为企业内部价格。企业内部结算价格，应由企业管理当局根据管理的需要统一制定，无论采用哪种方式制定，都应尽可能接近实际并保持相对稳定，年度内一般不作变动。

企业制定了内部结算价格，对于内部各单位的材料领用、半成品转移、劳务提供，都应先按计划价格结算，月末再按一定的方法计算价格差异，据以调整计算产品实际成本。

五、适应生产特点和管理要求，采用适当的成本计算方法

产品的生产过程同时也是产品成本的形成过程。产品生产组织和工艺特点不同，以及管理的要求不同，决定了企业应选择不同的成本计算方法。产品生产的特点主要表现在产品的生产工艺过程和生产组织方式两方面。从生产工艺过程的特点看，有单步

骤生产和多步骤生产；多步骤生产又可分为装配式多步骤生产和连续式多步骤生产。从生产组织方式的特点看，有大量生产、成批生产和单件生产。成本管理的要求主要表现为对主要产品要求提供详细的成本信息，对次要产品可以提供简要成本信息，详略要适当。企业选择成本计算方法时，应适应各种类型生产的特点和与它相适应的管理要求。如果成本计算方法选择不当，将会影响产品成本的准确性和及时性。

第二节 费用要素与成本项目

费用是一项重要的会计要素，也是成本会计核算的主要内容。

费用的含义是什么？它与企业的支出和产品成本有什么关系？对此现在有多种观点。我国《企业会计准则》中对费用的表述是："费用是企业为销售商品、提供劳务等日常活动所发生的经济利益的流出。"美国财务会计准则委员会的表述是："费用是某一个体在持续的、主要或核心业务中，因交付或生产了货品，提供了劳务，或进行了其他活动，而付出的或其他耗用的资产，或因而承担的负债（或两者兼而有之）。"

上述两种观点都指出费用是某企业或个体在生产经营过程中发生的有效耗费，然而，这两种观点都未表述费用是针对一定会计期间而言的。所以，费用即生产经营费用的确切含义应表述为：生产经营费用是指企业在会计期间内生产经营过程中所发生的经济资源耗费的货币表现。包括与产品生产有直接联系的生产费用和与产品生产没有直接联系的期间费用。

一、生产费用及其与支出和产品成本的关系

生产费用是指一定时期内企业为生产产品、提供劳务而发生的物化劳动和活劳动的货币表现。而支出是指企业的一切开支及耗费。它包括资本性支出、收益性支出、所得税支出、营业外支出、利润分配性支出。故生产费用仅仅是指与企业生产经营有关的支出，它包含于支出当中。

企业在生产经营过程中，伴随着各项生产费用的发生和产品的不断加工制造，直到产成品的产出或者为消费者提供各种劳务，逐步形成了企业产品成本。所以，生产费用的发生过程也就是企业产品成本的形成过程。但生产费用并不等于产品成本，二者既有联系又有区别。

支出、费用和产品成本之间的相互关系如图 2－1 所示。

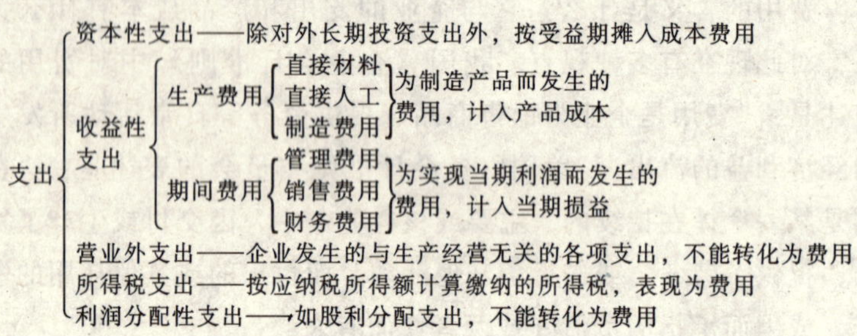

图 2－1　支出、费用和产品成本之间的相互关系图

生产费用与产品成本首先具有相同的经济内涵。因为生产费用和产品成本都是从生产经营投入到完工产出（或完成劳务活动）的角度，采用价值指标反映生产经营过程中的物化劳动与必要活劳动的耗费，生产费用是产品成本的基础，产品成本是对象化的生产费用。也就是说，某产品或劳务的总成本是该种产品或劳务在各生产经营过程中应负担的各项生产费用的总和。换句

话说，为生产某一种产品的生产费用即为该产品成本。其次，生产费用与产品成本两者的范围不同。生产费用是指一定时期内企业为生产产品提供劳务而发生的物化劳动和活劳动的货币表现，而企业产品成本是指为生产某种产品所发生的各种耗费。故生产费用的范围要大于产品成本的范围。再次，生产费用是以“会计结算期”为核算基础，反映企业在一定时期（月、季、半年、年）内实际发生的为从事生产经营活动而投入的全部费用。不必考虑产品是否完工、劳务是否完成，以及有多少产品完工。企业产品成本则是以“成本计算对象”为计算基础，反映企业为生产某种产品（或提供某种劳务）而应计入该产品（或劳务）成本的全部费用。在生产性企业就必须考虑在一定的成本计算期内有多少产品完工，以及在期末还有多少产品未完工，因为本期投产的产品不一定当期全部完工，而当期完工的产品中也可能包括有前期投产而在本期继续加工完成的，故本期计入产品成本的生产费用必须调整计算在产品、自制半成品的期初、期末余额，才能得到完工产品成本。所以，本期发生的生产费用并不一定记入本期产品成本；而记入本期产品成本的生产费用并不一定是本期发生的。

二、费用要素

工业企业生产经营过程中的耗费是多种多样的，为了科学地进行成本管理，正确计算产品成本和费用，需要对种类繁多的费用进行合理分类。将费用按照不同的标准进行分类，有助于我们进一步理解各种成本的含义及其作用，从而有效地提供和使用各种成本信息，提高成本管理的水平。在费用的各种分类中，最基本的分类方法是按经济内容和经济用途分类，前者形成了成本（费用）要素的概念，后者形成了成本项目的概念。此外，还可以按照成本与特定产品的关系、成本的可控性、成本习性以及成本与决策的相关性等标志作出分类。

就工业企业来说，形成产品成本的费用要素主要是生产资料的耗费以及劳动力的耗费，其中生产资料的耗费又分成劳动资料的耗费与劳动对象的耗费，它们体现了物化劳动的耗费；而劳动力方面的耗费则体现了必要劳动的耗费。因此，企业生产费用要素按其经济内容划分，首先可以分为劳动资料方面的费用、劳动对象方面的费用和劳动力方面的费用三大类。企业生产费用最终要具体化到各种产品身上，所以，产品成本的经济构成要素从大类上分也是以上三种费用要素。但是在实际工作中，形成产品成本的费用要素在经济内容上与理论成本的范畴可能会发生一些背离，并且在费用要素的构成上要比上述三大类费用的划分更为具体。为了更详细、具体地反映工业企业各种费用的内容及消耗水平，还应在此基础上，将工业企业的费用进一步划分为以下费用要素。所谓费用要素，就是费用按经济内容的分类。

1. 外购材料。是指企业为进行生产经营而耗用的一切从外部购进的原料及主要材料、半成品、辅助材料、包装物、修理用备件和低值易耗品等，不包括为在建工程和福利部门耗用的材料。

2. 外购燃料。是指企业为进行生产经营而耗用的一切从外部购进的各种燃料，包括固体、液体和气体燃料。一般情况下，燃料应单独列作一个要素进行核算，但对于燃料耗用不多的企业，可将其包括在外购材料中，不单独考核。外购燃料中不包括在建工程和福利部门耗用的燃料。

3. 外购动力。是指企业为进行生产经营而耗用的一切从外部购进的各种动力，如电力、热力（蒸汽）等，不包括在建工程和福利部门耗用的动力。

4. 职工薪酬。是指企业为获得职工提供的服务而给予的各种形式的报酬以及其他相关支出，包括职工工资、奖金、津贴和补贴、职工福利费、社会保险费、住房公积金、工会经费和职工教育经费、非货币性福利、因解除与职工的劳动关系给予的补偿以及其他与获得职工提供的服务相关的支出。

5. 折旧费。是指企业按照规定计提的固定资产折旧费和无形资产等的摊销费，但不包括出租固定资产折旧费用。

6. 利息费用。是指企业应计入财务费用的银行借款利息费用减去利息收入后的净额。

7. 税金。是指企业应缴纳并计入管理费用的各种税金，包括房产税、车船使用税、印花税、土地使用税等。

8. 其他费用。是指企业发生的应计入成本、费用的其他支出，及不属于以上各要素的费用，如邮电费、办公费、差旅费、租赁费、外部加工费、保险费和诉讼费等。

按照上列费用要素反映的费用，称为要素费用。将费用划分为若干要素进行分类核算的作用在于：

1. 可以反映工业企业在一定时期内耗费了哪些资源，数额是多少，有利于分析和考核企业各个时期各种生产费用的构成和支出水平。为编制材料采购资金计划和劳动工资计划提供资料。

2. 可以反映企业生产经营中外购材料、外购燃料的支出情况以及职工工资的实际支出情况，为编制材料采购计划和劳动工资计划提供资料。

3. 可以为企业核定储备资金定额和考核储备资金周转速度提供资料。

4. 可以为计算工业净产值和国民收入提供信息资料。

工业企业费用的这种分类也有不足之外，主要表现在这种分类只能反映各费用要素的支出形态，说明企业在生产活动中支付哪些费用，不能说明费用发生与企业成本之间的关系，故而不利于成本分析和考核。所以，对企业的生产费用，在此分类的基础上，还必须进一步按其经济用途进行分类。

三、成本项目

工业企业的各种费用按其经济作用分类，首先应分为生产经营管理费用和非生产经营管理费用。生产经营管理费用还应分为计入产品成本的生产费用和不计入产品成本的经营管理费用(即期间费用)。其中，应计入产品成本的生产费用在生产过程中的用途各不相同，有的直接用于产品生产，有的间接用于产品生产。为了具体反映计入产品成本的生产费用的各种用途，提供产品成本构成情况的资料，有必要把这些用途不同的生产费用进一步划分为若干个项目，即产品生产成本项目，简称产品成本项目或成本项目。可见，产品成本项目就是计入产品成本的生产费用按经济用途分类核算的项目，也是多数企业计算成本时进行费用分类的依据。

根据生产特点和管理要求，工业企业一般可以设立以下五个成本项目：

1. 原材料，亦称直接材料。是指企业生产经营过程中直接用于产品生产、构成产品实体的原料、主要材料以及有助于产品形成的辅助材料。

2. 燃料和动力。它是指企业为生产产品所发生的各种燃料和动力费用。在当今高科技时代，生产过程的机械化和自动化都要消耗大量的燃料和电力。为了正确地计算和考核产品生产过程中所消耗的燃料和动力，有必要将生产过程中消耗的燃料和动力成本单独作为一个成本项目反映。

3. 职工薪酬，亦称直接人工。是指企业直接参与产品生产的人员的工人工资、奖金、津贴和补贴、福利费、社会保险费、工会经费和职工教育经费、住房公积金等。

4. 制造费用。它是指企业内部生产经营单位（分厂、车间）为组织和管理生产经营活动而发生的各项费用，包括间接用于产品生产的各项费用（如机物料消耗、车间厂房折旧费等），以及虽直接用于产品生产，但不便于直接计入产品成本，因而没有专设成本项目的费用，如机器设备的折旧费等。

5. 废品损失。它是指企业在生产过程中，产出了不符合产品质量要求的废品所产生的损失，包括可修复废品发生的修复费、不可修复废品的全部生产成本。这一损失是应由当期生产的合格品负担的，所以废品损失也构成了合格品产品生产成本的一个项目。通过废品损失的单独核算，有利于促进企业提高产品生产质量，降低产品成本。

根据生产特点和成本管理要求，成本项目可作适当的增减，在确定或调整成本项目时，应考虑以下几个因素：第一，费用在管理上有无单独反映、控制和考核的需要；第二，费用在产品成本中所占比重的大小；第三，为某种费用专设成本项目所增加的核算工作量的大小。对于管理上需要单独反映、控制和考核的费用，以及在产品成本所占比重较大的费用，应该专设成本项目反映；反之，为了简化核算工作，不必专设成本项目。例如，我国的能源比较紧张，因而一般按产品制定工艺用燃料和动力的消耗定额，并且专设“燃料和动力”成本项目，以便单独进行反映、控制和考核。但如果工艺上耗用的燃料和动力不多，为了简化核算工作，也可以将工艺燃料费用并入“原材料”成本项目，将工艺用动力费用并入“制造费用”成本项目。

如果企业在生产过程中发生的废品损失占产品成本的比重较大，需要作为一项重点费用进行核算和管理上需要单独反映就增设“废品损失”成本项目；如果没有废品，或有的企业在生产过程中产生的废品较少，发生的废品损失占产品成本的比重也较小，就不必单独设立“废品损失”成本项目。采用逐步结转分步法计算产品成本的企业，为了计算和考核半成品成本，可增设“半成品”成本项目等。

由此可见，成本项目的设置，应根据企业的生产特点和成本管理的要求来决定。但是同行业的成本项目应尽可能一致，以便于比较。

另外，工业企业的期间费用按照经济用途可分为销售费用、管理费用和财务费用。

四、费用要素与成本项目的关系

费用按经济内容与经济用途分类（即费用要素与成本项目），是成本会计中两个非常重要的基本概念，它们之间既有联系，又有区别。

从联系上看，费用要素与成本项目都是对企业某一特定的费用所作的分类，有些费用要素与成本项目的名称也非常类似，如材料、工资等，它们都反映了企业的耗费。另外，就核算程序而言，成本项目的金额总是由费用要素转化而来的，费用要素中生产费用要素形态都将转化并归属到不同的成本项目之中。当然，这里的费用要素与成本项目间的对应关系，既可能是一对一，也可能是一对几的关系。

费用要素与成本项目间的区别主要表现在：

1. 分类的标准不同。这是两者最根本的区别。费用要素的分类标准只是经济内容而不论用途；成本项目的分类标准只是经济用途而不论内容。即所谓费用要素就是指具有相同经济内容的各不同用途的耗费之和，而成本项目是指具有相同经济用途的各不同内容的生产耗费之和。正因为费用要素与成本项目的分类标准不同，因此，也导致了两者间的对应关系有时变得错综复杂：同一费用要素，可能有多种经济用途，从而与多个成本项目相对应；同一成本项目，也许包含了多种不同的费用内容，从而又与多个费用要素相对应。

2. 被分类的费用不同。费用要素是对总费用进行分类，而成本项目只是对总费用中的生产费用进行分类。若将生产费用按经济内容为依据进行划分所得到的若干类别便称为生产费用要素。

3. 费用所属的时期不同。费用要素只反映本期发生的费用，而成本项目可能包括本期和以前几个时期发生的费用。即费用要素反映的费用具有时期性的特征，而成本项目反映的费用具有对象性的要求。

此外，费用要素与成本项目在具体的划分类别及各自的作用等方面也存在着区别。

为进一步弄清费用要素与成本项目的关系，举例说明如下：

假设某企业本月共耗用外购材料 100 万元，其中生产产品耗用 80 万元，企业行政管理部门和车间管理部门用于办公室装修各耗用 10 万元；本月共支付工资 50 万元，其中基本生产工人 30 万元，企业行政管理人员 10 万元，车间管理人员 5 万元，销售人员 5 万元。则作为费用要素的外购材料 100 万元、工资 50 万元，作为成本项目的直接材料只有 80 万元、直接人工只有 30 万元；而另一成本项目制造费用却包含了费用要素中的材料费用 10 万元和工资 5 万元；至于用于企业行政管理及产品销售的材料费用及工资就不作为生产费用，自然也就不列入任何成本项目，而是计入管理费用与销售费用之中。

第三节　成本核算的一般程序和账户设置

一、成本核算的一般程序

生产费用是计算产品成本的基础。生产费用的发生过程也就是产品成本的形成过程。因此，成本核算的一般程序就是对企业在生产经营过程中发生的各项费用，按照成本核算的要求，逐步进行归集和分配，最后计算出各种产品的总成本和单位成本以及各项期间费用的过程。根据企业生产过程中费用的发生情况和成本核算的要求，可将成本核算的一般程序归纳如下：

1. 按生产费用要素进行核算，对企业的各项支出进行严格的审核和控制，并按照国家的有关规定确定其是应计入产品成本还是期间费用。生产费用要素是企业生产经营过程中所发生的各项费用，通过对生产费用要素的核算可以了解企业在某个会计期间所发生的生产费用的内容和数量，它是产品成本计算的基础。也就是说，要在对各项支出的合理性、合法性进行严格审核、控制的基础上，进行要素费用的归集，以确认发生费用的内容及其数量。

2. 按生产费用的用途进行核算，以确认其归属对象即承担者。由于生产费用要素只能反映企业在某个会计期间所发生费用的内容和数量，而无法了解其用途。因此，生产费用在按其费用要素进行核算的基础上，还应按其经济用途进行核算。将生产费用在各种产品之间按其用途分为直接材料、直接人工、制造费用等成本项目，以便直接或间接地计入产品生产成本。也就是说，在归集和分配各生产费用要素的基础上，根据成本开支范围的规定，进一步确定应计入产品成本的生产费用。直接费用直接计入各成本计算对象（产品）的“生产成本”账户；间接费用先计入“制造费用”账户，再分配计入各产品的“生产成本”账户。

3. 按成本计算对象计算产品成本。在按成本计算对象和成本项目归集和分配费用的基础上，在成本计算单（生产成本明细账）中，将生产费用在完工产品和月末在产品之间进行分配，从而计算出完工产品的总成本和单位成本，并将完工产品总成本从“生产成本”账户转入“库存商品”账户。

二、账户的设置

在实际工作中，企业的生产费用的归集和分配，以及成本的计算都是通过建立生产费用核算的账户体系来进行的。为了正确划分各种费用界限，按成本计算对象分成本项目来归集和分配生产费用，计算产品成本，企业一般应设置“生产成本”、“制造费用”、“销售费用”、“管理费用”、“财务费用”、“长期待摊费用”等账户。如果需要单独核算废品损失，还应设置“废品损失”账户。从而形成了一个完整的生产费用核算体系。其中：“生产成本”账户一般下设“基本生产成本”和“辅助生产成本”两个明细账户，以分别核算基本生产车间和辅助生产车间的生产成本。

（一）“基本生产成本”

基本生产是指为完成企业主要生产目的而进行的商品产品生产。为了归集基本生产车间所发生的各种生产费用，计算基本生产车间产品的成本，应设置“基本生产成本”账户。该账户借方登记企业为生产产品而发生的各种费用，包括直接材料、直接人工、制造费用、废品损失；贷方登记转出的生产完工、验收入库的产品的实际成本；余额在借方，表示期末在产品成本，即基本生产车间在产品占用的资金。

"基本生产成本"账户应按产品品种或产品批别、生产步骤上的半成品等成本计算对象设置产品成本明细分类账（或称基本生产明细账、产品成本计算单），并按产品成本项目分设专栏或专行。其格式举例详见表2－1所示。

表2－1　产品成本明细账（产品成本计算单）

车间：某车间　×年×月　产品：甲产品　单位：元

月	日	摘要	产量	成本项目			成本合计
				直接材料	直接人工	制造费用	
		月初在产品成本					
		本月生产费用					
		生产费用合计					
		本月完工产品成本					
		完工产品单位成本					
		月末在产品成本					

如果企业生产的产品品种较多，为了按照产品成本项目（或者既按车间又按成本项目）汇总反映全部产品总成本，还可设置"基本生产成本二级账户"。"基本生产成本二级账户"的格式详见表2－2所示。

表2－2　基本生产成本二级账户

（各批产品总成本）　单位：元

月	日	摘要	直接材料	生产工时	直接人工	制造费用	合计
		在产品成本					
		本月生产费用					
		全部产品累计间接计入费用及其分配率					
		本月完工产品转出					
		在产品成本					

（二）“辅助生产成本”

辅助生产是为基本生产服务而进行的产品生产和劳务供应。为了归集辅助生产所发生的各种生产费用，计算辅助生产所提供的产品和劳务的成本，应设置“生产成本—辅助生产成本”账户。该账户的借方登记为进行辅助生产而发生的各种费用；贷方登记完工入库产品的实际成本或分配转出的劳务成本；余额在借方，表示期末辅助生产车间在产品的成本，即辅助生产车间在产品占用的资金。

该账户应按辅助生产车间和生产的产品以及提供的劳务分设明细分类账，并按成本项目分设专栏或专行进行明细核算。

（三）“制造费用”

为了核算企业为生产产品和提供劳务而发生的各项间接费用，应设置“制造费用”账户。该账户的借方登记实际发生的间接费用；贷方登记月末分配转出的间接费用；除季节性生产的企业外，该账户月末应无余额。

该账户应按车间、部门设置明细分类账，按费用项目设专栏进行明细核算。

（四）“销售费用”

为了核算工业企业在产品销售过程中所发生的各项费用以及为销售本企业产品而专设的销售机构的各项经费，应设置“销售费用”账户。该账户的借方登记实际发生的各项产品销售费用；贷方登记期末转入“本年利润”的数额；期末结转后该账户应无余额。

“销售费用”的明细分类账，应按费用项目设置专栏，进行明细核算。

（五）“管理费用”

为了核算企业行政管理部门为组织和管理企业生产经营活动

而发生的各项费用，应设置“管理费用”账户。该账户的借方登记发生的各项管理费用；贷方登记期末转入“本年利润”的数额；期末结转后该账户应无余额。

“管理费用”的明细分类账，应按费用项目设置专栏，进行明细核算。

（六）“财务费用”

为了核算企业为筹集生产经营所需资金而发生的各项费用，应设置“财务费用”账户。该账户的借方登记发生的各项财务费用；贷方登记应冲减财务费用的利息收入、汇兑收益以及期末转入“本年利润”的财务费用；期末结转后该账户应无余额。

“财务费用”的明细分类账，应按费用项目设置专栏，进行明细核算。

（七）“长期待摊费用”

为了核算企业已经支付，但摊销期限在一年以上（不含一年）的各项费用，应设置“长期待摊费用”账户。该账户的借方登记实际支付的各项长期待摊费用；贷方登记分期摊销的长期待摊费用；该账户的余额在借方，表示企业尚未摊销的各项长期待摊费用的摊余价值。

“长期待摊费用”应按费用种类设置明细分类账，进行明细核算。

（八）“废品损失”

需要单独核算废品损失的企业，应设置“废品损失”账户。该账户的借方登记不可修复废品的生产成本和可修复废品的修复费用；贷方登记废品残料回收的价值、应收的赔款以及转出的废品净损失；该账户月末应无余额。

“废品损失”账户应按车间设置明细分类账，按产品品种分设专户，并按成本项目设置专栏或专行进行明细核算。

综上所述，为了对成本核算账务处理有一个概括性的了解，根据成本核算的一般程序和成本核算所设置的主要账户的对应关系，产品成本核算的主要账务处理程序以“T”形账户表示，如图2－2所示。

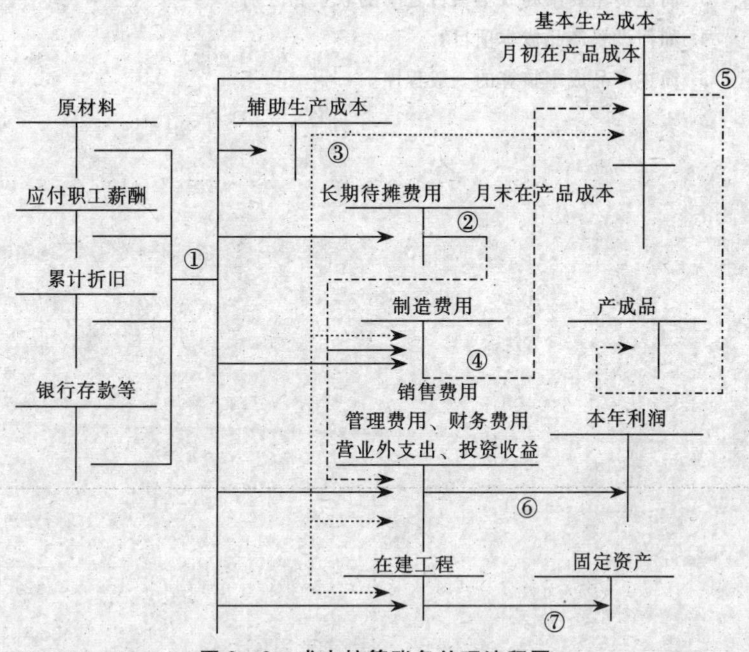

图2－2 成本核算账务处理流程图

说明：

①各项要素费用的归集和分配。

②摊销长期待摊费用。

③分配辅助生产费用。

④分配制造费用。

⑤结转完工产品成本。

⑥结转期间费用及其各项直接计入当期损益的支出和损失。

⑦结转计入固定资产价值的在建工程。

思考题

1. 正确计算产品成本应划分哪几种费用界限？
2. 工业企业成本核算的基础工作主要包括哪些方面的内容？
3. 简述费用要素和成本项目之间的联系和区别。
4. 如何设置产品成本项目？
5. 简述产品成本核算的一般程序。

第三章　工业企业生产经营费用的核算

学习目的与要求

通过本章学习，应该了解企业生产经营过程中所发生的各种各样的耗费，这些耗费有的将最终构成产品成本，有的作为期间费用计入当期损益，掌握费用在产品成本或期间费用之间分配和归集的基本程序和账务处理。并熟练掌握辅助生产费用的分配和归集、分配所采用的方法、各种方法的特点、优缺点及适用性。在理解制造费用概念的基础上，掌握制造费用的归集和分配问题。了解生产损失形成的原因，理解废品损失的含义，掌握有关账户的设置，掌握废品损失的计算方法以及账务处理。

第一节　工业企业生产经营费用核算概述

一、工业企业生产经营费用种类

为了科学地进行成本管理和成本核算，必须对工业企业的各种费用进行合理的分类。工业企业的各种费用，首先应分为生产经营管理费用和非生产经营管理费用；生产经营管理费用还应分为计入产品成本的生产费用和不计入产品成本的经营管理费用。

生产费用在生产过程中的用途各不相同，还可以从不同角度进一步分类。

（一）按经营目的不同分类

工业企业生产费用按其经营目的不同，可以将其划分为产品生产费用和工业劳务费用两大类。产品生产费用计入产品成本，工业劳务费用计入劳务成本。

1. 产品生产成本。生产性企业指那些通过一系列生产工艺过程，采用一定的技术方法，将投入的生产要素有机结合起来，生产出具有某种使用价值的、实物形态产品的企业。这类企业的劳动成果都有特定的实物形态，能够以产品产出的地点和时间确定成本计算对象、归集生产费用、计算产品成本。产品生产成本是指生产性企业为生产一定质量和数量的产品，在生产要素上发生的各种耗费。产品生产成本通常由直接材料、直接人工和制造费用构成。

直接材料又称原材料，是指加工后直接构成产品实体或主要部分的材料成本。直接人工又称职工薪酬，是指在生产中对材料进行直接加工制成产品所耗用的人工的工资、奖金和各种津贴，以及按规定比例提取的福利费、社会保险费等。制造费用通常是指在生产中所发生的除了直接材料及直接人工以外的各种费用，通常由间接材料、间接人工和其他制造费用三个部分构成。

在产品生产成本中，直接材料和直接人工之和一般称为“主要成本”；而直接人工与制造费用之和，则称之为“加工成本”，如图 3－1 所示。

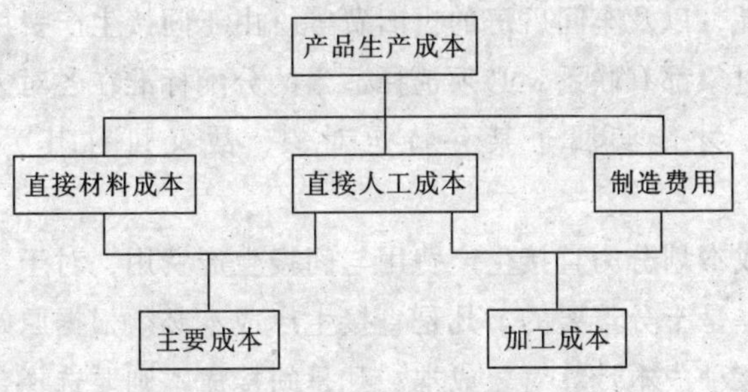

图 3－1　产品生产成本图

生产费用应否全额作为产品成本处理，需视成本计算方法而定。在完全成本计算模式下，生产费用全额作为产品成本处理；但在变动成本计算模式下，只将生产费用中的直接材料、直接人工和变动制造费用作为产品成本，而固定制造费用则作为期间成本处理。

2. 工业性劳务成本。工业企业劳务性成本，是指工业企业提供各种工业性劳务而发生的在生产要素上的各种耗费，包括直接材料、直接人工和制造费用。

（二）按生产费用与特定对象关系分类

按生产费用与特定对象关系，生产费用可分为直接生产费用和间接生产费用。

1. 直接生产费用。直接生产费用指与某一特定对象（产品、劳务、加工步骤或部门）之间具有直接联系，可按特定标准将其直接归属该对象的成本。如：产品生产过程中直接耗用的原材料、生产工人的工资和机器设备的折旧费等。由于直接生产费用可直接归属于某一特定对象，故又称为可追溯成本。

2. 间接生产费用。间接生产费用是指与某一特定对象之间没有直接联系，无法按某一特定标准直接归属有关对象的成本。如：基本生产车间和辅助生产车间的管理人员工资、办公费、机物料消耗，以及车间厂房的折旧费等。由于间接生产费用的发生与许多对象都有联系，必须选择适当的分配标准在各对象之间进行分配，才能归属于某一特定对象，故又可称其为“共同成本”。

将成本划分为直接生产费用与间接生产费用，对于正确计算产品成本是十分重要的。凡是直接生产成本必须根据原始凭证直接计入该种成本计算对象成本；凡是间接成本则要选择合理的分配标准分配给相关的成本计算对象。分配标准是否恰当，将直接影响成本的正确性。

（三）按计入产品成本的方法分类

按计入产品成本的方法，生产费用可以分为直接计入费用（直接费用）和间接计入（或分配计入）费用（间接费用）。

1. 直接计入费用。直接计入费用是指可以分清哪种产品所耗用，可以直接计入某种产品成本的费用。直接计入费用在计算产品成本时，可以根据原始凭证将发生的费用直接计入该种产品成本明细账的相应成本项目中。如：能够分清用于某种产品的原材料费用，可根据领料单、限额领料单等原始凭证，计入该产品成本的“直接材料”或“原材料”成本项目。

2. 间接计入费用。间接计入费用，是指不能分清哪种产品所耗数量、不能直接计入某种产品成本，而必须按照一定标准分配计入有关各种产品成本的费用。间接计入费用无法根据发生的原始凭证直接计入各产品成本中，需要采用适当的方法在几种产品之间进行分配，再将分配后的结果计入各产品成本明细账的相应成本项目中。例如：某企业一车间发生 50000 元生产工人工资，生产甲和乙两种产品。据工资结算单不能分清各产品应负担的工人工资，必须采用一定的分配方法，如生产工时比例法等，将 50000 元生产工人工资分配计入甲和乙产品的成本。

直接生产费用和间接生产费用与直接计入费用和间接计入费用之间既有区别又有联系。它们之间的联系表现在：直接生产费用在多数情况下是直接计入费用。如原材料、主要材料费用大多能够直接计入某种产品成本；间接生产费用在多数情况下是间接计入费用，例如机物料消耗大多需要按照一定标准分配计入有关的各种产品成本中。但它们毕竟是对生产费用的两种不同分类，直接生产费用与直接计入费用、间接生产费用与间接计入费用不能等同。例如，在生产一种产品的企业（或车间）中，直接生产费用和间接生产费用都可以直接计入这种产品的成本，因而均属于直接计入费用；又如，在用同一种原材料同时生产出几种产品的联产品生产企业（或车间）中，直接生产费用和间接生产费用都需要按照一定标准分配计入有关的各种产品成本，因而属于间接计入费用。

二、生产经营费用的归集

由于基本生产成本明细账，即产品成本明细账（或产品成本计算单）是按产品品种等成本计算对象设置和登记的，账内按成本项目分设专栏或专行。因此，在发生各种要素费用如材料、动力、职工薪酬费用时，对于直接用于产品生产而且专设成本项目的直接生产费用，例如，构成产品实体的原材料费用、工艺用燃料或动力费用，应单独记入“基本生产成本”总账科目。如果是某一种产品的直接计入费用，还应直接记入该种产品成本明细账的“直接材料”、“燃料及动力”、“直接人工”等成本项目；如果是生产几种产品的间接计入费用，则应采用适当的分配方法，分配以后记入各该种产品成本明细账的“直接材料”、“燃料及动力”、“直接人工”成本项目。

对于直接用于产品生产、但没有专设成本项目的各项费用，例如基本生产车间的机器设备的折旧费、修理费用等，应先计入“制造费用”总账科目及所属明细账的有关费用项目，然后通过一定的分配程序，转入或分配转入“基本生产成本”总账及所属明细账的“制造费用”等成本项目。

在生产经营过程中发生的用于产品销售的费用、行政管理部门发生的费用，以及筹集资金活动中发生的费用等各项期间费用，则不计入产品成本，而应分别计入“销售费用”、“管理费用”、“财务费用”总账科目及其所属明细账，然后转入“本年利润”科目，冲减当期损益。

对于购置和建造固定资产、无形资产等资本性支出，不计入产品成本和期间费用，记入“在建工程”、“无形资产”等科目。

各项生产经营费用的分配，是通过编制各种费用分配表进行的，再根据分配表编制会计分录，并据以登记各种成本、费用总账科目及其所属明细账。

三、成本对象及成本分配

（一）成本对象

成本计算在汇集一定时期发生的费用的基础上，运用一定的计算程序和方法，将费用按照确定的成本计算对象进行归集和分配，最终计算出各个成本计算对象的总成本和单位成本。

成本对象是以一定时期和空间范围为条件而存在的成本计算实体。企业任何经营成果都是依存于一定时空范围而产生的。确定成本计算对象，不仅要认定计算什么产品（或劳务）的成本，而且要认定是什么地点、什么时期生产出来的产品。因而，确定成本计算对象一定要有“时空概念”。

通常，成本对象由三个要素构成。

1. 成本计算实体。成本计算实体是指承担费用的企业经营成果的实物形态。对于生产性企业而言，成本计算实体可以划分为某种产品、某批产品或某类产品的产成品或半成品；对于劳务性企业而言，往往不存在有形的成本计算实体，而只能确定劳务的性质，如运输企业的货运和客运、商贸企业的批发和零售等。

2. 成本计算期。成本计算期是指归集费用、计算企业成本所规定的起讫日期，也即每次计算成本的期间。生产性企业按其生产特点，可分别以产品的生产周期和日历月份为成本计算期。劳务性企业一般均以日历月份为成本计算期。

3. 成本计算空间。成本计算空间是指费用发生并能组织企业成本计算的地点（部门、单位）。生产性企业的成本计算空间可分为全厂和各生产步骤，劳务性企业可划分为各部门和单位。

（二）成本分配

把成本准确地分配到各成本对象上去，这是很关键的。歪曲的成本分配会导致错误的决策和评价。成本分配的方法主要有以下几种。

1. 直接追溯法。直接追溯法是根据成本的可追溯性分配成本的方法，是将与某一成本对象存在特定或实物联系的成本直接确认分配至该成本对象的过程。了解成本与成本对象的关系将有助于提高成本分配的准确性。成本是与成本对象直接或间接关联着的。间接成本是指不能容易地或准确地归属于成本对象的成本。直接成本是指能够容易和准确地归属到成本对象的成本。“容易归属”是指成本能够以一种经济上可行的方式分配，“准确地归属”则意味着成本分配中要遵循因果联系。因而，可追溯性是指采用某一经济可行方法并遵循因果关系将成本分配至各成本对象的可能性。成本的可追溯性越强，成本分配的准确性就越高，所以，建立成本的可追溯性法是提高成本分配准确性的关键一环。

2. 动因追溯法。动因追溯法是指使用动因将成本分配至各成本对象的过程。成本动因通常是通过因果分析确定的。这些动因是可观察的，并且能够计量出成本对象的资源消耗情况。它是影响资源耗用、作业耗用、成本及收入等方面的变化因素。尽管动因追溯法不如直接追溯法准确，但如果因果关系建立合理，成本归属仍有可能达到较高的准确性。

动因追溯使用两种动因类型来追溯成本：资源动因和作业动因。资源动因计量各作业对资源的需要，用以将资源分配到各个作业上。作业动因计量各成本对象对作业的需求，并用以分配作业成本。

3. 分摊法。分摊法是分配间接成本的方法。间接成本不能追溯至成本对象，即在成本与成本对象之间没有因果关系，或追溯不具有经济可行性。把间接成本分配至各成本对象的过程，称为分摊。由于不存在因果关系，分摊间接成本就建立在简便原则或假定联系的基础上。在将该种间接成本分配记入各成本计算对象时，所选择的分配标准应满足“受益”原则，并认为按此分配标准计入企业成本中的费用是真实的。选择的分配标准，一般要考虑以下几个方面。

（1）要具有科学性。即这个分配标准项目要具有各种对象共有的特征，有典型的代表性；它与成本对象物化劳动或劳动的消耗有直接的联系，或表现为正比例关系。

（2）要具有先进性。选为分配标准的项目要有助于企业加强管理。如选定某种指标作为分配标准，通过定额与实际的比较，可以促使企业不断改善成本活动。

（3）要具有现实可能性。选为分配标准的项目，要有取得现有资料的实际可能。换言之，各受益对象所耗用分配标准的资料应该是比较容易取得的，并且可以进行客观地计量。

（4）要有相对的稳定性。任何一种分配标准都不可能与间接成本保持正比例或反比例关系，所以任何分配标准都具有主观性，选择不同的分配标准将产生不同的分配结果。为了便于各期间接成本间的比较分析，分配标准不宜经常改变，应该保持相对的稳定。

一般情况下，分配间接成本的标准主要有三类：（1）成果类，例如产品的重量、体积、产量、产值等；（2）消耗类，例如生产工时、生产工资、机器工时、原材料消耗量或原材料费用等；（3）定额类，例如定额消耗量、定额费用等。分配间接成本的计算公式，可以归纳如下：

$$\text{间接成本分配率}=\frac{\text{待分配的间接成本总额}}{\text{分配标准总额}}$$

$$\begin{matrix}\text{某成本对象应}\\\text{负担的间接成本}\end{matrix}=\begin{matrix}\text{该成本对象的}\\\text{分配标准额}\end{matrix}\times\begin{matrix}\text{间接成本}\\\text{分配率}\end{matrix}$$

综上所述，成本追溯是把直接成本分配给相关的成本对象，成本分摊是把间接成本分配给相关的成本对象。成本分配包括成本追溯与成本分摊。上述三种成本分配方法中，直接追溯法依赖于可实际观察的因果关系，因而其结果最准确；动因追溯法依赖于成本动因将成本分配至各个成本对象，其准确性次之；分摊法尽管有简单和操作的低成本等优点，但它是三种方法中最不准确的，应尽可能避免使用。实际上，在很多情况下，提高成本准确性所带来的收益在价值上会超过与动因追溯相关的额外计量成本。

第二节　各项要素费用的核算

按照上一章所述产品成本核算的要求和一般程序，本章详细、系统地讲述费用在各种产品和期间费用之间的分配和归集，包括各种要素费用、辅助生产费用、制造费用、生产损失等的分配和归集的程序和方法，划清计入产品成本的费用和不计入产品成本而计入期间费用的界限。实际上是讲述产品成本核算的基本原理。

一、材料费用的归集与分配

材料是工业企业生产过程中的劳动对象，是生产过程中不可少的物质资料，材料投入生产后将被全部消耗掉，其价值作为材料费用全部转移到产品成本中去，成为产品成本中最重要的组成部分。由于材料费用是工业企业产品生产过程中耗费较多的费用，因此，材料费用的核算对正确进行产品成本核算，加强材料费用的控制和管理具有特别重要的意义。

材料费用包括企业在生产经营过程中实际消耗的各种原材料、辅助材料、外购半成品、修理用备件配件、包装物和低值易耗品等费用。

（一）材料费用的归集

1. 确定材料费用的归集对象。确定材料费用的归集对象，也就是确定材料费用的承担者，即确定材料费用应分配记入的账户及其有关的成本（或费用）项目。

（1）直接用于产品生产，构成产品实体的原料、主要材料以及有助于产品形成的大额辅助材料，应直接或分配记入产品生产成本明细账“直接材料”成本项目中。

(2) 用于产品生产，有助于产品形成的小额辅助材料以及基本生产车间的机物料消耗应记入“制造费用”明细账“机物料消耗”费用项目中。

(3) 辅助生产车间的各种材料费用，原则上应比照基本生产车间进行处理，但可采用简化方法，全部计入“辅助生产成本”明细账“原材料”费用项目中。

(4) 销售过程中领用的各种材料应归集在“销售费用”明细账中“包装费”等有关费用项目中。

(5) 行政管理部门管理和组织生产经营活动所领用的各种材料费用记入“管理费用”明细账“物料消耗”费用项目中。

2. 材料费用的归集。原材料费用的归集分为直接归集和间接归集。

(1) 直接归集。材料费用的直接归集，是指可根据材料的用途具体明确确定原材料费用归集于哪一总账账户及哪一明细账账户。

(2) 间接归集。材料费用的间接归集，是指不能从领料凭证直接确定原材料费用为哪一产品的实际耗用，而需选用适当的分配方法分配，方可归集于某一总账及其所属明细账。例如，同一车间生产几种产品，其共同领用的同一种材料，归集时需分配计入各种产品成本。

(二) 材料费用的分配

根据材料的归集方法，材料费用的分配又分为直接计入法和间接分配法。

1. 直接计入法。直接计入法是在有多种产品生产的企业里，凡是能明确确定其归属对象的材料费用，应根据原始凭证上填列的用途，直接计入各自成本计算对象中去的方法。采用直接计入法，不仅可以减少大量的中间计算环节，而且计算的成本准确。

2. 间接分配法。间接分配法是在有几种产品共同耗用各种材料费用时，应选择适当的标准采用一定的分配方法分配计入各种产品成本。在实际工作中，材料费用的分配标准很多，可以按照产品的重量、体积分配，在材料消耗定额比较准确的情况下，一般常用材料定额耗用量比例法、材料定额费用比例法分配材料费用。具体如下：

（1）重量比例分配法。这种分配方法是以产品的重量为分配标准进行分配，适用于耗用材料费用多少与产品的重量大小有一定关系的产品。其计算公式如下：

$$材料费用分配率=\frac{各产品共同耗用的材料费用}{各产品重量之和}$$

某产品应分配的材料费用 = 该产品重量 × 材料费用分配率

【例 3－1】 某企业 2006 年 1 月生产 A 产品重量为 3000 千克，B 产品重量为 4000 千克，共同耗用的原材料费用为 7000 元。材料费用分配计算如下：

$$原材料费用分配率=\frac{7000}{3000+4000}=1$$

A 产品应分配的原材料费用 = 3000 × 1 = 3000（元）

B 产品应分配的原材料费用 = 4000 × 1 = 4000（元）

使用此方法时必须注意：作为分配标准的重量的计量单位必须一致，如不一致必须调整，否则无法加总。

（2）材料定额消耗用量比例分配法。以材料定额消耗量为标准分配材料实际消耗量的方法。计算公式如下：

$$某种产品材料定额消耗量=\frac{该种产品}{实际产量}\times\frac{单位产品材料}{定额消耗量}$$

$$材料消耗量分配率=\frac{材料实际消耗总量}{各种产品材料定额消耗量之和}$$

$$\text{某种产品应分配的材料实际消耗量}=\text{该种产品的材料定额消耗量}\times\text{材料消耗量分配率}$$

$$\text{某种产品应分配的材料实际费用}=\text{该种产品分配的材料实际消耗量}\times\text{材料单价}$$

公式中：单位产品材料消耗定额是指单位产品可以消耗的数量限额；定额消耗量是指一定产量下按照消耗定额计算的可以消耗的材料数量。

【例3-2】 某企业基本生产车间2006年6月份生产A、B两种产品，共耗用甲种原材料18000千克，每千克实际单位成本5元。A产品产量为1000件，单位消耗定额为6千克；B产品产量为2000件，单位消耗定额为7千克。求A、B两种产品应负担的材料费用。分配计算如下：

A产品材料定额消耗量 $=1000\times6=6000$（千克）

B产品材料定额消耗量 $=2000\times7=14000$（千克）

$$\text{甲材料消耗量分配率}=\frac{18000}{6000+14000}=0.9$$

A产品应分配的原材料数量 $=6000\times0.9=5400$（千克）

B产品应分配的原材料数量 $=14000\times0.9=12600$（千克）

A产品应分配的原材料费用 $=5400\times5=27000$（元）

B产品应分配的原材料费用 $=12600\times5=63000$（元）

上列计算分配可以考核原材料消耗定额的执行情况，有利于加强消耗的实物管理，但分配计算的工作量较大。为了简化计算分配工作，也可采用按材料定额消耗量比例直接分配材料实际费用的方法。其计算公式如下：

$$\text{某种产品材料定额消耗量}=\text{该种产品实际产量}\times\text{单位产品材料定额消耗量}$$

$$\text{材料费用分配率}=\frac{\text{材料实际费用总额}}{\text{各种产品材料定额消耗量之和}}$$

$$\text{某种产品应分配的材料实际费用}=\text{该种产品的材料定额消耗量}\times\text{材料消耗量分配率}$$

以【例 3－2】的资料为例计算如下：

$$\text{甲材料费用分配率}=\frac{18000\times5}{6000+14000}=4.5$$

A 产品应分配的材料费用＝6000×4.5＝27000（元）

B 产品应分配的材料费用＝14000×4.5＝63000（元）

上述两种分配方法计算结果相同。但后一种分配方法不能提供各种产品材料实际消耗量资料，不利于加强材料消耗的实物管理。

（3）材料定额费用比例分配法。以材料定额费用为标准分配材料费用的方法。计算公式如下：

$$\text{某种产品材料定额费用}=\text{该种产品实际产量}\times\text{单位产品该种材料费用定额}$$

$$\text{材料费用分配率}=\frac{\text{材料实际费用总额}}{\text{各种产品材料定额费用总额}}$$

$$\text{某种产品应分配的材料实际费用}=\text{该种产品的材料定额费用}\times\text{材料费用分配率}$$

仍以【例 3－2】的资料为例计算如下：

A 产品材料定额费用＝1000×6×5＝30000（元/千克）

B 产品材料定额费用＝2000×7×5＝70000（元/千克）

$$\text{甲材料费用分配率}=\frac{18000\times5}{30000+70000}=0.9$$

A 产品应分配的材料费用＝30000×0.9＝27000（元）

B 产品应分配的材料费用＝70000×0.9＝63000（元）

在生产多种产品或多种产品共同耗用多种材料的情况下，可采用按材料定额费用比例分配材料费用。

$$\text{某种产品材料定额消耗量}=\text{该种产品实际产量}\times\text{单位产品材料定额消耗量}$$

$$材料费用分配率=\frac{各种产品材料实际费用总额}{各种产品材料定额费用总额}$$

$$\begin{matrix}某种产品应分配\\的材料实际费用\end{matrix}=\begin{matrix}该种产品的材\\料定额费用\end{matrix}\times材料费用分配率$$

【例3-3】 某企业生产甲、乙两种产品，共同耗用A、B两种主要材料，共计66480元。本月投产甲种产品200件，乙种产品100件。甲产品材料消耗定额为：A材料5千克，B材料8千克；乙产品材料消耗定额为：A材料7千克，B材料9千克。A材料单价12元，B材料单价14元。分配分别计算如下：

（1）甲、乙产品材料定额费用：

甲产品：A材料定额费用 = 200 × 5 × 12 = 12000（元）

B材料定额费用 = 200 × 8 × 14 = 22400（元）

甲种产品材料定额费用合计 = 34400（元）

乙产品：A材料定额费用 = 100 × 7 × 12 = 8400（元）

B材料定额费用 = 100 × 9 × 14 = 12600（元）

甲种产品材料定额费用合计 = 21000（元）

（2）$材料费用分配率=\frac{66480}{34400+21000}=1.2$

（3）甲、乙产品应分配材料实际费用：

甲产品应负担的材料费用 = 34400 × 1.2 = 41280（元）

乙产品应负担的材料费用 = 21000 × 1.2 = 25200（元）

各种产品各种材料费用合计 = 66480（元）

在实际工作中，各种材料费用分配是通过编制材料费用分配表进行的，材料费用分配表是按车间、部门和材料的类别，根据归类后的领退凭证和其他资料编制的。

现列举某企业材料费用分配表的格式详见表3-1所示。

表 3－1　　　　材料费用分配表

2006 年 6 月

应借账户		费用项目	直接计入金额（元）	分配计入		费用合计（元）
				定额消耗量（千克）	分配金额（分配率 1.8）	
基本生产成本	甲产品	原材料	25000	3600	6480	31480
	乙产品	原材料	31000	1200	2160	33160
	小计		56000	4800	8640	64640
辅助生产成本	机修车间	原材料	8800			8800
制造费用	基本车间	机物料	4600			4600
	机修车间	机物料	1890			1890
	小计		6490			6490
销售费用		包装物	2200			2200
管理费用		其他	1910			1910
合　计			75400		8640	84040

根据表 3－1 材料费用分配表，可以编制会计分录如下：

借：基本生产成本——甲产品　　31480

　　　　　　　　——乙产品　　33160

　　辅助生产成本——机修车间　　8800

　　制造费用——基本车间　　4600

　　　　　　——机修车间　　1890

　　销售费用　　2200

　　管理费用　　1910

　　贷：原材料　　　　84040

上述“材料费用分配表”及材料费用分配的账务处理是在按实际成本对材料日常核算情况下进行的，如果材料日常核算是按计划成本进行的，则需要加减材料成本差异，将计划成本调整为实际成本。

二、燃料费用的归集与分配

燃料实际上也是材料，如果燃料费用很少，占成本费用比重不大，可并入原材料，即“燃料”只作“原材料”的明细科目，成本项目也不需单独设置，燃料费用的归集分配与上述原材料费用的归集分配相同。

如果燃料费用比重大，为加强对能源消耗的核算和控制，应将燃料费用单独处理，增设“燃料”会计科目，并将燃料费用单独进行分配，成本项目专门设立“燃料及动力”。根据领料用途可确定燃料费用为哪一产品生产耗用或哪一部门领用的，分别记入“基本生产成本”、“辅助生产成本”及其所属明细账的“燃料及动力”成本项目或“制造费用”、“管理费用”、“销售费用”及其所属明细账的有关费用项目。对不能从领料凭证直接确定燃料费用为哪一产品耗用（几种产品共同耗用），则需要采用适当的方法分配计入各种产品成本。

燃料费用的分配标准一般有：产品的重量、体积、机器工时、燃料的定额消耗量或定额费用等。

【例 3－4】某企业 2006 年 6 月生产产品需耗用较多的燃料，生产 A、B 产品共同耗用燃料费用 13200 元，按耗用机器工时为标准分配燃料费用，A 产品耗用机器工时 1200 小时，B 产品耗用机器工时 1000 小时。

$$\text{燃料费用分配率}=\frac{\text{各产品共同耗用的燃料费用}}{\text{各产品耗用机器工时之和}}$$

$$=\frac{13200}{1200+1000}=6$$

A 产品负担燃料费用 $=1200\times6=7200$（元）

B 产品负担燃料费用 $=1000\times6=6000$（元）

根据以上资料编制“燃料费用分配表”，如表 3－2 所示。

表 3－2　　燃料费用分配表

2006 年 6 月

项目 / 应借科目	消耗机器工时（小时）	分配率	燃料费用（元）
基本生产成本——A	1200		7200
基本生产成本——B	1000		6000
合　计	2200	6	13200

根据“燃料费用分配表”编制会计分录：

借：基本生产成本——A 产品　　7200

　　　　　　　　——B 产品　　6000

　贷：燃料　　13200

三、动力费用的归集和分配

企业耗用的动力包括外购的和自制的。外购动力如向外单位购买电力、煤气等，支付外购动力费用时，一般通过“应付账款”账户核算；自制动力如自产电力、对外来电力进行变压等，一般通过“辅助生产成本”账户核算。

动力费用的核算是按发生地点和用途进行的，只要用途相同，无论外购或自制都归在一起进行核算。动力费用的主要用途是：（1）生产工艺过程所耗用，这是直接用于产品生产的；（2）组织管理生产耗用，如车间照明、行政管理部门照明用电等。企业应根据外购动力的不同用途及其发生地点进行分配。

1. 基本生产车间生产产品的动力费用，应直接或分配记入“产品生产成本”明细账“燃料与动力”成本项目中。

2. 基本生产车间组织、管理生产的动力费用以及用于产品生产但未专设成本项目的动力费用，应记入“制造费用”明细账“水电费”费用项目中。

3. 辅助生产车间的动力费用，原则上应比照基本生产车间进行处理，但可采用简化方法，全部计入“辅助生产成本”明细账“燃料与动力”费用项目中。

4. 销售过程中发生的动力费用，应归集在“销售费用”明细账“水电费”费用项目中。

5. 行政管理部门管理和组织生产经营活动动力费用，应记入“管理费用”明细账“水电费”费用项目中。

动力费用在各车间、部门之间的分配，由于各车间、部门一般都分别装有动力耗用量的仪表，因此，可以根据计量仪表记录的实际耗用数和动力的计价标准计算分配。

直接归集是根据计量仪器仪表确定各产品、各部门的实际耗用量再乘以单价进行归集。外购动力的单价可按供电部门收取的电费总额除以各电表读数总和；自制动力的单价为辅助生产车间（发电车间）的单位成本。

$$\begin{matrix}\text{某产品（部门）}\\\text{应负担的动力费用}\end{matrix}=\text{该产品（部门）实际耗用量}\times\text{单价}$$

企业各车间、部门的动力用电和照明用电，一般都分别装有电表，可根据电表读数直接归集动力费用；但对于车间动力用电，若不能按产品分别安装电表，则动力费用需分配归集。

对于生产车间为生产产品耗用的动力费用，一般不能按产品分别安装计量仪表，因此，生产车间的动力费用要分配归集。分配归集需按一定分配标准将耗用的动力费用分配于各产品，以确定各产品应负担的动力费用。

动力费用常用的分配标准有：产品的机器工时或马力工时、生产工时、定额耗用量等。计算公式如下：

$$\text{动力费用分配率}=\frac{\text{各产品共同耗用的动力费}}{\text{各产品的分配标准的数额之和}}$$

$$\begin{matrix}\text{某种产品应分}\\\text{配的动力费用}\end{matrix}=\text{分配率}\times\begin{matrix}\text{该种产品}\\\text{分配标准数额}\end{matrix}$$

【例3-5】某企业生产车间生产A、B产品共同耗用外购动力费30000元，A产品机器工时30000小时，B产品机器工时20000小时。用机器工时比例法分配共同耗用外购动力费用，分配结果如下：

$$动力费用分配率=\frac{30000}{30000+20000}=0.6$$

A产品应负担动力费=30000×0.6=18000（元）

B产品应负担动力费=20000×0.6=12000（元）

【例3-6】某企业生产甲、乙两种产品，2006年6月份共耗用外购动力费用18720元。产量分别为200件和100件。甲、乙产品外购动力的消耗定额分别为60度和36度。则费用分配结果如下：

$$动力费用分配率=\frac{18720}{12000+3600}=1.2$$

甲产品应负担动力费=12000×1.2=14400（元）

乙产品应负担动力费=3600×1.2=4320（元）

实际工作中，动力费用的分配是通过编制动力费用分配表进行的。

根据【例3-5】资料编制“动力费用分配表”如表3-3所示。

表3-3　　动力费用分配表

2006年6月

项目 应借科目	外购动力		
	机器工时（小时）	分配率	动力费用（元）
基本生产成本——A	30000		18000
基本生产成本——B	20000		12000
合　计	50000	0.6	30000

根据“动力费用分配表”编制会计分录，登记有关账户。

借：基本生产成本——A产品　　18000
　　　　　　　　——B产品　　12000
　　贷：应付账款　　　　　　　　30000

四、人工成本的归集与分配

人工费用是指企业在一定时期内直接支付给职工的工资总额及按工资总额的一定比例提取的职工福利费、社会保险费、工会经费及职工教育经费等的总额。

（一）工资总额的组成

工资总额是指企业在一定时期内支付给全体职工的劳动报酬总额。按照国家统计局的规定，工资总额由以下六部分组成。

1. 计时工资。它是指根据计时工资标准和工作时间支付给职工个人的劳动报酬。

2. 计件工资。它是指根据职工完成的工作量和计件单价计算并支付的劳动报酬。

3. 奖金。它是指在基本工资之外，按照职工超额完成的工作量与增收节支情况及规定的奖励标准支付的劳动报酬。如超产奖、节约奖、质量奖、综合奖等。

4. 津贴和补贴。津贴是指为了补偿职工特殊的或额外的劳动消耗而支付的报酬，如高温津贴、夜班津贴、野外津贴、井下津贴等。补贴是指为了保证职工工资水平不受物价变动的影响而支付的报酬，如房租补贴、物价补贴等。

5. 加班加点工资。它是指按照规定标准支付给职工在法定工作时间之外从事劳动的报酬。

6. 特殊情况下支付的工资。它是指按照规定支付给职工非工作时间的报酬。如病假工资、产假工资、探亲假工资等。

在进行工资费用核算时，应该划清工资总额组成与非工资总额组成的界限。有些款项虽然随同工资一起发放给职工，却不属于工资总额的内容，如职工出差的伙食补助、误餐补助及市内交通补助，属于差旅费，应作为管理费用开支。又如，为生产工人购买劳动保护用品的支出，属于劳动保护费，应作为制造费用计入产品成本。再如，职工生产困难补助和医疗费补助，属于职工福利费，由职工福利费中开支，等等。这些款项都不计入工资总额，不属于工资费用。

（二）工资费用的核算原始记录

在工资总额的组成中，计时工资和计件工资是其中最基本的部分。计算计时工资，应以考勤记录为原始凭证；计算计件工资，应以产量记录为原始凭证。因此，工资费用核算的原始凭证主要是考勤记录与产量记录。

1. 考勤记录。考勤记录是登记职工出勤与缺勤情况的原始记录。考勤记录的形式多种多样，常见的有考勤簿和考勤卡两种。考勤簿按车间、科室等部门设置，根据各部门在册人员逐日进行登记，月末对本部门的出勤情况分别按个人进行归类总汇。若有人员变动，应根据人事部门的通知，在考勤簿上作相应的调整。考勤卡按人设置，每年（或每月）一张，在期初或职工调入时开设，若有人员变动，应根据人事部门的通知，在考勤卡上作相应的调整或注销。采用这种考勤形式时，月末由考勤人员根据考勤卡上的日常记录对每一职工的出勤和缺勤情况进行分类汇总。除上述考勤簿与考勤卡这两种形式外，有些单位根据企业具体情况，还采用翻牌法、移牌法、考勤钟打卡法等。不论采用何种形式进行考勤，其考勤的内容、项目和目的都基本相同。月末，车间、科室等各部门的考勤人员应将经本部门负责人审核、签章后的考勤记录，连同有关证明文件送交劳动部门和财会部门，据以计算工资，并进行工资费用的核算。

2. 产量记录。产量记录是登记职工在出勤时间内完成产量情况的原始记录。产量记录在不同行业、不同生产类型与不同劳动组织的企业和车间里，其具体的格式和登记程序不尽相同，通常使用的产量记录形式有工作通知单、工序进程单、工作班产量报告表等。

工作通知单，也叫派工单，它是以每个工人或生产小组所从事的每项工作为对象开设的产量记录，采用这种方式，先由生产计划部门开出工作通知单，通知工人按单内的指定任务进行生产。当任务完成后，将送检产品产量和实际工时填在通知单上，据以计算生产工人的计件工资。

工序进程单，也称路线单或跟单，它是以加工产品为对象开设的产量记录。在多步骤连续加工式生产的企业界，工序进程单要随着产品一起由上一工序移交下一工序，并顺次登记各道工序加工的实际产量和耗用工时，作为计算工资和统计产量的原始凭证。

工作班产量记录报告表，简称工件班报，它是按生产班组设置并反映产品数量完成情况的原始记录。工作产量报告表，根据工人送检的产品数量由检验员验收后进行登记。

（三）工资的计算与结算

由于各企业可以根据具体情况采用计时工资制和计件工资制，因此，工资的具体计算方法有计时工资和计件工资两种。

1. 计时工资的计算。计时工资是指企业按照职工的劳动时间（考勤记录）和计时工资标准支付给职工的劳动报酬。由于工资标准可以按月反映，也可以按日反映，所以相应地，计时工资的计算就有两种方法：月薪制和日薪制。

按月薪制计算计时工资，不管当月的日历天数是多少，职工每月都可以得到相同的全勤月工资。如果全年全勤，则能得到

12 个月的全勤月工资。如果有缺勤，缺勤工资应从全勤月工资中扣除。故这种方法又叫扣减缺勤工资法。其计算公式为：

应付月工资 = 月工资标准 - 应扣缺勤工资

上式中：$\text{应扣缺勤工资} = \left(\text{缺勤天数} + \text{病假天数} \times \text{扣款比例}\right) \times \text{日工资率}$

按日薪制计算计时工资，即顺算法，各月应付工资是根据职工出勤天数与日工资率计算的，所以，即使职工出全勤，各月的工资也会因出勤天数的不同而不同。例如二月份只有 28 天，该月全勤月工资必然低于一、三月份的全勤月工资。但一年 12 个月的全勤月工资之和，仍然等于 12 个月的标准工资之和。其计算公式为：

$$\text{应付月工资} = \left(\text{月出勤天数} + \text{病假天数} \times \text{发放比例}\right) \times \text{日工资率}$$

按以上两种方法计算的应付计时工资，从某个月份来看，其结果不一定相等。但从整个年度来看，其计算结果大体上是一致的。因此，两种计算方法可任选一种，但在一年以内不得变换使用。

2. 计件工资的计算。计件工资是按产量记录中登记的完成合格品的数量或符合要求的劳务量和规定的计件单价所计算的工资。计件工资包括：①在实行超额累进计件、直接无限计件、限额计件和额定计件等工资制度下，按照定额和计件单价支付给职工的工资；②按工作任务包干方法支付给职工的工资；③按营业额提成或利润提成办法支付给职工的工资。由于集体生产或连续操作，不能够按个人计算工作量的，也可以按参加工作的集体（一般为班组）计算、支付集体计件工资。集体计件工资还应在集体成员内部按照每一职工劳动和数量及质量进行分配。

（1）按个人计件制计算。如果职工在月份内从事同一计件单价的工作，则应付计件工资可按下列公式进行计算：

$$\text{应付计件工资}=\left(\text{某种产品合格品产量}+\text{该种产品料废产量}\right)\times\text{该种产品的计件单价}$$

上式中：计件单价，是根据制造某产品或加工零件所需定额工时数，乘以制造该产品或加工该零件所需某种等级工人的小时工资率计算求得的。

【例3-7】某工人本月加工完成A零件110个。其中合格品90个，料废品10个，工废品10个，该零件的计件单价为8.8元，则：

应付计件工资 =(90+10)×8.8=880（元）

如果一个工人在月份内从事不同计件单价的多种产品的加工，则应付计件工资可按下列公式进行计算：

$$\text{应付计件工资}=\sum\left(\text{某种产品合格品产量}+\text{该种产品料废产量}\right)\times\text{该种产品的计件单价}$$

为了简化计算，亦可以将工人月份内完成的各种产品折合为定额工时数，再乘以小时工资率，即为应付的计件工资。其计算公式为：

应付计件工资 = 实际完成的定额工时数 × 小时工资率

上式中：小时工资率，是指职工每小时应得的平均工资额。可按下列公式计算：

$$\text{小时工资率}=\frac{\text{日工资率}}{\text{每日规定的工作小时数}}$$

【例3-8】某工人本月生产甲、乙零件分别为180个和360个，每个零件的定额分别为15分钟和30分钟，该工人的小时工资率为3元。则应付该工人本月计件工资为：

$$\text{实际完成定额工时}=\frac{180\times15+360\times30}{60}=225\text{（小时）}$$

应付计件工资 =225×3=675（元）

(2) 按集体计件制计算。实行集体计件制，应按照班组的产量和计件单价先求得班组应得的计件工资总额。然后在班组成员之间根据每人的工资标准和实际工作时间进行分配。其计算公式为：

$$\text{应付班组计件工资总额} = \sum \left(\text{该班组加工某种产品合格品产量与料废产量之和} \times \text{该种产品的计件单价} \right)$$

$$\text{应付某工人的计件工资} = \text{该工人工作时间计算的工资} \times \text{集体计件制下工资分配率}$$

上式中，集体计件制下工资分配率，可按下列公式计算：

$$\text{集体计件制下工资分配率} = \frac{\text{应付班组计件工资总额}}{\text{班组成员按工作时间计算的工资总额}}$$

【例 3-9】 某生产小组本月加工完成 C 部件 100 件，该部件计价单价为 35.04 元。该生产小组由甲、乙、丙三个不同等级的工人组成，甲、乙、丙三人本月实际工作时间分别为 200 小时、200 小时和 180 小时，每人的小时工资率分别为 4.2 元、5 元和 6 元，则应付甲、乙、丙三人的计件工资分别为：

应付班组计件工资总额 = 100 × 35.04 = 3504（元）

$$\text{集体计件制下工资分配率} = \frac{3504}{200 \times 4.2 + 200 \times 5 + 180 \times 6} = 1.2$$

应付甲工人的计件工资 = 200 × 4.2 × 1.2 = 1008（元）

应付乙工人的计件工资 = 200 × 5 × 1.2 = 1200（元）

应付丙工人的计件工资 = 180 × 6 × 1.2 = 1296（元）

计时工资和计件工资以外的各种奖金、津贴、补贴、加班加点工资，以及特殊情况下支付的工资，则应按国家和企业的有关规定进行计算，不再详述。

(四) 人工费用的归集和分配

企业财会部门应根据计算的职工薪酬编制职工薪酬结算单，作为与职工进行工资结算的依据。根据职工薪酬结算单，按照车间、部门以及不同的人员编制“职工薪酬结算汇总表”，作为人工费用归集与分配的依据。人工费用的归集也分为直接归集和分配归集。

1. 直接归集。只生产一种产品的车间生产工人的人工费用，或生产多种产品的车间生产工人计件工资，可按发生地点和用途直接归集。即根据审核后的工资费用凭证（如职工薪酬结算单或职工薪酬结算汇总表）编制记账凭证和登记有关账户。

2. 分配归集。生产多种产品的车间，其生产工人的计时工资，以及工资总额中的奖金、津贴和补贴、特殊情况下支付的工资，通常都不能根据工资结算原始凭证确定计入哪一产品，而需要通过一定的分配方法，方可将人工费用归集于有关账户及其所属明细账。如果实行计时工资，生产工人的人工费用（含工资总额中的奖金、津贴和补贴等），一般按照产品的实际生产工时比例分配计入各产品。如果取得各种产品实际生产工时的资料较困难，或采用实际生产工时明显不合理，而各种产品的单位工时定额较准确，则可采用定额工时比例进行分配。其计算公式为：

$$\text{人工费用分配率}=\frac{\text{各产品共同负担的人工费用}}{\text{各产品实际生产工时（或定额工时）之和}}$$

$$\text{某产品应负担的人工费用}=\text{该产品实际生产工时（或定额工时）}\times\text{分配率}$$

（1）基本生产车间生产工人的薪酬，应直接或分配计入“直接人工”成本项目中。

（2）基本生产车间管理人员的薪酬应记入“制造费用”成本项目中。

（3）辅助生产车间生产工人及管理人员的薪酬，原则上应比照基本生产车间进行处理，但为了简化，可全部记入“辅助生产成本”明细账“职工薪酬”项目中。

(4) 行政管理部门管理和组织生产经营活动所发生的薪酬应记入“管理费用”明细账“职工薪酬”项目中。

(5) 企业专门设立的销售部门，其人员职工薪酬应记入“销售费用”明细账中“职工薪酬”项目中。

(6) 其他人员如医务、福利人员及其从事工程施工建设人员的职工薪酬，应分别记入“应付职工薪酬——职工福利”、“在建工程”账户中。

【例 3－10】 某企业 2006 年 6 月所产 A、B 两种产品的生产工人工资中，直接计入的人工费用分别为 32643 元和 58232 元；间接计入的人工费用共为 20160 元，规定按产品的生产工时比例分配。A、B 两种产品的生产工时分别为 9500 小时和 19300 小时。分配计算如下：

$$分配率 = \frac{20160}{9500 + 19300} = 0.7$$

A 产品应负担的人工费用 = 9500 × 0.7 = 6650（元）

B 产品应负担的人工费用 = 19300 × 0.7 = 13510（元）

工资费用的分配一般应编制人工费用分配汇总表，人工费用分配汇总表是根据工资结算汇总表编制的。其一般格式见表 3－4 所示：

表 3－4　　人工费用分配汇总表

2006 年 6 月　　金额单位：元

应借账户		成本项目	基本生产车间			
			直接计入	分配计入		成本合计
				生产工时（小时）	分配金额	
基本生产成本	A 产品	直接人工	32643	9500	6650	39293
	B 产品	直接人工	58232	19300	13510	71742
	小计		90875	28800	20160	111035
辅助生产成本——机修车间		职工薪酬	26081			26081

续表

应借账户	成本项目	基本生产车间			成本合计
		直接计入	分配计入		
			生产工时（小时）	分配金额	
制造费用	职工薪酬	5140			5140
管理费用	职工薪酬	32236			32236
销售费用	职工薪酬	14618			14618
应付职工薪酬——职工福利	职工薪酬	3774			3774
成本合计		172724		20160	192884

根据表 3－4 编制会计分录如下：

借：基本生产成本——A 产品　39293
　　　　　　　　——B 产品　71742
　　辅助生产成本——机修车间　26081
　　制造费用　5140
　　管理费用　32236
　　销售费用　14618
　　应付职工薪酬——职工福利　3774
　　贷：应付职工薪酬——工资　192884

（五）职工其他薪酬费用的归集与分配

除了向职工支付工资以外，企业为了获得职工提供的服务还应按照国家规定给予各种形式的报酬以及其他相关支出，包括职工福利费、社会保险费、住房公积金等。此处，仅以职工福利费为例介绍职工其他薪酬费用的归集与分配。

企业用于职工福利方面的资金分为两部分：用于职工个人福利部分，计入成本、费用，从企业收入中补偿，在未支付分配给个人之前形成企业的负债，在“应付职工薪酬——职工福利”账户核算，在资产负债表上列为流动负债；用于职工集体福利设施部分，从税后利润中提取，在“盈余公积”账户的“法定公益金”明细账户核算，在资产负债表上列为所有者权益。

按现行制度规定，职工福利费按照企业职工工资总额的一定比例提取。职工福利费就实质来说是一种工资附加支出，因此也称工资附加费，其列支渠道可参照工资的分配方法，提取时与工资费用分配方向相同，即分别借记“生产成本”、“制造费用”、“管理费用”、“销售费用”、“在建工程”、“营业外支出”等账户，贷记“应付职工薪酬——职工福利”账户。

应该指出的是，由于企业生活福利部门的费用一般都应由职工福利费开支，因此，按生活福利部门人员工资和规定比例计提的职工福利费，从理论上说也应由职工福利费开支。这就是说，应该从职工福利费中计提职工福利费，即借记“应付职工薪酬——职工福利”账户，贷记“应付职工薪酬——职工福利”账户。这样计提的结果，一借一贷，互相抵消，职工福利费既没有增加也没有减少。在实际工作中，为了增加职工福利费，按生活福利部门人员工资和规定比例计提的职工福利费，不由职工福利费列支，而作为管理费用列支。即在计提职工福利费时，改为借记“管理费用”账户，贷记“应付职工薪酬——职工福利”账户。

职工福利费的计提和分配是通过编制“职工福利费计提分配表”进行的，其格式如表3－5所示。由于职工福利费根据工资总额的一定比例计提，而人工费用分配表中已经分配了各种用途的工资额，为了减少费用分配表的编制工作，这两种费用分配表也可合并编制。

表 3-5　　　　职工福利费计提分配表

2006 年 6 月　　　　　　单位：元

应借账户			成本（费用）项目	工资总额	计提的应付福利费
生产成本	基本生产成本	A 产品	直接人工	16100	2254
		B 产品	直接人工	29900	4186
		小　计		46000	6440
	辅助生产成本	供电车间	职工薪酬	6800	952
		运输车间	职工薪酬	4500	630
		小　计		11300	1582
制造费用		基本生产车间	职工薪酬	2900	406
销售费用			职工薪酬	20500	2870
管理费用			职工薪酬	24800	3472
在建工程			职工薪酬	3400	476
合　计				108900	15246

根据职工福利费计提分配表，编制下列会计分录：

借：基本生产成本——A 产品　　　2254

　　　　　　　　——B 产品　　　4186

　　辅助生产成本——供电车间　　952

　　　　　　　　——运输车间　　630

　　制造费用　　406

　　销售费用　　2870

　　管理费用　　3472

　　在建工程　　476

　　贷：应付职工薪酬——职工福利　　15246

计提的职工福利费主要用于职工的医疗费（包括企业参加职工医疗保险所缴纳的医疗保险费）、医务经费、职工因公负伤赴外地就医路费、职工生产困难补助，以及职工医务部门、职工浴室、理发室、幼儿园、托儿所等生活福利部门职工的工资等。由于已经计提了职工福利费，所以当实际发生上列这些费用时，就应由计提的职工福利费列支，即借记“应付职工薪酬——职工福利”账户，贷记“库存现金”或“银行存款”等账户，而不应再计入成本、费用，以免重复。

五、其他要素费用的归集与分配

（一）折旧和修理费用的归集与分配

固定资产由于使用等原因发生损耗而减少的价值，称为“固定资产的折旧”。固定资产折旧应分期计入产品成本和期间费用，分期计入成本、费用的固定资产损耗价值，称为“折旧费用”。

1. 折旧费用的核算。包括折旧费用的计算与分配两方面。折旧的计算方法要注意折旧计提的范围。我国新的会计准则规定，除已提足折旧仍继续使用的固定资产和单独计价入账的土地以外，企业应对所有固定资产计提折旧。

为了简化折旧的计算工作，月份内开始使用的固定资产，当月不计提折旧，下月起计算折旧；月份内减少或停止使用的固定资产，当月仍计算折旧，从下月起停止计算折旧。

折旧的计算方法很多，由于折旧方法的选用直接影响到企业成本、费用的计算，也影响企业的利润和纳税，因此企业应选择适当的折旧方法。折旧方法一经确定，不得随意变更。

常用的折旧方法有以下四种：年限法（直线法）、工作量法（工作时数）、双倍余额递减法、年数总和法。

【例3-11】某企业于2005年12月30日引进一套生产流水线，价值2000000元，预计净残值140000元，预计使用年限为5年。预计2006年年产量10万件，以后逐年递减1万件。实际产量与预计相符。分别用以上几种方法计算折旧额。

（1）年限法：

$$年折旧额 = \frac{2000000 - 140000}{5} = 372000（元）$$

（2）工作量法：

$$万件产量折旧额 = \frac{2000000 - 140000}{10 + 9 + 8 + 7 + 6} = 46500（元/万件）$$

第一年折旧额 $= 46500 \times 10 = 465000$（元）

第二年折旧额 $= 46500 \times 9 = 418500$（元）

第三年折旧额 $= 46500 \times 8 = 372000$（元）

第四年折旧额 $= 46500 \times 7 = 325500$（元）

第五年折旧额 $= 46500 \times 6 = 279000$（元）

（3）年数总和法：

第一年折旧额 $= \frac{5}{15} \times (2000000 - 140000) = 620000$（元）

第二年折旧额 $= \frac{4}{15} \times 1860000 = 496000$（元）

第三年折旧额 $= \frac{3}{15} \times 1860000 = 372000$（元）

第四年折旧额 $= \frac{2}{15} \times 1860000 = 248000$（元）

第五年折旧额 $= \frac{1}{15} \times 1860000 = 124000$（元）

共计　1860000（元）

（4）双倍余额递减法：

$$年折旧率 = \frac{2}{预计使用年限} \times 100\%$$

折旧额 = 固定资产账面价值 × 年折旧率

最后两年内差额平均分摊。

计算：年折旧率 $= \frac{2}{5} = 0.4$

第一年折旧额 = 2000000 × 0.4 = 800000（元）

第二年折旧额 =（2000000 - 800000）× 0.4 = 480000（元）

第三年折旧额 =（2000000 - 800000 - 480000）× 0.4
= 288000（元）

第四、第五年折旧额 = 432000 ÷ 2 = 216000（元）

2. 折旧费用的归集和分配。一种产品生产往往需要使用多种机器设备，而每一种机器设备又可能生产多种产品。因此，机器设备的折旧费用虽然是直接用于产品生产的费用，但一般属于分配工作比较复杂的间接计入费用，为了简化产品成本的计算工作，没有专门设立成本项目而是将其直接计入制造费用。企业行政管理部门固定资产的折旧费用、用于其他经营业务的固定资产折旧费用，则应分别记入管理费用和其他业务支出。这说明，折旧费用应按照固定资产的使用车间、部门和用途分别记入“制造费用”、“管理费用”、“销售费用”等明细账的“折旧费”费用项目中。

某企业的折旧费用分配表如表3-6所示：

表3-6　　折旧费用分配表

2006年5月　　单位：元

项目	基本生产车间	辅助生产车间		行政管理部门	专设销售机构	合计
		供电	供水			
折旧费	10000	1200	200	3000	1000	15400

根据表3-6折旧费用分配表，可以编制会计分录如下：

借：制造费用　　10000
　　辅助生产成本　　1400
　　管理费用　　3000
　　销售费用　　1000

贷：累计折旧　　　　　　　　　　　　　15400

固定资产修理费与折旧费一样，也不单独设置成本项目，对于生产车间固定资产的修理费，应先在“制造费用”账户归集，归集完成后再从“制造费用”账户转入“基本生产成本”账户，并分配计入各种产品成本。对于企业行政管理部门固定资产的修理费，应先在“管理费用”账户中归集，归集完成后，于月末直接计入当期损益。需要指出的是，如果企业各月发生的固定资产修理费用不均衡时，则可以采用待摊或预提的方法进行处理。

（二）利息费用的归集与分配

要素费用中的利息费用，是企业财务费用的一个费用项目，不构成产品成本。

利息费用一般按季节结算并于季节末支付。对利息费用的处理一般可采取以下两种方法：

1. 采用按月预提方式。如果利息费用数额较大，为正确划分各月费用界限，体现权责发生制的要求，可采用预提办法，即季内各月利息费用按计划预提，每季度实际利息费用与预提利息费用的差额，调整计入季末月份的财务费用。

【例 3－12】某企业从 2006 年 10 月份起按月计划预提利息 1000 元，12 月末接银行通知结算全季利息 3200 元。则有关的账务处理如下：

（1）10 月、11 月、12 月每月预提利息费用时：

借：财务费用　　　　　　　　　　1000

　　贷：应付利息　　　　　　　　　　1000

（2）12 月末实际支付利息时：

借：应付利息　　　　　　　　　　3200

　　贷：银行存款　　　　　　　　　　3200

（3）季末调整实际利息费用与预提利息费用的差额，计入12月份的财务费用：

借：财务费用　　　　　　　　　　　　　　　　200

　　贷：应付利息　　　　　　　　　　　　　　　　200

10月、11月预提利息，12月末实际支付利息时也可以：

借：财务费用　　　　　　　　　　　　　　　　1200

　　应付利息　　　　　　　　　　　　　　　　2000

　　贷：银行存款　　　　　　　　　　　　　　　　3200

2. 不通过预提方式。如果利息费用数额不大，为了简化起见，也可以不采用预提的办法，而于季末实际支付时全额计入当月的财务费用。

如前例，12月末支付利息时：

借：财务费用　　　　　　　　　　　　　　　　3200

　　贷：银行存款　　　　　　　　　　　　　　　　3200

（三）税费的归集与分配

要素费用中的税费，是特指应计入管理费用的各项税费，属于管理费用的一个费用项目，也不构成产品成本。具体包括：房产税、车船使用税、土地使用税、印花税等。税费计入管理费用主要有以下几种情况：

1. 预先计算应交金额的税费。如房产税、车船使用税、土地使用税，这些税金应该通过“应交税费”账户核算。

（1）预先计算应交的税费时：

借：管理费用

　　贷：应交税费

（2）交纳税费时：

借：应交税费

　　贷：银行存款

2. 不需要预先计算应交金额的税费。如印花税，这种税费不通过“应交税费”账户核算。

交税印花税时：

借：管理费用

　　贷：银行存款等

（四）其他费用的归集与分配

企业要素费用中的其他费用，是指上述各项费用以外的费用支出，包括：邮电费、差旅费、租赁费、办公费、印刷费等，这些费用有的是产品成本的组成部分，有的则是期间费用等组成部分。即使是计入产品成本的其他各项费用，也没有单独设立成本项目，因此，这些费用发生时，按发生的车间、部门和用途分别借记“制造费用”、“辅助生产成本”、“销售费用”、“管理费用”等账户的借方，贷记“银行存款”等账户。

【例 3－13】 企业以银行存款支付本月发生的差旅费、运输费等共计 1345.10 元，其中：基本生产车间 139 元，辅助生产供电车间 529 元、供水车间 167 元，销售部门 217.50 元，管理部门 142.60 元，财务费用 150 元。编制会计分录如下：

借：制造费用　　139

　　辅助生产成本——供电　　529

　　　　　　　　——供水　　167

　　销售费用　　217.50

　　管理费用　　142.60

　　财务费用　　150

　　贷：银行存款　　1345.10

第三节 辅助生产费用的核算

一、辅助生产费用归集与分配的意义

企业的生产分为基本生产和辅助生产。基本生产是指为企业的主要商品产品生产而设置的生产过程，它们是企业的主要生产过程。辅助生产是指为企业的基本生产和其他部门服务而设置的生产过程，包括企业的供水、供电、供汽、运输、修理等。辅助生产的产品、劳务和作业在满足本企业基本生产需要的前提下，也有时对外销售一部分，但这不是主要目的，在辅助生产中所占的比重很小。从事辅助生产所发生的费用称为辅助生产费用。按照辅助生产所提供的产品、劳务和作业的品种，可将辅助生产分为两类：

1. 只提供一种产品、劳务和作业，如供水、供电、供汽、运输等辅助生产，称为单品种辅助生产，该类车间称为单品种辅助生产车间。单品种辅助生产车间里发生的各项费用都是该车间提供劳务、作业发生的直接成本，只需将车间内发生的全部费用按车间分别归集，即可计算出该车间该劳务或作业的总费用。由于这类车间都是从事劳务、作业性质的生产，月末无在产品结存，各受益部门所接受的劳务、作业服务也都是受益部门的所耗费用，因此，各辅助生产车间归集的总费用就是该月该种劳务或作业的总成本，并且该总成本即可在各受益部门或产品之间按受益量的比例进行分配。

2. 提供多种产品、劳务或作业的辅助生产，如机械修理、工具模具制造等辅助生产，称为多品种辅助生产，该类车间称为

多品种辅助生产车间。多品种辅助生产车间里发生的各种费用在归集时就需要区分直接费用和间接费用，发生的费用如能分清是哪一种工具、模具所耗用的，就是直接费用，可直接计入该种工具、模具的成本中；而辅助生产车间为管理和组织生产活动发生的各项费用，就是间接费用，不能直接计入成本。因此，多品种辅助生产车间除了需要分别不同的工具、模具归集其耗用的直接费用，还需要按辅助生产车间分别归集间接费用，月终将归集的单位费用在各种工具、模具之间采用一定的分配方法进行分配，然后再计算成本。若干辅助生产车间为基本生产车间生产的工具、模具，一般需要通过仓库的收发核算，而并非辅助生产制造完成后即列为基本生产成本。同时，辅助生产车间月末有可能结存在产品。因此，多品种辅助生产所归集的生产费用，首先要在完工产品与在产品之间划分，然后将完工产品的成本转入企业存货成本。

形成企业存货的辅助生产产品，即多品种辅助生产车间生产的产品，其成本计算方法与基本生产产品的成本计算方法相同，所以，本节主要侧重介绍单品种辅助生产车间生产的已被基本生产车间或其他部门耗用的各种劳务、作业成本的归集和分配。

辅助生产所提供的产品、劳务、作业，除少数用于非生产使用外，绝大部分被企业的产品生产和管理所耗用，其费用也随之按耗用比例转入各种产品的生产成本和有关费用。因此，辅助生产产品各劳务成本的高低，对于企业的产品成本水平有着重要的影响；同时，也只有在辅助生产的产品、劳务成本确定以后，才能计算商品产品的成本。此外，在有些工业企业中，辅助生产车间之间往往相互提供劳务。例如某企业设有供水车间、供电车间、机修车间等，供水车间为供电车间、机修车间供水，供电车间为供水车间、机修车间供电，机修车间又为供水车间和供电车间进行机器设备的维修作业服务。这样各辅助生产车间归集的费用还应该包括从其他辅助生产车间转入的费用，同时也增加了辅助生产费用分配的复杂程度。可见，辅助生产费用归集与分配的正确与否，对于保证企业的商品产品成本计算的正确性和及时性，有着重要的意义。

企业在进行辅助生产费用的归集与分配时应该做到：

（1）正确归集和计算辅助生产各成本计算对象所发生的成本。

（2）按一定程序和标准正确分配各种辅助生产费用。

（3）控制各辅助生产成本计算对象费用的发生，促进降低辅助生产的成本，以最终降低基本生产产品成本。

二、辅助生产费用的归集

由于企业的辅助生产和基本生产的目的不同，所以企业必须区分辅助生产费用和基本生产费用。对于辅助生产费用应单独设置“辅助生产成本”账户进行归集与分配。辅助生产费用的归集除通过“辅助生产成本”总账账户外，由于企业的辅助生产部门都是具有独立职能的生产单位，所以还要设置辅助生产明细账进行核算。辅助生产明细账一般按辅助生产车间分别设置。对于生产单品种产品、劳务、作业的辅助生产车间，可按费用的经济性质即费用要素作为其成本项目设置明细账。对于生产多品种的辅助生产车间，则分别要按各车间生产的产品、劳务、作业的种类和批别设置辅助生产明细账，在该明细账中一般以费用的经济用途来划分费用，设置成本项目。对于生产多品种的辅助生产车间，辅助生产费用中的直接计入费用和间接计入费用的登记方法一般是：

一种是先通过“制造费用”账户的借方进行归集，然后再从其贷方分配转入“辅助生产成本”账户的借方。在辅助生产成本明细账中，平时对于属于材料、燃料和动力、工资及提取的职工福利费等直接费用直接计入各辅助生产的成本明细账，其他费用则先归集于制造费用明细账中，期末再按一定标准分配计入辅助生产车间的有关产品、劳务或作业的成本明细账中。

【例3－14】辅助生产成本和制造费用明细账格式详见表3－7、表3－8、表3－9、表3－10所示。

表3－7　　辅助生产成本明细账

辅助生产车间：修理　　2006年10月　　单位：元

日期	凭证号	摘　要	直接材料	燃料及动力	直接人工	制造费用	合计	转出
		材料费用分配表	4200				4200	
		动力费用分配表		300			300	
		职工薪酬分配表			3000		3000	
		制造费用分配表				1500	1500	
		辅助生产成本分配表						9000
		合计	4200	300	3000	1500	9000	9000

表3－8　　辅助生产成本明细账

辅助生产车间：运输　　2006年10月　　单位：元

日期	凭证号	摘　要	直接材料	燃料及动力	直接人工	制造费用	合计	转出
		材料费用分配表	2200				2200	
		动力费用分配表		300			300	
		职工薪酬分配表			1500		1500	
		制造费用分配表				800	800	
		辅助生产成本分配表						4800
		合计	2200	300	1500	800	4800	4800

表 3－9　　制造费用明细账

辅助生产车间：修理　　2006 年 10 月　　单位：元

日期	凭证号	摘　　要	材料	动力	职工薪酬	折旧费	办公费	保险费	其他	合计	转出
		材料费用分配表	400							400	
		动力费用分配表		70						70	
		职工薪酬分配表			380					380	
		折旧费用分配表				190				190	
		办公费					180			180	
		保险费						160		160	
		其他							120	120	
		制造费用分配表									1500
		合　计	400	70	380	190	180	160	120	1500	1500

表 3－10　　制造费用明细账

辅助生产车间：运输　　2006 年 10 月　　单位：元

日期	凭证号	摘　　要	材料	动力	职工薪酬	折旧费	办公费	保险费	其他	合计	转出
		材料费用分配表	210							210	
		动力费用分配表		60						60	
		职工薪酬分配表			180					180	
		折旧费用分配表				160				160	
		办公费					50			50	
		保险费						60		60	
		其他							80	80	
		制造费用分配表									800
		合　计	210	60	180	160	50	60	80	800	800

另一种是不通过“制造费用”账户核算。需要指出的是，如果辅助生产不对外提供产品、劳务，就不需要按照规定的成本项目计算成本，编制产品成本报表，而且如果辅助生产车间规模很小，制造费用很少，为了简化核算工作，其制造费用也可以直

接计入"辅助生产成本"总账账户和所属明细账的借方，而不通过"制造费用"账户核算。这样，要计算辅助生产费用时，可以将产品的成本项目与制造费用的费用项目结合起来，设立简化的项目，在辅助生产明细账中按照这种简化的项目归集费用、计算成本。

【例 3－15】 辅助生产成本明细账的格式详见表 3－11 和表 3－12 所示。

表 3－11　　辅助生产成本明细账

辅助生产车间：供电　　2006 年 10 月　　单位：元

日期	凭证号	摘　要	原材料	动力	职工薪酬	折旧费	修理费	保险费	其他	合计	转出
		材料费用分配表	450							450	
		动力费用分配表		456						456	
		职工薪酬分配表			1500					1500	
		折旧费用分配表				1200				1200	
		长期待摊费用分配表						65		65	
		修理、办公等费用					540		529	1069	
		辅助生产成本分配表									4740
		合　计	450	456	1500	1200	540	65	529	4740	4740

表 3－12　　辅助生产成本明细账

辅助生产车间：供水　　2006 年 10 月　　单位：元

日期	凭证号	摘　要	原材料	动力	职工薪酬	折旧费	修理费	保险费	其他	合计	转出
		材料费用分配表	650							650	
		动力费用分配表		600						600	

续表

日期	凭证号	摘　要	原材料	动力	职工薪酬	折旧费	修理费	保险费	其他	合计	转出
		职工薪酬分配表			228					228	
		折旧费用分配表				200				200	
		长期待摊费用分配表						60		60	
		修理、办公等费用					160		167	327	
		辅助生产成本分配表									2065
		合　计	650	600	228	200	160	60	167	2065	2065

上述辅助生产费用两种归集程序中，第一种归集程序，即“辅助生产成本”账户与“基本生产成本”账户一样，一般按车间以及产品和劳务设置明细账，账内按成本项目设立专栏或专行进行明细核算。辅助生产的制造费用，单独设置“制造费用”账户核算，先通过“制造费用”账户进行归集，然后转入“辅助生产成本”账户的借方，计入辅助生产产品或劳务的成本。第二种归集程序，即辅助生产的制造费用不通过“制造费用”账户及其明细账单独核算，而是直接计入“辅助生产成本”账户。辅助生产费用归集的两种程序的主要区别在于辅助生产制造费用的归集程序不同。

三、辅助生产费用的分配

辅助生产费用的分配有两种情况：一是产品性生产，如提供自制材料、工具、备件等产品。其费用分配、成本计算及账务处理同基本生产车间生产产品一样。二是劳务性生产，如供水、供电、运输、机修等。其发生的费用，应于月末，按受益的原则，在各受益单位之间选择一定的方法进行分配。若企业有几个辅助生产部门，且相互提供产品和劳务，则要先在各辅助生产车间之间进行费用的交互分配，然后再对外分配。

（一）单一辅助生产车间辅助生产费用的分配

如果企业只有一个辅助生产车间，则其生产费用的分配比较简单，通常按各受益对象耗用该辅助生产车间提供的产品或劳务数量的比例，在各个受益对象之间进行分配。

【例3-16】某企业供电车间7月供电64000度，费用总额为160000元。企业各部门耗电资料如表3-13所示。

表3-13 单位：度

受益对象	耗电数量
基本生产车间——甲产品	30000
基本生产车间——乙产品	12000
基本生产车间——车间管理	8000
企业行政管理部门	10000
固定资产在建工程	4000
合　计	64000

根据以上资料，分配供电车间的生产费用。其结果如下：

$$电费分配率=\frac{160000}{64000}=2.5$$

甲产品应分配的电费 = 30000 × 2.5 = 75000（元）

乙产品应分配的电费 = 12000 × 2.5 = 30000（元）

基本生产车间制造费用应分配的电费 = 8000 × 2.5
= 20000（元）

企业行政管理部门应分配的电费 = 10000 × 2.5
= 25000（元）

固定资产在建工程应分配的电费 = 4000 × 2.5 = 10000（元）

根据分配结果作会计分录如下：

借：基本生产成本——甲产品　　　75000

——乙产品 30000

制造费用——基本车间 20000

管理费用 25000

在建工程 10000

贷：辅助生产成本——动力 160000

（二）若干辅助生产车间辅助生产费用的分配

如果企业拥有两个或两个以上辅助生产车间，则该企业辅助生产费用的分配通常较为复杂。因为辅助生产车间不仅对企业各生产及管理部门提供产品或劳务，而且各辅助生产车间之间往往相互提供产品或劳务，这就使辅助生产费用的分配交互影响，彼此制约。在此情况下，辅助生产费用分配一般可采用以下几种方法：直接分配法、顺序分配法、交互分配法、计划成本分配法和代数分配法。

1. 直接分配法。采用这种方法是把各辅助生产车间实际发生的费用，直接在辅助生产以外的各受益单位之间进行分配，而不考虑辅助生产车间之间相互提供产品或劳务的情况。分配的特点可概括为：只对外，不对内。其计算公式为：

$$\text{某辅助生产车间费用分配率}=\frac{\text{待分配的该辅助生产费用总额}}{\text{辅助生产车间以外各受益单位耗用劳务的数量之和}}$$

$$\text{某受益单位应负担的该辅助生产费用}=\text{分配率}\times\text{该受益单位耗用劳务量}$$

【例 3－17】某企业有供电和供水两个辅助生产车间，2006 年 6 月供电车间供电 9000 度，费用总额为 24000 元；供水车间供水 12000m³，费用总额为 14400 元，水电耗用情况如表 3－14 所示。

表 3－14　　劳务供应资料

车间或部门	供电（度）	供水（m^3）
供电车间		3000
供水车间	1000	
基本生产车间	6000	3000
企业管理部门	2000	6000
合　计	9000	12000

根据以上资料，采用直接分配法分配并编制“辅助生产费用分配表”。其结果如表 3－15 所示。

表 3－15　　辅助生产费用分配表（直接分配法）

2006 年 6 月　　金额单位：元

辅助生产车间 / 应借账户	供电（度）			供水（m^3）			成本合计
	供应量	分配率	金额	供应量	分配率	金额	
制造费用	6000		18000	3000		4800	22800
管理费用	2000		6000	6000		9600	15600
合　计	8000	3	24000	9000	1.6	14400	38400

表中辅助生产车间的费用分配率计算如下：

$$供电费用分配率 = \frac{24000}{6000 + 2000} = 3$$

$$供水费用分配率 = \frac{14400}{3000 + 6000} = 1.6$$

根据“辅助生产费用分配表”，编制会计分录如下：

借：制造费用　　22800

　　管理费用　　15600

　　贷：辅助生产成本——供电　　24000

　　　　　　　　　　——供水　　14400

采用直接分配法，计算最为简便，但具有一定的假设性。因此，它只宜在辅助生产车间之间相互提供产品或劳务数量不多、不进行交互分配对辅助生产成本和基本生产产品成本影响不大的情况下采用。

2. 顺序分配法。采用这种方法，各种辅助生产之间的费用分配应按照辅助生产车间受益多少的顺序排列，受益少的排列在前，先将费用分配出去，受益多的排列在后，后分配。排在前面的辅助生产车间将费用分配给排在其后面的辅助生产车间而不负担排在其后的辅助生产车间的劳务费用。该方法的计算公式为：

$$\text{排第一位的辅助生产车间费用分配率}=\frac{\text{待分配的该辅助生产费用总额}}{\text{该辅助生产车间提供的劳务数量之和}}$$

$$\text{某受益单位应负担的该辅助生产费用}=\text{该受益单位耗用的劳务量}\times\text{分配率}$$

$$\text{排第二位的辅助生产车间费用分配率}=\frac{\text{该辅助生产费用总额}+\text{前面辅助生产车间分配来的费用}}{\text{排后面的辅助生产车间及其以外受益单位耗用的劳务数量之和}}$$

$$\text{某受益单位应负担的该辅助生产费用}=\text{该受益单位耗用的劳务量}\times\text{分配率}$$

仍用【例 3－17】资料，采用顺序分配法分配辅助生产成本。

首先判断哪个辅助生产车间受益少，受益少的先分配。

供水车间耗用电的费用 $=1000\times24000/9000=2666.67$（元）

供电车间耗用水的费用 $=3000\times14400/12000=3600$（元）

供水车间受益少，先分配；供电车间受益多，后分配。

根据以上资料，采用顺序分配法编制“辅助生产费用分配表”，如表 3－16 所示。

表 3－16　　　　辅助生产费用分配表（顺序分配法）

2006 年 6 月　　　　金额单位：元

辅助生产车间	分配率	应借账户 辅助生产成本 供水		供电		制造费用		管理费用	
		供应量	金额	耗用量或供应量	金额	耗用量	金额	耗用量	金额
待分配费用			14400		24000				
供水车间	1.2	12000	14400	3000	3600	3000	3600	6000	7200
供电车间	3.45			8000	27600	6000	20700	2000	6900
成　本　合　计							24300		14100

表中各辅助生产车间的费用分配率计算如下：

$$供水费用分配率=\frac{14400}{12000}=1.2$$

$$供电费用分配率=\frac{24000+3600}{8000}=3.45$$

根据“辅助生产费用分配表”编制会计分录如下：

借：辅助生产成本——供电　　　　3600

　　制造费用　　　　24300

　　管理费用　　　　14100

　　贷：辅助生产成本——供水　　　　14400

　　　　　　　　　　——供电　　　　27600

采用这种方法分配辅助生产费用的优点是较直接分配法前进了一步，因为该方法上考虑了辅助生产车间之间的交互分配，计算简便，也只计算分配一次。缺点是排列在前的辅助生产车间不负担排列在后辅助生产车间的费用，因此，分配结果的准确性会受到一定的影响。该方法适用于辅助生产车间相互受益的程度有明显顺序的企业。

3. 交互分配法。采用这种方法是把各辅助生产车间实际发生的费用分两步来进行分配。第一步，将各辅助生产车间发生的费用，只在各辅助生产车间之间进行交互分配；第二步，将各辅助生产车间交互分配前的费用，加上交互分配转入的费用，减去交互分配转出的费用，计算出各辅助生产车间交互分配后的实际费用，然后按对外提供产品或劳务的数量，在辅助生产以外的各受益单位之间进行分配。分配的特点可概括为：先对内，后对外。其计算公式为：

$$\text{某辅助生产车间费用交互分配率}=\frac{\text{待分配的该种辅助生产费用总额}}{\text{该辅助生产车间提供的劳务总量}}$$

$$\text{其他辅助生产车间应负担辅助生产费用}=\text{该受益单位耗用劳务量}\times\text{分配率}$$

$$\text{某辅助生产费用对外分配率}=\frac{\text{该辅助生产车间待分配的费用总额}+\text{交互分配转来的费用}-\text{交互分配分出的费用}}{\text{辅助生产车间以外各受益单位耗用劳务的数量之和}}$$

$$\text{某受益单位分配的辅助生产费用}=\text{该受益单位耗用劳务量}\times\text{分配率}$$

仍用【例 3 - 17】资料，采用交互分配法分配辅助生产费用，并编制辅助生产费用分配表。其结果如表 3 - 17 所示。

表中交互分配率及对外分配率计算如下：

$$\text{供电费用交互分配率}=\frac{24000}{9000}=2.667$$

$$\text{供水费用交互分配率}=\frac{14400}{12000}=1.2$$

$$\text{供电费用对外分配率}=\frac{24000+3000\times1.2-1000\times2.667}{8000}=3.116625$$

$$\text{供水费用对外分配率}=\frac{14400+2667-3600}{9000}=1.496333$$

根据表 3 - 17 “辅助生产费用分配表”，编制会计分录如下：

表 3－17　　辅助生产费用分配表(交互分配法)

2006 年 6 月　　金额单位:元

项　目	待分配费用	对外分配费用	分配数量	分配率	应借账户							
					辅助生产成本				制造费用		管理费用	
					供电		供水					
					耗用量	金额	耗用量	金额	耗用量	金额	耗用量	金额
交互分配												
供电车间	24000		9000	2.667			1000	2667				
供水车间	14400		12000	1.2	3000	3600						
小　计	38400					3600		2667				
对外分配												
供电车间		24933	8000	3.116625					6000	18699.75	2000	6233.25
供水车间		13467	9000	1.496333					3000	4488.99	6000	8977.99
合　计	38400	38400	—	—	—	3600	—	2667	—	23189	—	15211

交互分配分录：

借：辅助生产成本——供电　　3600
　　　　　　　　——供水　　2667
　贷：辅助生产成本——供水　　3600
　　　　　　　　　——供电　　2667

对外分配分录：

借：制造费用　　23189
　　管理费用　　15211
　贷：辅助生产成本——供电　　24933
　　　　　　　　　——供水　　13467

采用交互分配法，较之直接分配法分配结果更为正确合理，克服了直接分配法和顺序分配法两种方法的不足，即考虑了各辅助生产车间之间相互提供劳务，并按受益多少交互分配。但是交互分配是按照各辅助生产车间直接发生费用而非实际费用进行，因而分配结果也不是很准确：而且，如果用于厂部、车间两级核算的企业中，车间要等财务部门转来其他车间分配的费用，才能算出实际费用，影响成本核算的及时性。这一分配方法适用于各辅助生产车间相互提供劳务量较多的情况下采用，但无一定顺序的企业。

4. 代数分配法。采用这种方法，是运用初等数学中多元一次联立方程的原理，先计算确定各辅助生产费用分配率，然后再根据各受益单位（包括辅助生产车间）耗用产品或劳务的数量来分配辅助生产费用。分配的特点可概括为：既对外，又对内。其计算公式为：

$$\begin{matrix}\text{某受益单位应分配}\\\text{的辅助生产费用}\end{matrix}=\begin{matrix}\text{该受益单位}\\\text{耗用劳务量}\end{matrix}\times\begin{matrix}\text{某辅助生产}\\\text{费用分配率}\end{matrix}$$

上式中：某辅助生产费用分配率，就是指该辅助生产车间所提供产品或劳务的单位成本，应采用代数方法计算求得。

其基本程序为：（1）设立未知数，即辅助生产车间劳务的单位成本，并根据辅助生产车间之间相互提供劳务的关系建立多元一次联立方程组；（2）解联立方程组，求出各辅助生产车间劳务的单位成本；（3）以求出的单位成本和受益单位耗用的劳务量分配辅助生产费用。

仍用【例 3－17】资料，采用代数分配法分配辅助生产费用，设 x 为每度电的成本，y 为每立方米水的成本，则以两个辅助生产车间相互提供服务的关系建立联立方程式为：

$24000 + 3000y = 9000x$ ①

$14400 + 1000x = 12000y$ ②

计算求得：①×4 得：

$96000 + 12000y = 36000x$ ③

②＋③得：$110400 = 35000x$

$x \approx 3.15429$（每度电的成本）

将 x 代入②得：

$y \approx 1.46286$（每立方米水的成本）

供水车间应分配的电费 $= 1000 \times 3.15429 = 3154.29$（元）

供电车间应分配的水费 $= 3000 \times 1.46286 = 4388.58$（元）

基本生产车间应分配的电费、水费 $= 6000 \times 3.15429 + 3000 \times 1.46286$

$= 23314.32$（元）

企业管理部门应分配的电费、水费 $= 2000 \times 3.15429 + 6000 \times 1.46286$

$= 15085.76$（元）

根据计算结果，编制会计分录如下：

借：辅助生产成本——供电　　　　4388.57

——供水　　3154.28

制造费用　　23314.32

管理费用　　15085.76

贷：辅助生产成本——供电　　28388.61

——供水　　17554.32

采用代数分配法，分配结果最为正确，但在辅助生产车间较多的情况下，未知数较多，计算工作比较复杂。因而宜在计算工作已实现电算化的企业中或辅助生产车间不多的企业中采用。

5. 计划成本分配法。采用这种方法是把辅助生产车间为各受益单位（包括辅助生产本身）提供的产品或劳务，一律先按产品或劳务的计划单位成本进行分配，然后再将辅助生产车间实际发生的费用（包括辅助生产交互分配转入的费用在内）与按计划单位成本分配转出的费用之间的差额进行追加分配或将其直接计入“管理费用”中。其计算公式为：

$$\text{某受益单位应负担辅助生产费用}=\text{该受益单位耗用劳务量}\times\text{某辅助生产车间劳务计划单位成本}$$

$$\text{实际成本与计划成本的差额}=\text{待分配费用}+\text{交互分配分入费用}-\text{按计划单位成本分出费用}$$

仍用【例3－17】资料，假设供电车间的计划单位成本为2.80元，供水车间的计划单位成本为1.50元，采用计划成本分配法编制“辅助生产费用分配表”，如表3－18所示。

根据表3－18分配结果，编制会计分录如下：

先按计划成本分配时：

借：辅助生产成本——供电　　4500

——供水　　2800

制造费用　　21300

管理费用　　14600

表 3-18　辅助生产费用分配表（计划成本分配法）

2006 年 6 月　　　　金额单位：元

项目	分配数量	分配率	应借账户								
			辅助生产成本				制造费用		管理费用		成本合计
			供电		供水						
			耗用量	金额	耗用量	金额	耗用量	金额	耗用量	金额	
待分配费用				24000		14400					
按计划成本分配		计划成本									
供电车间	9000	2.80			1000	2800	6000	16800	2000	5600	25200
供水车间	12000	1.50	3000	4500			3000	4500	6000	9000	18000
金额小计				4500		2800		21300		14600	43200
成本合计				28500		17200					

　　贷：辅助生产成本——供电　　　　25200

　　　　　　　　　　——供水　　　　18000

对于差异的处理：

(1) 为了简化会计核算工作，一般情况下，辅助生产分配的借、贷之差记入“管理费用”账户。供电车间的借方发生额 28500 元，大于贷方分配转出额 25200 元，产生了超支差异 3300 元，应记入（增加）“管理费用”。其会计分录为：

借：管理费用　　　　3300

　　贷：辅助生产成本——供电　　　　3300

供水车间的借方发生额 17200 元，小于贷方分配转出额 18000 元，产生了节约差异 800 元，应记入（冲减）“管理费用”。其会计分录为：

借：管理费用　　　　800

　　贷：辅助生产成本——供水　　　　800

（2）对差异的另外一种处理方法是将差异进行分配，即将差异额按耗用量分配给辅助生产车间以外的受益单位。其分配公式为：

$$\text{某辅助生产费用差异分配率}=\frac{\text{差异额}}{\text{辅助生产车间以外受益单位耗用劳务量之和}}$$

$$\text{某受益单位应负担辅助生产费用差额}=\text{该受益单位耗用劳务量}\times\text{差额分配率}$$

$$\text{供电差异分配率}=\frac{3300}{6000+2000}=0.4125$$

基本生产车间应负担的供电差异额 $=6000\times0.4125$

$=2475$（元）

管理部门应负担的供电差异额 $=2000\times0.4125=825$（元）

此时的会计分录为：

借：制造费用　　2475

　　管理费用　　825

　　贷：辅助生产成本——供电　　3300

$$\text{供水差异分配率}=\frac{-800}{3000+6000}=-0.08889$$

基本生产车间应负担的供水差异额 $=3000\times(-0.08889)$

$=-266.67$（元）

管理部门应负担的供水差异额 $=6000\times(-0.08889)$

$=-533.33$（元）

此时的会计分录为：

借：制造费用　　[266.67]

　　管理费用　　[533.33]

　　贷：辅助生产成本——供水　　[800]

采用计划成本分配法，按事先制定的计划单位成本进行分配，不仅简化了核算工作，又能弥补交互分配法不够及时的不足，加快分配速度，而且能够反映和监督辅助生产成本计划的完成情况，便于考核和分配各受益单位的成本。但采用这种方法时，企业必须具备比较正确的计划成本资料。

第四节 制造费用的核算

企业直接用于产品生产，但是没有专设成本项目，或是间接用于产品生产的费用，应先通过“制造费用”归集，然后再采用适当的方法分配计入各成本计算对象。在高科技和信息时代，间接生产费用在产品成本中的比重越来越大，制造费用核算的准确性直接影响产品成本的准确性。

一、制造费用的内容

制造费用的构成比较复杂，大部分是间接用于产品生产的费用，如机物料消耗、车间照明费等，也包括直接用于产品生产，但较难辨认其产品归属或金额较小、管理上不要求单独专设成本项目的费用，如设备折旧费、设计制图费等。具体内容如下：

1. 工资。工资是指生产单位（分厂、车间、下同）除生产工人之外的管理人员、工程技术人员和其他生产人员的工资。

2. 其他薪酬。按工资总额一定比例计提的职工福利费、社会保险费、住房公积金等。

3. 折旧费。折旧费是指生产单位的房屋、建筑物、机器设备等固定资产按规定的折旧方法计算的折旧费用。

4. 租赁费。租赁费是指生产单位租入固定资产和专用工具而发生的租金，但不包括融资租赁费。

5. 修理费。修理费是指生产单位使用的固定资产发生的各种大修理和日常修理费用。

6. 机物料消耗。机物料消耗是指生产单位为维护生产设备等管理上所消耗的各种材料，不包括专门进行固定资产修理和劳动保护用材料。

7. 低值易耗品摊销。低值易耗品摊销是指生产单位使用的各种低值易耗品的摊销费。

8. 取暖费。取暖费是指生产单位用于职工防寒取暖而发生的费用，不包括支付给职工的取暖津贴。

9. 水电费。水电费是指生产单位管理上耗用水、电而发生的费用。生产工艺所耗的电费比较大，可以设置专门的成本项目，在“燃料及动力”成本项目中核算。

10. 办公费。办公费是指生产单位耗用的文具、印刷、邮电、办公用品等费用。

11. 差旅费。差旅费是指生产单位职工因公出差而发生的交通、住宿、出差补助等费用。

12. 运输费。运输费是指生产单位耗用的厂内、厂外的运输劳务费用。

13. 保险费。保险费是指生产单位应负担的财产物资保险费。从保险公司取得的赔偿应从本项目扣除。

14. 设计制图费。设计制图费是指生产单位应负担的图纸费、制图用品费和委托设计部门设计图纸而发生的费用。

15. 试验检验费。试验检验费是指生产单位应负担的对材料、半成品、产成品进行试验或进行检查、化验、分析的费用。包括企业中心实验室、检验部门为生产单位进行试验、检验所耗用的材料、破坏性实验的样品，以及委托外单位进行检查试验所发生的费用。

16. 劳动保护费。劳动保护费是指生产单位为保护职工劳动安全所发生的劳动用品费，如劳保眼镜、工作服、工作鞋、工作帽、手套等。不包括构成固定资产价值的安全装置、卫生设备、通风设备等发生的费用。

17. 季节性、修理期间停工损失。季节性、修理期间停工损失不包括单独组织生产单位生产损失核算的停工损失。

18. 其他。其他是指以上各项以外的应计入产品成本的其他制造费用，如在产品盘亏、毁损损失。

二、制造费用的归集

制造费用的归集与分配是通过“制造费用”总账账户进行的。归集时，应将发生的各项制造费用，根据各项要素费用分配表以及各有关凭证，从“原材料”、“应付职工薪酬”、“累计折旧”、“银行存款”、“库存现金”等总账账户的贷方，直接转入“制造费用”总账账户的借方，月末一般无余额。制造费用应按不同车间、部门设立明细账，按照费用的明细项目设立专栏或专户，分别反映各车间、部门各项制造费用的支出情况，以便各车间、部门经理能对其车间、部门的间接成本负责，也便于高层管理部门评价车间、部门经理控制成本的业绩。

【例 3－18】根据各种费用分配表及付款凭证登记制造费用明细账，其格式详见表 3－19 所示。

表 3－19　　制造费用明细表

车间：基本生产车间　　2006 年 5 月　　单位：元

日期	凭证号	摘要	材料	动力	职工薪酬	折旧费	修理费	水电费	保险费	其他	合计	转出
		付款凭证					3430			139	3569	
		材料费用分配表	200								200	
		动力费用分配表		2250							2250	
		职工薪酬分配表			912						912	
		折旧费用分配表				10000					10000	
		长期待摊费用分配表							250		250	
		辅助生产费用分配表						3249			3249	
		制造费用分配表										20430
		合　计	200	2250	912	10000	3430	3249	250	139	20430	20430

三、制造费用的分配方法

制造费用分配时，可分两种情况：一是在生产一种产品或提供一种劳务的车间和企业中，制造费用可以直接计入该种产品或劳务的成本中；二是在生产多种产品或提供多种劳务的车间和企业中，因制造费用有多个受益对象，所发生的共同制造费用经归集后，应采用适当的方法进行分配，分别计入各种受益产品的制造成本中。

合理分配制造费用的关键在于正确选择分配标准，在选择分配标准时，应考虑的原则是，分配标准的资料必须比较容易取得，并且与制造费用之间存在客观的因果比例关系。常用的分配标准有生产工人工时、生产工人工资、机器小时等。

制造费用的分配方法可分为实际分配率法、预定分配率法和累计分配率法。

（一）实际分配率法

采用实际分配率法，应根据各车间和分厂归集的制造费用和耗用分配标准总量，分别计算出各车间和分厂的制造费用分配率，然后根据制造费用分配率和各产品耗用的分配标准量计算出各产品应负担的制造费用。其分配的计算公式如下：

$$\text{某生产单位的制造费用分配率}=\frac{\text{该单位本期归集的制造费用}}{\text{该生产单位本期分配标准总量}}$$

$$\text{某种产品应负担的制造费用}=\text{该生产单位的制造费用分配率}\times\text{该种产品耗用的分配标准}$$

按实际分配法分配制造费用，通常以生产工时、生产工人工资和机器小时为分配标准。

1. 生产工人工时比例法。生产工人工时比例法，是指以各种产品消耗的生产工人工时为标准，来分配制造费用的一种方法。其计算公式如下：

$$\text{制造费用分配率}=\frac{\text{制造费用总额}}{\text{车间各种产品生产工人工时之和}}$$

$$\text{某种产品应分配的制造费用}=\text{该种产品的生产工人工时}\times\text{制造费用分配率}$$

【例3－19】某企业基本生产车间本月份发生制造费用10000元，该车间生产甲、乙两种产品，生产工时分别为12000小时和28000小时，分配结果如下：

$$\text{制造费用分配率}=\frac{10000}{12000+28000}=0.25$$

甲产品应分配的制造费用 $=12000\times0.25=3000$（元）

乙产品应分配的制造费用 $=28000\times0.25=7000$（元）

按照生产工人工时比例分配制造费用，能将劳动生产率与产品负担的费用水平联系起来，使分配结果比较合理；同时，该分配标准的资料容易取得，从而使分配计算的工作较为简便。但是，如果固定资产折旧费、修理费在制造费用中占的比重较大，且各种产品的机械化程度不同，按此标准分配制造费用，就会使机械化程度较高的产品少负担固定资产折旧费、修理费等，以致使分配结果与制造费用的实际情况不相符合。因此，生产工人工时比例法适合于各产品生产的机械化程度大致相同、原始记录和生产工时统计资料比较健全的车间采用。

如果产品的工时定额比较准确，制造费用也可以按生产工人定额工时的比例分配。

2. 直接工资比例法。直接工资比例法又称生产工人工资比例法，是指以计入各种产品成本的生产工人工资为标准，来分配制造费用的一种方法。其计算公式如下：

$$制造费用分配率=\frac{制造费用总额}{车间各种产品生产工人工资之和}$$

$$\begin{matrix}某种产品应分\\配的制造费用\end{matrix}=\begin{matrix}该种产品的生\\产工人工资\end{matrix}\times\begin{matrix}制造费用\\分配率\end{matrix}$$

【例3－20】仍用前资料，假设甲、乙两种产品的生产工人工资分别为6000元和14000元，则分配结果如下：

$$制造费用分配率=\frac{10000}{6000+14000}=0.5$$

甲产品应分配的制造费用＝6000×0.5＝3000（元）

乙产品应分配的制造费用＝14000×0.25＝7000（元）

由于产品成本计算单中有现成的生产工人工资的资料，分配标准容易取得，分配计算工作比较简便易行。但是采用这一方法，应在各种产品生产机械化程度和产品加工技术等级大致应相同的情况下。否则，机械化程度低的产品，所花工资费用多，负担制造费用也就多，从而影响费用分配的合理性。因为，在制造费用中，包含着很大一部分机器设备的折旧、修理费用，这些费用对于机械化程度低的产品来说，不是应该少负担一些，而是应该多负担一些。因此这种方法适用于各产品机械化程度和产品加工技术等级大致相同情况的企业。

3. 机器工时比例法。机器工时比例法，是指以各种产品所耗用的机器设备的运转时间为标准，来分配制造费用的一种方法。其计算公式如下：

$$\text{制造费用分配率}=\frac{\text{制造费用总额}}{\text{车间各种产品机器设备运转工时之和}}$$

$$\begin{matrix}\text{某种产品应分}\\\text{配的制造费用}\end{matrix}=\begin{matrix}\text{该种产品所用机}\\\text{器设备运转工时}\end{matrix}\times\begin{matrix}\text{制造费用}\\\text{分配率}\end{matrix}$$

【例 3－21】某企业第一基本生产车间本月份发生的制造费用为 32340 元，该车间生产甲、乙两种产品，耗用的机器小时分别为 3628 小时和 2840 小时。则分配结果如下：

$$\text{制造费用分配率}=\frac{32340}{3628+2840}=5$$

$$\text{甲产品应分配的制造费用}=3628\times5=18140\text{（元）}$$

$$\text{乙产品应分配的制造费用}=2840\times5=14200\text{（元）}$$

采用这种方法时，如果生产车间中机器设置的类型大小不一，应将机器设置划分为若干类别，按照不同类别归集和分配制造费用；也可以对不同机器设备按系数折成标准工时进行分配，以提高分配结果的合理性。这种方法适用于机械化、自动化程度较高的生产车间，因为这种车间所发生的制造费用中，折旧费、修理费、动力费等费用所占比重较大，而且这些费用的发生又与机器设备的使用密切相关，因此按机器工时分配制造费用是较为合理的。但应予以指出的是，分厂制造费用与车间的机器工时没有直接关系，因此分厂制造费用分配不应采用该种方法。

（二）预定分配率法

预定分配率法，亦称年度计划分配率法，这是按照各生产单位年度的制造费用预算和计划产量的定额工时事先确定的预定分配率，来分配制造费用的方法。其计算公式如下：

$$\text{制造费用的预定分配率}=\frac{\text{年度制造费用计划总额}}{\text{年度内各种产品计划产量的定额工时之和}}$$

$$\text{某种产品应负担的制造费用}=\text{预定分配率}\times\text{该种产品当月实际产量的定额工时数}$$

采用预定分配率法，不论各月实际发生的制造费用是多少，每月计入各产品制造成本的制造费用，都是按预定分配率分配。对各月按预定分配率分配的制造费用与实际发生的制造费用之间的差额，月末不进行调整分配。这样，年内各月末“制造费用”账户就会有余额，余额可能在借方，也可能在贷方。但到年终时，必须将逐月累计的制造费用余额，按已分配的比例一次分配计入 12 月份的各产品制造成本中，调增或调减当年产品的成本。经年终调整后，“制造费用”账户应无余额。

【例 3-22】某企业的基本生产车间全年制造费用预算额为 115460 元，全年各种产品的计划产量为：甲产品 2200 件，乙产品 1500 件；单件产品的工时定额为：甲产品 8 小时，乙产品 5 小时。假定车间 8 月份的实际产量为：甲产品 180 件，乙产品 120 件。则 8 月份制造费用分配计算如下：

$$\text{制造费用预定分配率}=\frac{115460}{2200\times8+1500\times5}=4.6$$

$$\begin{aligned}\text{甲产品 8 月份应负担制造费用}&=4.6\times(180\times8)\\&=6624\ (\text{元})\end{aligned}$$

$$\text{乙产品 8 月份应负担制造费用}=4.6\times(120\times5)=2760\ (\text{元})$$

$$\begin{aligned}\text{该车间 8 月份应分配转出的制造费用}&=6624+2760\\&=9384\ (\text{元})\end{aligned}$$

8月份“制造费用”账户借方实际发生额为9200元，贷方根据预定分配率转出制造费用9384元，贷方余额184元，即多分配数，平时不予调整。8月份制造费用的实际发生和分配转出额的登记结果如图3-2所示。

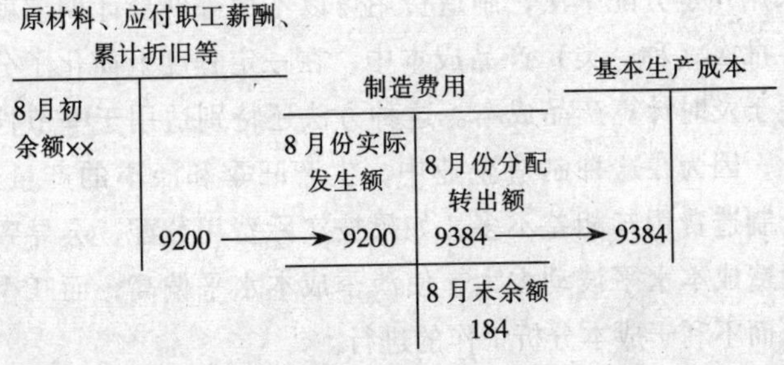

图3-2

续【例3-22】，假定到本年末，采用预定分配率法已分配制造费用116000元，其中甲产品已分配76000元，乙产品已分配40000元。全年实际发生制造费用114608元，则多分配1392元，应进行调整冲回，具体计算如下：

$$调整分配率=\frac{-1392}{116000}=-0.012$$

甲产品多分配的制造费用=(-0.012)×76000=-912（元）

乙产品多分配的制造费用=(-0.012)×40000=-480（元）

调整分配会计分录如下：

借：基本生产成本——甲产品　　[912]

　　　　　　　　——乙产品　　[480]

　贷：制造费用——第一基本生产车间　　[1392]

如果实际发生额大于计划分配额，为超支差异，年终进行调整分配时，应编制蓝字分录。调整分配后，“制造费用”账户年终无余额。

对于制造企业计划分配额与实际发生额之间的差额，也可按比例在产成品、在产品及主营业务成本之间进行分配；如果差额不大，也可将其全部转入当期的主营业务成本。

采用预定分配率法，制造费用可以不用等到会计期末就能分配到各批次（种、类）产品成本中，在一定程度上简化了分配手续，便于及时计算产品成本。这种方法还特别适用于季节性生产的企业，因为在这种制造企业中，生产旺季和淡季的产量悬殊，而各月制造费用却相差不多，如果按实际费用分配，会导致各月产品制造成本水平波动太大，使淡季成本水平偏高，而旺季则偏低，从而不利于成本分析工作的进行。

但是，由于预定分配率是在费用实际发生前确定的，因此要求企业必须有较高的计划工作和定额管理的水平，否则年度制造费用的计划数脱离实际太远，就会影响成本计算的正确性。

（三）累计分配率法

累计分配率法是指根据累计分配率，将制造费用仅分配给完工产品，而未完工产品则不进行分配的方法。累计分配率法中的分配标准，可采用上述分配方法中分配标准的任何一种。其计算公式如下：

$$\text{制造费用分配率}=\frac{\text{制造费用总额}}{\text{车间各种产品累计分配标准之和}}$$

$$\begin{matrix}\text{某批已完工产品}\\\text{应负担的制造费用}\end{matrix}=\begin{matrix}\text{该生产单位制造}\\\text{费用累计分配率}\end{matrix}\times\begin{matrix}\text{该批完工产品}\\\text{分配标准的累计数}\end{matrix}$$

【例3－23】某企业本月共生产A、B、C三批产品，A批产品上月投产，生产工时为500小时，本月发生工时1500小时，B、C两批产品均为本月投产，工时分别为3000小时和2500小时，月初制造费用余额为10000元，本月发生12500元，A批产品本月全部完工，其余两批产品均未完工。则分配结果如下：

$$制造费用分配率 = \frac{10000 + 12500}{500 + 1500 + 3000 + 2500} = 3$$

A 批产品应分配的制造费用 =（500 + 1500）×3 = 6000（元）

如果企业生产周期较长（一个月以上），产品生产批次较多，每月完工产品批次只占全部生产批次的一部分，那么，为了简化制造费用的分配计算和登账工作，可采用制造费用累计分配率法分配制造费用。累计分配率法的具体方法将在以后章节产品成本计算的分批法中进一步阐述，这里不再复述。

对于制造费用的分配计算，应按照生产单位分别编制制造费用分配明细表，根据该表的分配结果，登记各产品成本计算单，以反映各产品成本应承担的制造费用，同时还应根据制造费用分配明细表，汇总编制企业制造费用分配汇总表，据以进行制造费用分配的总分类核算。

第五节　生产损失的核算

企业在生产经营过程中难免会发生各种各样的损失，理论上说，这些损失不形成价值，不应计入产品成本。但在实际处理时，为了促进企业加强经济核算，减少损失，有些损失也计入产品成本。从严格意义上看，生产损失包括的内容很多，本节主要介绍计入产品成本的废品损失和停工损失的核算。

一、生产损失核算的概述

工业企业在其生产经营过程中由于不同原因而发生各种各样的损失，按其是否计入产品成本，可分为生产损失和非生产损失两大类。生产损失是指企业在产品生产过程中或由于生产原因而发生的各种损失，一般包括废品损失和停工损失。生产损失与产品生产直接相关，应该由产品成本承担，构成产品成本的一部分。非生产损失主要是由于企业经营管理或其他原因造成的损失，例如坏账损失，材料、产成品的盘亏、毁损、变质损失，汇兑损失，投资损失，固定资产盘亏、毁损损失，非常损失等。非生产损失由于与产品生产没有直接关系，因此不能计入产品成本。而应根据损失的性质、原因和现行制度的规定列入期间费用、营业外支出或冲减投资收益等。

不同的企业由于产品性质、生产工艺技术、材质、工艺流程、工人的素质以及管理水平等方面存在差异，致使生产损失发生的频繁程度、数额大小以及对产品制造成本的影响程度可能不一样，生产损失在会计上如何处理，应根据企业的具体情况而定：如果企业生产损失偶尔发生，金额较小，对产品制造成本影响不大，为了简化起见，生产损失可以不进行单独核算，而将其包括在正常的成本项目中，增加正常成本项目的单位成本；反之，如果企业生产损失经常发生，且数额较大，对产品制造成本影响亦较大，为了控制生产损失发生的数额，更好的进行成本分析，明确经济责任，以不断减少或消除生产损失，就需要对生产损失进行单独核算，即单独归集生产损失，计算出发生的生产损失总金额以及单位产品应负担的生产损失。

企业发生生产损失会降低企业的经济效益，给企业带来不利的影响。首先，生产损失会浪费企业的人力、物力和财力；其次，生产损失会影响企业生产计划的完成，妨碍企业正常生产秩序；最后，生产损失还影响产品质量，使企业产品成本增加，减弱企业的竞争能力。

加强生产责任和产品质量管理，正确反映和控制废品损失，防止停工发生，对降低产品成本、减少损失，对增强企业竞争力、提高经济效益和社会效益都具有重要意义。

二、废品损失的核算

废品是指由于生产原因造成质量不符合规定的技术标准，不能按照原定用途使用，或者需要加工修理后才能使用的在产品、半成品和产成品。废品是由于生产原因造成的，因此与废品发现的时间和地点无关，既可能在生产过程中被发现，也可能在入库后甚至是销售后被发现。

废品可以按照不同的标志进行分类。按废品产生的原因可分为料废和工废两类，料废是指由于材料原因（如质量、规格、性能不符合要求）造成的废品；工废是指在产品生产过程中，由于加工原因（如工艺技术落后、工人操作方法不当等）造成的废品。分清废品是由于料废还是工废造成的，有利于查明废品产生的原因，分清产生废品的责任，贯彻经济责任制。

废品按其报废程度和修复价值，可分为可修复废品和不可修复废品。主要划分是按其修复的技术可能性和修复费用的经济合理性确定。可修复废品是指在技术上、工艺上可以修复，而且所支付的修复费用在经济上合算的废品。不可修复废品是指在技术上、工艺上不可以修复，或者虽然可以修复，但所支付的修复费用在经济上不合算的废品。

废品损失是指因产生废品而造成的损失，主要包括废品的报废损失和修复费用。废品报废损失是指不可修复废品已耗的实际成本扣除回收材料和废料价值后的净损失；废品的修复费用是指可修复废品在返修过程中所发生的修理费用，是超过合格产品正常成本的多耗损失，包括在返修过程中耗用的原材料和零配件价值、发生的工资以及应负担的制造费用等。无论是可修复废品还是不可修复废品，如果存在应由过失人负担的赔款，则应从废品损失中扣除。

需要指出的是，废品损失一般只包括发生废品所造成的直接损失，不包括因产生废品而给企业带来的间接损失；合格品入库由于保管不善、运输不当或其他原因而发生的损坏变质的损失，应作为产品毁损处理，计入“管理费用”账户，不作为废品损失；降价出售的不合格品，其售价低于合格品售价所发生的损失，应在计算销售损益中体现，计入“销售费用”账户，不作为废品损失处理；对产品实行“三包”（包修、包换、包退）的企业，如果销售后发现废品，理论上来说，其修理费、退回调换产品的运杂费、退回废品的成本减残值后的净损失等“三包”损失，都应属于废品损失，但在实际工作中，为简化核算，“三包”损失发生时，直接计入“销售费用”。

（一）废品损失的归集与分配

当发现废品时，由质量检验部门填制“废品通知单”，列明废品的种类、数量、产生的原因和过失人等，“废品通知单”经审核后，作为废品损失核算的原始凭证。

1. 单独核算废品损失的企业（对于废品损失时有发生，且数额较大，对产品成本影响较大的企业）可以增设“废品损失”总账及其所属明细账，同时在产品生产成本明细账中增设“废品损失”成本项目。

“废品损失”账户是为了归集和分配废品损失而设立的。该账户借方登记归集可修复废品的修复费用和不可修复废品的生产成本，贷方登记转出废品残料的回收价值和应收的赔款以及分配结转废品净损失。废品净损失应分配转由本月生产的同种或同类产品成本负担。通常情况下，期末在产品不负担废品损失，废品损失全部由本期完工产品负担。“废品损失”账户月末没有余额。现以“T”形账户说明结构，见图 3－3。

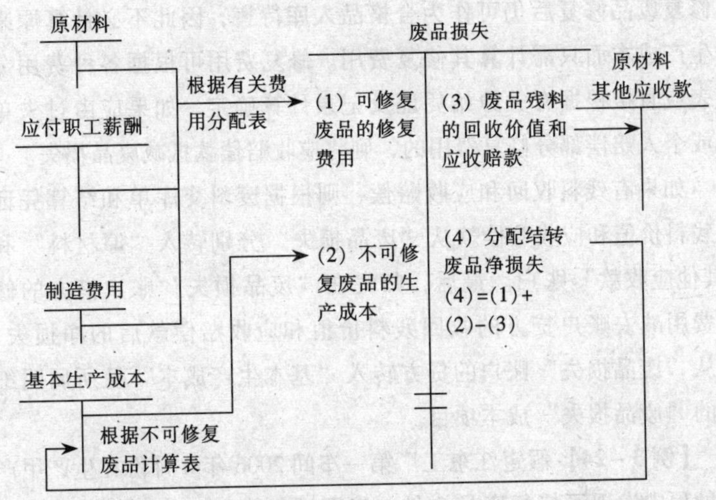

图3-3 废品损失账务处理

“废品损失”账户应按车间设立明细账，账内按产品品种分设专户，并按成本项目分设专栏或专行，进行明细分类核算。

2. 不单独核算废品损失的企业，不设“废品损失”账户及成本项目。发现不可修复废品，只从全部产量中扣除废品产品数量，而不单独归集废品生产成本，将废品损失直接从“基本生产成本”总账及其明细账的“废品损失”成本项目核算；废品残料值直接冲减“基本生产成本”的“原材料”成本项目。对于发现可修复废品，其修理费用直接记入“基本生产成本”的废品损失成本项目。辅助生产一般不单独核算废品损失。

(二) 可修复废品损失的核算

可修复废品损失是指废品在修复过程中所发生的修复费用，包括修复废品所耗用的直接材料、燃料和动力、直接人工和应负担的制造费用等。

可修复废品返修以前发生的生产费用，不是废品损失，由于可修复废品修复后仍可作为合格品入库待售，因此不必计算原来的生产成本而只需计算其修复费用。修复费用可根据各种费用分配表或直接根据有关原始凭证及记录计算确定。如果应由过失单位或个人赔偿部分修复费用的，则将应收赔偿款抵减废品损失。

如果有残料收回和应收赔偿，则根据废料交库单和结算凭证将残料价值和应收赔偿款从“废品损失”分别转入“原材料”和“其他应收款”账户。最后，归集在“废品损失”账户借方的修理费用减去账户贷方的收回残料价值和应收赔偿款后的净损失，应从“废品损失”账户的贷方转入“基本生产成本”及所属明细账的“废品损失”成本项目。

【例3-24】假定江东工厂第一车间2006年6月份在生产甲产品过程中发现可修复废品2件，当即进行修复，其耗用直接材料200元，直接人工40元，制造费用50元。另外，应向过失人索赔100元。则有关计算如下：

可修复废品的修复费用=200+40+50=290（元）

可修复废品净损失=290-100=190（元）

（1）根据有关费用分配表（略），编制可修复废品发生的修复费用的会计分录如下：

借：废品损失——甲产品　　290

　贷：原材料　　200

　　应付职工薪酬　　40

　　制造费用　　50

（2）应收过失人赔款（根据索赔凭证）：

借：其他应收款　　100

　贷：废品损失——甲产品　　100

（3）结转废品净损失，计入产品成本：

借：基本生产成本——甲产品　　190

贷：废品损失——甲产品　　190

如前所述，如果企业不设置“废品损失”账户，仅在“基本生产成本”专设废品损失成本项目中进行核算，那么，对修复费用的归集、残料价值收回和应收赔偿款的核算，应借或贷“基本生产成本”及其所属明细账废品损失成本项目，而不是“废品损失”账户，最后一步净损失的结转不需要做，因其已直接在废品损失成本项目中反映出来。

仍以【例3－24】资料，所作会计分录为：

（1）归集修复费用：

借：基本生产成本——甲产品（废品损失）　　290

　贷：原材料　　200

　　应付职工薪酬　　40

　　制造费用　　50

（2）应收过失人赔款：

借：其他应收款　　100

　贷：基本生产成本——甲产品（废品损失）　　100

经过以上处理，“基本生产成本”甲产品明细账中废品损失成本项目为190元。正是计入产品成本的净损失。

（三）不可修复废品损失的核算

不可修复废品损失是不可修复废品的生产成本扣除废品残值和赔偿款后的净损失。进行不可修复废品损失的核算，首先要计算截至报废时已经发生的不可修复废品生产成本，然后扣除废品收回残料价值和应收赔偿款，算出废品净损失，再计入合格产品的成本。

不可修复废品的生产成本，可按所耗的实际成本计算，也可按废品所耗定额成本计算。

1. 按废品所耗实际成本计算。在采用按废品所耗的实际成本计算的方法，由于废品报废以前发生的各项成本是同合格品成本混在一起发生的并归集在“基本生产成本”账户，所以不能直接从“基本生产成本”账户确定废品损失，而需要将“基本生产成本”及其明细账归集的各项成本，采用适当的分配方法，在废品与合格品之间进行分配，计算出不可修复废品的实际成本，从“基本生产成本”及所属明细账转入“废品损失”及其明细账，或直接转入“基本生产成本”及其明细账的废品损失成本项目。

在生产过程中发现的废品，可以按废品所耗的原材料费用和合格品所耗的原材料费用比例分配归集在“基本生产成本”及其明细账的原材料费用，按废品所耗的生产工时和合格品所耗的生产工时比例分配归集在“基本生产成本”及其明细账的直接人工、制造费用等。

【例3－25】假定上例江东工厂第一车间2006年6月份投产甲产品500件，在加工程度达到20%时发现不可修复废品10件，当即予以报废，回收残料200元。其余产品继续加工，月终全部完工并验收合格。本月发生的生产费用为：直接材料121000元，直接人工81180元，制造费用113160元。原材料在生产开始时一次投入，其原材料费用按合格品、废品数量比例分配；其他费用按约当量比例分配，其中废品约当量为2件，合格品约当量即数量为490件，约当量合计为492件。

直接材料分配率$=\frac{121000}{490+10}=242$

废品应负担的原材料成本$=10\times 242=2420$（元）

直接人工分配率$=\frac{81180}{490+2}=165$

废品应负担的直接人工$=2\times 165=330$（元）

制造费用分配率$=\frac{113160}{490+2}=230$

废品应负担的制造费用 =2 ×230 =460（元）

根据上述资料，编制“不可修复废品损失计算表”，见表 3 –20 所示。

表 3 –20　　不可修复废品损失计算表

第一车间　甲产品　　2006 年 6 月　　单位：元

项　目	产量（件）	直接材料	约当量（件）	直接人工	制造费用	合　计
费用总额	500	121000	492	81180	113160	315340
费用分配率		242		165	230	
废品生产成本	10	2420	2	330	460	3210
减：残值		200				200
废品损失（报废损失）		2220	2	330	460	3010

根据“不可修复废品损失计算表”，编制会计分录如下：

（1）结转不可修复废品生产成本：

借：废品损失——甲产品　　3210

　　贷：基本生产成本——甲产品（直接材料）　　2420

　　　　　　　　　　——甲产品（直接人工）　　330

　　　　　　　　　　——甲产品（制造费用）　　460

（2）回收废品残料（根据表 3 –20 及残料入库凭证）：

借：原材料　　200

　　贷：废品损失——甲产品　　200

（3）结转废品净损失，计入产品成本：

借：基本生产成本——甲产品　　3010

　　贷：废品损失——甲产品　　3010

本例中，原材料是在生产开始时一次性投入，所以，可直接按废品数量和合格品数量比例分配原材料费用。如果原材料是陆续投入的，废品的原材料费用则不能按 100% 计算，需要按其投料程度，将废品数量折算为约当量分配，加工费也可按约当量（按加工进度折算）分配；如果废品是在完工后发现的，这时每一废品所应负担的费用与每完工合格品所应负担的费用是等同的，分配所有成本项目的费用都不需将废品数量折算，直接以废品数量和合格品产量比例分配；此外，如果产品生产费用中原材料费用所占的比重较大，为了简化核算，废品也可只计算应负担的原材料费用。这种不同情况下的分配计算方法，将在以后章节的约当产量法等相关内容中介绍。

不可修复废品成本按实际成本计算和分配废品损失，符合实际，但核算的工作量较大，且必须等“基本生产成本”实际发生费用汇总完以后才能计算结转废品实际成本。

2. 按废品所耗定额成本计算。采用按废品所耗的定额成本计算不可修复废品的生产成本方法时，不考虑废品实际发生的生产费用数额，直接根据废品数量和各项费用定额计算废品成本。其计算公式为：

废品定额成本 = 废品数量 × 各成本项目费用定额

废品净损失 = 废品定额成本 − 收回残料价值 − 应收赔偿款

【例 3 − 26】 假定某工厂 2006 年 5 月在乙产品生产过程中发现不可修复废品 6 件，原材料在生产开始时一次投入，单件原材料费用定额为 250 元，已完成的定额工时为 120 小时，每小时费用定额为：直接人工 4 元，制造费用 5 元。不可修复废品的残料作价 300 元入库。

废品定额成本 = 6 × 250 + 120 × 4 + 120 × 5 = 2580（元）

废品的净损失 = 2580 − 300 = 2280（元）

按定额费用计算废品损失，编制“不可修复废品损失计算表”，见表 3 − 21 所示：

表 3－21　　不可修复废品损失计算表

某车间　乙产品　　2006 年 5 月　　单位：元

项　目	产量（件）	直接材料	定额工时（小时）	直接人工	制造费用	合计
费用定额		250		4	5	—
废品生产成本	6	1500	120	480	600	2580
减：回收残值		300				300
废品损失		1200		480	600	2280

根据“不可修复废品损失计算表”编制会计分录，其方法与按实际成本计算的相同，此略。

不可修复废品成本按定额费用计算，因费用定额事先确定，所以计算工作比较简便、及时，并且可以不受废品实际费用水平高低的影响，便于进行成本的分析与考核，对于具备比较准确的定额资料的企业尤为适用。通过上述介绍，废品损失已归集至“基本生产成本”及其明细账中“废品损失”成本项目。这些废品损失通常只计入本月完工产品成本，在产品、自制半成品一般不负担，这样可集中将本月的废品损失反映于本月完工产品，引起管理者重视。若是单件小批生产，则废品损失属于该批（或订单）产品成本。

三、停工损失的核算

（一）停工损失

停工损失是指企业生产车间或生产班组由于停电、待料、机器设备发生故障或进行大修理、发生非常灾害以及计划减产而停止生产所造成的损失。停工损失主要包括停工期间发生的直接人工、制造费用等。由过失单位或保险公司负担的赔款应冲减停工损失。

企业停工的原因很多，停工的时间有长有短，短则几分钟，长则超过一个月，范围亦有大有小，从某台设备、某个生产班组、车间到全厂。为了简化核算工作，对于全车间或班组停工不满一个工作日的，一般不计算停工损失。具体计算停工损失的范围和时间起点，可由企业或主管部门界定。只有超过界定的时间、范围的停工才计算停工损失。

(二) 停工损失的核算

当发生停工时，由车间填制“停工单”，并在考勤记录中登记。在“停工单”中，应详细列示停工的范围、起止时间、原因、过失单位等内容。“停工单”经会计部门审核后，作为停工损失核算的原始凭证。

1. 单独核算停工损失的企业，可以增设“停工损失”账户，在产品生产成本明细账中增设“停工损失”成本项目。

“停工损失”账户是为了归集和分配停工损失而设立的，该账户借方归集本月发生的停工损失，贷方分配结转停工损失，月末一般无余额。该账户应按车间别设置明细账，账内按成本项目分设专栏或专行进行明细分类核算。

停工损失由于产生的原因不同，其分配结转的方法也不同：对于停工损失应向过失单位或保险公司索赔的款项转入“其他应收款”；对于自然灾害等引起的非正常停工损失应计入“营业外支出”；其他停工损失，如季节性和固定资产修理期间的停工损失，应计入产品成本即转入“基本生产成本”账户，由该车间生产的产品负担。

其有关的账务处理如下：

(1) 发生停工损失时，作会计分录如下：

借：停工损失

　　贷：应付职工薪酬

　　　　制造费用等

(2) 应向过失单位或保险公司索赔的款项，作会计分录如下：

借：其他应收款

　　贷：停工损失

(3) 对于自然灾害等引起的非正常停工损失，作会计分录如下：

借：营业外支出

　　贷：停工损失

(4) 如果是季节性、机器设备修理期间的停工损失，作会计分录如下：

借：基本生产成本

　　贷：停工损失

2. 不单独核算停工损失的企业，不设置“停工损失”账户及成本项目。在停工损失发生较少的企业，为简化核算工作，也可以不单独核算停工损失，停工期间发生的属于停工损失的各种费用，直接记入“制造费用”、“营业外支出”等账户。

第六节　期间费用的核算

期间费用是指本期发生的、不计入产品成本的、而直接计入当期损益的各项费用。企业在生产经营过程中发生的、同产品生产活动没有直接联系的销售费用、管理费用和财务费用，属于某一时期耗用的费用，应按会计期间归集，从当期收入中补偿。与计入产品成本的生产费用相比较，期间费用具有以下特点：(1) 期间费用在一定范围内同产量增减无关，而与期间长短有关；(2) 期间费用不能提供明确的未来收益，它只与费用发生当期有关，不分期摊销到其他会计期间，对于应属本期负担但尚未支付的费用应预提入账；(3) 期间费用与产品生产活动没有发生直接联系，可以确定其发生的期间，而难以确定其应归属的成本计算对象。

一、销售费用的核算

销售费用是指企业在产品销售过程中所发生的费用，以及为销售本企业产品而专设的销售机构的经常费用。销售费用不计入产品的成本，而按照期间（月、季或年度）核算，作为期间费用，直接计入当月损益。因此，这种费用应按年、季、月和费用项目编制费用计划加以控制和考核。通过这种费用的归集和结转，应反映和监督费用计划的执行情况，并将其正确、及时地计入当月损益。

销售费用的项目，有的按费用的经济用途设立，有的按费用的经济内容设立。销售费用的内容一般包括保险费、包装费、展览和广告费、商品维修费、预计产品质量保证损失、运输费、装卸费等，以及为销售本企业商品而专门设立的销售机构（含销售网点、售后服务网点等）的职工薪酬、业务费、折旧费等经营费用和相关的固定资产修理等后续支出。

销售费用是通过“销售费用”科目进行归集和结转的。该科目所属明细账应按费用项目设专户或专栏，分别反映各项销售费用的支出情况；如果专设的销售机构规模比较大，应另设明细账，按费用项目反映该销售机构的销售费用支出情况。

“销售费用”科目的借方用来归集产品的销售费用，应根据有关的付款凭证、转账凭证和前述有关的费用分配表登记，借记该科目，贷记有关科目。月末，应根据该科目和所属明细账借方归集的各项费用，分析和考核销售费用计划的执行情况。

现列示某企业销售费用明细账如表 3 – 22 所示。

表 3－22　　　　　　　　销售费用明细账　　　　　　　　单位：元

摘　要	运输费	包装费	保险费	广告费	职工薪酬	折旧费	修理费	物料消耗	差旅费	办公费	其他	合计
本月计划	600	650	1000	1250	1800	550	500	450	1250	425	200	8675
付款凭证	615	445	955	1240					1310	440	215	5220
材料分配表		240						435				675
职工薪酬分配表					1805							1805
辅助生产费用分配表							465					465
折旧费分配表						560						560
本月实际合计	615	685	955	1240	1805	560	465	435	1310	440	215	8725
转出	615	685	955	1240	1805	560	465	435	1310	440	215	8725
本月费用差异	+15	+35	−45	−10	+5	−10	−35	−15	+60	+15	+15	+50
本月实际累计	4905	5475	7692	9585	14350	4490	3655	3475	10400	3540	1680	69347

在上列销售费用明细账中，本月计划数按销售费用的年度分月计划登记；各项费用实际数根据付款凭证和各项费用分配表逐日或于月末汇总登记；本月实际累计数根据本月实际合计数加上上月实际累计数计算登记。

由于销售费用不计入产品成本，而作为期间费用直接计入当期损益，因此，应根据销售费用明细账所记每月实际费用合计数，编制转账凭证，直接转入当期损益，借记本年利润科目，贷记销售费用科目。

上例企业月末结转销售费用的会计分录为：

借：本年利润　　　　　　　　　　　　8725

　　贷：销售费用　　　　　　　　　　　　8725

月末结转以后，销售费用总账科目和所属明细账应无余额。

二、管理费用的核算

管理费用是指企业行政管理部门为组织和管理生产经营活动

而发生的各项费用。管理费用也不计入产品成本，而作为期间费用，直接计入当月损益。因此这种费用也应按年、季、月和费用项目（或者既按部门又按费用项目）编制费用计划加以控制和考核。通过这种费用的归集和结转，应该反映和监督其费用计划的执行情况，并将其正确、及时地计入当月损益。

管理费用的费用项目一般有折旧费、租赁费、修理费、财产保险费、水电费、公司经费（行政管理部门职工工资及福利费、物料消耗、低值易耗品摊销、办公费、差旅费等）、工会经费、职工教育经费、董事会费（包括董事会成员津贴、会议费和差旅费等）、劳动保险费、失业保险费、聘请中介机构费、咨询费（含顾问费）、诉讼费、业务招待费、房产税、车船使用税、土地使用税、印花税、技术转让费、无形资产摊销、长期待摊费用摊销、矿产资源补偿费、研究费用、绿化费、排污费以及材料盘亏、毁损和报废等。企业可以根据各项费用比重的大小和管理要求对上述费用项目进行合并或者进一步细分。但为了使各期费用资料可比，费用项目一经确定不应随意变更。

管理费用的归集和结转是通过管理费用科目和所属明细账进行的。管理费用明细账应按费用项目设立专栏或专户，或者按管理部门设专户，其中再按费用项目设立专栏，用来反映各项费用或部门、各项费用的支出情况。该科目的借方用来归集企业的全部管理费用，应根据付款凭证、转账凭证和前述各种费用分配表，借记该科目，贷记有关科目。在发生上述材料产品盘盈时，则应按盘盈价值，借记有关科目，贷记管理费用，以抵减管理费用。在多栏式费用明细账中，由于只按费用项目设借方专栏，因而在登记时应在管理费用明细账借方材料产品盘盈、毁损和报废专栏中用红字登记，从借方冲减，这不仅可以节省账页篇幅，还便于计算费用项目的净额。在这种情况下，总账科目与所属明细账之间，只能进行余额核对，不能进行发生额核对。

现列举某企业管理费用明细账见表 3－23。

表 3－23　　　　管理费用明细账　　　　单位：元

摘　要	物料消耗	职工薪酬	折旧费	修理费	办公费	水电费	财产保险费	税金	材料产品盘亏	其他	合计
本月计划	1950	8550	3500	3250	3950	1550	4300	2600		2300	31950
付款凭证				155	3925	1595	4282	2685		2065	14747
材料分配表	2060									100	2160
职工薪酬分配表		8493									8493
辅助生产费用分配表				3215							3215
折旧费分配表			3435								3435
材料盘存凭证									2980		2980
产品盘存凭证									－905		－905
本月实际合计	2060	8493	3435	3370	3925	1595	4282	2685	2075	2165	34085
转出	2060	8493	3435	3370	3925	1595	4282	2685	2075	2165	34085
本月费用差异	＋110	－75	－65	＋120	－25	＋45	－18	＋85	＋2075	－135	2135
本月实际累计	15950	67550	27450	25900	31060	12455	34916	20940	12555	17285	266061

为了将管理费用作为期间费用直接计入当期损益，月末，应根据管理费用科目借方归集的管理费用，编制转账凭证，借记本年利润科目，贷记管理费用科目。

上列企业月末应编制的结转管理费用的分录为：

借：本年利润　　　　　　　　34085

　　贷：管理费用　　　　　　　　34085

三、财务费用的核算

财务费用是指企业为了筹集生产经营所需资金而发生的各项费用。企业为购建固定资产而筹集资金所发生的费用，在固定资产尚未交付使用前发生的，应计入有关固定资产价值，不属于财务费用。财务费用也不应计入产品成本，而作为期间费用，直接计入当期损益。因此这种费用也应按年、季、月和费用项目编制费用计划加以控制和考核。通过这种费用的归集和结转，应该反映和监督其费用计划的执行情况，并将其正确、及时地计入当月损益。

财务费用的项目一般有：利息费用（减利息收入）、汇兑损益（减汇兑收益）以及相关的手续费、发生的现金折扣或收到的现金折扣等。

财务费用的归集和结转，是通过财务费用科目和所属明细账进行的。财务费用明细账应按费用项目设立专栏或专户，用来反映财务费用的支出情况。该科目的借方用来归集企业的财务费用，应根据付款凭证和前述费用分配表等，借记该科目，贷记有关科目；在发生利息收入和汇兑收益时，应根据有关的收款凭证等，借记银行存款等科目，贷记本科目。这些抵减财务费用的金额，既应记入财务费用总账科目的贷方，又应记入财务费用明细账的贷方；但在多栏式费用明细账中，由于只按费用项目设借方专栏，因而在实际登记时应在财务费用多栏式明细账利息费用或汇兑损失专栏用红字登记，以示冲减。这样登记与在多栏式管理费用明细账中用红字冲减材料产品盘盈金额一样，既可以节省账页篇幅，还便于计算费用项目的净额。在这种情况下，总账科目与所属明细账之间，只能进行余额核对，不能进行发生额核对。

现列示财务费用明细账见表 3 – 24。

表 3 – 24　　财务费用明细账　　单位：元

摘　要	利息费用	汇兑损失	手续费	其他	合计
本月计划	1350	200	1550	100	3200
付款凭证			1625	100	1725
转账凭证		655			655
收款凭证	(935)				(935)
收款凭证		(485)			(485)
利息费用分配表	1465				1465
合计	530	170	1625	100	2275

续表

摘 要	利息费用	汇兑损失	手续费	其他	合计
转出	530	170	1625	100	2275
本月费用差异	-820	-30	+75	-100	-875
本月实际累计	11550	1400	11700	755	25090

月末，财务费用也应作为期间费用，直接计如当期损益，应该根据财务费用科目归集的财务费用，编制转账凭证，借记本年利润科目，贷记财务费用科目。上例企业月末编制的结转财务费用的会计分录为：

借：本年利润　　2275

　　贷：财务费用　　2275

月末结转后，财务费用科目也应无余额。

至此，工业企业的各种生产费用均已计入产品成本，并已采用适当的成本计算方法算出完工产品和月末在产品的成本，各种期间费用也已进行归集，并已直接计入当期损益。

思考与练习题

（一）思考题

1. 分配间接成本的标准有哪几类？

2. 材料费用分配有哪些基本方法？

3. 简要说明辅助生产费用分配的特点？

4. 辅助生产费用分配有哪些方法？说明各种分配方法的特点、优缺点及适用性。

5. 制造费用有哪些分配方法？说明各种分配方法应用的前提条件。

6. 简要说明预定分配率的特点及其优缺点。

7. 可修复废品损失与不可修复废品损失在核算上有何不同？

8. 简述不可修复废品生产成本的计算方法。

（二）练习题

练习一

【资料】某企业生产甲、乙两种产品，耗用原材料共计62400元。本月投产甲产品220件，乙产品256件。单位原材料费用定额：甲产品120元，乙产品100元。

【要求】采用定额费用比例法分配材料费用，并将结果填入表3－25中。

表3－25　　材料费用分配表

车间或部门名称：　　××年×月　　单位：元

车间、部门		分配计入的材料费用			材料费用合计
		定额费用	分配率	分配金额	
基本生产车间	甲产品				
	乙产品				
合计					

练习二

【资料】某企业本月生产甲、乙两种产品，甲产品实际生产工时为7200小时，乙产品实际生产工时为4800小时，支付给生产工人的工资为42000元，蒸汽车间生产工人的工资为8200元，机修车间生产工人的工资为5000元，基本生产车间管理人员的工资为8300元，企业行政管理部门管理人员的工资为18000元。

【要求】采用生产工时比例法分配工资费用，并将结果填入表3－26中。

表3－26　　材料费用分配表

××年×月　　单位：元

车间、部门		成本项目	生产工时	分配率	应分配的工资费用
基本生产车间	甲产品				
	乙产品				
	小计				

续表

车间、部门		成本项目	生产工时	分配率	应分配的工资费用
辅助生产车间	蒸汽车间				
	机修车间				
	小　计				
制造费用					
管理费用					
合　计					

练习三

【资料】某企业设有机修、运输和供气三个辅助生产车间、部门。机修车间发生的费用4000元，劳务总量2000小时，其中：为运输部门提供400小时，为供气车间提供200小时。运输部门发生的费用10000元，劳务总量20000吨公里，其中：为机修车间提供1000吨公里，为供气车间提供2000吨公里。供气车间发生的费用3600元，劳务总量40000立方米，其中：为机修车间提供6000立方米。

【要求】(1) 按直接分配法计算该三个辅助生产车间的费用分配率。

(2) 按交互分配法计算交互分配费用及对外分配率。

(3) 以交互分配结果测定“顺序”，按顺序分配法计算三个辅助生产车间费用分配顺序分配率。

(4) 按代数分配法计算三个辅助生产车间费用的代数分配率。

(5) 设三个辅助生产车间的计划单位成本为：修理2.20元/小时，运输0.60元/吨公里，供气0.10元/立方米，按计划成本分配法计算三个辅助生产车间的费用成本差异。

练习四

【资料】某企业基本生产车间生产甲、乙两种产品，2006年5月该车间实际发生的制造费用为24000元。生产工人计件工资分别为：甲产品1960元；乙产品1640元。甲、乙产品计时工资共计8400元。甲、乙产品生产工时分别为7200小时、4800小时。机器工时分别为7000小时、3000小时。

【要求】(1) 采用生产工时比例法分配制造费用。

（2）采用生产工人工资比例法分配制造费用。

（3）采用机器工时比例法分配制造费用。

练习五

【资料】某企业某车间全年制造费用计划为 55000 元。全年各种产品的计划产量为：A 产品 2600 件；B 产品 2250 件。单件产品的工时定额为：A 产品 5 小时；B 产品 4 小时。该车间 5 月份的实际产量为：A 产品 240 件；B 产品 150 件。该月的实际制造费用为 4900 元。

【要求】采用预定分配率法分配制造费用，并作相应会计分录。

练习六

【资料】某企业 2006 年 5 月份生产甲产品 400 件，验收入库时发现不可修复废品 10 件；合格生产工时为 3900 小时，废品工时为 100 小时，甲产品成本明细账所记录的全部生产费用为：直接材料 24000 元，直接人工 1200 元，制造费用 2400 元。原材料在生产开始时一次投入，废品残料的价值为 52 元。

【要求】根据以上资料，按废品所耗的实际费用，编制不可修复废品损失计算表（见表 3－27），并编制有关废品损失的会计分录。

表 3－27　　不可修复废品损失计算表

产品名称：甲产品　　2006 年 5 月　　单位：元

项　目	直接材料	生产工时（小时）	直接人工	制造费用	合计
费用定额					
废品定额成本					
减：残值					
废品损失					

第四章 生产费用在完工产品与在产品之间的分配

学习目的与要求

如何将生产费用在本月完工产品与月末在产品之间进行分配，是产品成本计算工作中一个重要而复杂的问题。而正确组织在产品数量的核算，是正确进行生产费用在本月完工产品与月末在产品之间进行分配的前提。通过本章学习，应该理解在产品的含义及其范围，了解工业企业中在产品数量核算的意义和方法；熟练掌握生产费用在本月完工产品与月末在产品之间进行分配的各种具体方法，深刻理解这些分配方法的应用条件，以及正确采用这些方法对于正确计算本月完工产品成本和月末在产品成本的意义，掌握完工产品成本结转的账务处理。

第一节 生产费用在完工产品与在产品之间分配的意义

企业把生产过程中发生的各项生产费用汇总到生产成本账户，只是产品成本计算的开始，并不是成本计算的结束。这表明了生产费用与产品成本之间的区别，同时也反映了生产费用与产品成本之间的联系。

生产过程中发生的各项经济资源耗费的货币表现构成生产费用，即生产费用是指明需要计入产品成本的各项经济资源耗费。在第三章中，已通过一定的会计确认和计量程序，将其归集汇总到相关的生产成本账户中。

生产费用构成产品成本，但这并不意味着生产费用等同于产品成本。从会计期间的观念来看，生产费用是指一定会计期间发生的各项经济资源耗费，它归集汇总的标志是“期间”。这表明生产费用不仅与企业所生产的产品有关，而且它还表现为一定的期间性。在绝大多数企业中，生产成本账户所归集的生产费用包括了企业本期产品发生的生产费用，也包括上期结转下来的产品成本。而产品成本则是指一定产品上的生产费用，这表明产品成本计算的标志是“产品”，即生产费用必须以产品为对象进行汇总、分配，归集于一定的产品之后，才构成产品成本。

一定期间所发生的生产费用如果全部计入该期间的产品成本，那么生产费用在量上就与产品成本相等。但由于产品要经过一定的加工工序才能完成其全部的制造过程，所以，从任何一个会计期末看，必定会出现有的产品已制造完工并验收入库，退出生产过程；有的产品在期末尚未制造完工而需要在下一个会计期间继续加工后才能完工。前者称为完工产品或产成品，后者则称为在制产品或在产品。所以，生产费用与产品成本往往是不相等的，因为在会计期末有在产品的情况下，本期发生的生产费用就不一定全部计入本期生产完工的产品中，而计入本期生产完工产品的也不一定全部都是本期发生的生产费用。由于在大多数工业生产企业中，在一个成本计算期内一般都有完工产品，期末也或多或少有在产品结存，这样本期发生的生产费用与期初结存的在产品成本之和就需要在期末在产品与本期完工产品之间分配，从而计算出期末在产品成本、本期完工产品总成本和单位成本。

完工产品与产成品不是同一概念。完工产品按其包括内容的范围，有狭义和广义之分。狭义完工产品是指已经完成全部生产过程，随时可供销售的产品，即产成品；广义完工产品不仅包括产成品，而且还包括完成部分生产阶段，已由生产车间交中间仓库（即半成品仓库）验收，但尚未完成全部生产过程，有待在本企业内进一步加工制造的自制半成品。由于完工产品的含义有狭义与广义之分，所以在产品也有狭义的在产品与广义的在产品之分。狭义在产品是指正停留在生产车间进行加工制造的在制品，以及正在生产车间返修的废品和虽已完成了本车间生产，但尚未送验入库的产品；广义在产品不仅包括狭义在产品，而且还包括已经完成部分加工阶段，已由中间仓库验收，但尚未完成全部生产过程的自制半成品。对于不准备在本企业继续加工，等待对外销售的自制半成品，应作为商品产品，不应列入在产品之内。本章讨论的完工产品与在产品成本划分，是指广义完工产品（即产成品与自制半成品）与狭义在产品之间的成本划分。

正确地理解在产品和完工产品的两种不同含义，对于加强在产品管理和正确进行产品成本计算都是十分重要的。从加强在产品实物管理而言，由于一般企业的在产品数量较大，品种规格繁多，流动性又很强，为了保证在产品实物的安全完整，就必须分清在产品实物管理的责任。一般讲，狭义在产品由于正停留在生产车间中加工制造，所以主要由生产车间进行管理；而广义在产品中的已交中间仓库验收的自制半成品，则应由仓库进行管理。从计算产品制造成本而言，正确划分完工产品与在产品成本，是保证产品制造成本计算正确性的关键问题。这是因为完工产品成本与在产品成本之间存在着此消彼长的关系，如果在产品实物数量计算的不正确，在产品多计了成本，则就会少计完工产品成本；反之，少计了在产品成本，则就会多算完工产品成本。所以，要保证完工产品与在产品成本划分的正确性，除了要求科学、合理、正确地分配和归集生产费用以外，正确划分广义和狭义的在产品，正确确定在产品和完工产品实物数量资料是不可缺少的条件。

第二节　在产品数量的核算

在产品结存数量，同其他存货结存数量一样，应同时具备账面核算资料和实际盘点资料，企业一方面要做好在产品收发结存的日常核算工作，另一方面还要做好在产品的清查盘点工作。这样不仅对正确计算产品成本，加强生产资金管理，以及保护企业财产有着重要的意义，而且对掌握生产进度，加强生产管理也有着重要的意义。

为了加强在产品的控制，做好在产品实物数量的日常管理工作，达到预期的控制目的，应抓好以下几项主要工作：

（一）建立和健全各项原始凭证和原始记录制度

对于产品生产过程中发生的在产品的投入、产出、转移、入库、送验、报废等都应填制相应的原始凭证，如实反映在产品的动态和结存情况。例如，产品投入生产，可由生产计划、生产调度部门开出工作任务书，根据工作任务书填制限额领料单，生产车间根据生产领料单规定的限额向材料仓库领取材料，产品正式投产。又如，在产品在各工序之间转移时，各工序都应填制各种产量凭证，办理在产品转移的手续。再如，完工的零件、部件送交半成品仓库暂时保存时，必须填制自制半成品入库单等。在产品在各工序之间转移，或交半成品仓库，应尽可能地进行质量检验，并做好检验记录。在产品在转移验收过程中，如发现在产品短缺、毁损或报废，都应填制短缺单或报废单。

（二）建立和健全在产品台账制度

在产品投入、转移、送验、入库、报废等的原始凭证只能分散反映在产品的动态情况，而不能连续、完整地反映在产品在整个加工过程中各个环节的增减变动和结存情况。为了加强在产品的控制，企业应根据本企业的生产特点设置在产品台账，进行在产品收、发、结存的数量核算。

在大量大批生产的车间或企业里，在产品在各道工序之间的流转一般是按固定路线有节奏地进行移动，同时，在产品在各道工序上的结存数量也是比较稳定的。为了有效控制在产品的流转，可按照在产品零件、部件的名称和车间设置在产品台账，根据各在产品的工艺流程、加工先后次序和有关原始凭证，登记各种在产品在各工序上、各生产车间的收、发、结存数量。在按生产车间设置在产品台账的情况下，可在各台账中按每一道工序分设栏目反映各工序的收、发和结存数量。在产品台账的一般格式如表 4－1、表 4－2 所示。

表 4－1 在产品台账

零件名称：丝钢　　单位：件
零件编号：4033　　生产车间：金工

日期	摘要	收入毛坯		完工情况				转移情况			在产品结存数量	备注
		凭证编号	数量	凭证编号	合格品	废品	短缺	凭证编号	下道车间	数量		
	上月结存											
1/6		427	300	826	350	10	—	1121	装配	350	140	
2/6		429	400	827	370	5	2	1222	装配	370	163	

续表

日期	摘要	收入毛坯		完工情况				转移情况			在产品结存数量	备注
		凭证编号	数量	凭证编号	合格品	废品	短缺	凭证编号	下道车间	数量		
30/6	合计		9600		9530	82	14			9530	174	

表 4-2　　在产收发结存账

零部件名称：3034

车间名称：第一车间　　单位：件

日期	摘要	收入		发出		结存	
	（略）	凭证号	数量	合格品	废品	完工	未完工
1/3		104	60	56		40	16
2/3		103	80	60	4	20	30
		……	……	……	……	……	……
31/3	合计		240	680	10	50	60

在单件小批生产的车间或企业里，由于产品品种不固定，在产品加工的工艺流程不同，在产品在各道工序上结存的数量变化较大，所以在产品的实物管理工作比较复杂，在实际工作中，通常是采用工作通知单和工序进程单来反映和控制在产品的流转。

（三）抓好在产品的交接工作

对于在产品的每次转移，都要办理必要的交接手续，做到笔笔填制凭证，道道点数把关，环环交接清楚，以加强在产品流转的控制。例如，在产品投入生产时，可由生产调度人员清点投入毛坯或材料的数量，并与领料单进行核对，同时应在单上签章。生产工人在接受生产调度人员安排的生产任务时，也应点清毛坯、材料或半成品的数量，并与工作通知单进行核对，同时应在单上签章。如与工作通知单所列数量不符，应立即提出，并进行更正。各道工序的完工产品在转下道工序或送交仓库时，都应由检验员把住质量关和数量关，并根据检验情况在工序进程单和工作通知单上填明合格产品、废品和短缺的数量，并在单上签章。生产调度人员根据原始凭证记录进行核对，验收合格后，再开出下一道工序的工作通知单，并将在产品转入下道工序继续加工，直到完成全部生产过程将完工产品转入产成品仓库为止。对于在产品在转移过程中所发现的废品或数量短缺，要及时追查原因和责任，并填制废品通知单或在产品短缺凭证，作为责任考核的一个重要组成部分。同时应将废品通知单和在产品短缺凭证及时报会计部门，以便进行会计处理。

（四）加强半成品仓库的管理

半成品仓库是在产品流转过程管理的枢纽，它包括毛坯仓库和自制零件、自制部件仓库等。半成品仓库亦称为中间仓库。半成品仓库储存的半成品衔接着产品生产的上下道工序，因此，加强半成品仓库的管理，是保证各生产车间、各道工序正常生产的关键。要做好半成品仓库的管理工作，首先，应该严格执行半成品的收入、发出和保管制度，做到半成品入库、出库必须清点数量，填制半成品收发凭证；建立半成品明细账，及时、正确地登记半成品收、发、结存数量，有时还应反映半成品的成本；定期进行半成品盘点，保证账物一致。其次，应该对每一种半成品制定最高储备和最低储备量，做到既不因半成品储备过多而造成在产品资金占用过大，也不因半成品储备太少而影响以后各道工序的正常生产。此外，还应建立半成品成套性检查制度，保证各种零件、部件等在产品进行装配时能配套供应，如仓库发现零件、部件数量不配套，应及时向生产计划部门反映，督促生产车间补齐缺件，以提高零件、部件的配套程度，防止多余零件、部件积压，造成不必要的浪费和损失。

（五）加强在产品盘点工作

实行在产品定期盘点制度是加强在产品实物管理的重要措施。为了保证在产品账实相符，必须定期对在产品进行盘点。对于重要的和价值较高的零件、部件，除了需要定期盘点外，还应根据管理需要进行不定期的抽查和轮流盘点。特别是对于没有建立在产品台账的车间，每月末必须对本车间的在产品进行全面清点，取得在产品实际结存资料，这样，一方面可检查在产品结存数量是否与投入数量相符，有无报废、毁损、短缺存在；另一方面可据以计算产品制造成本。在在产品盘点过程中，如果发现在产品盘亏或盘盈，应填制在产品盈亏报告，并及时分析盈亏的原因，以及初步处理意见。会计部门根据在产品盘点报告，经认真审核后，进行必要的账务处理。

在产品发生盘盈时，按计划成本或定额成本记入“基本生产成本”科目的借方，“待处理财产损溢”科目的贷方；按照规定核销时，则记入“待处理财产损溢”科目的借方，“制造费用”科目的贷方，冲减制造费用。

在产品发生盘亏和毁损时，记入“待处理财产损溢”科目的借方，“基本生产成本”科目的贷方，冲减在产品的账面价值。毁损在产品的残值，记入“原材料”、“银行存款”等科目的借方，“待处理财产损溢”科目的贷方，冲减其损失。按规定核销时，应根据不同情况分别将损失从“待处理财产损溢”科目的贷方转入有关科目的借方，其中准予计入产品成本的损失，转入“制造费用”科目的借方；由于自然灾害造成的非常损失并收到保险公司的保险赔款部分，记入“银行存款”科目或“其他应收款”科目的借方，其余损失记入“营业外支出”科目的借方；应由过失单位或过失人员赔偿的记入“其他应收款”科目的借方，要求赔偿。为了正确归集和分配制造费用，在产品盘盈盘亏的账务处理，应该在制造费用结账之前进行。

【例 4-1】某工业企业在产品清查结果：A 产品的在产品盘盈 20 件，单位定额成本 15 元；B 产品的在产品盘亏 5 件，单位定额成本 20 元，过失人赔款 30 元；C 产品的在产品毁损 10 件，单位定额成本 25 元，残料入库价值 50 元，系自然灾害损失 200 元。已经批准转账。

1. 在产品盘盈的核算：

（1）盘盈时：

借：基本生产成本——A 产品（20×15）　　300

　　贷：待处理财产损溢　　300

（2）批准后转账：

借：待处理财产损溢　　300

　　贷：制造费用　　300

2. 在产品盘亏的核算：

（1）盘亏时：

借：待处理财产损溢（5×20）　　100

　　贷：基本生产成本——B 产品　　100

（2）批准后转账：

借：其他应收款　　30

　　制造费用　　70

　　贷：待处理财产损溢　　100

3. 在产品毁损的核算：

（1）毁损转账

借：待处理财产损溢（10×25） 250

　　贷：基本生产成本——C 产品 250

（2）残料入库：

借：原材料 50

　　贷：待处理财产损溢 50

（3）批准后转账：

借：营业外支出 200

　　贷：待处理财产损溢 200

第三节　生产费用在完工产品与在产品之间分配的方法

合理、简便地划分完工产品与在产品成本是确定完工产品与在产品成本划分方法的原则，企业应根据月末结存在产品数量的多少，各月月末在产品结存数量变化的起落程度，月末结存在产品价值的大小，各成本项目成本占总成本比重的轻重，以及企业定额管理基础工作的扎实与否等方面的情况，选择合理、简便的划分方法。

对于任何一种产品的生产过程来说，都可能存在着以下四个方面的因素：即月初在产品成本、本月投入的生产费用、完工产品成本和月末在产品成本。这四个因素之间的关系，可用下列平衡公式来表示：

月初在产品成本＋本月投入的生产费用＝完工产品成本＋月末在产品成本

上式是生产费用在完工产品和月末在产品之间进行分配的基本公式。在公式前两项已知的前提下，要在完工产品和月末在产品之间分配生产费用，其分配方法有三大类型：

1. 先确定月末在产品成本，然后确定完工产品成本。这种方法是先采用一定的办法对月末在产品进行计价，然后将汇总的基本生产成本减去月末在产品成本，便可以计算出完工产品的总成本，总成本除以完工产品数量，即为产品的单位成本。对月末在产品计价的具体方法有：（1）在产品按年初在产品成本计价法；（2）在产品按定额成本计价法；（3）不计算在产品成本法等。

2. 先确定完工产品成本，然后确定月末在产品成本。这种方法是先对完工产品按计划成本、定额成本或历史成本计算，然后将汇总的基本生产成本减去完工产品成本，即计算出月末在产品成本。这类方法属于倒扎账的办法，一般不宜采用。

3. 完工产品成本与在产品成本同时确定。这种方法是先选择一种分配标准，将完工产品成本和月末在产品成本按此分配标准的比例进行划分，即根据按此分配标准计算的分配率不分先后地计算出完工产品成本和月末在产品成本的一种方法。具体方法包括有：（1）约当产量比例法；（2）定额比例法。

完工产品与月末在产品成本划分应分别成本项目进行，一般地说，各成本项目的成本都应在完工产品与月末在产品之间划分，这样才能保证完工产品与在产品成本的完整和正确。但是在有些情况下，如产品的直接材料成本占全部成本的比重很大，月末在产品完工程度又较低，那么，根据成本核算的重要性原则，为了简化成本计算工作，可将直接材料成本项目的成本在完工产品与在产品之间进行划分，而其余成本项目的成本全部由完工产品成本承担，在产品不承担，也就是说，在对产品成本计算正确性影响不大的情况，为简化计算工作，月末在产品只承担部分成本项目的成本。

一、不计算在产品成本法

不计算在产品成本法，是指虽然月末有结存在产品，但月末在产品数量很少，价值很低，且各月在产品数量比较稳定的情况下，对月末在产品成本忽略不计的一种方法。采用这种方法是因为月初与月末在产品成本很小，月初在产品成本与月末在产品成本之差就更小，算不算各月末在产品成本对完工产品成本影响不大，因此，根据成本核算的重要性原则，为简化产品成本计算工作，可不计算月末在产品成本，例如自来水生产企业、采掘企业等可用此方法。在这种方法下，本月各产品发生的生产费用就是本月该种完工产品的总成本，除以本月完工产品产量，即可求得单位产品制造成本。

二、在产品按年初在产品成本计价法

在产品按年初在产品成本计价法，是对各月月末在产品成本按年初在产品成本计价的一种方法。这种方法适用于各月月末在产品结存数量较少，或者虽然在产品结存数量较多，但各月月末在产品数量稳定，起落变化不大的产品。在月末在产品结存数量较少，但价值较大，或者在产品数量较多的情况下，如采用前一种方法不对月末在产品计价，则会使成本计算不正确，而且会造成较大的账外财产，使会计反映失实，但如果月末在产品结存数量较少，或者在产品结存数量较多；但各月月末在产品结存数量稳定的情况下，由于各月月初在产品成本与月末在产品成本之间的差额很小，因此，以年初在产品成本对各月月末在产品进行计价，则对各月完工产品成本的影响不大。所以，为简化产品制造成本的计算工作，对各月月末在产品可按年初在产品成本计价，这样，各月月末在产品成本不变，月初与月末在产品成本相等，那么每月各产品发生的生产费用即为本月该完工产品的总成本。

但在年末，应该根据实际盘点的在产品数量，具体计算在产品成本，据以计算 12 月份产品成本，并将算出的年末在产品成本作为下一年度各月固定的在产品成本，以免相隔时间过长，在产品成本与实际出入过大，影响产品成本计算的正确性。炼铁企业和化工企业的产品，由于高炉和化学反应装置的容积固定，其在产品成本就可以这样计算。在物价变动较大的情况下，采用此法应慎重，以防止成本计算不实。

【例 4－2】某企业 A 产品的在产品采用按年初在产品成本计算的方法。上年末在产品成本为：直接材料 4000 元，燃料及动力 2000 元，直接人工 3500 元，制造费用 3000 元，合计 12500 元。本月发生的生产费用及本月完工产品成本，详见表 4－3 所示。

表 4－3　　产品成本明细账

产品名称：A 产品　　2005 年 6 月　　单位：元

摘　要	直接材料	燃料及动力	直接人工	制造费用	合计
月初在产品成本	4000	2000	3500	3000	12500
本月生产费用	50000	21000	38000	32000	141000
生产费用合计	54000	23000	41500	35000	153500
本月完工产品成本	50000	21000	38000	32000	141000
月末在产品成本	4000	2000	3500	3000	12500

三、在产品按所耗原材料费用计价法

采用这种分配方法时，月末在产品只计算其所耗用的原材料费用，不计算生产工人薪酬等加工费用，就是说，产品的加工费用全部由完工产品成本负担。某种产品的全部生产费用，减去月末在产品的原材料费用，就是完工产品的成本。

这种分配方法适用于各月末在产品数量较大，各月在产品数量变化也较大，但原材料费用在成本中所占比重较大的产品。这是因为，各月末在产品数量较大，各月在产品数量变化也较大的产品，既不能采用第一种方法，也不能采用第二种方法，而必须具体计算每月末的在产品成本。但是，由于该种产品的原材料费用比重较大，因而生产工人薪酬等加工费用比重不大，在产品成本中的加工费用，以及月初、月末在产品加工费用的差额不大，月初和月末在产品的加工费用基本上可以互相抵消。因此，为了简化计算工作，在产品可以不计算加工费用，这时，这种产品的全部生产费用，减去按所耗原材料费用计算的在产品成本，就是该种完工产品的成本。纺织、造纸和酿酒等工业的产品，原材料费用比重较大，都可以采用这种分配方法。

【例4-3】某企业生产甲产品，甲产品成本中原材料费用所占比例较大，所以，甲产品的月末在产品成本只按所耗原材料费用计算。现已知甲产品的月初在产品成本（即月初在产品的原材料费用）为1500元，本月发生直接材料28500元，燃料及动力500元，直接人工800元，制造费用1000元，本月完工产品500件，月末在产品100件。甲产品的原材料费用是在生产开始时一次投入。本月完工产品成本及月末在产品成本计算如下：

$$直接材料分配率=\frac{1500+28500}{500+100}=50$$

完工产品负担直接材料费用 $=500\times50=25000$（元）

月末在产品负担直接材料费用（即：月末在产品成本）$=100\times50=5000$（元）

完工产品成本 $=25000+500+800+1000=27300$（元）

产品成本明细账详见表4-4所示。

表 4-4　　　产品成本明细账

产品名称：甲产品　　　2005 年 6 月　　　单位：元

摘　要	直接材料	燃料及动力	直接人工	制造费用	合计
月初在产品成本	1500				1500
本月生产费用	28500	500	800	1000	30800
生产费用合计	30000	500	800	1000	32300
本月完工产品成本	25000	500	800	1000	27300
月末在产品成本	5000				5000

四、约当产量比例法

约当产量比例法是将月末结存在产品的数量按其完工程度折算为相当于完工产品的数量，即约当产量，然后按照完工产品产量（也就是完工程度为 100% 的约当产量）与月末在产品约当产量的比例划分完工产品与月末在产品成本的一种方法。本月完工产品产量加上月末在产品约当产量，称为约当总产量亦简称为约当产量。由于约当产量比例法只要在正确统计月末在产品结存数量和正确估计月末在产品完工程度的前提下，就可以比较客观地划分完工产品与月末在产品成本，因此，约当产量比例法适用范围较广泛，特别是月末在产品结存数量较大，且各月末在产品结存数量不稳定，起落变化较大，其他分配方法受到限制不宜采用时，尤为适合。

约当产量比例法计算公式如下：

在产品约当产量 = 在产品数量 × 加工程度（或投料程度）

$$某项费用分配率 = \frac{该项费用总额}{完工产品产量 + 在产品约当产量}$$

完工产品应分配该项费用 = 完工产品数量 × 费用分配率

在产品应分配该项费用 = 在产品约当产量 × 费用分配率

或　　　　　　　　　= 费用总额 - 完工产品费用

【例 4－4】某企业生产 B 产品，本月完工 3000 件，月末在产品 1000 件，在产品完工程度 50%，原材料在生产开始时一次投入。其他有关资料如表 4－5 所示。

表 4－5　　　　　　　　　　　　　　　　　　　　单位：元

项　目	直接材料	直接人工	制造费用	合　计
月初在产品成本	32000	5000	12000	49000
本月生产费用	48000	16000	58000	122000
合　计	80000	21000	70000	171000

月末在产品的约当产量 $=1000\times 50\%=500$（件）

（1）直接材料的分配：

$$直接材料分配率=\frac{80000}{3000+1000}=20$$

完工产品应负担直接材料 $=3000\times 20=60000$（元）

在产品应负担直接材料 $=1000\times 20=20000$（元）

（2）直接人工的分配：

$$直接人工分配率=\frac{21000}{3000+500}=6$$

完工产品应负担直接人工 $=3000\times 6=18000$（元）

在产品应负担直接人工 $=500\times 6=3000$（元）

（3）制造费用的分配：

$$制造费用分配率=\frac{70000}{3000+500}=20$$

完工产品应负担制造费用 $=3000\times 20=60000$（元）

在产品应负担制造费用 $=500\times 20=10000$（元）

（4）编制完工产品和在产品成本计算表，详见表 4－6 所示。

表 4－6　　完工产品和在产品成本计算表

产品名称：B 产品　　2005 年 6 月　　单位：元

项　目	直接材料	直接人工	制造费用	合　计
月初在产品成本	32000	5000	12000	49000
本月生产费用	48000	16000	58000	122000
生产费用合计	80000	21000	70000	171000
在产品完工程度或投料程度	100%	50%	50%	
在产品约当量	1000	500	500	
完工产品产量	3000	3000	3000	
分配率（单位成本）	20	6	20	
完工产品成本	60000	18000	60000	138000
月末在产品成本	20000	3000	10000	33000

采用约当产量比例法，必须正确计算在产品的约当产量。由于在产品的约当产量是根据在产品数量和完工率计算的，因此，在产品完工率的测定，对于正确分配费用有着决定性的作用。

采用约当产量比例法时，由于月末在产品的投料程度和加工程度可能不一致，直接材料和直接工资、制造费用的投入程度也就可能不同，因此应分别成本项目计算月末在产品的约当产量。直接材料成本项目应根据月末在产品所耗直接材料的投入程度折算约当产量；直接工资、燃料及动力和制造费用成本项目应根据月末在产品的加工程度折算约当产量。并应分别成本项目计算约当产量单位成本和完工产品成本，月末在产品成本。

（一）直接人工、制造费用等加工费用的分配

在计算分配直接人工和制造费用等加工费用所依据的在产品约当量时，采用的是在产品的加工程度（完工率）。在产品加工程度的确定方法及加工费用的分配方法如下：

1. 单一生产步骤下在产品完工程度的确定。

$$\text{完工程度} = \frac{\text{已完成的加工工时}}{\text{产品工时定额}} \times 100\%$$

【例 4－5】某企业 A 产品单位工时定额为 20 小时，现有一

件已完成加工工时 14 小时的在产品，则该在产品的加工程度为：

$$加工程度 = \frac{14}{20} \times 100\% = 70\%$$

在产品数量很多时，不可能逐一去认定它们的完工程度，为简化工作量，一般按 50% 作为其平均完工程度。

2. 多个生产步骤下在产品完工程度的确定。

（1）各工序在产品数量较少时。

$$\text{某工序在产品完工程度} = \frac{\text{已完成的加工工时}}{\text{产品工时定额}} \times 100\%$$

$$= \frac{\text{前面各工序工时定额之和} + \text{本工序完成的工时}}{\text{产品工时定额}} \times 100\%$$

【例 4－6】 某企业 A 产品单位工时定额 40 小时，经两道工序制成。第一道工序工时定额为 24 小时，第二道工序工时定额为 16 小时。第一道工序有在产品 1 件，已完成加工工时 12 小时；第二道工序有在产品 2 件，在产品 201 号在本工序已完成加工工时 8 小时，在产品 202 号在本道工序已完成加工工时 12 小时。各工序在产品完工率计算如下：

$$第一工序在产品完工率 = \frac{12}{40} \times 100\% = 30\%$$

$$第二工序在产品 201 号完工率 = \frac{24+8}{40} \times 100\% = 80\%$$

$$第二工序在产品 202 号完工率 = \frac{24+12}{40} \times 100\% = 90\%$$

【例 4－7】 假定上例中，A 产品本月完工 10 件。A 产品月初加本月发生的加工费用：直接人工 60000 元，制造费用 78000 元。完工产品与月末在产品加工费用计算如下：

①在产品约当量 $= 1 \times 30\% + 1 \times 80\% + 1 \times 90\% = 2$（件）

②直接人工的分配：

$$分配率=\frac{60000}{10+2}=5000$$

完工产品分配直接人工 = 10 × 5000 = 50000（元）

在产品分配直接人工 = 2 × 5000 = 10000（元）

③制造费用的分配：

$$分配率=\frac{78000}{10+2}=6500$$

完工产品分配制造费用 = 10 × 6500 = 65000（元）

在产品分配制造费用 = 2 × 6500 = 13000（元）

（2）各工序在产品数量较多时。为了加速成本的计算工作，可以按照各工序的累计工时定额占完工产品工时定额的比率计算，事前确定各工序在产品的完工率。计算公式如下：

$$\begin{matrix}某工序在\\产品完工率\end{matrix}=\frac{\begin{matrix}前面各工序\\工时定额之和\end{matrix}+\begin{matrix}本工序工\\时定额\end{matrix}\times 50\%}{产品工时定额}$$

公式中本工序（即在产品所在工序）工时定额乘以50%，是因为该工序中各件在产品的完工程度不同，为了简化完工率的测算工作，在本工序一律按平均完工率的50%计算。在产品从上一道工序转入下一道工序时，因上一道工序已经完工，所以前面各道工序的工时定额应按100%计算。

【**例4-8**】某企业甲产品单位工时定额60小时，经过三道工序制成。第一道工序工时定额为24小时，第二道工序工时定额为12小时，第三道工序工时定额为24小时。各道工序内在产品加工程度均按50%计算。各工序在产品完工率计算如下：

$$第一道工序在产品完工率=\frac{24\times 50\%}{60}\times 100\%=20\%$$

$$第二道工序在产品完工率=\frac{24+12\times 50\%}{60}\times 100\%=50\%$$

$$第三道工序在产品完工率=\frac{24+12+24\times50\%}{60}\times100\%=80\%$$

根据各工序的月末在产品数量和各工序在产品完工率，计算出月末各工序在产品的约当产量及其总数，据以分配费用。

【例4-9】假定上例中甲产品本月完工300件。第一道工序在产品25件；第二道工序在产品30件；第三道工序在产品50件。根据各工序月末在产品的数量和各工序在产品的完工率，分别计算各工序月末在产品的约当产量及其总数。约当产量计算表详见表4-7所示。

表4-7 约当产量计算表

产品名称：甲产品　　2005年6月　　单位：件

在产品所在工序	在产品完工率（%）	在产品数量		完工产品产量	产量合计
		结存量	约当量		
1	20	25	5		
2	50	30	15		
3	80	50	40		
合计	—	105	60	300	360

假定甲产品月初加本月发生的加工费用：直接人工为21600元，制造费用为25200元。完工产品与月末在产品加工费用计算分配如下：

①直接人工的分配：

$$直接人工分配率=\frac{21600}{300+60}=60$$

完工产品分配直接人工 $=300\times60=18000$（元）

在产品分配直接人工 $=60\times60=3600$（元）

②制造费用的分配：

$$制造费用分配率=\frac{25200}{300+60}=70$$

完工产品分配制造费用 = 300 × 70 = 21000（元）

在产品分配制造费用 = 60 × 70 = 4200（元）

（3）平均计算，即一律按 50% 作为各工序在产品的完工程度。各工序在产品数量和单位产品在各工序的加工量都相差不多的情况下，后面各工序在产品多加工的程度可以抵补前面各工序少加工的程度。这样，全部在产品完工程度可按 50% 平均计算。

（二）原材料费用的分配

在约当产量比例法下，在计算分配原材料费用所依据的在产品约当量时，采用的是在产品的投料程度。在产品的投料程度，根据原材料投入方式不同而有所不同。在产品投料程度的确定方法及原材料费用分配方法如下：

1. 单一生产步骤下投料程度的确定。

（1）原材料在生产开始时一次投入。在这种情况下，在产品所消耗的原材料同完工产品，即在产品的投料率为 100%。因此，原材料费用应按完工产品的数量与月末在产品数量的比例进行分配。

（2）原材料随着生产进度陆续投入，且投料程度与生产工时投入的进度完全一致，或基本一致。在这种情况下，分配原材料费用所依据的在产品的约当产量可以按分配加工费用所采用的在产品约当产量加以确定。

（3）原材料随着生产进度分次投入，在这种情况下，应视具体投料情况及加工进度来确定投料程度。

【例 4－10】企业生产甲产品，月初在产品 50 件，加工程度 40%，本月投产 430 件，完工 400 件，月末结存 80 件，加工程度 50%。投料方式为：生产开始时，投入全部材料的 80%，加工到 60% 时，再投入其余材料的 20%。月初在产品及本月发生的材料费用合计 13920 元。要求：用约当产量比例法分配材料。

月末在产品投料程度 = 80%

月末在产品约当产量 = 80 × 80% = 64（件）

$$原材料费用分配率 = \frac{13920}{400 + 64} = 30$$

完工产品分配原材料费用 = 400 × 30 = 12000（元）

月末在产品分配原材料费用 = 64 × 30 = 1920（元）

2. 多个生产步骤下投料程度的确定。

（1）原材料在第一道工序生产开始时一次全部投入。各工序在产品所耗用的原材料同完工产成品，即各工序在产品的投料率均为100%。因此，原材料费用应按完工产成品的数量与月末各工序在产品数量之和的比例进行分配。

（2）原材料随着生产进度陆续投入，但投料程度与生产工时投入的进度不一致。在这种情况下，为了提高原材料费用分配的正确性，应按每一工序原材料的消耗定额计算投料率，进而计算确定月末在产品的约当产量。

$$\text{某工序在产品投料率} = \frac{\text{前面各工序材料消耗定额累计} + \text{本工序材料消耗定额} \times 50\%}{\text{产品材料消耗定额}} \times 100\%$$

【例4－11】某企业产品需经过两道工序加工而成。原材料随生产进度陆续投入，其投料程度与生产工时投入的进度不一致。该种产品的原材料消耗定额为1000千克，其中，第一道工序原材料消耗定额为600千克，第二道工序原材料消耗定额为400千克。月末在产品数量：第一道工序300件，第二道工序200件。本月完工产品为1000件，月初在产品及本月发生的材料费用合计150000元。各工序在产品投料率的计算过程及结果详见表4－8所示。

表 4－8　　　　　　　　　　　　　　　　　　　　单位：件

工序	本工序原材料消耗定额（千克）	投料率	在产品约当产量	完工产量	合计
1	600	$\frac{600 \times 50\%}{1000} = 30\%$	$300 \times 30\% = 90$		
2	400	$\frac{600 + 400 \times 50\%}{1000} = 80\%$	$200 \times 80\% = 160$		
合计	1000	—	250	1000	1250

$$原材料费用分配率 = \frac{150000}{1000 + 250} = 120$$

完工产品分配材料费用 $= 1000 \times 120 = 120000$（元）

月末在产品分配材料费用 $= 250 \times 120 = 30000$（元）

上例中，原材料是在每道工序随加工进度陆续投料的，因此每道工序在产品的投料程度按 50% 折算。

（3）原材料随着生产进度分工序投入，在每道工序中则是在工序开始时一次投入。在这种情况下，应将一次投料的计算方法与陆续投料的计算方法结合起来计算完工率（投料率），并在此基础上计算确定月末在产品的约当产量。

【例 4－12】某种产品经两道工序加工而成。原材料分工序投入（在每道工序开始时一次投入）。该产品的原材料消耗定额为 800 千克，其中，第一道工序的原材料消耗定额为 500 千克，第二道工序的原材料消耗定额为 300 千克。月末在产品的数量：第一道工序 200 件，第二道工序 100 件，本月完工产品为 1100 件。月初在产品和本月发生的原材料费用共计 112625 元。其每道工序在产品的投料率、在产品的约当产量，以及原材料费用的分配过程如表 4－9 所示。

表 4－9

单位：件

工序	工序开始时一次投入的原材料定额（千克）	投料率	在产品约当产量	完工产量	合计
1	500	$\frac{500}{800}\times100\%=62.5\%$	$200\times62.5\%=125$		
2	300	$\frac{500+300}{800}\times100\%=100\%$	$100\times100\%=100$		
合计	800	—	225	1100	1325

$$原材料费用分配率=\frac{112625}{1100+225}=85$$

完工产品分配材料费用 $=1100\times85=93500$（元）

月末在产品分配材料费用 $=225\times85=19125$（元）

上例原材料是在每道工序一开始时就投入，在同一工序中各件在产品原材料的消耗定额，就是该工序的消耗定额，不应按50%折算，最后一道工序在产品的消耗定额，为该种完工产品的消耗定额，完工率为100%。

五、在产品按完工产品成本计价法

这种分配方法是将在产品视同完工产品分配费用，即单位在产品与单位完工产品分配相等的费用。这种方法适用于月末在产品已经接近完工，或者产品已经加工完毕，但尚未验收或包装入库的产品。在这种情况下，在产品成本已接近完工产品成本，为了简化核算工作，将月末在产品视同完工产品，因此，按完工产品与在产品的数量比例分配费用。

【例 4－13】某产品月初在产品成本和本月投入生产费用合计数为：原材料费用 30000 元，生产工人工资 4400 元，制造费用 6600 元。完工产品 700 件，月末在产品 300 件，都已接近完工，可以视同完工产品计算成本。则费用分配结果如表 4－10

所示。

表 4－10　　　　单位：元

成本项目	生产费用合计	费用分配率	完工产品		月末在产品	
			数量	费用	数量	费用
①	②	③	④	⑤＝④×③	⑥	⑦＝⑥×③
直接材料	30000	30	700	21000	300	9000
直接人工	4400	4.4	700	3080	300	1320
制造费用	6600	6.6	700	4620	300	1980
合　计	41000			28700		12300

表 4－10 中各项费用分配率是根据各该生产费用的累计数，除以完工产品数量与月末在产品数量之和计算的；各该费用分配率分别乘以完工产品数量和月末在产品数量，求得完工产品与月末在产品分配的各项费用。

六、月末在产品按定额成本计价法

这种分配方法是按照事先制定的单位产品材料及工时消耗定额和在产品数量及其完工程度，计算出月末在产品定额成本，然后从全部生产费用（月初在产品费用加上本月生产费用）中扣除月末在产品的定额成本，其余额作为完工产品成本。月末在产品的实际生产费用脱离定额的差异，全部计入当月完工产品成本。这种方法适用于定额管理基础比较好，各项消耗定额或费用定额比较准确、稳定，且各月在产品数量变化不大的产品。

在计算月末在产品定额成本时，原材料项目可根据单位产品材料消耗定额、材料单价和月末在产品数量及投料程度计算；其他项目一般根据单位产品工时定额、单位工时费用率和月末在产品数量及完工程度计算。

月末在产品定额成本计算公式如下：

（1）直接材料定额成本＝在产品约当产量×单位产品材料消耗定额×材料单价

（2）直接人工定额成本＝在产品约当产量×单位产品工时定额×小时工资率

（3）制造费用定额成本＝在产品约当产量×单位产品工时定额×小时制造费用率

【例4－14】某企业乙产品月初在产品成本为：直接材料14400元，直接人工10000元，制造费用8500元；本月生产费用为：直接材料71600元，直接人工53400元，制造费用34000元。原材料在开工时一次投入，完工程度为50%。原材料费用定额为60元，工时定额为20小时，小时费用率为：直接人工5.5元，制造费用4.4元，月末在产品200件。根据以上资料，采用月末在产品按定额成本计价法计算的结果如表4－11和表4－12所示。

表4－11　　月末在产品定额成本计算表

成本项目	工时定额（小时）	小时费用率（元）	费用定额（元）	在产品约当产量（件）	定额成本（元）
直接材料			60	200	12000
直接人工	20	5.5	110	100	11000
制造费用	20	4.4	88	100	8800
合　计					31800

表4－12　　乙产品成本计算表　　单位：元

成本项目	月初在产品成本	本月生产费用	费用总额	月末在产品成本	完工产品成本
直接材料	14400	71600	86000	12000	74000
直接人工	10000	53400	63400	11000	52400
制造费用	8500	34000	42500	8800	33700
合　计	32900	159000	191900	31800	160100

【例 4 -15】丙产品由两个 A 零件和一个 B 零件制成。单件零件的原材料费用定额为：A 零件 8 元，B 零件 10 元，原材料在零件生产开工时一次投入。该产品各工序工时定额和月末在产品数量如表 4 -13 所示。

表 4 -13

零件名称	所在工序	本工序工时定额（小时）	在产品数量（件）
A	1	6	100
	2	4	80
	3	4	200
	小计	14	380
B	1	2	200
	2	8	150
	小计	10	350

丙产品原材料费用定额为 26 元，工时定额为 38 小时，每小时直接人工定额为 3 元，每小时制造费用定额为 2 元。该产品月初在产品定额成本和本月生产费用如表 4 -14 所示。

表 4 -14　　单位：元

项　目	直接材料	直接人工	制造费用	合　计
月初在产品定额成本	2800	15500	7680	25980
本月投入生产费用	18200	43000	30000	91200

本月完工丙产品 600 件。每道工序在产品的累计工时定额，按上一道工序累计工时定额加本道工序工时定额的 50% 计算。

月末在产品的定额成本以及完工产品的成本计算如表 4 -15 和表 4 -16 所示。

表 4-15　月末在产品定额成本计算表　单位：元

零件名称	所在工序	在产品数量（件）	直接材料		工时		直接人工	制造费用	定额成本合计
			单件定额	定额费用	单件累计定额	定额工时（小时）			
A	1	100	8	800	3	300	900	600	2300
	2	80	8	640	8	640	1920	1280	3840
	3	200	8	1600	12	2400	7200	4800	13600
B	1	200	10	2000	1	200	600	400	3000
	2	150	10	1500	6	900	2700	1800	6000
合　计				6540			13320	8880	28740

表 4-16　丙产品成本计算单

2005 年 6 月　产量：件　单位：元

产品成本项目	月初在产品费用（定额成本）	本月生产费用	生产费用合计	月末在产品费用（定额成本）	完工产品成本
直接材料	2800	18200	21000	6540	14460
直接人工	15500	43000	58500	13320	45180
制造费用	7680	30000	37680	8880	28800
合　计	25980	91200	117180	28740	88440

表 4-15 中：

(1) A 零件月末在产品定额成本：

第 1 工序直接材料定额成本 = 100 × 8 = 800（元）

第 1 工序直接人工定额成本 = 100 × 6 × 50% × 3 = 900（元）

第 1 工序制造费用定额成本 = 100 × 6 × 50% × 2 = 600（元）

第 2 工序直接材料定额成本 = 80 × 8 = 640（元）

第 2 工序直接人工定额成本 = 80 ×（6 + 4 × 50%）× 3
= 1920（元）

第 2 工序制造费用定额成本 = 80 ×（6 + 4 × 50%）× 2
= 1280（元）

第 3 工序直接材料定额成本 = 200 × 8 = 1600（元）

第 3 工序直接人工定额成本 = 200 ×（6 + 4 + 4 × 50%）× 3

=7200（元）

第3工序制造费用定额成本 =200×(6+4+4×50%)×2

=4800（元）

(2) B零件月末在产品定额成本：

第1工序直接材料定额成本 =200×10=2000（元）

第1工序直接人工额定成本 =200×2×50%×3=600（元）

第1工序制造费用额定成本 =200×2×50%×2

=400（元）

第2工序直接材料定额成本 =150×10=1500（元）

第2工序直接人工定额成本 =150×(2+8×50%)×3

=2700（元）

第2工序制造费用定额成本 =150×(2+8×50%)×2

=1800（元）

由上述举例可以看出，采用这种分配方法，月末在产品定额成本与实际成本之间的差异（脱离定额差异），全部由完工产品负担不尽合理。如前所述，在各项消耗定额或费用定额比较准确、稳定，又不需要经常修订定额的条件下，采用这种分配方法能够比较准确又较简便地解决完工产品与月末在产品之间分配费用的问题，否则会影响产品成本计算的正确性。采用这种分配方法，如果产品成本中原材料费用所占比重较大，为了进一步简化成本计算工作，月末在产品成本可以只按定额原材料费用计算，其他各项实际费用计入完工产品成本。也就是把前述第三种分配方法即在产品按所耗原材料费用计价法，与第六种分配方法在产品按定额成本计价法相结合应用，即在产品按定额原材料计价法，月末在产品只计算所耗原材料费用，而原材料又是按定额计算的。

七、定额比例法

在企业定额管理基础较好，各项消耗定额或定额成本比较准确、稳定的情况下，如果月末在产品各月数量比较稳定，起落变化不大，则可采用前文所介绍的在产品按定额成本计价的方法划分完工产品和月末在产品成本。但是，如果各月月末在产品数量变化较大，就不宜采用月末在产品按定额成本计价的方法。这是因为在这种方法下，月末在产品结存数量稳定，月初在产品脱离定额成本的差额与月末在产品脱离定额成本的差额就可能冲抵，对本月完工产品成本的影响就不大，但如果各月月末在产品结存数量不稳定，月初在产品脱离定额成本的差额与月末在产品脱离定额成本的差额相差较大，不能冲抵，从而就会影响本月完工产品成本的正确性。为了避免月末在产品按定额成本计价法的不足，在各月月末在产品结存数量波动较大的情况下，可以采用定额比例法。

定额比例法是产品的生产费用按照完工产品和月末在产品的定额消耗量或定额费用的比例，分配计算完工产品成本和月末在产品成本的方法。其中，原材料费用按照原材料定额消耗量或原材料定额费用比例分配；燃料及动力、直接人工、制造费用等各项加工费，按定额工时的比例分配，也可以按定额费用比例分配。由于月初和月末在产品费用之间脱离定额的差异，要在完工产品与月末在产品之间按比例分配，从而提高了产品成本计算的正确性。

定额比例计算公式如下：

公式1：

(1) $$\text{消耗量分配率}=\frac{\text{月初在产品实际消耗量}+\text{本月实际消耗量}}{\text{完工产品定额消耗量}+\text{月末在产品定额消耗量}}$$

（2）完工产品实际消耗量 = 完工产品定额消耗量 × 消耗量分配率

（3）完工产品分配费用 = 完工产品实际消耗量 × 原材料单价（或单位工时的工资、制造费用）

（4）月末在产品实际消耗量 = 月末在产品定额消耗量 × 消耗量分配率

（5）月末在产品分配费用 = 月末在产品实际消耗量 × 原材料单价（或单位工时的工资、制造费用）

按照上列公式分配，既可以提供完工产品和月末在产品的实际费用资料，还可以提供实际消耗量资料，便于考核和分析各项消耗定额的执行情况。但是，在各产品所耗原材料品种较多的情况下，采用这种分配方法工作量较大。为了简化核算工作，也可以采用下列公式计算分配。

公式 2：

（1）$$原材料费用分配率 = \frac{月初在产品实际原材料费用 + 本月实际原材料费用}{完工产品定额原材料费用 + 月末在产品定额原材料费用}$$

（2）完工产品实际原材料费用 = 完工产品定额原材料费用 × 原材料费用分配率

（3）月末在产品实际原材料费用 = 月末在产品定额原材料费用 × 原材料费用分配率

或 = 月初在产品实际原材料费用 + 本月实际原材料费用 − 完工产品实际原材料费用

（4）$$人工（制造费用）分配率 = \frac{月初在产品实际人工（制造费用）+ 本月实际人工（制造费用）}{完工产品定额工时 + 月末在产品定额工时}$$

（5）完工产品实际人工（制造费用）= 完工产品定额工时 ×

人工（制造费用）分配率

（6）月末在产品实际人工（制造费用）= 月末在产品定额工时 × 人工（制造费用）分配率

或 = 月初在产品实际人工（制造费用）+ 本月实际人工（制造费用）- 完工产品实际人工（制造费用）

【例 4 - 16】 企业生产甲产品，月初在产品直接材料定额费用为 12500 元，定额工时为 5000 小时。月初在产品的实际费用为：直接材料 13100 元，燃料及动力 4100 元，直接人工 3890 元，制造费用 11290 元。本月直接材料的定额费用为 25200 元，定额工时为 7000 小时。本月实际费用为：直接材料 23469 元，燃料及动力 61900 元，直接人工 48910 元，制造费用 66710 元。本月完工产品直接材料定额费用为 24700 元，定额工时为 8000 小时；月末在产品直接材料定额费用为 13000 元，定额工时为 4000 小时。

直接材料费用按直接材料定额费用比例分配，其他费用按定额工时比例分配。各项费用分配计算的结果如表 4 - 17 所示。

表 4 - 17　　产品成本计算单

2005 年 6 月　　单位：元

成本项目		直接材料	燃料及动力	直接人工	制造费用	成本合计
月初在产品费用	定额	12500		5000 小时		
	实际	13100	4100	3890	11290	32380
本月生产费用	定额	25200		7000 小时		
	实际	23469	61900	48910	66710	200989
生产费用累计	定额	37700		12000		
	实际	36569	66000	52800	78000	233369
费用分配率		0.97	5.5	4.4	6.5	
完工产品费用	定额	24700	8000 小时	8000 小时	8000 小时	
	实际	23959	44000	35200	52000	155159
月末在产品费用	定额	13000	4000 小时	4000 小时	4000 小时	
	实际	12610	22000	17600	26000	78210

表4－17中：

(1) 直接材料分配率 $=\frac{36569}{37700}=0.97$

完工产品分配直接材料 $=24700\times0.97=23959$（元）

月末在产品分配直接材料 $=13000\times0.97=12610$（元）

(2) 燃料及动力费用分配率 $=\frac{66000}{12000}=5.5$

完工产品分配燃料及动力费用 $=8000\times5.5=44000$（元）

月末在产品分配燃料及动力费用 $=4000\times5.5=22000$（元）

(3) 直接人工分配率 $=\frac{52800}{12000}=4.4$

完工产品分配直接人工 $=8000\times4.4=35200$（元）

月末在产品分配直接人工 $=4000\times4.4=17600$（元）

(4) 制造费用分配率 $=\frac{78000}{12000}=6.5$

完工产品分配制造费用 $=8000\times6.5=52000$（元）

月末在产品分配制造费用 $=4000\times6.5=26000$（元）

定额比例计算过程中所计算的分配率，除了对完工产品与在产品成本划分计算有其作用以外，还可利用其进行成本的比较分析。直接材料成本项目的分配率表示了直接材料成本的超支或节约的百分比，如上例，分配率为0.97，表示实际直接材料成本是直接材料定额成本的97%，节约了3%，分配率如果大于1，则表示超支，如分配率为1.05，则表示超支了5%；直接人工、制造费用成本项目的分配率可与计划工资率、计划制造费用分配率进行比较，以分析直接人工成本和制造费用成本的超支或节约情况。

依照上述公式计算分配费用，必须取得完工产品和月末在产品的材料定额消耗量（或定额费用）和定额工时资料。完工产品材料定额消耗量和定额工时是根据完工产品的实际产量乘以单位直接材料消耗定额和工时消耗定额计算的，完工产品材料定额费用和其他项目定额费用，是根据完工产品的材料定额消耗量和定额工时消耗量，乘以原材料计划单价或单位小时计划工资、制造费用等计算的。月末在产品材料定额消耗量和定额工时是根据月末在产品约当量乘以单位原材料消耗定额和工时消耗定额计算的；月末在产品材料定额费用和其他项目定额费用，是根据月末在产品的材料定额消耗量和定额工时消耗量，乘以原材料计划单价或单位小时计划工资、制造费用等计算的。采用这种方法，在产品的种类和生产工序繁多时，核算工作量繁重。因此，月末在产品定额消耗量可采用简化的方法计算（倒挤的方法）。其计算公式如下：

$$\text{月末在产品定额消耗量}=\text{月初在产品定额消耗量}+\text{本月投入的定额消耗量}-\text{本月完工产品定额消耗量}$$

上列公式中月初在产品定额消耗量，根据上月成本计算资料取得。本月投入的定额消耗量其中的原材料定额消耗量，根据领料凭证所列原材料定额消耗量等数据计算求得；本月投入的工时定额消耗量，根据有关定额工时的原始记录计算求得。按照上列倒挤方法计算月末在产品的定额数据，可以简化计算工作，但是，在发生在产品盘盈、盘亏的情况下，计算求得的成本资料就不能如实反映产品成本的水平。为了提高成本计算的正确性，必须每隔一定时期对在产品进行一次实地盘点，根据在产品的实存数计算一次定额消耗量。

【例 4－17】 企业生产甲产品，月初在产品的实际费用为：直接材料 2800 元，直接人工 1900 元，制造费用 1400 元。月初在产品直接材料定额费用为 2700 元，定额工时为 280 小时。本月实际费用为：直接材料 14300 元，直接人工 11900 元，制造费用 7800 元。本月投入生产的直接材料定额费用为 15300 元，定额工时为 2020 小时。本月完工产品 1000 件，直接材料定额费用为 15000 元，定额工时为 2000 小时。直接材料费用按原材料定额费用比例分配，其他费用按定额工时比例分配。各项费用分配计算的结果如表 4－18 所示。

表 4－18　　产品成本明细账

产品名称：甲产品　　2005 年 6 月　　单位：元

成本项目	月初在产品		本月投入		合　计		费用分配率	完工产品		月末在产品	
	定额	实际	定额	实际	定额	实际		定额	实际	定额	实际
①	②	③	④	⑤	⑥＝②＋④	⑦＝③＋⑤	⑧＝⑦/⑥	⑨	⑩＝⑨×⑧	⑪＝⑥－⑨	⑫＝⑪×⑧
直接材料	2700	2800	15300	14300	18000	17100	0.95	15000	14250	3000	2850
直接人工	280*	1900	2020*	11900	2300*	13800	6	2000*	12000	300*	1800
制造费用		1400		7800		9200	4		8000		1200
合计	—	6100	—	34000	—	40100	—	—	34250	—	5850

注：＊单位为小时。

月末在产品直接材料定额费用＝2700＋15300－15000

＝3000（元）

月末在产品定额工时＝280＋2020－2000＝300（小时）

八、完工产品成本结转的账务处理

通过第三章所讲述的生产费用在各种产品之间的分配和归集（生产费用的横向分配和归集），以及本章讲述的生产费用在完工产品和在产品之间的分配和归集（生产费用的纵向分配和归集）以后，就可以计算出各种完工产品的实际成本。在此基础上，应进行完工产品成本结转的账务处理工作。

工业企业的完工产品，包括产成品以及自制的材料、工具和模具等。在完工产品成本算出以后，它的成本应从“基本生产成本”科目和各种产品成本明细账的贷方转入各有关科目的借方：其中完工入库产成品的成本，应转入“库存商品”科目的借方；完工自制材料、工具、模具等的成本，应分别转入“原材料”和“低值易耗品”等科目的借方。“基本生产成本”科目的月末余额，就是基本生产在产品的成本，也就是占用在基本生产过程中的生产资金，应与所属各种产品成本明细账中月末在产品成本之和核对相符。

思考与练习题

（一）思考题

1. 什么是在产品？什么是完工产品？两者的关系如何？

2. 生产费用与产品成本之间有何联系与区别？

3. 在产品数量核算对生产费用在完工产品与月末在产品之间分配有什么意义？

4. 生产费用在完工产品与月末在产品之间分配的具体方法有哪几种？各种方法的适用条件是什么？为什么需要这些适用条件？

5. 什么是约当产量比例法？约当产量如何计算？这种分配方法有何特点？

6. 在约当产量比例法下，用于分配直接材料费用的在产品完工率（投料率）如何确定？用于分配加工费用的在产品完工率如何确定？

7. 试述在产品按定额成本计价法的特点及其适用范围。

8. 试述定额比例法的特点及其适用范围。

9. 采用在产品按定额成本计价法与按定额比例法在完工产品与月末在产品之间分配生产费用有什么区别？

（二）练习题

练习一

【资料】某企业生产甲产品需经过三道工序加工制成，本月完工 700 件，月末在产品 300 件。单位产品材料费用定额为 100 元，单位产品工时定额为 50 小时，各工序材料费用定额、工时定额及在产品数量如表 4－19 所示。

表 4－19

工序	本工序材料费用定额（元）	本工序工时定额（小时）	本工序在产品数量（件）
1	60	25	150
2	30	15	100
3	10	10	50
合计	100	50	300

材料在各工序生产开始时一次投入，各工序内在产品平均完工程度按 50% 计算。甲产品月初在产品成本及本月发生的生产费用如表 4－20 所示。

表 4－20

产品名称：甲产品　　2005 年 6 月　　单位：元

项　目	直接材料	直接人工	制造费用	合　计
月初在产品成本	18000	14000	13000	45000
本月投入费用	882000	376000	357000	1615000

【要求】（1）计算各步骤在产品的投料程度及加工程度。

（2）分别采用投料程度及加工程度计算各步骤在产品的约当产量。

（3）采用约当产量比例法计算完工产品成本和月末在产品成本。

练习二

【资料】某产品由两道工序制成，原材料随加工进度陆续投入，原材料消耗定额为：第一工序为 60%，第二工序为 40%；在产品在本工序按 50% 约当，月末在产品数量为：第一工序 2800 件，第二工序 1800 件。该企业月初在产品材料费用和本月材料费用合计为 35000 元，本月完工产品 2720 件。

【要求】按约定产量比例法分配原材料费用。

练习三

【资料】某企业生产的 A 产品由一个 101 号零件和一个 102 号零件组成。本月完工 A 产品 1000 件，其单位零件的原材料费用定额为：101 号 57 元，102 号 66 元。原材料在零件投产时一次投入，单台原材料费用定额为 123 元。单位工时的直接人工、费用定额为：直接人工 10 元，制造费用 12 元。零件 101 号加工要经过三道工序，零件 102 号加工要经过两道工序。该产品各项消耗定额比较准确、稳定，各月在产品数量变化不大，月末在产品按定额成本计价。

该产品各工序工时定额和月末在产品数量如表 4－21 所示。

表 4－21

零件名称	所在工序	本工序工时定额（小时）	在产品数量（件）
101 号	1	2	150
	2	2	100
	3	1	200
	小计	5	450
102 号	1	1	400
	2	4	250
	小计	5	620

每道工序在产品的累计工时定额，按上一道工序累计工时定额加本道工序工时定额的 50% 计算。

该产品月初在产品成本及本月发生的生产费用如表 4－22 所示。

表 4－22

单位：元

成本项目	直接材料	直接工资	制造费用	合　计
月初在产品成本	50000	58200	58500	166700
本期生产费用	160000	151800	153500	465300

【要求】（1）计算并编制月末在产品定额成本计算表（见表 4－23）。

（2）计算完工产品成本，登记 A 产品成本计算单（见表4－24）。

表 4－23　　月末在产品定额成本计算表　　金额单位：元

零件名称	所在工序	在产品数量（件）	直接材料		工　时		直接人工	制造费用	定额成本合计
			单件定额	定额费用	单件累计定额	定额工时（小时）			
A	1								
	2								
	3								
B	1								
	2								
合　计									

表 4－24　　A 产品成本计算单　　产量：件
金额单位：元

产品成本项目	月初在产品成本（定额成本）	本月生产费用	生产费用合计	月末在产品成本（定额成本）	完工产品成本
直接材料					
直接人工					
制造费用					
合　计					

练习四

【资料】某企业生产甲产品需要耗用 A 种原材料和 B、C 两种辅助材料，该企业 2005 年 6 月有关资料如下：

1. 单位产品定额消耗量和定额成本资料如表 4－25 所示。

表 4－25

	A 材料	B 材料	C 材料	直接人工	制造费用
材料（工时）消耗量	40 千克	2 千克	4 千克	20 小时	
材料计划单位成本	12 元	5 元	2.5 元		
直接人工计划小时薪酬				12 元	
制造费用计划分配率					10.5 元
定额成本					

2. 甲产品 6 月份投入产出资料如表 4－26 所示。

表 4－26

	数量（台）	在产品加工程度	在产品投料程度
月初在产品结存	100		
本月生产投入	400		
本月完工产品	350		
月末在产品结存	150	50%	80%

3. 月初在产品成本为：直接材料 42980 元，直接人工 120200 元，制造费用 10500 元。

4. 本月生产消耗 A 材料 17200 千克、B 材料 900 千克、C 材料 1600 千克，本月材料成本差异率为 +2%。本月发生的直接人工为 117600 元，制造费用为 91545 元。

【要求】（1）按定额比例法分配生产费用，并计算出完工产品总成本和单位成本。

（2）月末在产品按定额成本计价，重新计算月末在产品成本和完工产品总成本及单位成本。

（3）比较要求（1）和（2）的计算结果，说明定额比例法和月末在产品按定额成本计价法的优缺点和适用性。

第五章　产品成本计算方法概述

学习目的与要求

如何将前面各章阐述的成本计算的一般程序与企业的生产特点和管理要求结合起来，具体确定企业所应采用的产品成本计算方法，对于企业合理有效地组织产品成本核算，正确地计算产品成本具有十分重要的意义。通过本章学习，应该了解工业企业生产的各种类型，理解各种类型生产的特点和成本管理要求对产品成本计算的影响，掌握工业企业产品成本计算方法的种类及其应用条件，了解工业企业产品成本计算基本方法和辅助方法的划分标准，以及如何适应企业生产特点和成本管理要求确定企业所应采用的产品成本计算方法。

产品成本核算是对企业生产经营过程中发生的直接材料、直接人工、制造费用等按照一定的对象和标准，进行归集和分配，以计算出产品总成本和单位成本。成本核算一般分为两个阶段：第一阶段是生产费用的归集和分配，即把生产经营过程中所发生的各种费用按其性质进行归类汇总，按成本对象进行分配；第二阶段是计算各种产品及其他成本对象的总成本和单位成本。由于企业在生产的产品规模、周期及生产特点上千差万别，因而，不同的产品生产有不同的成本计算方法和成本核算的组织方式。其成本计算方法的确定主要取决于产品生产的特点和企业成本管理的要求。

第一节 生产特点和管理要求对产品成本计算方法的影响

一、工业生产的主要类型

如前所述，生产费用的对象化过程就是产品成本的计算过程，在这个过程中，关键的问题是如何将分散的、发生在不同生产车间、不同地点和用途的生产费用进行逐步的归集汇总，最终形成产品成本。而生产费用的逐步归集汇总不是孤立进行的，它与企业的生产过程具有互相依存的关系，生产类型不同，其成本计算的过程也不同。生产类型体现了不同企业的生产特点，而生产特点主要表现在两个方面，即企业的生产工艺技术特点和生产组织特点。

（一）生产工艺技术特点

工业企业的生产，从工艺技术过程来看，基本上可分为连续式生产和装配式生产两大类型。

1. 连续式生产。所谓连续式生产，是指产品的生产要经过若干个连续的生产步骤，才能最终生产制造出产品的生产。其特点是原材料从第一个生产步骤投入，经第一个生产步骤制造完工后，依次转移到第二个、第三个等生产步骤继续进行加工制造，直至最终加工制造成产成品。这种类型的生产又可根据其生产过程是否可以间断，分为连续式的简单生产和连续式的复杂生产。

连续式的简单生产，是指在生产工艺技术要求上，各个生产步骤之间是不可以中断的，是指自原材料投入生产后，各个生产步骤之间在时间上是不可以中断的，它们必须紧密衔接、连接不断地制造，直至最终生产出成品。所以，这种连续式生产实际上是属于单步骤的生产，其特点是，各个中间生产步骤所生产的半成品必须全部转移到下一个生产步骤，即各个中间步骤在会计期末不存在半成品。正由于此，可视为单步骤的简单生产，例如自来水厂自来水的生产、面粉厂面粉的生产、发电厂电的生产、化工厂化工产品的制造生产等，都属于这种生产类型。

连续式的复杂生产，是指在生产工艺技术要求上，各个生产步骤之间可以中断，完成了某一个加工步骤后不一定马上转移到下一个生产步骤，即其在时间上可以是不连续的。这种连续式生产属于多步骤的复杂生产，其特点是，除最后一个生产步骤完工的产成品外，其他各个中间生产步骤生产完成的都是半成品，而且在会计期末，这些中间生产步骤都有本步骤的库存半成品。如纺织企业从棉花到棉纱再到棉布的生产、钢铁厂从铁矿石到铁锭再到钢产品的生产，都属于这种生产类型。

2. 装配式生产。所谓装配式生产，是指原材料平行地投入到各个生产车间，加工产品的某一部分，如产品的零部件等，然后再集中到其他生产车间（如总装车间）进行装配，最终制造出产成品。这种类型也属于多步骤的复杂生产，只是其各个步骤的生产是同时进行或平行进行的，这样，其各个生产步骤在会计期末都将有期末在产品。例如，机械厂对机械产品的制造、自行车厂对自行车的制造、汽车制造厂对各种汽车的制造、服装生产企业的服装生产等，都是属于这种类型的生产。

（二）生产组织特点

所谓生产组织，是指企业产品生产的方式，它体现着企业生产专业化和生产过程重复程度的高低。企业的生产组织可分为大量生产、成批生产和单件生产三种不同的类型。

1. 大量生产。大量生产是指企业在某一会计期间内重复大量地生产某一种或几种特定的产品。这种生产类型的企业所生产的产品品种往往都较少，但每种产品的数量都比较大，而且每种产品的规格都比较单一。所以，这类企业的生产专业化水平一般都比较高。例如，上述所列举的自来水厂、面粉厂、化工厂、采掘企业、钢铁制造企业、造纸企业等，都属于这种生产组织类型。

2. 成批生产。成批生产是指企业在某一会计期间按照不同品种、规格生产一定批量的产品。这种生产类型的企业所生产的产品品种一般都比较多，而且不同品种的产品又有不同的规格，至于每种产品的生产数量视不同的企业和不同品种的产品而有所不同，有的产品的产量可能比较大，而有的可能就很少。例如，服装厂服装的生产、机械厂机械产品的生产等，都属于这种生产组织类型。

3. 单件生产。单件生产是指企业在某会计期间内所生产的数量少，种类多的产品。它一般是按客户要求的规格和数量来组织生产的，由于不同客户对产品有不同的规格要求，所以产品的品种可能就比较多，但每种产品的数量一般都很少，而且生产完成后，该规格产品一般就不再重复生产。例如造船厂船舶的生产、重型机械厂重型机械的生产等，都属于这种生产组织类型。

(三) 生产工艺技术与生产组织的结合

在企业生产经营活动中，生产工艺技术与生产组织是结合在一起的。不同的生产工艺技术与生产组织的结合，就形成不同类型的生产企业。

一般地说，连续式生产的企业从生产组织方面看，不论是连续式的简单生产还是连续式的复杂生产，往往又都是大量生产的企业。因为企业为了保证生产活动的连续不断进行，就必须不断地投入原材料，并不断地生产出产品，而且这种企业的产品品种一般都比较少，所以各种产品的生产数量一般也都比较大。

装配式生产企业的情况比较复杂，由于这种企业的各生产车间平行地生产产品的某一个或某些零部件，然后再由总装车间装配成产品。那么各种零部件往往都是根据不同产品的特定要求而具有不同的规格，而且产品往往是根据客户的需要来组织生产的。所以，它一般是属于单件生产或成批生产。但有些企业的产品则是根据市场的需求情况组织生产的，其批量一般都比较大，所以又属于大量生产。工业企业的生产类型如图 5－1 所示。

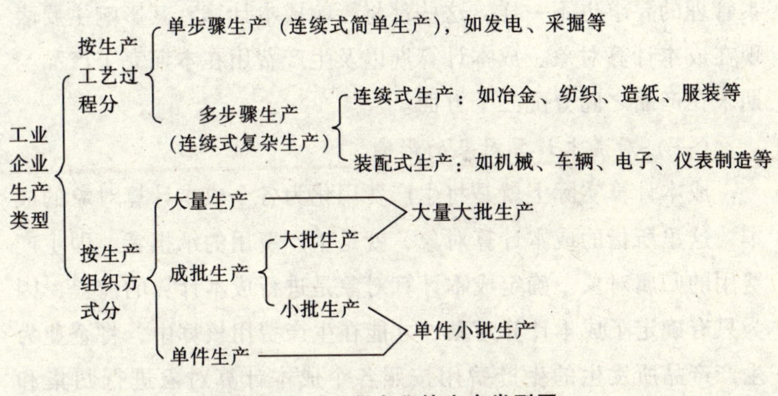

图 5－1 工业企业的生产类型图

二、产品成本计算方法的组成内容

产品成本计算方法，是指把生产费用在企业生产的各种产品之间，完工产品与在产品之间进行分配的方法。构成一个产品成本计算方法，一般包括下列几方面的内容：

1. 成本计算对象的确定；
2. 生产成本明细账的设置；
3. 成本项目的设置；
4. 生产费用的归集及计入产品成本的程序；
5. 间接费用的分配标准；
6. 成本计算期的确定；
7. 生产费用在完工产品与在产品之间的分配；
8. 产品总成本和单位成本的计算。

三、生产类型的特点和成本管理要求对产品成本计算方法的影响

生产类型不同，必然产生不同的成本控制问题，所以，对成本管理的要求也不一样，这些都将影响成本计算。其影响主要表现在成本计算对象、成本计算期以及生产费用在本期完工产品与期末在产品之间分配三个方面。

（一）对成本计算对象的影响

成本计算实际上就是将生产费用化为各个成本计算对象的成本，这里所指的成本计算对象，就是生产费用的承担者，即生产费用的归属对象。确定成本计算对象是进行成本计算的前提，因为只有确定了成本计算对象，才能在生产费用核算中，将企业为生产产品所发生的生产费用按照各个成本计算对象进行归集和分配。

企业生产经营活动主要是生产各种可供对外销售的产品，所以，企业所生产的各种产品就是生产费用的归属对象，而且一般是以企业最终制造完工的产品为其成本计算对象。例如，面粉加工厂的成本计算对象就是其所生产的面粉；生产电视机的企业，其成本计算对象就是企业所生产的各种类型的电视机；纺织厂的

成本计算对象就是企业所生产的各种布料，等等。但在多步骤生产企业中，完成最终产品之前往往要经过若干个生产步骤。如果出于经营（如各步骤的半成品可以对外销售）或成本管理（如进行成本考核、成本预算）等需要，也可以计算各个阶段或步骤的半成品成本，所以，企业在各个生产步骤所生产的半成品也是成本计算对象。但必须指出，企业对半成品进行成本计算，对于考核和编制成本预算等具有重要的意义，因为成本计算得越细，所提供的会计信息就越准确，越有利于成本预算的编制，但它将花费大量的人力和财力，也很难及时地提供企业所需要的信息。所以，成本计算对象的确定，特别是对半成品成本计算对象的确定，必须考虑各个企业的生产特点、成本管理要求和进行成本计算的成本效益等方面的约束条件。

从产品生产的工艺技术过程特点看，单步骤生产其工艺技术过程不能间断，因而只能按照生产产品的品种计算成本。而在多步骤生产中，为了加强各个生产步骤的成本管理，往往不仅要求按照产品的品种和产品批别计算成本，而且要求按照产品生产的步骤考核生产费用，计算产品成本。但是，如果企业的生产规模较小，管理上不要求按照生产步骤计算产品成本，也可以不按照生产步骤计算产品成本，而只按照产品品种或产品批别计算成本。

从产品的生产组织特点看，在大量生产情况下，一种或若干种相同产品连续不断地重复生产，因而管理上只要求按照产品的品种计算成本，而且也只能按照产品的品种计算成本。大批生产往往集中投料，生产一批零部件供几批产品耗用；耗用量较多的零部件，也可以另行分批生产。在这种情况下，零部件生产的批别与产品生产的批别往往不一致，因而也就不能按照产品的批别计算成本，而只能按照产品的品种计算成本。小批、单件生产，由于生产产品的批量小，一批产品一般可以同时完工，因而有可能按照产品的批别或件别计算成本。

综合以上分析，生产特点和管理要求对成本计算对象的影响，可用图 5－2 表示。

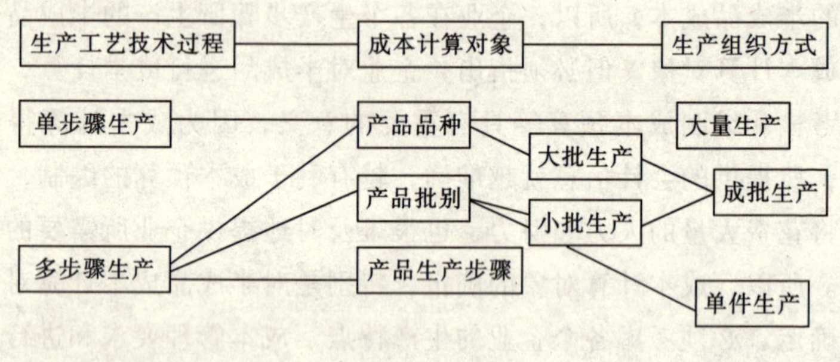

图 5－2

从以上所述可以看出，受企业生产特点和管理要求影响，在工业企业产品成本计算工作中有三种不同的成本计算对象：

1. 产品品种；
2. 产品批别；
3. 产品生产步骤。

成本计算对象的确定是设置产品成本明细账，归集生产费用，计算产品成本的前提。

（二）对成本计算期的影响

在不同的生产类型中，成本计算期也不尽相同。而成本计算期如何则主要取决于生产组织的特点。

在单件、小批生产中，由于生产一般都是不重复进行的，所以，产品成本只能在某件或某批产品制造完工之后才能进行计算。因此，其成本计算是不定期的，而且成本计算期一般与生产周期相一致。

在大批、大量生产中，由于生产是连续不断进行的，企业不断地投入原材料，就不断地生产出产品来，而且投料与生产出产品在时间上往往都是交叉进行的。在这种情况下，按产品生产周期计算成本几乎是不可能的，所以，一般以会计报告期（如月份）作为成本计算期，并定期地进行成本计算。

（三）对生产费用在本期完工产品与期末在产品之间分配的影响

在连续式简单生产条件下，由于生产周期一般都比较短，而且生产过程又是连续不断、均衡地进行，期末一般都没有在产品，或在产品数量很少而且各期的在产品数量大致相同。为了简化成本计算手续，一般都将当期发生的生产费用作为当期完工产品的成本处理，即不需要将生产费用在本期完工产品与期末在产品之间进行分配。

至于连续式的复杂生产和装配式生产，由于其生产周期一般比较长，会计期末通常都有在产品，而生产费用如何在完工产品与在产品之间分配，则应根据生产组织的不同而有所不同。在单件或小批生产下，由于以单件或小批作为成本计算对象，如果该件产品或该批产品没有完工，则所发生已归属于该件产品或该批产品负担的所有生产费用都是在产品的成本；如果该件产品或该批产品制造完工，则所发生已归属于该件产品或该批产品负担的所有生产费用都是完工产品的成本，所以也无需对生产费用在完工产品与在产品之间分配。

在大批、大量生产条件下，由于不断的生产投入，就不断有产成品的产出，投料与完工之间互相交错，因而经常有一定数量的期末在产品，这就需要将生产费用在本期完工产品与期末在产品之间进行分配。

第二节　产品成本计算方法的种类

前面介绍了生产类型特点和管理要求对成本计算的影响主要表现在成本计算对象的确定上。在产品成本计算工作中有三种不同的成本计算对象：产品的品种、产品的批别、产品的生产步骤。以此为标志，产生了三种成本计算的基本方法：品种法、分批法和分步法。

（一）品种法

品种法是以产品品种为成本计算对象的产品成本计算方法。一般适于单步骤的大量生产，例如发电、采掘等。品种法也可用于不需要分步骤计算成本的多步骤大量、大批生产，例如小型造纸厂、小型水泥厂等。品种法由于核算工作简单，故也称简单法。

（二）分批法

分批法是以产品批别为成本计算对象的产品成本计算方法。它适于小批、单件且在管理上不要求分步骤计算成本的多步骤生产，例如专用工具模具制造、重型机器制造、船舶制造等。这种方法常是按订货单位的订单来归集生产费用，核算产品成本，所以也称为订单法。

（三）分步法

分步法是以产品生产步骤为成本计算对象的产品成本计算方法。它适于大量、大批的多步骤生产，例如纺织、钢铁企业的生产。

品种法、分批法和分步法是三种产品成本计算的基本方法，这三种方法与不同生产类型特点有直接联系，是计算产品实际成本必不可少的方法。这三种方法与生产工艺过程特点和生产组织方式特点的关系，见表5-1。

表5-1　成本计算对象的确定与成本计算基本方法的形成

<table>
<tr><th rowspan="2">生产组织特点</th><th rowspan="2">生产工艺过程</th><th rowspan="2">成本管理要求</th><th colspan="3">成本计算对象要素</th><th rowspan="2">成本计算基本方法</th></tr>
<tr><th>计算主体</th><th>计算期</th><th>计算实体</th></tr>
<tr><td rowspan="3">大量大批</td><td>单步骤生产</td><td>全厂核算成本</td><td rowspan="2">全厂</td><td rowspan="2">某月份</td><td rowspan="2">生产的某种产成品</td><td rowspan="2">品种法</td></tr>
<tr><td rowspan="2">多步骤生产</td><td>不要求按步骤核算成本</td></tr>
<tr><td>要求按步骤核算成本</td><td>各个步骤（车间）</td><td>某月份</td><td>生产的半成品与产成品</td><td>分步法</td></tr>
<tr><td>单件小批</td><td>单步骤或多步骤生产</td><td>全厂核算成本</td><td>全厂</td><td>某件或某一批产品的生产周期（从开工到完工）</td><td>产成品</td><td>分批法</td></tr>
</table>

在成本计算工作中，除了上述三种基本方法外，有的企业基于不同的需要，还广泛采用了一些辅助方法，例如在产品的品种、规格繁多的工业企业中，为了简化成本计算工作，采用了一种简便的产品成本计算方法——分类法；在定额管理工作有一定基础的工业企业中，为了配合和加强生产费用和产品成本的定额管理，采用了一种将符合定额的费用和脱离定额的差异分别核算的产品成本计算方法——定额法。此外，有些企业还学习和运用了西方发达国家在成本计算中使用的方法，例如，为了向企业的决策人提供进行短期生产经营预测和决策的数据，采用只计算产品生产的变动成本，而将固定生产成本直接计入当期损益的变动成本法；为了加强企业内部成本控制和分析，采用一种只计算产品的标准成本，而将实际成本与标准成本的差异直接计入当期损益的标准成本法；为了改变将间接计入费用分配到各种产品的标准，以提高产品成本计算的正确性，加强成本管理的作业成本

法，等等。

思 考 题

1. 企业生产类型有哪几种？它与成本计算有什么关系？

2. 在成本计算中，为什么要确定成本计算对象？如何确定？

3. 企业生产特点和管理要求对产品成本计算方法的影响主要表现在哪些方面？

4. 产品成本计算方法包括哪些方面的内容？

5. 为什么说产品成本计算对象是决定成本计算方法的主要因素？

6. 为什么说品种法、分批法、分步法是产品成本计算的基本方法？这三种基本方法之间有何异同？

7. 企业应如何选择产品成本计算方法？

第六章 产品成本计算方法（一）

学习目的与要求

如何运用产品成本计算方法计算产品成本，是成本核算的关键。通过本章的学习，应熟练掌握产品成本计算的品种法、分批法和分步法的特点、适用范围、计算程序和相应的账务处理。

第一节 产品成本计算的品种法

一、品种法的意义及成本计算的特点

产品成本计算的品种法，亦称简单法，是按照产品品种归集生产费用，计算产品成本的一种方法。它主要适用于大量、大批的单步骤生产，例如发电、采掘等生产。在这种类型的生产中，产品的生产工艺过程不可能或者不需要划分为几个生产步骤，因而也就不可能或者不需要按照生产步骤计算产品成本。在大量、大批的多步骤生产中，如果企业或车间的规模较小，或者车间是封闭式的，即从原料投入到生产出产品的全过程都是在一个车间内进行的，或者生产是按流水线组织的，管理上不要求按照生产

步骤计算产品成本，也可以采用品种法计算产品成本。例如小型水泥厂、织布厂以及辅助生产的供水、供电、蒸汽车间等。

由于品种法是以产品作为成本计算对象，归集生产费用、计算产品生产成本的，所以，如果企业只生产一种产品，那么其所发生的所有生产费用都是直接费用，可直接记入按产品设置的生产成本明细账，并根据该产品的产量计算其单位成本。如果企业生产多种产品，应根据产品品种设置生产成本明细账，分别归集为生产各该产品所发生的直接费用；间接费用应先设置有关账户（如制造费用明细账）归集，然后采用适当的方法分配计入各生产成本明细账，以计算各产品的成本。

在连续式简单生产企业中，由于其生产组织一般是重复大量生产某种或某几种产品，产品生产是连接不断进行的，而且其生产周期一般都比较短，无法在产品制造完工时就立即计算产品的生产成本，所以其成本计算期与生产周期就不能一致，一般以会计报告期（月份）作为成本计算期，分月计算各月份所生产产品的成本。

另外，由于连续式简单生产企业的生产周期比较短，而且在大量生产的情况下，在会计期末一般没有在产品，或各月份的月末在产品数量比较少而且比较均衡，对不同月份的产品成本不会产生多大的影响，为简化成本计算手续，可以忽略不计。所以，其各个月所发生的生产费用就不必在当月完工产品与月末在产品之间进行分配，即当月所发生的生产费用全部作为当月完工产品的生产成本。那么只要将当月所发生的生产费用除以当月完工产品数量，就可计算出各产品的单位成本。

但是，如果将品种法用于那些小型的连续式多步骤生产企业，那么其月末一般会有在产品，而且在产品的数量比较多，这时，对于各生产成本明细账所归集的生产费用，就必须采用一定的方法在本月完工产品与月末在产品之间进行分配。

二、品种法的成本计算程序

在品种法下，产品生产成本计算的程序如下：

1. 按产品品种设置和登记生产成本明细账。如果一个企业只生产一种产品，则只需设置一个生产成本明细账；如果企业生产多种产品，则应为不同的产品分别设置生产成本明细账。

2. 根据各种生产费用的耗用情况进行汇总，编制各有关费用耗费汇总表。例如直接材料可根据领料单、限额领料单等凭证，并按照其用途编制原材料耗用汇总分配表；生产工人工资可根据考勤记录或产量记录编制工资汇总计算表。其他间接费用也应根据具体的费用项目编制有关汇总计算表，如固定资产折旧计算表等。月末，采用一定的分配标准，将所汇总记录的间接费用分配给各具体产品负担。

3. 根据有关生产费用耗用汇总计算表、分配计算表等，分别登记按产品设置的生产成本明细账，并分别计入各生产成本明细账中的各成本项目专栏。通常，产品成本项目可分为直接材料、直接人工和制造费用等项目。其中，制造费用应先另行设置制造费用等明细账进行归集汇总，待会计期末，按一定分配标准分配并作相应的会计处理后，再登记计入各产品的生产成本明细账；如果企业只生产一种产品，期末可直接结转并登记到该产品的生产成本明细账中。

如果是小型的连续式多步骤生产企业，那么，应分别不同生产车间设置和登记各种产品的生产成本明细账，分别记录和反映各该生产车间为生产各种产品所发生的和应负担的生产费用。

4. 月末，将各种产品生产成本明细账所归集的生产费用根据不同情况分别进行计算分配。如果企业月末没有在产品，或虽然有在产品，但在产品的数量较少或较均匀，则可将生产成本明细账所归集的生产费用全部计入本月完工产品的成本，并根据本月完工产品的产量计算出各种产品的单位成本；如果企业有期末在产品，而且期末在产品的数量比较大，那么，就必须将生产成本明细账所归集的生产费用按照一定的方法在本期完工产品与期末在产品之间进行分配。对于计入本期完工产品的成本，应编制成本计算表，分别计算本期完工产品的总成本和单位成本。据此，品种法成本计算的程序如图 6-1 所示。

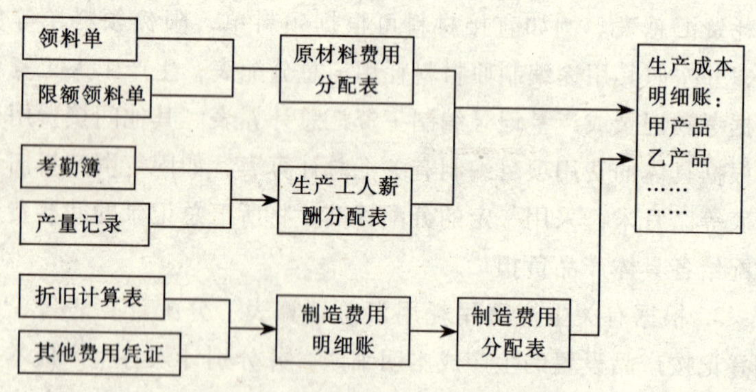

图 6-1　品种法下成本计算程序

三、品种法成本计算程序及账务处理举例

【例 6-1】某厂大量生产甲、乙两种产品，其生产工艺过程属单步骤生产，因此采用品种法计算产品成本。该厂设有一个基本生产车间，同时还设有一个机修车间，为基本生产提供机修服务。2005 年 10 月，该厂甲产品完工 900 件，月末在产品 200 件；乙产品完工 600 件，月末在产品 400 件。

注：为简化，在本章成本计算例题中的“应付职工薪酬”内未考虑社会保险费、住房公积金、工会经费及职工教育经费等。

产品成本计算的基本程序如下：

（一）设立成本计算单

该厂有两个成本计算对象，因此需要分别甲、乙产品设立成本计算单。甲、乙两产品在 2005 年 10 月初有在产品，因此尚需将 9 月份成本计算单上的期末在产品成本数分别转入本月甲、乙产品成本计算单中的“期初在产品成本”栏。甲、乙产品的成本计算单，如表 6－11、表 6－12 所示。

（二）审核原始凭证

根据各项生产费用的原始凭证和其他有关资料，编制各种费用汇总分配表，分配各种要素费用。

1. 根据审核过的领料凭证，按用途编制“材料费用汇总分配表”如表 6－1 所示。

表 6－1　　材料费用汇总分配表（一）

2005 年 10 月　　单位：元

应贷账户 / 应借账户		原材料			低值易耗品	合计
		原料及主要材料	辅助材料	小计		
基本生产成本	甲产品	345000	8000	353000		353000
	乙产品	224800	5000	229800		229800
	小计	569800	13000	582800		582800
辅助生产成本		28000	6500	34500		34500
制造费用	基本生产车间	6000	4500	10500	2000	12500
	机修车间	2000	600	2600	1500	4100
	小计	8000	5100	13100	3500	16600
管理费用		2600	800	3400	500	3900
合　计		608400	25400	633800	4000	637800

根据“材料费用汇总分配表”编制记账凭证，会计分录如下：

①借：基本生产成本　　582800

　　辅助生产成本　　34500

　　制造费用　　13100

管理费用　3400

贷：原材料　633800

②借：制造费用　3500

管理费用　500

贷：低值易耗品　4000

2. 根据本月的工资结算表与规定的14%的职工福利费提取比例，编制职工薪酬分配表如表6－2所示，其中基本生产工人工资需进一步按生产工时分配到甲、乙产品上去，本月生产工时累计20000小时，其中甲产品12000小时，乙产品8000小时。

③借：基本生产成本　122000

辅助生产成本　15000

制造费用　10500

管理费用　16000

应付职工薪酬——职工福利　6800

贷：应付职工薪酬——工资　170300

④借：基本生产成本　17080

辅助生产成本　2100

制造费用　1470

管理费用　3192

贷：应付职工薪酬——职工福利　23842

表6－2　职工薪酬分配表（二）

2005年10月　单位：元

应借账户 \ 应贷账户		应付职工薪酬——工资			应付职工薪酬——职工福利	合计
		生产工时（小时）	分配率	金额		
基本生产成本	甲产品	12000		73200	10248	83448
	乙产品	8000		48800	6832	55632
	小计	20000	6.10	122000	17080	139080

续表

应贷账户 / 应借账户		应付职工薪酬——工资			应付职工薪酬——职工福利	合计
		生产工时（小时）	分配率	金额		
辅助生产成本				15000	2100	17100
制造费用	基本生产车间			7500	1050	8550
	机修车间			3000	420	3420
	小计			10500	1470	11970
管理费用				16000	3192	19192
应付职工薪酬——职工福利				6800		6800
合　计				170300	23842	194142

3. 根据电表记录确定本月各部门实际耗电量及应付的电费，编制“外购动力费分配表”如表 6－3 所示。

表 6－3　　外购动力费分配表（三）

2005 年 10 月　　分配率：0.4

应借账户		千瓦·小时	金额（元）
基本生产成本		23000	9200
辅助生产成本		8500	3400
制造费用	基本生产车间	3200	1280
	机修车间	750	300
	小计	3950	1580
管理费用		3400	1360
合　计		38850	15540

⑤借：基本生产成本　　9200
　　辅助生产成本　　3400
　　制造费用　　1580
　　管理费用　　1360
　　贷：应付账款　　15540

记入基本生产的外购动力费用还需按生产工时分配到甲、乙产品上去，分配情况如表6－4所示。

表6－4　　基本生产动力费用分配表

2005年10月

产品	生产工时（小时）	分配率	金额（元）
甲	12000		5520
乙	8000		3680
合计	20000	0.46	9200

4. 该企业固定资产大修理费采用长期待摊方式摊销，根据“固定资产折旧计算表”与“大修理费摊销表”，编制“固定资产折旧及大修理费分配表”如表6－5所示。

表6－5　　折旧及大修理费分配表（四）

2005年10月　　单位：元

应借账户 \ 应贷账户		累计折旧	长期待摊费用——大修理费	合计
制造费用	基本生产车间	82000	41000	123000
	机修车间	14000	7000	21000
	小　计	96000	48000	144000
管理费用		27000	13500	40500
合　计		123000	61500	184500

⑥借：制造费用　　96000

　　管理费用　　27000

　　贷：累计折旧　　123000

⑦借：制造费用　　48000

　　管理费用　　13500

　　贷：长期待摊费用——大修理费　　61500

5. 本月发生的其他费用包括：办公费支出9500元（假定都以银行存款支付），其中，基本生产车间1500元，机修车间

1000 元，管理部门 7000 元。本月应付水费 3000 元，按水表记录，基本生产车间负担 1000 元，机修车间应负担 500 元，管理部门负担 1500 元。本月应计利息费用 1200 元。

⑧借：制造费用——基本生产车间　　1500
　　　　　　　——机修车间　　1000
　　管理费用　　7000
　　贷：银行存款　　9500

⑨借：制造费用——基本生产车间　　1000
　　　　　　　——机修车间　　500
　　管理费用　　1500
　　贷：应付账款　　3000

⑩借：财务费用　　1200
　　贷：应付利息　　1200

（三）登账

根据各项费用分配表和记账凭证，登记有关总分类账，同时平行登记各有关明细分类账。如甲、乙产品耗用的原材料、生产工人工资、动力费用等直接记入“基本生产成本”账户及成本计算单；综合费用，如辅助生产费用、制造费用等，要先在相应的集合分配账户汇集，再转入“基本生产成本”账户和分配计入各产品成本计算单。

1. 根据以上资料登记总分类账及其明细分类账。登记结果如表 6－6、表 6－8、表 6－9、表 6－11、表 6－12、图 6－2 所示。

2. 汇集和分配综合费。

（1）汇集和分配辅助生产费用。将辅助生产（机修）车间的制造费用转入辅助生产账户及其明细账（见表 6－6）。

⑪借：辅助生产成本　　30320
　　贷：制造费用——机修车间　　30320

表 6－6　　辅助生产成本明细账　　单位：元

2005 年		摘要	直接材料	燃料及动力	直接人工	制造费用	合计
月	日	据分配表（一）	34500				34500
10	31	据分配表（二）			17100		17100
	31	据分配表（三）		3400			3400
	31	本月制造费用				30320	30320
	31	合计	34500	3400	17100	30320	85320
	31	转出					85320

编制“辅助生产费用分配表”如表 6－7，将辅助生产费用按修理小时进行分配，分别转入制造费用与管理费用账户。机修所耗原材料费较大时，一般应单独分配，本例为简化起见，全部费用均按修理小时分配。

表 6－7　　辅助生产费用分配表（五）

2005 年 10 月

受益部门	修理小时（小时）	分配比例	金额（元）
基本生产车间	1450	0.9667	82478.84
管理部门	50	0.0333	2841.16
合　计	1500	1	85320

⑫借：制造费用——基本生产车间　　82478.84
　　　管理费用　　2841.16
　　贷：辅助生产成本　　85320

（2）汇集和分配制造费用。编制“制造费用分配表”如表 6－10，将费用分别分配到甲、乙产品上去；登记总账及明细分类账。

⑬借：基本生产成本　　230308.84
　　贷：制造费用——基本生产车间　　230308.84

表 6－8　　　　制造费用明细账

车间：基本生产　　　　单位：元

2005 年 月	日	摘要	工资	职工福利	折旧费	修理费	办公费	水电费	机物料消耗	低值易耗品	合计
10	31	据分配表（一）							10500	2000	12500
	31	据分配表（二）	7500	1050							8550
	31	据分配表（三）						1280			1280
	31	据分配表（四）			82000	41000					123000
	31	办公费支出					1500				1500
	31	应计水费						1000			1000
	31	据分配表（五）				82478.84					82478.84
	31	合计	7500	1050	82000	123478.84	1500	2280	10500	2000	230308.84
	31	转基本生产									230308.84

表 6－9　　　　制造费用明细账

车间：机　修　　　　单位：元

2005 年 月	日	摘要	工资	职工福利	折旧费	修理费	办公费	水电费	机物料消耗	低值易耗品	合计
10	31	据分配表（一）							2600	1500	4100
	31	据分配表（二）	3000	420							3420
	31	据分配表（三）						300			300
	31	据分配表（四）			14000	7000					21000
	31	办公费支出					1000				1000
	31	应计水费						500			500

续表

2005年 月	日	摘要	工资	职工福利	折旧费	修理费	办公费	水电费	机物料消耗	低值易耗品	合计
	31	合计	3000	420	14000	7000	1000	800	2600	1500	30320
	31	转辅助生产									30320

表 6－10　　制造费用分配表（六）

2005 年 10 月

产品	生产工时（小时）	制造费用	
		分配比例	金额（元）
甲	12000	0.6	138185.30
乙	8000	0.4	92123.54
合计	20000	1	230308.84

（四）计算产成品的总成本与单位成本

经过以上步骤的费用汇集与分配，本期发生的生产费用就全部汇集到基本生产成本账户的借方并按成本项目登记到产品成本计算上。由于该厂期末有在产品，还需将费用在完工产品和在产品之间分配，才能求出产成品总成本和单位成本。

假定甲、乙产品所耗的原材料均在开工时一次投入，因此原材料费用按实际产量比例法进行分配，其他费用则按约当产量法（在产品按半数折合）进行分配，分配结果如表 6－11、表 6－12 所示。

表 6－11　　产品成本计算单　　单位：元

2005 年 10 月　　本月完工：900 件

产品：甲产品　　期末在产品：200 件

成本项目	期初在产品成本	本期生产费用	生产费用合计	期末在产品成本	产成品成本	
					总成本	单位成本
直接材料	110600	353000	463600	84295	379305	421.45
燃料及动力	1000	5520	6520	652	5868	6.52

续表

成本项目	期初在产品成本	本期生产费用	生产费用合计	期末在产品成本	产成品成本	
					总成本	单位成本
直接人工	16248	83448	99696	9969.60	89726.40	99.696
制造费用	25000	138185.30	163185.30	16318.53	146866.77	163.19
合　计	152848	580153.30	733001.30	111235.13	621766.17	690.85

表6－11中，甲产品的直接材料合计除以完工产品和在产品数量之和1100件，得出单位材料费421.45元（保留2位小数），再乘上完工产品900件，即求出产成品原材料成本379305元，直接材料费用合计减去产成品直接材料成本得出期末在产品直接材料成本；动力费用合计除以完工产品和在产品约当产量之和1000件（900＋200×50%），得出单位动力费6.52元，再乘以完工产品900件，即得出产成品动力费5868元，动力费合计减去产成品动力费，得出在产品动力费；其他项目费用的分配与动力费类似。

表6－12　　产品成本计算单　　单位：元

2005年10月　　本月完工：600件

产品：乙产品　　期末在产：400件

成本项目	期初在产品成本	本期生产费用	生产费用合计	期末在产品成本	产成品成本	
					总成本	单位成本
直接材料	87450	229800	317250	126900	190350	317.25
燃料及动力	880	3680	4560	1140	3420	5.7
直接人工	13542	55632	69174	17293.50	51880.50	86.47
制造费用	20500	92123.54	112623.54	28155.54	84468	140.78
合　计	122372	381235.54	503607.54	173489.04	330118.50	550.20

（五）结转产成品成本

在生产多种产品的企业，为了概括反映产品成本构成情况，一般需要汇编产成品成本汇总表，甲、乙产品的“产成品成本汇总表”如表 6－13 所示。

表 6－13　　产成品成本汇总表

2005 年 10 月　　单位：元

产品名称	直接材料	燃料及动力	直接人工	制造费用	合计
甲产品	379305	5868	89726.40	146866.77	621766.17
乙产品	190350	3420	51880.50	84468	330118.50
合计	569655	9288	141606.90	231334.77	951884.67

将产成品验收入库，会计分录如下：

⑭借：库存商品　　951884.67

　　贷：基本生产成本　　951884.67

（六）将“基本生产成本”账户月末余额与产品成本计算单中的期末在产品成本之和相核对

图 6－2 中“基本生产成本”账户月末余额 284724.17 元＝甲产品期末在产品成本 111235.13 元＋乙产品期末在产品成本 173489.04 元。

四、品种法实际应用举例

为了说明品种法的实际操作情况，下面列举火力发电厂应用品种法计算火电成本的实例。

火力发电属于典型的连续式简单生产企业，根据火力发电的特点，其电力生产虽然要经过燃料、锅炉、汽机和电气等生产车间才能生产出来，但这种生产过程是不可间断的，工艺技术方面要求连续不断地进行。从生产组织方面看，它又属于大量生产的企业。

火力发电有两种基本类型：一种是单纯发电，即只生产电力产品，如一般的火力发电厂；另一种是既生产电力又生产热力，如热电厂等。

基本生产成本

期初余额	275220	⑭	951884.67
①	582800		
③	122000		
④	17080		
⑤	9200		
⑬	230308.84		
	1236608.84		951884.67
月末余额 284724.17			

辅助生产成本

①	34500	⑫	85320
③	15000		
④	2100		
⑤	3400		
⑪	30320		
	85320		85320

制造费用

①	13100	⑪	30320
②	3500	⑬	230308.84
③	10500		
④	1470		
⑤	1580		
⑥	96000		
⑦	48000		
⑧	2500		
⑨	1500		
⑫	82478.84		
	260628.84		260628.84

库存商品

⑭	951884.67		
	951884.67		

图 6－2　总分类账图示（部分）

（一）发电厂的电力成本计算

火力发电厂一般只生产电力产品，其成本计算对象就是发电厂所生产的电力，所以一般只需设置一本多栏式生产成本明细账，按成本项目归集和汇总全厂为电力生产所发生的各项生产费用。为了反映和监督有关制造费用的发生情况，可设置制造费用明细账，按费用项目记录和反映各个生产车间发生的制造费用。一般地，发电厂设有机修等辅助生产车间，为电力生产和企业管理部门提供机修服务，对于机修车间发生的服务费用，也应设置辅助生产成本明细账，并按成本项目归集服务费用，期末按照各电力生产车间和企业管理等部门耗用情况进行分配，以分别计入相关的成本、费用明细账。月末，根据电力生产成本明细账所归集的生产成本和生产的电力数量，编制电力生产成本计算表，分别计算电力生产的总成本和单位成本。

【例6－2】假设东南火力发电厂只生产电力，设有燃料、锅炉、汽机和电气生产车间，同时有一个机修车间为电力生产和企业管理部门提供修理服务。该发电厂先按车间设置并登记各个生产车间发生的生产费用，详见表6－14所示（这里只列示燃料车间的生产费用，其他生产车间和辅助生产车间的生产成本明细账略），并按成本项目汇总登记生产成本二级账，详见表6－15所示。该厂企业管理部门耗用机修车间的服务较少，不分配机修车间的生产费用。

表6－14　　　　生产成本明细账

车间：燃料车间　　　　2005年9月　　　　第　页　单位：元

2005年		凭证号	摘要	燃料	生产用水	材料	薪酬	折旧费	其他费用	合计
月	日									
略		略	耗用燃料汇总表	1920000						1920000
			水费分配表		10000					10000
			耗用材料汇总表			375000				375000

续表

2005年 月	日	凭证号	摘要	燃料	生产用水	材料	薪酬	折旧费	其他费用	合计
略		略	薪酬计算表				425000			425000
			折旧计算表					110000		110000
			办公费用凭证						35000	35000
			差旅费用凭证						24000	24000
			其他费用凭证						26000	26000
			本月合计	1920000	10000	375000	425000	110000	85000	2925000

表 6－15　　　　生产成本明细账

产品名称：电力　　　　2005 年 9 月　　　　第　　页　单位：元

生产车间	燃料费	水电费	材料费	薪酬	折旧费	其他费用	合计
燃料车间	1920000	10000	375000	425000	110000	85000	2925000
锅炉车间		80000		200000	150000	67500	497500
汽机车间			190000	210000	75000	62500	537500
电气车间			125000	135000	40000	40000	340000
机修车间		2500	90000	60000	22500	25000	200000
合　计	1920000	92500	780000	1030000	397500	280000	4500000

发电厂所生产的电力除了对外销售以外，还有一部分为本企业所耗用。为了准确计算电力生产成本，必须从企业所生产的电力度数中扣减企业自身耗用的部分，然后再以企业所发生的生产费用和扣减企业自身耗用电力后的产量计算电力生产的单位成本。假设东南火电厂 2005 年 9 月份生产电力 12050 千度，其中本企业耗用 50 千度，即对外销售的电力为 12000 千度。

由于发电厂自燃料等投入到燃料车间生产后，生产过程就不间断地进行生产，直至最终生产出电力产品，期末没有在产品，所以，本月发生的生产费用都是当月电力产品的生产成本。据此，可编制电力产品生产成本计算表，详见表 6－16 所示。

表 6-16　　电力产品生产成本计算表　　单位：元

成本项目	总成本	单位成本	备注
燃料费用	1920000	160	
水费	92500	7.71	
材料费用	780000	65	
薪酬费用	1030000	85.83	
折旧费	397500	33.13	
其他费用	280000	23.33	
合　计	4500000	375	

（二）热电厂的电力和热力成本计算

一般地，热电厂除了生产电力产品外，同时还生产热力。

供热式发电厂与一般火力发电厂区别之处，只是前者在汽轮机的中段抽出在汽轮机中已经做了一部分功的蒸汽（或直接抽出多余的过热蒸汽）供热能用户使用，如图 6-3 中虚线所示。其目的在于提高发电厂的经济效益，从供电和供热的全局来看，可节约燃料 20% ~25% 左右。做过功的蒸汽，经过一定的技术处理再回到锅炉，被循环使用。

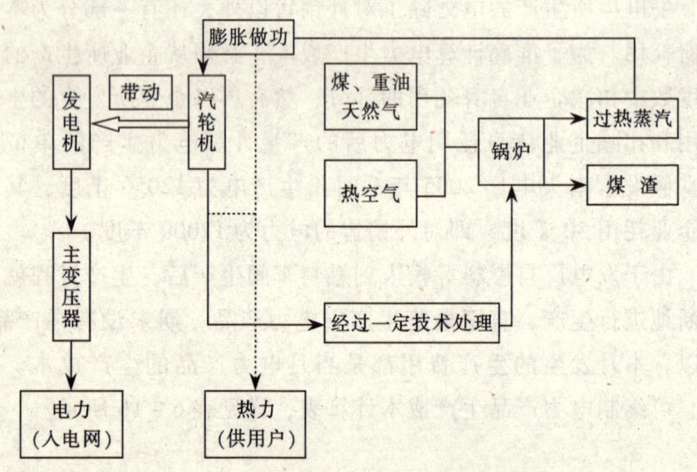

图 6-3　供热式火力生产过程示意图

因此，热电厂所发生的生产费用就必须在电力与热力之间进行分配。由于热力是通过燃料燃烧时将化学能转化为热能，并直接供汽，所以，电力和热力这两种产品在生产过程中是同时生产出来的，其生产费用较难区分为电力产品或热力产品的直接费用，因此其大部分生产费用要在电力和热力之间分配，一般是按照单位电力和单位热力生产所耗用标准燃料数量的比例进行分配。

由于热力生产也要耗用一定的电力，所以在计算电力成本和热力成本时，还要将热力生产所耗用的电力费用从电力生产费用中扣减并计入热力产品的生产费用。其计算方法是将热力生产所耗用的电力数量，按照生产每度电耗用燃料的数量折算为耗用标准燃料的数量，并将其从电力生产耗用标准燃料数量中扣减，计入热力生产耗用标准燃料的数量，然后按调整后的电力和热力耗用标准燃料数量的比例作为分配各项生产费用的标准。

这里，电力和热力生产耗用燃料的数量，一般要根据温度表、压力表和流量表等仪表读数分别统计其供热量，然后由生产技术部门将其折算为标准燃料耗用量，再将企业某一期间所耗用的燃料扣减热力生产耗用的标准燃料量后，即为电力生产耗用的标准燃料量。

必须指出，发电厂除用煤作为燃料外，还可用油料如重油作燃料。我们知道，某一单位的煤和油的发热量是不同的，在同时用煤和油作为燃料的企业，为便于生产费用的分配，应根据生产技术部门或国家规定的标准，以及油和煤的实际发热量，折算为标准燃料数量。其折算的公式如下：

$$\begin{matrix}\text{油（煤）折算为}\\\text{标准燃料的数量}\end{matrix}=\begin{matrix}\text{本期生产耗油量}\\\text{（或煤的数量）}\end{matrix}\times\frac{\text{单位油或煤实际发热量}}{\text{单位燃料的标准发热量}}$$

【例 6－3】假设每千克标准煤的发热量为 7000 大卡，西北热电厂 2005 年 7 月耗用重油 980000 千克，每千克实际发热量为

18000 大卡；耗用煤 1540000 千克，每千克实际发热量为 5000 大卡。则本期耗用的油和煤折算为标准煤的数量如下：

本期耗用重油折算为 7000 大卡标准煤数量

$$=980000\times\frac{18000}{7000}=2520000\text{（千克）}$$

本期耗用煤折算为 7000 大卡标准煤数量

$$=1540000\times\frac{5000}{7000}=1100000\text{（千克）}$$

合计：2520000 + 1100000 = 3620000（千克）

假设西北热电厂某月耗用的上述燃料中，生产电力耗用标准煤 3012000 千克，共生产电力 50200 千度，对外销售 50000 千度；生产热力耗用标准煤 608000 千克，耗用本厂生产的电力 200 千度，共生产热力 400000 万大卡，均对外销售。另假设该厂本月耗用燃料 14480000 元，耗用材料 3077000 元，耗用水 633500 元，生产工人薪酬 4525000 元，制造费用 3620000 元。各项生产费用均按电力和热力耗用标准煤数量比例进行分配。

生产费用在电力和热力之间分配的情况如下：

1. 调整并确定电力生产和热力生产耗用标准燃料数量。

$$\text{单位电力生产耗用标准煤}=\frac{3012000}{50200}=60$$

对外销售电力耗用标准煤数量 = 3012000 − 200 × 60

= 3000000（千克）

热力生产耗用标准煤数量 = 608000 + 12000 = 620000（千克）

2. 生产费用分配，根据上述所调整和确定的电力生产和热力生产耗用的标准煤比例计算和分配该企业本月发生的各项生产费用。

（1）燃料费用的分配：

$$燃料费用分配率 = \frac{14480000}{3620000} = 4$$

电力生产应负担燃料费用 = 3000000 × 4 = 12000000（元）

热力生产应负担燃料费用 = 620000 × 4 = 2480000（元）

（2）材料费用的分配：

$$材料费用分配率 = \frac{3077000}{3620000} = 0.85$$

电力生产应负担材料费用 = 3000000 × 0.85 = 2550000（元）

热力生产应负担材料费用 = 620000 × 0.85 = 527000（元）

（3）水费的分配：

$$水费分配率 = \frac{633500}{3620000} = 0.175$$

电力生产应负担水费 = 3000000 × 0.175 = 525000（元）

热力生产应负担水费 = 620000 × 0.175 = 108500（元）

（4）职工薪酬的分配：

$$职工薪酬分配率 = \frac{4525000}{3620000} = 1.25$$

电力生产应负担职工薪酬 = 3000000 × 1.25 = 3750000（元）

热力生产应负担职工薪酬 = 620000 × 1.25 = 775000（元）

（5）制定费用的分配：

$$制造费用分配率 = \frac{3620000}{3620000} = 1$$

电力生产应负担制造费用 = 3000000 × 1 = 3000000（元）

热力生产应负担制造费用 = 620000 × 1 = 620000（元）

这样，就可根据上述对生产费用的分配情况，分别计算出电力和热力生产的总成本和单位成本。其计算情况可编制生产成本计算表，详见表 6－17 所示。

表 6－17

生产成本计算表

2005 年 7 月

成本项目	电力		热力		备注
	总成本	单位成本（元/千度）	总成本	单位成本（元/万大卡）	
燃料费用	12000000	240	2480000	6.2	本月生产电力 50200 千度，对外销售 50000 度，生产热力 400000 万大卡
材料费用	2550000	51	527000	1.3175	
水费	525000	10.5	108500	0.27125	
直接人工	3750000	75	775000	1.9375	
制造费用	3000000	60	620000	1.55	
合计	21825000	436.5	4510500	11.27625	

第二节　产品成本计算的分批法

一、分批法的意义及其特点

分批法是指按照产品批别或订货合同来归集生产费用、计算产品成本的一种方法。它主要适用于小批、单件，管理上不要求分步骤计算成本的多步骤生产，例如重型机器制造、船舶制造、精密工具仪器制造，以及服装、印刷工业等。在这种生产类型企业中，由于生产多是根据购货单位的定货单组织的，因此，分批法也称订单法。

在装配式复杂生产企业中，产品通常是根据与客户签订的购销合同或订单组织单件或小批生产。这种生产类型一般是先把原材料加工成各种零部件，然后再由总装车间将各种零部件集中并加工成产品。与大量生产不同，单件或小批生产的重复性一般都比较少，即使所生产的产品有重复，也是不定期的。所以，生产车间只有接到企业生产计划部门下达的生产通知单或工作令号时，才能开始生产。由于客户对产品的品种、规格、数量以及交货时间等都有特殊的要求，所以，生产车间一旦接到生产计划部门下达的生产通知单或工作令号后，就应该及时地组织产品的生产，以保证按时完工并交货。

（一）成本计算的运行程序

在实行按生产通知单或工作令号组织生产的企业，一般要依靠有效的生产管理系统，其详细程序由企业生产计划部门制定，并采取不同形式把这些生产指令下达到生产产品的各个车间和部门。其在整个生产组织中的运行程序如下：

1. 企业销售部门根据与客户签订的购销合同，确定客户所需要产品的品种、规格、数量以及交货日期。

2. 销售部门将与客户签订的合同通知生产计划部门，以便安排产品的生产。

3. 生产计划部门接到销售部门的产品订单，制定生产计划，并向生产车间下达生产通知单或工作令号，同时通知原材料采购供应及财会等部门。

生产通知单或工作令号是生产车间组织产品生产的依据，它一般应采用标准的格式事先印制好并连续编号，必须包括以下几个方面的内容：

（1）需要生产制造的产品名称、规格；

（2）产品的生产数量，并注明客户订购的数量以及企业自行安排生产的数量；

（3）产品生产所使用的原材料、加工制造方法等；

（4）开工、完工日期。

在企业所接受的客户订单中，有的客户订购的产品虽然只有一件产品，但是需要由许多零部件经过加工装配后才能形成的大型产品，如造船厂接受客户制造船舶的订单，其生产周期一般都比较长，这就需要在企业内部按照产品组成的各个主要部件分别开出生产通知单或工作令号，由不同的车间分别组织生产。有时，同一客户签发的订单中可能包括各种不同规格的产品，为便于管理，往往要按照不同产品的规格分别开出生产通知单或工作令号，分别组织生产。但有时企业接受不同客户的订单，所需要的则是同一种产品，而且交货期都很近，为了减少成本计算的手续，也可以将不同的订单集中在一起，开出一张生产通知单或工作令号来组织生产。企业也可能不是通过直接接受客户的订单来组织生产，而是根据市场对各种不同品种、规格产品的需求情况来确定各种产品的数量，形成不同的批别来组织生产，而且不同批别的产品具有明显的特性，这时，也要开出内部订单来组织生产。

4. 生产车间根据生产计划部门下达的生产通知单或工作令号，从原材料仓库领用材料，并组织产品的生产。

（二）分批法的特点

1. 成本计算对象。成本计算对象就是产品的批别（单件生产为件别）。在小批和单件生产中，产品的种类和每批产品的批量，大多是根据购买单位的订单确定。因而按批、按件计算产品成本，往往也就是按照订单计算产品成本。但是，如果在一张订单中规定有几种产品，或虽然只有一种产品但其数量较大而又要求分批交货的，这时，如按订货单位的订单组织生产，就不利于按产品品种考核、分析成本计划的完成情况，从生产管理上也不便于集中一次投料，或满足不了分批交货的要求。针对这一情况，企业生产计划部门可以将上述订单按照产品品种划分批别组织生产，或将同类产品划分数批组织生产，计算成本。如果在一张订单中只规定一件产品，但其属于大型复杂的产品，价值较大，生产周期较长，如大型船舶制造，也可以按照产品的组成部分分批组织生产，计算成本。如果在同一时期内，企业接到不同购货单位要求生产同一产品的几张订单，为了经济合理地组织生产，企业生产计划部门也可以将其合并为一批组织生产，计算成本。在这种情况下，分批法的成本计算对象，就不是购货单位的订货单，而是企业生产计划部门签发下达的生产任务通知单，单内应对该批生产任务进行编号，称为产品批号或生产令号。会计部门应根据产品批号设立产品成本明细账。生产费用发生后，就按产品批别进行归集；直接计入费用直接归集，间接计入费用则要采用适当的分配方法，在各批产品之间进行分配，然后记入各产品成本明细账。由于分批法下存在多个成本计算对象，间接计入费用多，为了提高成本核算的正确性，要合理选择分配标准。

2. 成本计算期。由于是按生产通知单或工作令号来组织生产和归集生产费用，所以，只有等到各个工作令号的产品都制造完工时，才能将为生产各该工作令号产品而发生的生产费用得以全部归集，并计算出产品的生产成本。这样，其成本计算期就不可能与会计报告期一致，而必须与产品的生产周期一致。

3. 生产费用在完工产品与在产品之间的分配。在小批、单件生产下，由于完工产品成本计算期与产品的生产周期一致，因而在月末计算产品成本时，一般不存在生产费用在本月完工产品与月末在产品之间分配的问题。

在单件生产中，产品完工前，产品成本明细账所记录的生产费用都是在产品成本；产品完工时，产品成本明细账所记录的生产费用就是完工产品的成本，因而在月末计算成本时，不存在完工产品与在产品之间费用分配的问题。

在小批生产中，由于产品批量较小，批内产品一般都能同时完工，或者在相距不久的时间内全部完工。月末计算成本时，或是全部已经完工，或是全都没有完工，因而一般也不存在完工产品与在产品之间费用分配的问题。但如批内产品有跨月陆续完工的情况，在月末计算成本时，一部分产品已完工，另一部分产品尚未完工，这时就有必要在完工产品与在产品之间分配费用，以便计算完工产品成本和月末在产品成本。如果跨月陆续完工的情况不多，月末完工产品数量占批量比重较少时，可以采用按计划单位成本、定额单位成本或近期相同产品的实际单位成本计算完工产品成本，从产品成本明细账中转出，剩余数额即为在产品成本。在该批产品全部完工时，还应计算该批产品的实际总成本和单位成本，但对已经转账的完工产品成本，不作账面调整。这样做主要是为了计算先交货的成本。这种分配方法核算工作虽然简单，但分配结果不甚正确。因而，在批内产品跨月陆续完工情况较多，月末完工产品数量占批量比重较大时，为了提高成本计算的正确性，则应采用适当的方法在完工产品与月末在产品之间分配费用，计算完工产品成本和月末在产品成本。为了使同一批产品尽量同时完工，避免跨月陆续完工的情况，减少完工产品与月末在产品之间分配费用的工作，在合理组织生产的前提下，可以适当缩小产品的批量。

（三）分批法的类型

在小批单件生产的企业或车间中，分配直接人工和制造费用等间接计入费用的方法一般有两种，即当月分配法和累计分配法。所谓当月分配法，是指将当月所发生的直接人工和制造费用等间接计入费用，全部分配给各批产品的成本计算单，而不管各该成本计算单的产品是否已完工。其计算公式如下：

$$\text{间接计入费用当月分配率}=\frac{\text{间接计入费用当月发生额}}{\text{当月分配标准（工时）总数}}$$

$$\begin{matrix}\text{某批产品应分配}\\\text{的间接计入费用}\end{matrix}=\begin{matrix}\text{该批产品当月发生的}\\\text{分配标准（工时）数}\end{matrix}\times\begin{matrix}\text{间接计入费用}\\\text{当月分配率}\end{matrix}$$

间接计入费用按月分配的分批法，称之为一般的分批法。但是，在小批、单件生产的企业或车间中，如果同一月份投产的产品批数很多，几十批甚至上百批，且月末未完工的批数也较多，例如机械制造厂或修配厂就属于这种情况。在这种情况下，如果将当月发生的间接计入费用全部分配给各批产品，而不管各批产品是否已经完工，费用分配的核算工作将非常繁重。因此，为了简化核算，这类企业或车间可采用累计分配法分配间接计入费用。

采用这种方法，仍应按照产品批别设立产品成本明细账，但在各批产品完工之前，账内需按月登记直接计入费用（例如原材料费用）和生产工时。每月发生的间接计入费用，不是按月在各批产品之间进行分配，而是先将其在基本生产成本二级账中，按成本项目分别累计起来，只有在有产品完工的那个月份，才对完工产品，按照其累计工时的比例分配间接计入费用，计算完工产品成本；而全部产品的在产品应负担的间接计入费用，则以总数反映在基本生产成本二级账中，不进行分配，不分批计算在产品成本。因此，这种方法可称之为不分批计算在产品成本的分批法，因能简化核算工作，也称之为简化的分批法。

对各批完工产品分配间接计入费用，一般是按照全部产品累计间接计入费用分配率和完工产品累计生产工时的比例进行分配。其计算公式如下：

$$\text{全部产品累计间接计入费用分配率}=\frac{\text{全部产品累计间接计入费用}}{\text{全部产品累计工时}}$$

$$\text{某批完工产品应负担的间接计入费用}=\text{该批完工产品累计工时}\times\text{全部产品累计间接计入费用分配率}$$

二、一般的分批法举例

【例 6－4】 某企业按购货单位的要求，小批生产 A、B、C、

D四种产品，采用分批法计算产品成本。该企业2005年8月份有关资料如下：

（1）5月份投产A产品8件，批号为05001，本月份尚未完工。

（2）6月份投产B产品10件，批号为05002，本月份全部完工入库。

（3）7月份投产C产品20件，批号为05003，本月份完工15件，在产品5件。完工产品和在产品的成本按约当产量比例法计算，原材料系在开始生产时一次投入。在产品完工程度为60%。

（4）7月份投产D产品6件，批号为05004，本月份完工2件。完工产品按计划成本结转，计划单位成本如下：直接材料17000元，燃料及动力1400元，直接人工2200元，制造费用1500元。

本月份各批产品发生的生产费用如表6－18所示。

表6－18　　各批产品生产费用分配表

2005年8月　　单位：元

产品名称	直接材料	燃料及动力	直接人工	制造费用	合计
05001A产品	15000	320	2100	900	18320
05002B产品	21000	1800	1900	880	25580
05003C产品	31000	3700	5100	4200	44000
05004D产品	32000	2400	5200	2800	42400
合计	99000	8220	14300	8780	130300

根据上述资料，登记各批产品成本明细账，计算各批产品成本，详见表6－19、表6－20、表6－21、表6－22所示。

表 6－19　　产品成本明细账

2005 年 8 月　　单位：元

批号：05001　产品名称：A 产品　批量：8 件　开工日期：5 月　完工日期：

月	日	摘要	直接材料	燃料及动力	直接人工	制造费用	合计
7	31	累计	40000	1200	8500	3200	52900
8	31	材料费用分配表	15000				15000
8	31	动力费用分配表		320			320
8	31	职工薪酬分配表			2100		2100
8	31	制造费用分配表				900	900
8	31	累计	55000	1520	10600	4100	71220

表 6－20　　产品成本明细账

2005 年 8 月　　单位：元

批号：05002　　开工日期：6 月

产品名称：B 产品　批量：10 件　完工日期：8 月 18 日

月	日	摘要	直接材料	燃料及动力	直接人工	制造费用	合计
7	31	累计	53000	6200	7800	2300	69300
8	31	材料费用分配表	21000				21000
8	31	动力费用分配表		1800			1800
8	31	职工薪酬分配表			1900		1900
8	31	制造费用分配表				880	880
8	31	累计	74000	8000	9700	3180	94880
8	31	转产成品（10 件）	74000	8000	9700	3180	94880
8	31	产成品单位成本	7400	800	970	318	9488

表 6－21　　产品成本明细账

2005 年 8 月　　单位：元

批号：05003　产品名称：C 产品　批量：20 件　开工日期：7 月　完工日期：

月	日	摘要	直接材料	燃料及动力	直接人工	制造费用	合计
7	31	累计	68000	7784	9786	7788	93358
8	31	材料费用分配表	31000				31000
8	31	动力费用分配表		3700			3700
8	31	职工薪酬分配表			5100		5100
8	31	制造费用分配表				4200	4200

续表

月	日	摘要	直接材料	燃料及动力	直接人工	制造费用	合计
8	31	累计	99000	11484	14886	11988	137358
8	31	转产成品（15件）	74250	9570	12405	9990	106215
8	31	产成品单位成本	4950	638	827	666	7081
8	31	结余	24750	1914	2481	1998	31143

表6-21中数字计算如下：

$$完工产品材料费用=\frac{99000}{20}\times 15=74250\text{（元）}$$

$$月末在产品材料费用=\frac{99000}{20}\times 5=24750\text{（元）}$$

$$或=99000-74250=24750\text{（元）}$$

$$完工产品燃料及动力费用=\frac{11484}{15+5\times 60\%}\times 15=9570\text{（元）}$$

$$月末在产品燃料及动力费用=\frac{11484}{15+5\times 60\%}\times 5\times 60\%$$

$$=1914\text{（元）}$$

$$或=11484-9570=1914\text{（元）}$$

$$完工产品直接人工=\frac{14886}{15+5\times 60\%}\times 15=12405\text{（元）}$$

$$月末在产品直接人工=\frac{14886}{15+5\times 60\%}\times 3=2481\text{（元）}$$

$$或=14886-12405=2481\text{（元）}$$

$$完工产品制造费用=\frac{11988}{15+5\times 60\%}\times 15=9990\text{（元）}$$

$$月末在产品制造费用=\frac{11988}{15+5\times 60\%}\times 3=1998\text{（元）}$$

$$或=11988-9990=1998\text{（元）}$$

表 6－22　　　　产品成本明细账

2005 年 8 月　　　　单位：元

批号：05004　产品名称：D 产品　批量：6 件　开工日期：7 月　完工日期：

月	日	摘要	直接材料	燃料及动力	直接人工	制造费用	合计
7	31	累计	72000	6300	8200	6300	92800
8	31	材料费用分配表	32000				32000
8	31	动力费用分配表		2400			2400
8	31	职工薪酬分配表			5200		5200
8	31	制造费用分配表				2800	2800
8	31	累计	104000	8700	13400	9100	135200
8	31	转产成品（2 件）	34000	2800	4400	3000	44200
8	31	产成品单位成本	17000	1400	2200	1500	22100
8	31	结余	70000	5900	9000	6100	91000

三、简化的分批法举例

【例 6－5】某企业生产 A、B、C、D 四种产品，采用简化的成本计算方法进行成本计算。该企业设立和登记的“基本生产成本二级账”如表 6－23 所示。该企业 8 月份的有关资料如下：

（1）0501 号 A 产品 10 件 6 月份投产，本月全部完工，见表 6－24 所示；

（2）0502 号 B 产品 8 件 6 月份投产，本月完工 2 件，材料费用按完工产品与在产品数量比例分配，在产品定额工时为 37000 小时，见表 6－25 所示；

（3）0503 号 C 产品 10 件 6 月份投产，本月全部未完工，见表 6－26 所示；

（4）0504 号 D 产品 18 件 6 月份投产，本月全部未完工，见表 6－27 所示。

表 6－23　基本生产成本二级账（各批全部产品总成本）

2005 年 8 月　　单位：元

月	日	摘要	直接材料	生产工时（小时）	直接人工	制造费用	成本合计
7	31	在产品	180000	150000	84000	75000	339000
8	31	本月发生费用	200000	50000	16000	45000	261000
8	31	累计	380000	200000	100000	120000	600000
8	31	全部产品累计间接计入费用分配率	—	—	0.5	0.6	
8	31	本月完工转出	81750	49300	24650	29580	135980
8	31	在产品	298250	150700	75350	90420	464020

基本生产成本二级账和各批产品成本明细账登记。二级账中各项数据的计算如下：

（1）在表 6－23 基本生产成本二级账中，7 月 31 日在产品的生产工时和各项费用系上月末根据上月的生产工时和生产费用资料计算登记；本月发生的原材料费用和生产工时，应根据本月原材料费用分配表、生产工时记录，与各批产品成本明细账平行登记；本月发生的各项间接计入费用，应根据各该费用分配表汇总登记。

（2）全部产品间接计入费用累计分配率：

$$直接人工累计分配率=\frac{100000}{200000}=0.5$$

$$制造费用累计分配率=\frac{120000}{200000}=0.6$$

（3）本月完工转出产品的原材料费用和生产工时，应根据各批产品的产品成本明细账中完工产品的原材料费用和生产工时汇总登记；各项间接计入费用，可以根据账中完工产品工时分别乘以各项费用的累计分配率计算登记，也可以根据各批产品成本明细账中完工产品的各项费用分别汇总登记。以账中累计行的各栏数字分别减去本月完工产品转出数，即为 8 月末在产品的原材料费用、生产工时和各项间接计入费用。月末在产品的原材料费用和生产工时，也可以根据后列各批产品成本明细账中月末在产品的原材料费用和生产工时分别汇总登记；各项间接计入费用也可以根据其生产工时分别乘以各该费用累计分配率计算登记。两者计算结果应该相符。

该企业设立和登记的各批产品成本明细详见表6-24至表6-27所示。

表6-24　　产品成本明细账

2005年8月　　单位：元

产品批别：0501号　产品名称：A产品　投产日期：6月　完工日期：8月

月	日	摘要	直接材料	生产工时（小时）	直接人工	制造费用	成本合计
6	30	本月发生	20000	21000			
7	31	本月发生	10000	12000			
8	31	本月发生	30000	3500			
8	31	累计数及累计间接计入费用分配率	60000	36500	0.5	0.6	
8	31	本月完工转出	60000	36500	18250	21900	100150
8	31	完工产品单位成本	6000		1825	2190	10015

表6-25　　产品成本明细账

2005年8月　　单位：元

产品批别：0502号　产品名称：B产品　投产日期：6月　完工日期：

月	日	摘要	直接材料	生产工时（小时）	直接人工	制造费用	成本合计
6	30	本月发生	15000	17000			
7	31	本月发生	22000	18000			
8	31	本月发生	50000	14800			
8	31	累计数及累计间接计入费用分配率	87000	49800	0.5	0.6	
8	31	本月完工转出	21750	12800	6400	7680	35830
8	31	完工产品单位成本	10875	—	3200	3840	17915
		在产品成本	65250	37000			

表 6－26　产品成本明细账

2005 年 8 月　单位：元

产品批别：0503 号　产品名称：C 产品　投产日期：6 月　完工日期：

月	日	摘要	直接材料	生产工时（小时）	直接人工	制造费用	成本合计
6	30	本月发生	44000	31000			
7	31	本月发生	13000	15000			
8	31	本月发生	70000	17000			

表 6－27　产品成本明细账

2005 年 8 月　单位：元

产品批别：0504 号　产品名称：D 产品　投产日期：6 月　完工日期：

月	日	摘要	直接材料	生产工时（小时）	直接人工	制造费用	成本合计
6	30	本月发生	32000	23000			
7	31	本月发生	24000	13000			
8	31	本月发生	50000	14700			

在上述四批产品成本明细账中，对于没有完工产品的月份，只登记直接材料费用和生产工时，如例中 0503 号、0504 号两批产品 6～8 月及 0501 号、0502 号两批产品的 6、7 两个月；对于有完工产品的月份，包括批内产品全部完工或部分完工，除了登记本月发生的直接材料和生产工时及其累计数外，还应根据基本生产成本二级账登记各项间接计入费用累计分配率。第 0501 号产品，8 月末全部完工，因而其产品成本明细账中累计的直接材料和生产工时，就是完工产品的直接材料和生产工时，以其生产工时分别乘以直接人工和制造费用的累计分配率，即为该批完工产品应分配的直接人工（36500 × 0.5 = 18250）和制造费用（36500 ×0.6 =21900）。第 0502 号产品，月末完工一部分，尚有一部分未完工，因而需将该批累计的各项生产费用在完工产品与月末在产品之间分配。

综上所述，简化的分批法与一般的分批法相比较，具有以下特点：

1. 采用简化的分批法必须设立基本生产成本二级账。从计算产品实际成本的角度来说，采用其他成本计算方法，可以不设立基本生产成本二级账；但采用简化的分批法，则必须设立这种二级账。其作用在于：(1) 按月提供企业或车间全部产品的累计生产费用（包括直接计入费用和间接计入费用）和生产工时资料；(2) 在有产品完工的月份，按照上列公式计算和登记全部产品累计间接计入费用分配率；(3) 根据完工产品累计生产工时和累计间接计入费用分配率，计算和登记完工产品应负担的累计间接计入费用，并计算完工产品总成本；(4) 以全部产品累计生产费用减去本月完工产品总成本，计算和登记月末各批在产品总成本。

2. 每月发生的间接计入费用，不是按月在各批产品之间进行分配，而是先在基本生产成本二级账中累计起来，在有产品完工的月份，才按上列公式，在各批完工产品之间进行分配，计算完工产品成本；对未完工的在产品则不分配间接计入费用，只以总数反映在二级账中，即不分批计算在产品成本。显然，采用这种分批法，可以简化费用的分配和登记工作；月末未完工产品的批数越多，核算工作就越简化。

3. 采用这种方法，各批产品之间分配间接计入费用的工作以及完工产品与月末在产品之间分配间接计入费用的工作，即生产费用的横向分配和纵向分配工作，都是利用累计间接计入费用分配率，到产品完工时合并在一起进行的。换言之，各项累计间接计入费用分配率，既是在各批完工产品之间，也是在完工产品批别与月末在产品批别之间，以及某批产品的完工产品与月末在产品之间分配各该费用的依据。基于这一特点，这种简化的分批法也称为累计间接计入费用分配法。

前面曾叙及，这种简化的分批法适用于产品生产周期比较长、同一月份投产的产品批数很多，且月末未完工批数也较多的企业。如果月末未完工的批数不多，则不宜采用。因为在这种情况下，绝大多数产品的批号仍然要分配登记各项间接计入费用，核算工作减少不多。另外，由于在这种方法下间接计入费用累计计算分配率，因而这种方法在各月间接计入费用水平相差悬殊的情况下也不宜采用。例如前几个月的间接计入费用水平低，而本月高，某批产品本月投产，当月完工，这时，按累计间接计入费用分配率分配计算该批完工产品成本，就会发生不应有的偏低。

四、分批法在单件或小批量生产企业中的应用

【例6－6】星火农机厂生产脱粒机、粉碎机等产品，并开展拖拉机修理等业务。该厂只有一个生产车间，生产产品所需铸件从外单位购进，生产车间分为铆焊、机械加工、装配等工序。该厂成本计算采用分批法，根据用户订货单分批组织生产，按批号设立成本计算单计算产品成本，对修理作业，为了简化核算，则合并设立成本计算单。该厂2005年5月成本计算及有关资料如下：

1. 月末，根据领料单编制材料分配表如表6－28所示。根据工资结算单编制职工薪酬分配表如表6－29所示。

表6－28　　　星火农机厂材料费用分配表

2005年5月　　　单位：元

贷 借	原材料
基本生产成本	15384
批号408粉碎机	2332
批号501脱粒机	12476
批号502修理作业	576
制造费用	3072
机物料消耗	2752

续表

借 \ 贷	原材料
劳动保护费	320
管理费用	480
新产品试制费	480
合计	18936

表 6－29　　星火农机厂职工薪酬分配表

2005 年 5 月　　单位：元

	工资	职工福利	合计
基本生产成本	5800	812	6612
批号 408 粉碎机	1500	210	1710
批号 501 脱粒机	3400	476	3876
批号 502 修理作业	900	126	1026
制造费用	450	63	513
管理费用	560	78	638
合计	6810	953	7763

2. 根据材料、职工薪酬分配表以及其他有关凭证，登记总分类账和成本计算单以及制造费用明细账（制造费用明细账略）。

3. 本月基本生产负担的动力费为 540 元，制造费用合计为 9000 元，均按生产工人实际工时分配到各批产品上去（见表 6－30所示），并将分配结果登记成本计算单。

表 6－30　　星火农机厂动力费、制造费用分配表

2005 年 5 月　　单位：元

批别	生产工时（小时）	动力费		制造费用	
		分配率	金额	分配率	金额
批号 408 粉碎机	450		135		2250
批号 501 脱粒机	1100		330		5500
批号 502 修理作业	250		75		1250
合计	1800	0. 3	540	5	9000

4. 批号408粉碎机，批量55台，上月2日投产，本月20日已完工，产品成本计算单上汇集的4、5两个月的生产费用就是该批产品的总成本，并据以计算出单位成本（见表6－31所示），并需将该批产品成本从基本生产成本账户转入产成品账户。

批号501脱粒机100台，本月10日投产，月末尚未完工，成本计算单上汇集的生产费用即为在产品成本（见表6－32所示）。

批号502修理作业，为本月修理一批拖拉机，月初开工，月末完工，成本计算单上汇集的生产费用即为全部修理成本（见表6－33所示）。该批修理，销售收入3250元，需将修理成本从基本生产成本账户转入本年利润账户的借方。

表6－31　　星火农机厂产品成本计算单

批号：408　　订货单位：大通公司

产品名称：粉碎机　　开工日期：2005年4月2日

产量：55台　　完工日期：2005年5月20日　　单位：元

月	日	摘要	直接材料	燃料及动力	直接人工	制造费用	合计
4	30	本月发生额	5600	388	1200	1465	8653
5	31	本月发生额	2332	135	1710	2250	6427
	31	完工产品总成本	7932	523	2910	3715	15080
	31	单位成本	144.22	9.51	52.90	67.55	274.18

表6－32　　星火农机厂产品成本计算单

批号：501　　订货单位：华新公司

产品名称：脱粒机　　开工日期：2005年5月10日

产量：100台　　完工日期：　　单位：元

月	日	摘要	直接材料	燃料及动力	直接人工	制造费用	合计
5	31	本月发生额	12476	330	3876	5500	22182

表 6－33　　星火农机厂产品成本计算单

批号：502　　订货单位：

产品名称：修理作业　　开工日期：2005 年 5 月 3 日

产量：　　完工日期：2005 年 5 月 30 日　　单位：元

月	日	摘要	直接材料	燃料及动力	直接人工	制造费用	合计
5	31	本月发生额	576	75	1026	1250	2927
	31	总成本	576	75	1026	1250	2927

五、分批法在大批量生产企业中的应用

上面已介绍了分批法在单件或小批量生产企业中应用的案例。单件或小批量生产的特点是，其产品的生产数量比较少，一般可以在投产的月份或较短的会计期间制造完工，其产品一次性制造完工并交付订购者，而且产品的零、部件不单独计算成本。

在成本会计实务中，分批法还应用于大批量生产的装配式企业。这类企业的产品除了根据客户的订单来组织生产外，一般还在市场预测的基础上，自行确定所投产产品的品种、规格及数量，并据此开出生产通知单或工作令号，安排各批产品的生产。在这种情况下，其每批安排生产的产品数量一般都比较大，而且一个工作令号的产品可能要跨月陆续完工并分批分次交付给客户或对外销售，这通常称为分批出货；有时，企业所生产的零、部件不一定都是用于生产本月或本批订单的产品，往往要为许多批重复生产的产品所耗用，为了确定和计算各个不同批别产品的生产成本，需要计算各种主要零、部件的生产成本。下面，分别介绍这两种情况的成本计算。

（一）分批出货情况下的成本计算

在大批量生产情况下，由于各个批别产品的生产时间比较长，为了保证客户对产品的正常需要或保证产品在市场上不至于脱销，必须在该批产品全部制造完工之前，分批分次地将所生产

的部分完工产品交付给客户或投放市场对外销售。在这种情况下，由于产品实际上已经提供给客户或对外销售，为了确定已销售产品的盈亏情况，就需要计算已提供给客户或对外销售部分产品的生产成本。也就是说，需要将生产费用在完工交付给客户或对外销售产品与月末尚未制造完工的在产品之间进行分配。

在分批出货情况下，其产品成本计算除了前面所阐述的程序外，还必须进行以下两个具体的计算步骤：

1. 根据每个月完工出货产品的情况，将生产费用在完工产品与在产品之间进行分配。关于生产费用在本月完工产品与月末在产品之间的分配，为了简化成本计算的手续，一般可采用计划成本、定额成本、估计成本或其他方法等确定先行制造完工并已出货部分的产品生产成本。

如果是采用计划成本或定额成本确定分批出货产品的生产成本，则应根据交付给客户或对外销售的产品数量和企业确定的单位产品计划成本或定额成本，计算该产品已出货部分的成本，并从生产成本明细账中结转出去。那么，该订单或批别产品生产所归集的生产费用扣减已出货部分产品的生产成本，就是月末尚未完工产品的生产成本。

如果产品的计划成本或定额成本与实际情况相差比较悬殊时，为了相对地提高成本计算的准确性，可以根据企业最近生产该产品或同类产品的成本资料，适当考虑生产要素价格、产品结构和生产条件的变化情况，加以调整和估计，以确定其生产成本，并将确定的已完工并分批出货产品的生产成本从生产成本明细账中结转出去，以分别计算完工产品成本和月末在产品成本。

此外，还可以采用折合法（约当产量比例法）来估计和分配生产费用，即对月末尚未完工的在产品根据产品制造过程中原材料投入情况和加工程度，折合为完工产品数量，以便根据不同情况，对完工产品与月末在产品分别计算和分配各项生产费用。

2. 不论对已完工出货产品的生产成本计算采用哪一种方法，其所计算的分批出货完工产品的生产成本都带有估计的性质，所以，在有关的各产品订单或生产通知单的产品全部制造完工之后，都必须根据各该批别产品的产量和发生的生产费用等数据，重新计算其实际的总成本和单位成本。

（二）分批零部件成本的计算

如前所述，在大批量生产的装配式企业中，除了根据客户的订单组织生产外，还可以在市场预测的基础上，确定所投产品的品种、规格及数量。那么，各种不同规格的产品将根据市场的需求情况重复、轮番地交叉生产。另外，企业生产的产品规格可能不尽相同，但其主要零、部件可能是相同的，或这些零、部件具有一定的标准或通用性。所以，为了节省生产费用，降低产品成本，对于许多在产品共同需要的标准的、通用的零、部件就不可能分别组织生产，而是结合在一起生产。在这种情况下，为了正确计算各批别产品的生产成本，就需要分别计算零、部件的生产成本，计入其生产成本明细账，并最终计算出各该批别产品的生产成本。这种成本计算方法称为分批零部件成本计算法。

分批零部件成本计算法也属于分批成本计算法，是分批成本计算法的一种延伸。此成本计算方法具有以下几个特点：

1. 各主要零、部件和各批别产品都是成本计算的对象，即必须分别计算各批零件的制造成本、各批部件的装配成本和各批产品的加工成本。

2. 为了分别计算零件的制造成本、部件的装配成本和产品的加工成本，应分别设置零件、部件和批别产品的生产成本明细账，以便分别归集零件、部件和产品生产装配过程中发生的生产费用。

3. 按照零件、部件和产品归集的生产费用，在会计期末，必须在本期制造完工的零件、部件、产品与期末尚未制造完工的零件、部件、产品之间进行分配。

4. 对于本期制造完工的零件、部件和产品，在将生产费用在完工的零件、部件、产品与期末尚未制造完工的零件、部件、产品之间进行分配后，应分别编制零件、部件和产品的生产成本计算表，以确定零件、部件和产品生产的总成本和单位成本。这里编制零件、部件生产成本计算表确定其单位成本，可以为计算产品加工对零件、部件耗用数额提供依据。

根据上述特点，企业在进行分批零部件成本计算时，其整个成本计算的程序如下：

1. 按照零件生产的批别、部件及产品装配加工的批别作为成本计算对象，设置生产成本明细账。

2. 生产成本明细账按照成本项目设置专栏，分别归集各该批别的零件生产、部件及产品装配加工过程中所发生的生产费用。其中，直接费用发生时，应在原始凭证上注明批号，经编制各项费用汇总表后，分别计入各生产成本明细账；对于间接费用，应设置有关明细账，先按照发生地点汇总记录，然后按照一定的标准分配计入各生产成本明细账。

3. 月末，对已制造完工零件的批别，将该批别生产成本明细账所归集的生产费用进行加计汇总，即为各该批零件的总生产成本，再与所记录的各该批零件的数量相除，就可计算出该零件的单位生产成本。对于已制造完工的零件，车间应填制交库单，经验收后交自制半成品仓库。

部件生产装配时，从自制半成品仓库领用的零件，应填制领料单，并根据其领用的数量和单位成本（这里部件生产领用零件的单位成本计算可以采用个别辨认法、平均成本法、先进先出法等），将所确定的自制半成品成本计入各部件生产成本明细账的“直接材料”（也可以设置“自制半成品”）成本项目内。各批别的部件生产装配完工后，也应根据其生产成本明细账所归集汇总的生产费用和所记录的完工部件的数量，计算该批部件的单位成本。对于已制造完工的部件，生产车间应填制交库单，经验收后交自制半成品仓库。

为便于对零件、部件等自制半成品的管理，半成品仓库管理部门也应按零件、部件的种类、具体名称等分别设置有关明细账，以记录各种零部件的收、发、存情况。

当某个批别的产品生产需要耗用零件、部件时，也应填制领料单，从半成品仓库领用零件、部件，并根据领用数量和单位成本（这里零件和部件的单位成本计算也可以采用个别辨认法、平均成本法、先进先出法等），将所确定的自制半成品成本计入各批别产品生产成本明细账的直接材料（或自制半成品）成本项目内。各批别产品生产完工后，也应根据其生产成本明细账归集汇总的生产费用和所记录的完工产品的数量，计算出该批产品的单位成本。对于已制造完工的产品，生产车间应填制交库单，经验收后交产成品仓库。

月末，未完工的各批零部件、产品的生产成本明细账上所归集的生产费用，就是月末在产品的生产成本。

下面举例说明分批零部件成本计算的情况。

【例6－7】假设某机电设备厂设有零件生产、部件装配和成品三个基本生产车间和一个机修车间，生产A、B、C三种机电产品。该企业的零件车间生产各种机电设备产品所需要的零件，包括 PHQ1、PHQ2、PHQ3、PHQ4、PHQ5 5 种主要的零件；部件车间对企业零件车间所生产的零件进行装配，生产 PHQX－1、PHQX－2、PHQX－3 三种主要部件；成品车间领用零件和部件车间所生产的零部件装配成最终产品。机修车间主要为企业的各生产车间和企业管理部门提供机修服务，由于企业的机修任务比较重，无对外承接修理业务。

该企业按照各生产车间的产品（在零件车间和部件车间分别为零、部件）名称设置生产成本明细账，分别记录各该车间发生的生产费用。辅助生产车间发生的各项生产费用、各生产车间发生的制造费用要分别设置相关的明细账归集。部件车间领用零件、成品车间领用零件和部件的单位成本均采用先进先出法计算。机修车间为企业管理部门提供的修理服务量较少，为简化成本计算手续，不负担机修车间的生产费用，而将机修车间的生产费用全部由各个生产车间负担，各个生产车间耗用机修车间的修理服务按照机器小时数的比例进行分配；制造费用按照各车间所生产的产品耗用的工时比例分配。

2005 年 10 月份，该企业所生产的主要零件、部件及产品耗用的原材料、自制半成品、生产工人工时和直接人工费用详见表 6－34、表 6－35、表 6－36 所示。

表 6－34　　材料耗用汇总表

2005 年 10 月　　单位：元

车间类别	产品批别	材料费用
零件车间	PHQ1	128500
	PHQ2	92250
	PHQ3	224200
	PHQ4	56750
	PHQ5	28100
	小计	529800

续表

车间类别	产品批别	材料费用
部件车间	PHQX－1	24150
	PHQX－2	56560
	PHQX－3	33390
	小计	114100
成品车间	A	38050
	B	62450
	C	27500
	小计	128000
合计		771900

表 6－35　　自制半成品耗用汇总表

2005 年 10 月　　单位：元

车间类别	产品批别	半成品费用		
		零件	部件	合计
部件车间	PHQX－1	124400		124400
	PHQX－2	320200		320200
	PHQX－3	75200		75200
	小计	519800		519800
成品车间	A	22000	132000	154000
	B	34500	331500	366000
	C	8500	73500	82000
	小计	65000	537000	602000
合计		584800	537000	1121800

表 6－36　　直接人工费用计算表

2005 年 10 月　　单位：元

车间类别	产品批别	工时耗用（小时）	直接人工费用额
零件车间	PHQ1	24000	61200
	PHQ2	19500	47580
	PHQ3	55200	143520
	PHQ4	8800	24200
	PHQ5	6000	16500
	小计	113500	293000

续表

车间类别	产品批别	工时耗用（小时）	直接人工费用额
部件车间	PHQX－1	20800	55120
	PHQX－2	38500	97790
	PHQX－3	7500	21300
	小计	66800	174210
成品车间	A	6200	17670
	B	11500	33350
	C	3500	10290
	小计	21200	61310
合计		201500	528520

根据辅助生产成本明细账（略），该车间本月发生生产费用 97920 元。按照各生产车间机器小时分配，各生产车间的机器小时数分别为：零件车间 96000 小时，部件车间 28000 小时，成品车间 12000 小时。辅助生产成本的分配详见表 6－37 所示。

表 6－37　辅助生产成本分配计算表

2005 年 10 月

车间类别	机器小时（小时）	分配率	分配额（元）
零件车间	96000		69120
部件车间	28000		20160
成品车间	12000		8640
合计	136000	0.72	97920

根据制造费用明细账（略），本月各生产车间发生的制造费用分别为：零件车间 164575 元，部件车间 98864 元，成品车间 55120 元。按照各产品耗用的工时比例分配，详见表 6－38 所示。

表 6－38　　　　制造费用分配计算表

2005 年 10 月

车间类别	产品批别	工时耗用（小时）	分配率	分配额（元）
零件车间	PHQ1	24000		34800
	PHQ2	19500		28275
	PHQ3	55200		80040
	PHQ4	8800		12760
	PHQ5	6000		8700
	小计	113500	1.45	164575
部件车间	PHQX－1	20800		30784
	PHQX－2	38500		56980
	PHQX－3	7500		11100
	小计	66800	1.48	98864
成品车间	A	6200		16120
	B	11500		29900
	C	3500		9100
	小计	21200	2.60	55120
合计		201500	—	318559

该企业发生的上述各项生产费用经过分配汇总后，分别在各生产成本明细账得以归集。有关生产成本明细账的记录情况详见表 6－39 至表 6－49 所示。

表 6－39　　　　生产成本明细账

零件批别（名称）：PHQ1　　　开工日期：2005 年 10 月 1 日

生产数量：5000 个　　　完工日期：2005 年 10 月 26 日　　　单位：元

日期	凭证号	摘要	直接材料	直接人工	制造费用	合计
2005.10	略	略	128500	61200	34800	224500
		合计	128500	61200	34800	224500
		单位成本	25.70	12.24	6.96	44.90

表 6-40　　生产成本明细账

零件批别（名称）：PHQ2　　开工日期：2005 年 9 月 8 日

生产数量：20000 只　　完工日期：2005 年 10 月 22 日　　单位：元

日期	凭证号	摘要	直接材料	直接人工	制造费用	合计
2005. 9	略	略	146150	64420	35325	245895
2005. 10	略	略	92250	47580	28275	168105
		合计	238400	112000	63600	414000
		单位成本	11. 92	5. 60	3. 18	20. 70

表 6-41　　生产成本明细账

零件批别（名称）：PHQ3　　开工日期：2005 年 9 月 25 日

生产数量：16000 个　　完工日期：2005 年 10 月 15 日　　单位：元

日期	凭证号	摘要	直接材料	直接人工	制造费用	合计
2005. 9	略	略	98800	22880	13360	135040
2005. 10	略	略	224200	143520	80040	447760
		合计	323000	166400	93400	582800
		单位成本	20. 1875	10. 40	5. 8375	36. 425

表 6-42　　生产成本明细账

零件批别（名称）：PHQ4　　开工日期：2005 年 10 月 12 日

生产数量：8000 个　　完工日期：　　单位：元

日期	凭证号	摘要	直接材料	直接人工	制造费用	合计
2005. 10	略	略	56750	24200	12760	93710
		月末余额	56750	24200	12760	93710

表 6-43　　生产成本明细账

零件批别（名称）：PHQ5　　开工日期：2005 年 10 月 20 日

生产数量：4000 个　　完工日期：　　单位：元

日期	凭证号	摘要	直接材料	直接人工	制造费用	合计
2005. 10	略	略	28100	16500	8700	53300
		月末余额	28100	16500	8700	53300

表 6－44　　　　生产成本明细账

部件批别（名称）：PHQX－1　　开工日期：2005 年 9 月 10 日

生产数量：2500 台　　完工日期：2005 年 10 月 23 日　　单位：元

日期	凭证号	摘要	直接材料	直接人工	制造费用	合计
2005.10	略	略	316650	119680	58416	494746
2005.10	略	略	148550	55120	30784	234454
		合计	465200	174800	89200	729200
		单位成本	186.08	69.92	35.68	291.68

表 6－45　　　　生产成本明细账

部件批别（名称）：PHQX－2　　开工日期：2005 年 10 月 1 日

生产数量：2000 件　　完工日期：2005 年 10 月 30 日　　单位：元

日期	凭证号	摘要	直接材料	直接人工	制造费用	合计
2005.10	略	略	376760	97790	56980	531530
		合计	376760	97790	56980	531530
		单位成本	188.38	48.895	28.49	265.765

表 6－46　　　　生产成本明细账

部件批别（名称）：PHQX－3　　开工日期：2005 年 10 月 12 日

生产数量：2000 件　　完工日期：　　单位：元

日期	凭证号	摘要	直接材料	直接人工	制造费用	合计
2005.10	略	略	108590	21300	11100	140990
		月末余额	108590	21300	11100	140990

表 6－47　　　　生产成本明细账

产品名称：A 产品　　开工日期：2005 年 9 月 15 日

生产数量：1000 台　　完工日期：2005 年 10 月 15 日　　单位：元

日期	凭证号	摘要	直接材料	直接人工	制造费用	合计
2005.9	略	略	481950	164330	77880	724160
2005.10	略	略	192050	17670	16120	225840
		合计	674000	182000	94000	950000
		单位成本	674	182	94	950

表 6－48　　　　生产成本明细账

产品名称：B 产品　　　　开工日期：2005 年 9 月 25 日
生产数量：800 台　　　　完工日期：2005 年 10 月 25 日　　单位：元

日期	凭证号	摘要	直接材料	直接人工	制造费用	合计
2005. 9	略	略	126750	19650	10700	157100
2005. 10	略	略	428450	33350	29900	491700
		合计	555200	53000	40600	648800
		单位成本	694	66. 25	50. 75	811

表 6－49　　　　生产成本明细账

产品名称：C 产品　　　　开工日期：2005 年 10 月 20 日
生产数量：500 台　　　　完工日期：　　　　单位：元

日期	凭证号	摘要	直接材料	直接人工	制造费用	合计
2005. 10	略	略	109500	10290	9100	128890
		月末余额	109500	10290	9100	128890

有关自制半成品明细账详见表 6－50 至表 6－57 所示。

表 6－50　　　　自制半成品明细账

零件名称：PHQ1　　　　数量单位：个
金额单位：元

日期	凭证号	摘要	收入			发出			结存		
			数量	单价	金额	数量	单价	金额	数量	单价	金额
10. 1		期初结存							2400	40. 00	96000
26		完工入库	5000	44. 90	224500				2400 5000	40. 00 44. 90	320500
31		生产领用				2000	40. 00	80000	400 5000	40. 00 44. 90	240500

表 6－51　　自制半成品明细账

零件名称：PHQ2　　数量单位：个
金额单位：元

日期	凭证号	摘要	收入			发出			结存		
			数量	单价	金额	数量	单价	金额	数量	单价	金额
10.1		期初结存							8500	20.00	170000
22		完工入库	20000	20.70	414000				8500 20000	20.00 20.70	584000
31		生产领用				8500 500	20.00 20.70	170000 10350	19500	20.70	403650

表 6－52　　自制半成品明细账

零件名称：PHQ3　　数量单位：个
金额单位：元

日期	凭证号	摘要	收入			发出			结存		
			数量	单价	金额	数量	单价	金额	数量	单价	金额
10.1		期初结存							6000	35.00	210000
15		完工入库	16000	36.425	582800				6000 16000	35.00 36.425	792800
31		生产领用				6000 1000	35.00 36.425	210000 36425	14000	36.425	546375

表 6－53　　自制半成品明细账

零件名称：PHQ4　　数量单位：个
金额单位：元

日期	凭证号	摘要	收入			发出			结存		
			数量	单价	金额	数量	单价	金额	数量	单价	金额
10.1		期初结存							7500	8.75	65625
31		生产领用				4000	8.75	35000	3500	8.75	30625

表 6－54　　自制半成品明细账

零件名称：PHQ5　　数量单位：个
金额单位：元

日期	凭证号	摘要	收入			发出			结存		
			数量	单价	金额	数量	单价	金额	数量	单价	金额
10.1		期初结存							15000	8.605	129075
31		生产领用				5000	8.605	43025	10000	8.605	86050

表 6－55 自制半成品明细账

部件名称：PHQX－1 数量单位：台

金额单位：元

日期	凭证号	摘要	收入			发出			结存		
			数量	单价	金额	数量	单价	金额	数量	单价	金额
10.1		期初结存							500	300.00	150000
23		完工入库	2500	291.68	729200				500 2500	300.00 291.68	879200
31		生产领用				440	300.00	132000	60 2500	300.00 291.68	747200

表 6－56 自制半成品明细账

部件名称：PHQX－2 数量单位：件

金额单位：元

日期	凭证号	摘要	收入			发出			结存		
			数量	单价	金额	数量	单价	金额	数量	单价	金额
10.1		期初结存							240	273.90	65735
30		完工入库	2000	265.765	531530				240 2000	273.90 265.765	597265
31		生产领用				240 1000	273.90 265.765	65735 265765	1000	265.765	265765

表 6－57 自制半成品明细账

部件名称：PHQX－3 数量单位：件

金额单位：元

日期	凭证号	摘要	收入			发出			结存		
			数量	单价	金额	数量	单价	金额	数量	单价	金额
10.1		期初结存							750	147.00	110250
31		生产领用				500	147.00	73500	250	147.00	36750

从上述计算过程可以看出，分批零部件成本计算法与分批法

虽然都是以产品的批别为成本计算对象，其成本计算都是不定期的，但它们之间具有明显的区别。其区别除了适用于不同规模的生产企业外，主要的区别在于：在分批法下，成本计算对象只是最终完工的产品，即它只计算最终完工产品的成本，而不计算各种零部件的成本。而在分批零部件成本计算法下，它除了以最终完工产品为成本计算对象外，还以各种主要的零件、部件作为成本计算对象，分别计算各种主要零件、部件和最终完工产品成本。即它将各种主要的零件、部件作为各该生产步骤的半成品计算其成本，并将其作为自制半成品验收入库。

分批零部件成本计算法虽然也分步骤计算半成品成本，且前面步骤所生产的半成品为后面步骤所耗用，与第三节中将要介绍的逐步结转分步法有相同之处，但它们之间也有明显的区别。其区别除了它们适用于不同生产工艺技术和生产组织的企业外（它适用于生产工艺技术可以间断的装配式大批生产企业，而逐步结转分步法则适用于连续式大量生产企业），还表现在这种成本计算是不定期的，其成本计算期与产品生产周期是一致的。

第三节　产品成本计算的分步法

一、分步法的意义及其特点

产品成本计算的分步法，是按照产品的生产步骤（阶段）和产品品种（即分步骤分产品）归集生产费用、计算产品成本的方法。它主要适用于大量、大批的多步骤生产，管理上要求按步骤核算成本的产品成本计算。在多步骤生产的企业，产品生产可以划分为若干阶段进行。例如，在钢铁厂，先将铁矿石送进高炉冶炼，生产出生铁；然后将生铁（或铁水）送进转炉炼钢，生产出钢锭；再将钢锭轧制成各种规格型号的钢材，因此，钢铁厂可分为炼铁、炼钢等生产阶段（步骤）。又如，在纺织厂是先将棉花纺成纱，然后将纱再织成布，因而可以分为纺纱、织布等生产步骤。同样，机械厂可分为铸造、机加工、装配等步骤。

为什么要分步骤计算产品成本，而不像品种法一样，按全厂范围计算。一般来说，是由以下要求决定的：

1. 管理上的需要。为了加强各步骤的生产管理和成本管理，以及开展内部经济核算，应按步骤计算成本，以便提供及时的和有效的信息，正确反映各步骤的生产耗费情况和经济效果。在具有一定规模的多阶段生产企业，应采用分步法。

2. 对外销售的半成品，如机械制造业的零部件，以及综合钢铁厂的生铁、钢锭，综合纺织厂的纱等半成品，为了正确定价和确定出售半成品的损益，必须计算该半成品的成本，因而也需要按步骤计算成本。

3. 有的企业一种半成品为几种产品所耗用，为了正确计算各种产品成本，必须采用分步法计算半成品的成本和产品成本。

4. 为了便于开展车间经济核算。

分步法具有以下主要特点：

（一）成本计算对象

分步法的成本计算对象就是各种产品的生产步骤。因此，应该按照产品的生产步骤设立产品成本明细账。如果只生产一种产品，成本计算对象就是该种产成品及其所经过的各生产步骤，产品成本明细账应按照产品的生产步骤设立；如果生产多种产品，成本计算对象则是各种产成品及其所经过的各个生产步骤，产品成本明细账应该按照每种产品的各个生产步骤设立。在进行产品成本计算时，对发生的生产费用应先按生产步骤进行分配、归集，步骤内再按产品进行分配、归集（直接计入费用直接计入；间接计入费用分配计入），记入各步骤各种产品成本明细账的有关成本项目。

应该指出的是，产品成本计算的分步与实际的生产步骤不一定完全一致。为了简化成本计算工作，可以只对管理上有必要分步计算成本的生产步骤单独设立产品成本明细账，单独计算成本；管理上不要求单独计算成本的生产步骤，则可与其他生产步骤合并设立产品成本明细账，合并计算成本。例如，造纸企业的包装步骤，如果费用不大，为了简化成本计算工作，也可以与制纸步骤合并在一起计算成本。

此外，在按生产步骤设立车间的企业中，一般来说，分步骤计算成本也就是分车间计算成本。但是，如果企业生产规模很小，管理上不要求分车间计算成本，也可以将几个车间合并为一个步骤计算成本。相反，如果企业生产规模很大，车间内还可以分成几个生产步骤，管理上又要求分步计算成本，这时，也可以在车间内分步计算成本。因此，分步计算成本和分车间计算成本，有时也不是一个概念。

（二）成本计算期

分步骤成本计算工作是定期进行的。因为在大批、大量的多步骤生产企业中，原材料连续投入，产品连续不断地往下移动，生产过程中始终有一定数量的在产品，成本计算只能在每月底进行，所以成本计算工作是定期的，成本计算期与会计报告期一致，而与产品生产周期不一致。

（三）生产费用在完工产品与月末在产品之间的划分

在大批量连续多步骤的生产中，由于生产过程较多，但可以间断，月终计算成本时，各步骤内都有在产品，因此，为了计算完工产品成本，还需要根据企业的具体情况，采用适当的分配方法，将汇集在产品成本明细账中的生产费用，按成本项目在完工产品和在产品之间进行分配。

（四）各步骤之间成本的结转

由于产品生产是分步骤进行的，上一步骤生产的半成品是下一步骤的加工对象，因此，为了计算各种产品的产成品成本，还需要按照产品品种结转各步骤成本。也就是说，与其他成本计算方法不同，在采用分步法计算产品成本时，在各步骤之间还有成本结转问题。这是分步法的一个重要特点。

由于各个企业生产工艺过程的特点和成本管理上对各步骤提供的成本资料要求（要不要计算半成品成本）不同，各生产步骤成本的计算和步骤间成本的结转采用两种不同的方法：逐步结转和平行结转。因而，产品成本计算的分步法就相应地分为逐步结转（计算半成品成本）分步法和平行结转（不计算半成品成本）分步法两种。

二、逐步结转分步法

逐步结转分步法亦称顺序结转分步法，它是按照产品连续加工的先后顺序，根据生产步骤所归集的生产费用和产量记录，计算自制半成品成本，半成品成本随着半成品实物在各加工步骤之间顺序移动，最后计算完工产成品成本的一种方法。自制半成品从一个加工步骤转移到下一个加工步骤时，其成本从原加工步骤产品成本明细账中结转到下一加工步骤的产品成本明细账中。因此，在顺序结转方式下，产品成本计算程序是：先计算第一步骤半成品成本，然后加上第二步骤的加工费用，计算出第二步骤半成品成本。随着加工步骤顺序累计结转，到最后一个步骤所计算出来的成本，就是产成品成本。由于这种方法要在生产成本明细账上反映半成品成本的转移，因此，又称为计列半成品成本法。

这一核算程序如图6-4所示。

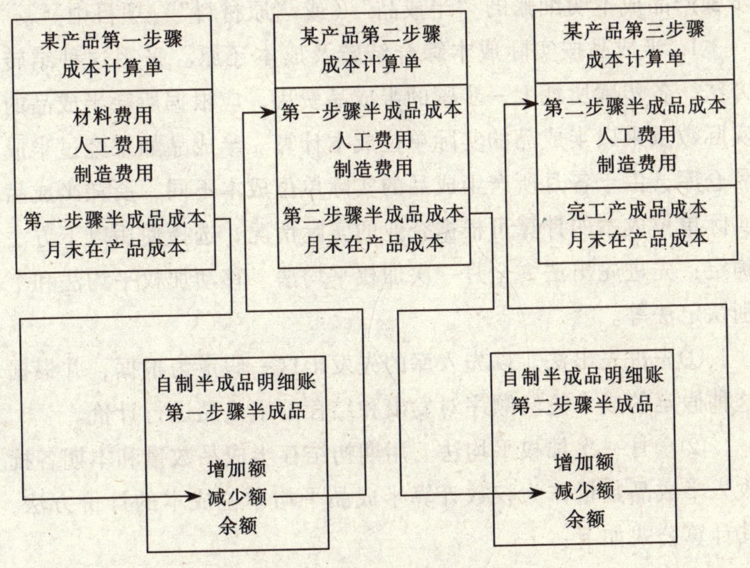

图6-4 逐步结转程序图

采用逐步结转分步法计算产品成本，半成品的成本随着实物的转移，从上一步骤成本计算单转入下一步骤成本计算单。按照半成品成本从上一步骤转入下一步骤的结转方法不同或按照结转的半成品成本在下一步骤产品成本明细账中反映的方式不同，逐步结转分步法又可分为综合结转分步法和分项结转分步法。逐步结转分步法按半成品成本结转形式，又有半成品按实际成本结转和半成品按计划成本（定额成本）结转。

（一）综合结转法

采用综合结转分步法计算产品成本，成本随着实物的转移而结转。各步骤半成品成本是按各步骤成本计算单中算出的完工半成品成本合计数转出，而并非分别按照各个成本项目，从各步骤的成本计算单中转出。下步骤耗用上一步骤的半成品，按半成品的综合成本（即上一步骤转入的半成品成本合计数），反映在该步骤产品成本明细账的“半成品”（或“原材料”）项目中。

1. 半成品按实际成本综合结转及成本还原。采用这种结转方法，各步骤所耗上一步骤的半成品费用，应根据所耗半成品的实际数量乘以半成品的实际单位成本计算。半成品如果经过半成品仓库，由于各月所产半成品的实际单位成本不同，所耗半成品实际单位成本的计算可根据企业的实际情况，选择使用以下方法确定：先进先出法，全月一次加权平均法、移动加权平均法和个别认定法等。

①先进先出法。以先入库的先发出这一假定为根据，并根据这种假定的成本流转顺序对发出和结存的半成品进行计价。

②全月一次加权平均法。用期初结存半成品数量和本期各批收入半成品数量作为权数计算半成品平均单位成本的计价方法，其计算公式如下：

$$\text{加权平均单位成本}=\frac{\text{期初结存半成品的实际成本}+\text{本期收入半成品的实际成本}}{\text{期初结存半成品的数量}+\text{本期收入半成品的数量}}$$

$$\text{发出半成品成本}=\text{本期发出半成品数量}\times\text{加权平均单位成本}$$

$$\text{期末结存半成品成本}=\text{期末结存半成品数量}\times\text{加权平均单位成本}$$

为了提高各步骤成本计算的及时性，在半成品月初余额较大，本月所耗半成品全部或者大部分是以前月份所生产的情况下，本月所耗半成品费用也可按上月末半成品的加权平均单位成本计算。

【例 6－8】 假定乙产品要经过两个生产步骤连续加工而成，分别由两个车间进行。第一车间完工的半成品先入半成品仓库，第二车间从半成品仓库领用半成品继续加工，制成乙产成品。生产耗用的原材料在第一车间第一工序一次投入，第二车间领用的半成品按先进先出法计价，在第二车间第一工序一次投入。两个车间的月末在产品均按定额成本计价。成本计算程序如下：

（1）计算第一车间完工的乙半成品成本。根据4月份各种生产费用分配表、半成品入库单及第一车间月末在产品数量、加工程度、单位消耗定额等资料，登记第一车间乙半成品成本明细账，详见表6－58所示。

表6－58　　　　产品成本明细账

第一车间：乙半成品　　　　2005年4月　　　　单位：元

摘要	产量（件）	直接材料	直接人工	制造费用	合计
月初在产品成本		7000	6000	5000	18000
本月发生费用		43000	34000	30000	107000
合计		50000	40000	35000	125000
完工转出半成品成本	200	44000	35000	31000	110000
月末在产品（定额成本）		6000	5000	4000	15000

在上列产品成本明细账中，由于在产品按定额成本计价，因而完工转出的半成品成本应根据生产费用的累计数，减去按定额成本计算的月末在产品成本计算。

根据第一车间半成品交库单（单中按所列交库数量和上列乙产品成本明细账中完工转出半成品成本）编制下列会计分录：

借：库存商品——乙半成品　　　　110000

　　贷：基本生产成本——第一车间（乙半成品）

　　　　　　　　　　　　　　　　110000

（2）根据乙半成品入库单和第二车间领用乙半成品的出库单，登记自制半成品明细账，详见表6－59所示。

表 6－59　　自制半成品明细账

乙半成品　　2005 年 4 月　　单位：元

月份	月初结存		本月增加		合 计			本月发出	
	数量（件）	实际成本	数量（件）	实际成本	数量（件）	实际成本	单位成本	数量（件）	实际成本
4	40	22480	200	110000	240	132480	552	220	121480
5	20	11000							

按先进先出法计算第二车间领用乙半成品成本计算如下：

$$第二车间领用乙半成品成本 = 22480 + \frac{110000}{200} \times 180$$

$$= 121480\ （元）$$

根据第二车间乙半成品领用单，编制会计分录：

借：基本生产成本——第二车间（乙产成品）

121480

贷：库存商品——乙半成品　　121480

（3）计算第二车间完工的乙产成品成本。根据 4 月份各种生产费用分配表、产成品入库单及第二车间月末在产品数量、加工程度、单位消耗定额等资料，登记第二车间乙产成品明细账，详见表 6－60 所示。

表 6－60　　产品成本明细账

第二车间：乙产成品　　2005 年 4 月　　单位：元

摘要	产量（件）	半成品	直接人工	制造费用	合计
月初在产品成本		28520	4750	4260	37530
本月发生费用		121480	20250	19740	161470
合计		150000	25000	24000	199000
完工转出产成品成本	210	117600	19740	18900	156240
完工产成品单位成本		560	94	90	744
月末在产品（定额成本）		32400	5260	5100	42760

明细账中增设了“半成品”成本项目，其中，本月半成品费用就是第二车间本月耗用第一车间半成品费用，是根据计价后的半成品领用单登记的，反映出半成品成本综合结转的特点。

根据第二车间的产成品交库单所列产成品交库数量和上例第二车间产品成本明细中完工转出产成品成本，编制下列会计分录：

借：库存商品——乙产成品　　156240

　贷：基本生产成本——第二车间（乙产成品）

　　156240

（4）成本还原。从上例中可以看出，在完工乙产成品的成本构成中，第二车间耗用第一车间半成品的费用占有较大比重，而直接人工和制造费用这些成本项目所占比重较小。这种情况明显地不符合企业产品中各成本项目的实际结构，这不便于进行同行业之间成本的比较，也不便于企业按产品成本项目分析产品成本的计划执行情况。为了了解完工产品成本中各成本项目的实际结构，必须将完工产品成本进行成本还原。

所谓成本还原，就是从最后一个生产步骤起，把产品成本中包含的自制半成品这种综合成本项目，运用一定的方法，逐步分解还原为原始成本项目，从而获得按原始成本项目反映的产品成本资料。

成本还原的方法一般有两种：结构比重法和还原分配率法。

①结构比重法。这种方法是从最后一个生产步骤起，将本步骤耗用上步骤半成品的综合成本，按照上步骤半成品的各成本项目的结构比例分解还原，自后一步骤向前一步骤推移，直到不包含“上步骤半成品”项目为止，然后将各步骤分解出来的相同的成本项目分别汇总，就可以计算出按原始成本项目反映的完工产品成本。

成本还原可分两步进行。

第一步：确定上步骤本月所产半成品中各成本项目的结构比重。

第二步：将本步骤完工半成品（最后步骤为完工产成品）中耗用上步骤半成品的综合成本，分别乘以上步骤半成品的各成本项目结构比例，就可将综合成本分解为各个成本项目。

分解以后的成本如仍有综合成本，即产品的生产步骤在两步以上的，可按以上方法逐步分解，直到各步骤的综合成本全部还原为原始成本项目。

②还原分配率法。这种方法的成本还原步骤仍可分为两步。

第一步：根据本步骤完工产品（或完工半成品）耗用上步骤半成品成本与上步骤本月所产半成品成本之间的比例，计算出还原分配率，其计算公式为：

$$\text{还原分配率}=\frac{\text{本月本步骤完工产成品（或完工半成品）耗用上步骤半成品成本}}{\text{本月上步骤所产该种半成品成本}}$$

第二步：将还原分配率与本月上步骤所产该种半成品的各个成本项目金额分别相乘，即可得出本步骤完工产品（或完工半成品）耗用上步骤半成品成本的各成本项目的金额，即将耗用上步骤半成品的综合成本分解、还原为原始成本项目。其计算公式为：

$$\text{某成本项目还原额}=\text{本月上步骤所产该种半成品中某成本项目金额}\times\text{还原分配率}$$

下面以前例资料为例，分别按成本结构比重法和还原分配率法进行成本还原，详见表 6－61、表 6－62 所示。

表 6-61　　产品成本还原计算表（成本结构比重法）　　单位：元

项　目		半成品	直接材料	直接人工	制造费用	合计
还原前产成品成本		117600		19740	18900	156240
本月所产该种半成品成本			44000	35000	31000	110000
成本还原	半成品各成本项目占全部成本比重（%）		40	31.818	28.182	100
	还原额	-117600	47040	37418	33142	0
还原后的产成品成本			47040	57158	52042	156240

第二车间完工转出的产成品成本中，耗用上一步骤半成品的成本为 117600 元，按照上一步骤所产该种半成品 110000 元的各成本项目的成本构成比重，求出按原始成本项目反映的乙产成品成本。

成本还原步骤如下：

首先，计算本月所产该种半成品各成本项目占全部成本比重：

$$直接材料的比重=\frac{44000}{110000}\times100\%=40\%$$

$$直接人工的比重=\frac{35000}{110000}\times100\%=31.818\%$$

$$制造费用的比重=\frac{31000}{110000}\times100\%=28.182\%$$

然后，计算还原额，完工转出的产成品耗用上一步骤产成品的综合成本 117600（即成本还原对象）元还原为上一步骤的各成本项目为：

直接材料 =117600×40% =47040（元）

直接人工 =117600×31.818% =37418（元）

制造费用 =117600×28.182% =33142（元）

合计：117600 元

最后，计算还原后产成品按原始成本项目反映的成本：

直接材料 =47040 元

直接人工 =37418 +19740 =57158（元）

制造费用＝33142＋18900＝52042（元）

合计：156240元

采用上述还原方法，是以产成品成本中所耗半成品的各成本项目的比重，与本月上一步骤所产该种半成品的各成本项目比重完全一致为假设进行的。但是，产成品中所耗上一步骤半成品不一定都是本月上一步骤所生产的，而可能是或部分是以前月份生产的。

实际工作中，以前月份所产的半成品成本构成与本月所产半成品的成本构成不可能完全一致，因此，在各月所产半成品的成本构成变化较大的情况下，按照上述方法进行成本还原，对还原结果的正确性就会有较大的影响。如果半成品的定额成本或计划成本比较准确，为了提高还原结果的正确性，产成品所耗半成品费用可以按定额成本或计划成本的成本构成进行还原。

表6－62　　产品成本还原计算表（还原分配率法）　　单位：元

项　目	还原分配率	半成品	直接材料	直接人工	制造费用	合计
还原前产成品成本		117600		19740	18900	156240
本月所产该种半成品成本			44000	35000	31000	110000
成本还原	1.069091	－117600	47040	37418	33142	0
还原后产成品成本			47040	57158	52042	156240

将表6－61和表6－62的“还原前产成品成本”与“还原后产成品成本”对比分析，二者成本合计额相同，但成本项目构成不同。由此可以进一步理解成本还原的必要性。

2. 半成品按计划成本综合结转。采用这种结转方法，半成品日常收发的明细核算均按计划成本计价；在半成品实际成本计算出来后，再以实际成本与计划成本对比，计算半成品成本差异额和差异率，调整领用半成品的计划成本。而半成品收发的总分类核算则按实际成本计价。

半成品按计划成本综合结转所用账表的特点：

（1）自制半成品明细账不仅要反映半成品收、发和结存的数量和实际成本，而且还要反映其计划成本，以及成本差异额和成本差异率。

（2）在第二车间的产品成本明细账中，对于所耗上一步骤半成品的成本，可以直接按照调整成本差异后的实际成本登记；也可以按照计划成本、成本差异和实际成本分别登记，以便于分析上一步骤半成品成本差异对本步骤产品成本的影响。

现以【例 6－8】的资料为例，说明采用按计划成本综合结转半成品成本的方法。第一车间产品成本明细账与例 6－8 相同，自制半成品明细账和第二车间产品成本明细账的格式，详见表 6－63、表 6－64 所示。

表 6－63　　**自制半成品明细账**　　单位：元

乙半成品　　2005 年 4 月　　计划单位成本：555 元

月份		4	5
月初结存	数量（件）	40	20
	计划成本	22200	11100
	实际成本	22480	11000
	成本差异	280	－100
本月增加	数量（件）	200	
	计划成本	111000	
	实际成本	110000	
	成本差异	－1000	
合计	数量（件）	240	
	计划成本	133200	
	实际成本	132480	
	成本差异	－720	
本月发生	数量（件）	220	
	计划成本	122100	
	实际成本	121480	
	成本差异	－620	

表6－63中，发出自制半成品按先进先出法计价。有关指标计算如下：

发出半成品计划成本＝发出半成品数量×半成品计划单位成本

$$=220\times555=122100\text{（元）}$$

$$\text{发出半成品成本差异}=\text{发出月初半成品的成本差异}+\text{发出本期入库的半成品的成本差异}$$

$$\text{发出半成品成本差异}=280+\frac{-1000}{111000}\times(122100-22200)$$

$$=-620\text{（元）}$$

$$\text{发出半成品实际成本}=\text{发出半成品计划成本}\pm\text{发出半成品成本差异}$$

$$=122100-620=121480\text{（元）}$$

表6－64　　产品成本明细账

第二车间：乙产成品　　2005年4月　　单位：元

摘要	产量（件）	半成品			直接人工	制造费用	合计
		计划成本	成本差异	实际成本			
月初在产品成本		28520	—	28520	4750	4260	37530
本月发生费用		122100	－620	121480	20250	19740	161470
合计		150620	－620	150000	25000	24000	199000
完工转出产成品成本	210	118220	－620	117600	19740	18900	156240
单位成本		562.95	－2.95	560	94	90	744
月末在产品(定额成本)		32400	—	32400	5260	5100	42760

与按实际成本综合结转半成品成本方法相比较，按计划成本综合结转半成品成本方法的优点是：

第一，可以简化和加速半成品核算和产品成本计算工作。按计划成本结转半成品成本，可以简化和加速半成品收发的凭证和记账工作；半成品成本差异率如果不是按半成品品种，而是按类计算，更可以省去大量的计算工作；如果月初半成品结存量较大，本月耗用的半成品大部分甚至全部都是以前月份生产的，本月所耗半成品成本差异调整也可以根据上月半成品成本差异率计算。这样，不仅简化了计算工作，各步骤的成本计算也可以同时进行，从而加速产品成本的计算工作。

第二，便于各步骤进行成本的考核和分析。按计划成本结转半成品成本，在各步骤的产品成本明细账中，可以分别反映所耗半成品的计划成本、成本差异和实际成本，因而在分析各步骤产品成本时，可以剔除上一步骤半成品成本变动对本步骤产品成本的影响，有利于分清经济责任，考核各步骤的经济效益。

3. 综合结转及成本还原进一步举例。

【例 6-9】某厂有三个基本生产车间，一车间生产甲-1 半成品，二车间将甲-1 半成品加工成为甲-2 半成品，三车间将甲-2 半成品加工成为甲产品。上一步骤生产完工的半成品全部直接交下一步骤继续加工。各步骤在产品完工程度均为 50%。原材料在第一步骤加工时一次全部投入。

本月生产情况如表 6-65 所示。

表 6-65　　单位：件

生产情况	一车间	二车间	三车间
月初在产品数量	20	24	28
本月投入或上一步骤转入数	196	200	192
本月完工转出数	200	192	208
月末在产品数量	16	32	12

本月发生的生产费用，根据原始凭证和各种费用分配表分别登记计入各步骤生产成本明细账。一车间、二车间和三车间的生产成本明细账如表 6-66、表 6-67、表 6-68 所示。

表 6－66　　基本生产成本明细账

车间：一车间　　2005 年 7 月

产品：甲－1 半成品　　单位：元

年		凭证号数	摘要	直接材料	直接人工	制造费用	合计
月	日	（略）					
7	1		月初在产品成本	1460	780	620	2860
			本月发生费用	14200	4420	4060	22680
			合计	15660	5200	4680	25540
			结转下车间成本	14500	5000	4500	24000
7	31		月末在产品成本	1160	200	180	1540

表 6－67　　基本生产成本明细账

车间：二车间　　2005 年 7 月

产品：甲－2 半成品　　单位：元

年		凭证号数	摘要	直接材料	直接人工	制造费用	合计
月	日	（略）					
7	1		月初在产品成本	2600	960	720	4280
			本月发生费用		6840	5520	12360
			上车间转入成本	24000			24000
			合计	26600	7800	6240	40640
			结转下车间成本	22800	7200	5760	35760
7	31		月末在产品成本	3800	600	480	4880

表 6－68　　基本生产成本明细账

车间：三车间　　2005 年 7 月

产品：甲产品　　单位：元

年		凭证号数	摘要	直接材料	直接人工	制造费用	合计
月	日	（略）					
7	1		月初在产品成本	5600	940	620	7160
			本月发生费用		6550	4730	11280
			上车间转入成本	35760			35760
			合计	41360	7490	5350	54200
			结转下车间成本	39104	7280	5200	51584
7	31		月末在产品成本	2256	210	150	2616

甲产品成本计算过程如下：

(1) 计算一车间甲-1半成品和在产品成本。

①直接材料的分配：

待分配直接材料 = 1460 + 14200 = 15660（元）

直接材料分配标准 = 200 + 16 = 216（件）

直接材料分配率 = $\frac{15660}{216}$ = 72.5

甲-1半成品应分配材料 = 72.5 × 200 = 14500（元）

在产品应分配材料 = 72.5 × 16 = 1160（元）

②直接人工的分配：

待分配直接人工 = 780 + 4420 = 5200（元）

直接人工分配标准 = 200 + 16 × 50% = 208（件）

直接人工分配率 = $\frac{5200}{208}$ = 25

甲-1半成品应分配人工 = 25 × 200 = 5000（元）

在产品应分配人工 = 25 × 16 × 50% = 200（元）

③制造费用的分配：

待分配制造费用 = 620 + 4060 = 4680（元）

制造费用分配标准 = 200 + 16 × 50% = 208（件）

制造费用分配率 = $\frac{4680}{208}$ = 22.5

甲-1半成品应分配制造费用 = 22.5 × 200 = 4500（元）

在产品应分配制造费用 = 22.5 × 16 × 50% = 180（元）

④汇总计算甲-1半成品及在产品成本：

甲-1半成品总成本 = 14500 + 5000 + 4500 = 24000（元）

甲-1半成品单位成本 = $\frac{24000}{200}$ = 120（元）

甲-1在产品成本 = 1160 + 200 + 180 = 1540（元）

（2）计算二车间甲 -2 半成品和在产品成本。

①上步骤半成品费用的分配：

待分配上步骤半成品费用 = 2600 + 24000 = 26600（元）

上步骤半成品费用分配标准 = 192 + 32 = 224（件）

上步骤半成品费用分配率 = $\frac{26600}{224}$ = 118.75

甲 -2 半成品应分配上步骤半成品费用 = 118.75 × 192 = 22800（元）

在产品应分配上步骤半成品费用 = 118.75 × 32 = 3800（元）

②直接人工的分配：

待分配直接人工 = 960 + 6840 = 7800（元）

直接人工分配标准 = 192 + 32 × 50% = 208（件）

直接人工分配率 = $\frac{7800}{208}$ = 37.5

甲 -2 半成品应分配人工费用 = 37.5 × 192 = 7200（元）

在产品应分配人工费用 = 37.5 × 32 × 50% = 600（元）

③制造费用的分配：

待分配制造费用 = 720 + 5520 = 6240（元）

制造费用分配标准 = 192 + 32 × 50% = 208（件）

制造费用分配率 = $\frac{6240}{208}$ = 30

甲 -2 半成品应分配制造费用：30 × 192 = 5760（元）

在产品应分配制造费用：30 × 32 × 50% = 480（元）

④汇总计算甲 -2 半成品成本及在产品成本：

甲 -2 半成品总成本 = 22800 + 7200 + 5760 = 35760（元）

甲 -2 半成品单位成本 = $\frac{35760}{192}$ = 186.25（元）

甲 -2 在产品成本 = 3800 + 600 + 480 = 4880（元）

（3）计算三车间完工产品和在产品成本。

①上步骤半成品费用的分配：

待分配上步骤半成品费用 = 5600 + 35760 = 41360（元）

上步骤半成品费用分配标准 = 208 + 12 = 220（件）

上步骤半成品费用分配率 $= \frac{41360}{220} = 188$

甲产品应分配上步骤半成品费用 = 188 × 208 = 39104（元）

在产品应分配上步骤半成品费用 = 188 × 12 = 2256（元）

②直接人工的分配：

待分配直接人工 = 940 + 6550 = 7490（元）

直接人工分配标准 = 208 + 12 × 50% = 214（件）

直接人工分配率 $= \frac{7490}{214} = 35$

甲产品应分配人工费用 = 35 × 208 = 7280（元）

在产品应分配人工费用 = 35 × 12 × 50% = 210（元）

③制造费用的分配：

待分配制造费用 = 620 + 4730 = 5350（元）

制造费用分配标准 = 208 + 12 × 50% = 214（件）

制造费用分配率 $= \frac{5350}{214} = 25$

甲产品应分配制造费用 = 25 × 208 = 5200（元）

在产品应分配制造费用 = 25 × 12 × 50% = 150（元）

④汇总计算完工甲产品成本及在产品成本：

完工甲产品总成本 = 39104 + 7280 + 5200 = 51584（元）

完工甲产品单位成本 $= \frac{51584}{208} = 248$（元）

在产品成本 = 2256 + 210 + 150 = 2616（元）

（4）成本还原。该例中甲产品经过三个生产步骤加工完成，故成本还原需要进行两次。

A. 费用结构比重法。

①第一次还原。

第一步：确定第二步骤甲－2 半成品的各成本项目的结构比重。

根据表 6－67 资料，甲－2 半成品中各成本项目的结构比重为：

$$第一步聚半成品比重 = \frac{22800}{35760} \times 100\% = 63.76\%$$

$$直接人工比重 = \frac{7200}{35760} \times 100\% = 20.13\%$$

$$制造费用比重 = \frac{5760}{35760} \times 100\% = 16.11\%$$

第二步：将第三步骤完工甲产品耗用第二步骤甲－2 半成品的综合成本，根据甲－2 半成品各成本项目的结构比重进行分解。

根据表 6－68 的资料，完工甲产品中耗用第二步骤甲－2 半成品的综合成本为 39140 元。将其分解为：

第一步骤半成品 = 39104 × 63.76% = 24932.71（元）

第二步骤直接人工 = 39104 × 20.13% = 7871.64（元）

第二步骤制造费用 = 39104 × 16.11% = 6299.65（元）

经过第一次还原后，在第二步骤成本项目中仍有第一步骤半成品的综合成本，所以，还需进行第二次还原。

②第二次还原。

第一步：确定第一步骤甲－1 半成品的各成本项目的结构比重。

根据表 6－66 资料，甲－1 半成品中各成本项目比重为：

$$直接材料比重=\frac{14500}{24000}\times100\%=60.42\%$$

$$直接人工比重=\frac{5000}{24000}\times100\%=20.83\%$$

$$制造费用比重=\frac{4500}{24000}\times100\%=18.75\%$$

第二步：将第三步骤完工甲产品中耗用第一步骤甲－1半成品的综合成本，根据甲－1半成品各成本项目的结构比重进行分解。

根据第一次还原计算得知，完工甲产品中耗用第一步骤甲－1半成品的综合成本为24932.71元，将其分解为：

直接材料＝24932.71×60.42%＝15064.343（元）

直接人工＝24932.71×20.83%＝5193.484（元）

制造费用＝24932.71×18.75%＝4674.883（元）

③还原后的完工甲产品成本。

直接材料＝15064.343元

直接人工＝5193.484＋7871.64＋7280＝20345.124（元）

制造费用＝4674.883＋6299.65＋5200＝16174.533（元）

完工甲产品成本总额＝15064.343＋20345.124＋16174.533

＝51584（元）

以上计算可通过编制成本还原计算表的方式列示，详见表6－69所示。

B. 还原分配率法。

①第一次还原。

$$第一次还原分配率=\frac{39104}{35760}=1.0935$$

根据第一次还原分配率，将完工甲产品所耗第二步骤甲－2半成品的综合成本还原为：

表 6-69　　产品成本还原计算表（结构比重法）

产品：甲产品

产量：208 件　　单位：元

步骤	项目	成本项目				合计
		上步骤半成品	直接材料	直接人工	制造费用	
三车间	还原前甲产品成本	39104		7280	5200	51584
二车间	甲-2 半成品成本项目结构比重 甲-2 半成品成本还原	63.76% (39104) 24932.71		20.13% 7871.64	16.11% 6299.65	100%
一车间	甲-1 半成品成本项目结构比重 甲-1 半成品成本还原	(24932.71)	60.42% 15064.343	20.83% 5193.484	18.75% 4674.883	100%
合计	还原后甲产品总成本 还原后甲产品单位成本		15064.344 72.425	20345.124 97.813	16174.533 77.762	51584 248

甲-1 半成品 =22800×1.0935=24932（元）

直接人工 =7200×1.0935=7873（元）

制造费用 =5760×1.0935=6299（元）

②第二次还原。

$$第二次还原分配率=\frac{24932}{24000}=1.0388$$

根据第二次还原分配率，将完工甲产品所耗用第一步骤甲-1半成品的综合成本还原为：

直接材料 =14500×1.0388=15063（元）

直接人工 =5000×1.0388=5194（元）

制造费用 =4500×1.0388=4675（元）

③还原后的完工甲产品成本。

直接材料 =15063 元

直接人工 =5194+7873+7280=20347（元）

制造费用 = 4675 + 6299 + 5200 = 16174（元）

甲产品成本总额 = 15063 + 20347 + 16174 = 51584（元）

以上计算可通过编制成本还原计算表的方式列示，详见表6－70所示。

表6－70　　产品成本还原计算表

（还原分配率法）

产品：甲产品

产量：208　　单位：元

行次	项　目	还原分配率	上步骤半成品	直接材料	直接人工	制造费用	合计
1	第三步骤还原前甲产品成本		39104		7280	5200	51584
2	第二步骤本月转入第三步骤半成品成本		(22800)		(7200)	(5760)	(35760)
3	第一次还原	39104 ÷ 35760 = 1.0935	24932		7873	6299	39104
4	第一步骤本月转入第二步骤半成品成本			(14500)	(5000)	(4500)	(24000)
5	第二次还原	24932 ÷ 24000 = 1.0388		15063	5194	4675	24932
6	还原后甲产品总成本			15063	20347	16174	51584

综上所述可以看出，采用综合结转法逐步结转半成品成本，从各步骤产品成本明细账中，可以了解其完工转出的产成品成本中有多少是耗用上一步骤半成品费用，有多少是本步骤的加工费用，从而有利于车间的成本管理。但如果管理上要求提供按原始成本项目反映的产成品成本资料，特别是在产品种类多、产品加工步骤多的情况下，成本还原工作繁重。因此，这种方法只宜在管理上要求计算各步骤完工产品所耗半成品费用，而不要求进行成本还原的情况下采用。

（二）综合结转法——先进先出法

采用逐步结转法计算产品成本，如果月末有在产品，各车间生产成本明细账所归集的费用要在各该步骤完工的半成品（最后步骤是产成品）和在产品之间进行分配。在产品计价通常采用约当产量法，也可以采用其他方法。按约当产量法来计算在产品成本具体又有两种：即在产品成本计算的加权平均法和在产品成本计算的先进先出法。逐步结转分步法的加权平均法是指在将各步骤归集的生产费用在完工半成品（或产成品）与月末在产品之间进行分配时，将月初在产品成本和本期投入生产费用的合计数，按照本月完工半成品数量（或完工产成品数量）与步骤内在产品的约当产量的比例，计算完工半成品的每一约当产量的单位成本，然后算出完工半成品（或产成品）成本及月末在产品成本。该方法的计算过程与第四章所讲的约当产量比例法相同。

逐步结转法的先进先出法，是在成本计算时，将期初在产品和本月开始投入的成本分开来计算。期初在产品随着生产线生产应完工，它的成本也应先计入完工半成品（产成品）成本。本月投入的生产费用在完工半成品与月末在产品之间进行分配。采用这种方法计算成本，有利于分别控制上、下两个月的成本，也有利于进一步提高成本计算的准确性。下面举例说明逐步综合结转法的先进先出法的计算过程。

【例 6-10】 假定某企业大量生产 A 产品，材料在开工时一次投入，经三个步骤顺序加工后成为产成品，半成品从上一步骤完工后直接转入下一步骤加工。在产品采用约当产量法计算。2005 年 6 月份有关成本计算资料如下：

①A 产品产量记录，见表 7-71。

表 6-71　　单位：件

步骤	月初在产品数量	本月投产数量	本月完工数量	月末在产品数量	在产品完工程度
第一步骤	50	450	400	100	40%
第二步骤	80	400	440	40	50%
第三步骤	40	440	460	20	50%

假设月初在产品与月末在产品的加工程度相同。

②A 产品生产费用记录，见表 7－72。

表 6－72　　单位：元

项目		直接材料（上一步骤转入半成品成本）	直接人工	制造费用
月初在产品成本	第一步骤	9000	2200	900
	第二步骤	31600	4550	2800
	第三步骤	9100	6300	4785
本月投入费用	第一步骤	81000	46200	44100
	第二步骤		35700	29400
	第三步骤		36000	28350

成本计算过程如下：

1. 计算第一步骤完工半成品成本及月末在产品成本。

（1）直接材料的分配。

待分配费用＝81000 元

$$\text{分配标准}=\text{月末在产品约当产量}+\text{本月投入本月完工半成品数量}+\text{月初在产品本月投料部分（约当产量）}$$

月末在产品约当产量＝期末在产品数量×投料程度

＝100×100%＝100（件）

本月投入本月完工半成品数量＝完工半成品数量

－期初在产品数量

＝400－50＝350（件）

月初在产品本月投料部分：因材料在开工时一次投入，所以为零。

分配标准＝100＋350＝450（件）

$$\text{直接材料分配率}=\frac{\text{待分配直接材料费用}}{\text{分配标准}}$$

$$\text{直接材料分配率}=\frac{81000}{450}=180$$

$$\text{完工半成品直接材料成本}=\text{月初在产品材料成本}+\text{分配率}\times\left[\text{本月投入本月完工的半成品数量}+\text{月初在产品本月投料部分}\right]$$

$$=9000+180\times350=72000\text{（元）}$$

$$\text{月末在产品直接材料成本}=\text{分配率}\times\text{期末在产品约当产量}$$

$$=180\times100=18000\text{（元）}$$

②直接人工的分配。

待分配费用 =46200 元

$$\text{分配标准}=\text{月末在产品约当产量}+\text{本月投入本月完工半成品数量}+\text{月初在产品本月加工部分}$$

$$\text{月末产品约当产量}=\text{期末在产品数量}\times\text{完工程度}$$

$$=100\times40\%=40\text{（件）}$$

$$\text{月初在产品本月加工部分}=\text{月初在产品数量}-\text{月初已完工的约当产量}$$

$$=50-50\times40\%=30\text{（件）}$$

$$\text{分配标准}=40+350+30=420\text{（件）}$$

$$\text{直接人工分配率}=\frac{\text{待分配直接人工}}{\text{分配标准}}$$

$$\text{直接人工分配率}=\frac{46200}{420}=110$$

$$\text{完工半成品直接人工成本}=\text{月初在产品人工成本}+\text{分配率}\times\left[\text{本月投入本月完工的半成品数量}+\text{月初在产品本月加工部分}\right]$$

$$=2200+110\times(350+30)=44000\text{（元）}$$

$$\text{月末在产品直接人工成本}=\text{分配率}\times\text{月末在产品约当产量}$$

$$=110\times40=4400\text{（元）}$$

③制造费用的分配。

待分配费用 = 44100 元

分配标准 = 420 件（与直接人工分配标准相同）

$$制造费用分配率 = \frac{待分配制造费用}{分配标准}$$

$$制造费用分配率 = \frac{44100}{420} = 105$$

完工半成品负担制造费用 = 900 + 105 × (350 + 30)

= 40800（元）

月末在产品负担制造费用 = 105 × 40 = 4200（元）

根据以上计算登记第一步骤成本计算单，详见表 6 - 73 所示。

表 6 - 73　　第一步骤产品成本计算单

产品名称：A 产品　　2005 年 6 月　　单位：元

项目	直接材料	直接人工	制造费用	合计
月初在产品成本	9000	2200	900	12100
本月投入费用	81000	46200	44100	171300
分配标准	450	420	420	—
分配率	180	110	105	—
完工半成品成本	72000	44000	40800	156800
月末在产品成本	18000	4400	4200	26600

2. 计算第二步骤完工半成品成本及月末在产品成本。因第二步骤是对第一步骤完工半成品进行继续加工，成本也随实物进入第二阶段，所以应增设一成本项目——“上一步骤转入半成品成本”，而直接材料是在开工时一次投入，第二步骤没有投入材料，因而不设“直接材料”这一项目。

(1) 第一步骤转入半成品成本的分配。

待分配费用 = 156800 元

$$\text{分配标准}=\text{月末在产品约当产量}+\text{本月投入本月完工半成品数量}+\text{月初在产品本月投料部分（约当产量）}$$

$$=40\times100\%+(440-80)+(80-80\times100\%)$$

$$=40+360=400\text{（件）}$$

$$\text{分配率}=\frac{\text{待分配费用}}{\text{分配标准}}=\frac{156800}{400}=392$$

$$\text{完工半成品应负担的上一步骤转入成本}=\text{月初上一步骤转入成本}+\text{分配率}\times\left[\text{本月投入本月完工的半成品数量}+\text{月初在产品本月投料部分}\right]$$

$$=31600+392\times360=172720\text{（元）}$$

$$\text{月末在产品应负担的上一步骤转入成本}=40\times100\%\times392=15680\text{（元）}$$

（2）直接人工的分配。

待分配费用 = 35700 元

$$\text{分配标准}=\text{月末在产品约当产量}+\text{本月投入本月完工半成品数量}+\text{月初在产品本月加工部分}$$

$$=40\times50\%+(440-80)+(80-80\times50\%)$$

$$=20+360+40=420\text{（件）}$$

$$\text{分配率}=\frac{\text{待分配费用}}{\text{分配标准}}=\frac{35700}{420}=85$$

$$\text{完工半成品直接人工成本}=\text{月初在产品人工成本}+\text{分配率}\times\left[\text{本月投入本月完工的半成品数量}+\text{月初在产品本月加工部分}\right]$$

$$=4550+85\times(360+40)=38550\text{（元）}$$

$$\text{月末在产品直接人工成本}=40\times50\%\times85=1700\text{（元）}$$

（3）制造费用的分配。

待分配费用 = 29400 元

分配标准 =420 件（与人工成本分配标准相同）

$$分配率=\frac{待分配费用}{分配标准}=\frac{29400}{420}=70$$

完工半成品负担制造费用 =2800 +70 ×（360 +40）

=30800（元）

月末在产品负担制造费用 =70 ×40 ×50% =1400（元）

根据以上计算登记第二步骤成本计算单，详见表 6 –74 所示。

表 6 –74　　第二步骤产品成本计算

产品名称：A 产品　　2005 年 6 月　　单位：元

项　目	上一步骤转入半成品成本	直接人工	制造费用	合计
月初在产品成本	31600	4550	2800	38950
本月投入费用	156800	35700	29400	221900
分配标准	400	420	420	
分配率	392	85	70	
完工半成品成本	172720	38550	30800	242070
月末在产品成本	15680	1700	1400	18780

3. 第三步骤成本计算。

（1）第二步骤转入半成品成本的分配。

待分配费用 =242070 元

分配标准 =20 ×100% +（460 –40）+（40 –40 ×100%）

=20 +420 =440（件）

$$分配率=\frac{待分配费用}{分配标准}=\frac{242070}{440}=550.16$$

完工产品负担第二步骤转入成本 =9100 +550.16 ×420

=240167.2（元）

月末在产品负担第二步骤转入成本 =550.16 ×20

=11002.8（元）（含尾差）

(2) 直接人工的分配。

待分配费用 = 36000 元

分配标准 = 20 × 50% + (460 − 40) + (40 − 40 × 50%)

= 10 + 420 + 20 = 450 (件)

$$分配率 = \frac{待分配费用}{分配标准} = \frac{36000}{450} = 80$$

完工产品应负担直接人工 = 6300 + 80 × (420 + 20)

= 41500 (元)

月末在产品应负担直接人工 = 20 × 50% × 80 = 800 (元)

(3) 制造费用的分配。

待分配费用 = 28350 元

分配标准 = 450 件 (同上)

$$分配率 = \frac{待分配费用}{分配标准} = \frac{28350}{450} = 63$$

完工产品应负担制造费用 = 4785 + 63 × (420 + 20)

= 32505 (元)

月末在产品应负担制造费用 = 20 × 50% × 63 = 630 (元)

根据以上计算登记第三步骤成本计算单，详见表 6 − 75 所示。

表 6 − 75　　第三步骤产品成本计算单

产品名称：A 产品　　2005 年 6 月　　单位：元

项　目	上一步骤转入半成品成本	直接人工	制造费用	合计
月初在产品成本	9100	6300	4785	20185
本月投入费用	242070	36000	28350	306420
分配标准	440	450	450	—
分配率	550.16	80	63	—
完工产成品成本	240167.2	41500	32505	314172.2
月末在产品成本	11002.8	800	630	12432.8

月末，根据计算结果结转完工产品成本，编制会计分录如下：

借：库存商品——A 产品　　　　314172.2

　　贷：基本生产成本——A 产品　　　　314172.2

4. 成本还原。与前所述相同，略。

（三）分项结转法

分项结转分步法是将各步骤所耗用的上步骤半成品成本，分别按照成本项目从上步骤转入下步骤相同产品成本明细账内相应的成本项目中，如果半成品通过半成品库收发，在自制半成品明细账中，也要分别按成本项目进行登记。

在产品成本是按实际成本反映的，为了正确地将费用分配于产成品和在产品上，需要将半成品成本与本车间发生的加工费分别反映、分别分配。

为了简化核算，在产品不多而且稳定、定额资料又较准确的情况下，可以将在产品按定额成本估价扣除。

采用分项结转可以直接提供各步骤半成品及完工产成品的原始成本项目构成情况，而无须进行成本还原。但当生产步骤较多时，其计算工作量较大，成本结转工作较复杂。

【例 6－11】沿用【例 6－8】的成本资料，采用分项结转法计算乙产品成本。

1. 第一车间乙半成品明细账，详见表 6－76 所示（引自表 6－58）。

表 6－76　　　　**产品成本明细账**

第一车间：乙半成品　　　　单位：元

摘要	产量（件）	直接材料	直接人工	制造费用	合计
月初在产品成本		7000	6000	5000	18000
本月发生费用		43000	34000	30000	107000
合计		50000	40000	35000	125000
完工转出半成品成本	200	44000	35000	31000	110000
月末在产品成本		6000	5000	4000	15000

2. 根据第一车间乙半成品明细账、第一车间半成品入库单和第二车间领用乙半成品的出库单，登记自制半成品明细账，详见表 6－77 所示。

表 6－77　　自制半成品明细账

乙半成品　　单位：元

月份	摘要	数量（件）	直接材料	直接人工	制造费用	合计
4	月初结存	40	8900	7200	6380	22480
	本月增加	200	44000	35000	31000	110000
	合计	240	52900	42200	37380	132480
	单位成本		220.42	175.83	155.75	552
	本月发出	220	48500	38700	34280	121480
5	月初结存	20	4400	3500	3100	11000

按先进先出法计算第二车间领用乙半成品成本计算如下：

$$直接材料 = 8900 + \frac{44000}{200} \times 180 = 48500\ （元）$$

$$直接人工 = 7200 + \frac{35000}{200} \times 180 = 38700\ （元）$$

$$制造费用 = 6380 + \frac{31000}{200} \times 180 = 34280\ （元）$$

合计 121480 元

3. 计算第二车间完工的乙产品成本。根据 4 月份各种生产费用分配表、产成品入库单及第二车间月末在产品数量、加工程度、单位消耗定额资料，登记第二车间乙产品明细账，详见表 6－78 所示。

表 6－78　　产品成本明细账

第二车间：乙产成品　　单位：元

摘　要	数量（件）	直接材料	直接人工	制造费用	合计
月初在产品成本		11400	13800	12330	37530
本月本步骤生产费用			20250	19740	39990
本月耗用上步骤半成品费用		48500	38700	34280	121480
合计		59900	72750	66350	199000

续表

摘　　要	数量（件）	直接材料	直接人工	制造费用	合计
完工转出产成品成本	210	47000	57150	52090	156240
产成品单位成本		223.81	272.14	248.05	744
月末在产品成本（定额成本）		12900	15600	14260	42760

【例 6－12】某企业生产 B 产品，经过三个生产步骤连续加工制成。2005 年 5 月 B 产品的产量及成本资料见表 6－79、表 6－80 所示。原材料在第一步骤生产开工时一次全部投入。采用约当产量比例法分配生产费用。

表 6－79　　单位：件

项　　目	第一步骤	第二步骤	第三步骤
本月投入	80	60	40
本月完工	60	40	30
月末在产品	20	20	10
在产品完工程度	50%	50%	50%

表 6－80　　单位：元

成本项目	第一步骤	第二步骤	第三步骤
直接材料	50000		
直接人工	14000	3000	3500
制造费用	7000	2100	2450

成本计算过程如下：

1. 计算第一步骤完工半成品成本及月末在产品成本，现列表计算，详见表 6－81 所示。

表 6－81　　**第一步骤产品成本计算单**

产品名称：B 产品　　2005 年 5 月　　单位：元

项　　目	直接材料	直接人工	制造费用	合计
本月投入费用	50000	14000	7000	71000
分配标准（件）	80	70	70	
分配率	625	200	100	
完工半成品成本	37500	12000	6000	55500
月末在产品成本	12500	2000	1000	15500

表 6－81 中有关数据计算如下：

（1）直接材料分配标准 $=60+20\times100\%=80$（件）

其他费用分配标准 $=60+20\times50\%=70$（件）

（2）直接材料分配率 $=\frac{50000}{80}=625$

完工半成品直接材料费用 $=625\times60=37500$（元）

月末在产品直接材料费用 $=625\times20=12500$（元）

（3）直接人工分配率 $=\frac{14000}{70}=200$

完工半成品直接人工费用 $=200\times60=12000$（元）

月末在产品直接人工费用 $=200\times10=2000$（元）

（4）制造费用分配率 $=\frac{7000}{70}=100$

完工半成品制造费用 $=100\times60=6000$（元）

月末在产品制造费用 $=100\times10=1000$（元）

2. 经第一步骤加工的半成品实物转入第二步骤继续加工，而分项结转分步法，其成本从第一步骤转入第二步骤是分别按各成本项目进行结转的，现列表计算，详见表 6－82 所示。

表 6－82　　第二步骤产品成本计算

产品名称：B 产品　　2005 年 5 月　　单位：元

项目	直接材料	直接人工	制造费用	合计
本月投入费用		3000	2100	5100
上一步骤转入费用	37500	12000	6000	55500
上一步骤转入费用分配标准（件）	60	60	60	
上一步骤转入费用分配率	625	200	100	
本步骤投入费用分配标准（件）		50	50	
本步骤投入费用分配率		60	42	
完工半成品成本	25000	10400	5680	41080
月末在产品成本	12500	4600	2420	19520

表 6-82 中有关数据计算如下：

（1）上步骤转入费用分配标准为上一步骤本月完工转入第二步骤的半成品数量 60 件。

（2）上一步骤转入材料费用分配率 $=\frac{37500}{60}=625$

完工半成品分配上步骤材料费用 $=40\times625=25000$（元）

月末在产品分配上步骤材料费用 $=20\times625=12500$（元）

（3）上步骤转入人工费用分配率 $=\frac{12000}{60}=200$

完工半成品分配上步骤转入人工费用 $=40\times200$

$=8000$（元）

月末在产品分配上步骤转入人工费用 $=20\times200$

$=4000$（元）

本步骤投入人工费用分配率 $=\frac{3000}{40+20\times50\%}=60$

完工半成品分配本步骤投入人工费用 $=40\times60=2400$（元）

月末在产品分配本步骤投入人工费用 $=10\times60=600$（元）

完工半成品直接人工费用 $=8000+2400=10400$（元）

月末在产品直接人工费用 $=4000+600=4600$（元）

（4）上步骤转入制造费用分配率 $=\frac{6000}{60}=100$

完工半成品分配上步骤转入制造费用 $=40\times100$

$=4000$（元）

月末在产品分配上步骤转入制造费用 $=20\times100$

$=2000$（元）

本步骤投入制造费用分配率 $=\frac{2100}{40+20\times50\%}=42$

完工半成品分配本步骤投入制造费用 $=40\times42=1680$（元）

月末在产品分配本步骤投入制造费用 = 10 × 42 = 420（元）

完工半成品制造费用 = 4000 + 1680 = 5680（元）

月末在产品制造费用 = 2000 + 420 = 2420（元）

3. 计算第三步骤完工产品成本。详见表 6 - 83 所示。

表 6 - 83　　第三步骤产品成本计算单

产品名称：B 产品　　2005 年 5 月　　单位：元

项目	直接材料	直接人工	制造费用	合计
本步骤投入费用		3500	2450	5950
上一步骤转入费用	25000	10400	5680	41080
上一步骤转入费用分配标准（件）	40	40	40	
上一步骤转入费用分配率	625	260	142	
本步骤投入费用分配标准（件）		35	35	
本步骤投入费用分配率		100	70	
完工产品成本	18750	10800	6360	35910
月末在产品成本	6250	3100	1770	11120

表 6 - 83 中有关数据计算如下：

（1）上步骤转入费用分配标准为上步骤本月完工转入第三步骤的半成品数量 40 件。

（2）上步骤转入材料费用分配率 $= \frac{25000}{40} = 625$

完工产成品分配上步骤材料费用 = 30 × 625 = 18750（元）

月末在产品分配上步骤材料费用 = 10 × 625 = 6250（元）

（3）上步骤转入人工费用分配率 $= \frac{10400}{40} = 260$

完工产成品分配上步骤转入人工费用 = 30 × 260

= 7800（元）

月末在产品分配上步骤转入人工费用 = 10 × 260

= 2600（元）

本步骤投入人工费用分配率 $= \dfrac{3500}{30 + 10 \times 50\%} = 100$

完工产成品分配本步骤投入人工费用 $= 30 \times 100$

$= 3000$（元）

月末在产品分配本步骤投入人工费用 $= 5 \times 100 = 500$（元）

完工产成品直接人工费用 $= 7800 + 3000 = 10800$（元）

月末在产品直接人工费用 $= 2600 + 500 = 3100$（元）

（4）上步骤转入制造费用分配率 $= \dfrac{5680}{40} = 142$

完工产成品分配上步骤转入制造费用 $= 30 \times 142$

$= 4260$（元）

月末在产品分配上步骤转入制造费用 $= 10 \times 142$

$= 1420$（元）

本步骤投入制造费用分配率 $\dfrac{2450}{30 + 10 \times 50\%} = 70$

完工产成品分配本步骤投入制造费用 $30 \times 70 = 2100$（元）

月末在产品分配本步骤投入制造费用 $= 5 \times 70 = 350$（元）

完工产成品制造费用 $= 4260 + 2100 = 6360$（元）

月末在产品制造费用 $= 1420 + 350 = 1770$（元）

月末结转本月完工产成品成本，编制会计分录：

借：库存商品——B 产品　　　　35910

　　贷：基本生产成本——B 产品　　　　35910

从以上两个例题可以看出，采用逐步分项结转法结转半成品及计算的产成品成本，可以直接提供按原始成本项目反映的产品成本资料，且不需要进行成本还原。但采用该方法成本结转工作较复杂，若采用约当产量比例法分配费用，分配工作量较大，而且在各步骤完工产品成本中看不出所耗上一步骤半成品的费用及本步骤加工费用的水平，不便于进行完工产品成本分析。因此，这种计算方法一般适用于管理上不要求分别提供各步骤完工产品所耗半成品费用和本步骤加工费用的资料，但要求按原始成本项目反映产品成本的企业。

三、平行结转分步法

在有些连续加工生产的企业里，各步骤生产出来的半成品主要供本企业下一步骤加工，很少出售或根本不出售。在这种情况下，为了简化和加速成本计算工作，可以不计算各步骤完工半成品成本，各步骤之间也不结转所耗半成品成本，而只计算本步骤所发生的各项生产费用以及这些费用中应计入产成品的份额，然后，将各步骤应计入同一产成品成本的份额平行结转汇总，即可计算出该种产品的产成品成本。

平行结转分步法适用于多步骤复杂生产，其适用的企业可归纳为以下几类：

一是多步骤装配式复杂生产的企业，例如机械制造企业。这类企业的几个加工车间平行加工各种零、部件，然后由装配车间将各车间加工的不同零、部件装配在一起，成为完工产品，这类企业最适宜采用平行结转分步法。

二是生产的半成品无独立经济意义的企业，例如砖瓦厂生产的砖坯，无独立经济意义，这类企业采用平行结转分步法，可以减少成本核算的工作量。

三是虽然不属于上述两种情况，但管理上不要求单独提供各步骤半成品成本资料的企业。例如前面介绍的运用逐步结转分步法的企业都可运用平行结转分步法。平行结转分步法的成本核算程序如图 6－5 所示。

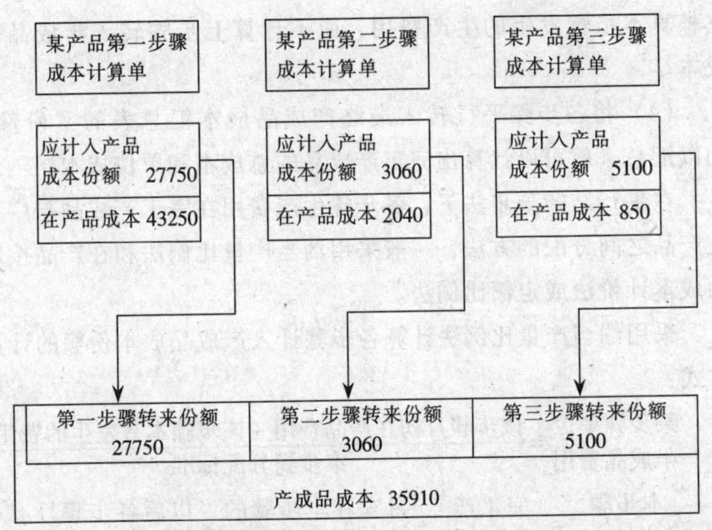

图 6－5　平行结转分步法成本核算程序图

从上述成本核算程序中，可以看出平行结转分步法的主要特点：

(1) 各生产步骤不计算半成品成本，只计算本步骤发生的生产费用，如果原材料是在第一步骤一次投入的，则第一步骤生产费用中包括材料费用、人工费用和制造费用，而以后步骤的生产费用只计算人工费用和制造费用。

(2) 月末，本步骤发生的生产费用的分配对象是本月最终完工产品和本步骤的广义在产品。应由最终完工产品负担的生产费用，即生产费用中应计入产成品的"份额"，从本步骤生产成本明细账中转出，应由本步骤广义在产品负担的生产费用，仍留在本步骤的生产成本明细账中。

(3) 半成品实物的转移与半成品成本的结转相分离。各步骤完工半成品在移交下一步骤继续加工或半成品仓库时，其半成品成本仍保留在本步骤，不随实物而转移，因此，各步骤均只独立核算本步骤发生的生产费用，而不计算上步骤转入半成品的成本。

（4）将各步骤平行转入最终产成品成本汇总表的“份额”加以汇总，就可以计算出完工产成品的总成本和单位成本。

在平行结转分步法下，各步骤生产费用在完工产成品与广义在产品之间分配的方法，一般采用约当产量比例法和在产品按定额成本计价法或定额比例法。

采用约当产量比例法计算各步骤计入产成品成本份额的计算方式：

$$\text{某步骤单位半成品费用}=\frac{\text{该步骤月初在产品费用}+\text{该步骤本月发生的费用}}{\text{本步骤分配标准}}$$

$$\text{本步骤分配标准}=\text{完工产成品数量}+\text{月末在本步骤的在产品约当量}+\text{以后各步骤月末在产品数量}$$

各步骤应计入产成品成本份额 = 完工产成品耗用本步骤半成品数量 × 该步骤单位半成品费用

其中，完工产成品耗用本步骤半成品数量 = 完工产成品数量 × 单位产品耗用各该步骤半成品数量

【例 6 - 13】某企业生产 C 产品，设有第一、第二、第三三个生产步骤，原材料于第一生产步骤开始生产时一次投入，各生产步骤的在产品均按加工程度 50% 计算约当产量。2005 年 4 月份有关成本计算资料如表 6 - 84、表 6 - 85 所示。

表 6 - 84　　　　C 产品产量记录　　　　单位：件

步骤	月初在产品数量	本月投产数量	本月完工数量	月末在产品数量
第一步骤	60	800	820	40
第二步骤	80	820	840	60
第三步骤	40	840	860	20

表 6-85　　C 产品生产费用记录　　单位：元

项目		直接材料	直接人工	制造费用
月初在产品成本	第一步骤	5500	2100	2800
	第二步骤		5000	3000
	第三步骤		900	600
本月投入费用	第一步骤	43500	17100	26000
	第二步骤		49600	33400
	第三步骤		70440	47250

成本计算过程如下：

1. 计算第一步骤发生的生产费用中应计入产成品的份额。

(1) 直接材料费用的分配：

待分配费用 = 5500 + 43500 = 49000（元）

分配标准 = 860 + 40 + (60 + 20) = 980（件）

单位半成品材料费用 $= \frac{49000}{980} = 50$（元）

计入产成品成本份额 = 860 × 50 = 43000（元）

在产品材料费用 = (40 + 60 + 20) × 50 = 6000（元）

(2) 直接人工的分配：

待分配费用 = 2100 + 17100 = 19200（元）

分配标准 = 860 + 40 × 50% + 60 + 20 = 960（件）

单位半成品人工费用 $= \frac{19200}{960} = 20$（元）

计入产成品成本份额 = 860 × 20 = 17200（元）

在产品直接人工 = (40 × 50% + 60 + 20) × 20 = 2000（元）

(3) 制造费用的分配：

待分配费用 = 2800 + 26000 = 28800（元）

分配标准 = 960（件）

单位半成品制造费用 $= \frac{28800}{960} = 30$（元）

计入产品成本份额 = 860 × 30 = 25800（元）

在产品制造费用 =（40 × 50% + 60 + 20）× 30 = 3000（元）

根据以上计算登记第一步骤成本计算单，详见表 6 - 86 所示。

表 6 - 86　　　　第一步骤产品成本计算单

产品名称：C 产品　　　　2005 年 4 月　　　　单位：元

项目	直接材料	直接人工	制造费用	合计
月初在产品成本	5500	2100	2800	10400
本月投入费用	43500	17100	26000	86600
费用合计	49000	19200	28800	97000
分配标准（件）	980	960	960	—
分配率	50	20	30	—
应计入产成品成本份额	43000	17200	25800	86000
月末在产品成本	6000	2000	3000	11000

2. 计算第二步骤发生的生产费用中应计入产品成本的份额。

（1）直接人工费用的分配：

待分配费用 = 5000 + 49600 = 54600（元）

分配标准 = 860 + 60 × 50% + 20 = 910（件）

单位半成品人工费用 = $\frac{54600}{910}$ = 60（元）

计入产成品成本份额 = 860 × 60 = 51600（元）

在产品直接人工费用 =（60 × 50% + 20）× 60 = 3000（元）

（2）制造费用的分配：

待分配费用 = 3000 + 33400 = 36400（元）

分配标准 = 910（件）

单位半成品制造费用 = $\frac{36400}{910}$ = 40（元）

计入产成品成本份额 = 860 × 40 = 34400（元）

在产品制造费用 =（60 × 50% + 20）× 40 = 2000（元）

根据以上计算登记第二步骤成本计算单，详见表 6－87 所示。

表 6－87　　第二步骤产品成本计算单

产品名称：C 产品　　2005 年 4 月　　单位：元

项目	直接人工	制造费用	合计
月初在产品成本	5000	3000	8000
本月投入费用	49600	33400	83000
费用合计	54600	36400	91000
分配标准（件）	910	910	—
分配率	60	40	—
应计入产品成本份额	51600	34400	86000
月末在产品成本	3000	2000	5000

3. 计算第三步骤发生的生产费用中应计入产成品的份额。

（1）直接人工费用的分配：

待分配费用 $=900+70440=71340$（元）

分配标准 $=860+20\times50\%=870$（件）

单位半成品人工费用 $=\dfrac{71340}{870}=82$（元）

计入产成品成本份额 $=860\times82=70520$（元）

在产品直接人工费用 $=10\times82=820$（元）

（2）制造费用的分配：

待分配费用 $=600+47250=47850$（元）

分配标准 $=870$（件）

单位半成品制造费用 $=\dfrac{47850}{870}=55$（元）

计入产品成本份额 $=860\times55=47300$（元）

在产品制造费用 $=10\times55=550$（元）

根据以上计算登记第三步骤成本计算单，详见表 6－88 所示。

表 6－88　　第三步骤产品成本计算单

产品名称：C 产品　　2005 年 4 月　　单位：元

项目	直接人工	制造费用	合计
月初在产品成本	900	600	1500
本月投入费用	70440	47250	117690
费用合计	71340	47850	119190
分配标准	870	870	—
分配率	82	55	—
应计入产成品成本份额	70520	47300	117820
月末在产品成本	820	550	1370

4. 将各步骤应计入产品成本的份额进行汇总，计算产成品成本，详见表 6－89 所示。

表 6－89　　产品成本汇总表

产品名称：C 产品　　2005 年 4 月　　单位：元

项目	直接材料	直接人工	制造费用	合计
第一步骤应计入产成品成本份额	43000	17200	25800	86000
第二步骤应计入产成品成本份额		51600	34400	86000
第三步骤应计入产成品成本份额		70520	47300	117820
产成品总成本	43000	139320	107500	289820
单位成本	50	162	125	337

月末根据计算结果结转完工产成品成本，编制会计分录：

借：库存商品——C 产品　　289820

　　贷：基本生产成本——C 产品　　289820

【例 6－14】某企业生产 D 产品，经两个生产步骤加工制成。生产费用在完工产品与在产品之间的分配采用定额比例法，其中原材料费用按原材料定额费用比例分配，其他加工费用均按定额工时比例分配。其成本核算程序如下：

1. 有关 D 产品的定额资料详见表 6－90 所示。

表 6-90　　**D 产品定额资料表**　　工时单位：小时

费用单位：元

车间份额	月初在产品		本月投入		本月产成品				
	定额原材料费用	定额工时	定额原材料费用	定额工时	单件定额		产量（件）	定额原材料费用	定额工时
					原材料费用	工时			
第一车间份额	20000	9000	40000	20000	100	50	500	50000	25000
第二车间份额		2000		21600		40	500		20000
合计	20000	11000	40000	41600	100	90	500	50000	45000

定额资料中，月初在产品的定额材料费用或定额工时，为上月末在产品的定额材料费用或定额工时；本期投入定额材料费用或定额工时，根据本期各步骤投入产品数量乘以材料费用定额或工时定额计算；产成品定额材料费用或定额工时，根据产成品数量乘以材料费用定额或工时定额计算。在产品的定额材料费用或定额工时，由于广义在产品的实物分散在各生产步骤和半成品仓库，具体的盘存、计算工作较繁琐，一般采用倒挤的方法计算，公式如下：

月末在产品定额原材料费用（定额工时）= 月初在产品定额原材料费用（定额工时）+ 本月投入的定额原材料费用（定额工时）- 本月完工产品定额原材料费用（定额工时）

本例中，第一车间月末在产品的定额资料计算：

月末在产品定额材料费用 = 20000 + 40000 - 50000 = 10000（元）

月末在产品定额工时 = 9000 + 20000 - 25000 = 4000（小时）

第二车间月末在产品定额资料计算：

月末在产品定额工时 = 2000 + 21600 − 20000 = 3600（小时）

2. 根据D产品的定额资料、各种生产费用分配表及产成品入库单登记第一、第二车间产品成本明细账，详见表6－91、表6－92所示。

表6－91　　产品成本明细账

第一车间：D产品　　2005年4月　　单位：元

摘要	产品数量（件）	直接材料		定额工时（小时）	直接人工	制造费用	合计
		定额	实际				
月初在产品		20000	21000	9000	14625	24536	60161
本月生产费用		40000	42000	20000	10025	16064	68089
合计		60000	63000	29000	24650	40600	128250
费用分配率			1.05		0.85	1.4	
计入产成品的份额	500	50000	52500	25000	21250	35000	108750
月末在产品		10000	10500	4000	3400	5600	19500

表6－91中有关数据计算如下：

$$直接材料分配率 = \frac{63000}{60000} = 1.05$$

计入产成品成本份额 = 50000 × 1.05 = 52500（元）

月末在产品材料费用 = 10000 × 1.05 = 10500（元）

$$直接人工分配率 = \frac{24650}{29000} = 0.85$$

计入产成品成本份额 = 25000 × 0.85 = 21250（元）

月末在产品直接人工 = 4000 × 0.85 = 3400（元）

$$制造费用分配率 = \frac{40600}{29000} = 1.4$$

计入产成品成本份额 = 25000 × 1.4 = 35000（元）

月末在产品制造费用 = 4000 × 1.4 = 5600（元）

表 6－92　　产品成本明细账

第二车间：D 产品　　2005 年 4 月　　单位：元

摘要	产品数量（件）	直接材料		定额工时（小时）	直接人工	制造费用	合计
		定额	实际				
月初在产品				2000	7172	8496	15668
本月生产费用				21600	14068	19824	33892
合计				23600	21240	28320	49560
费用分配率					0.9	1.2	
计入产成品的份额	500			20000	18000	24000	42000
月末在产品				3600	3240	4320	7560

3. 将第一车间、第二车间产品成本明细账中应计入产成品成本的份额，平行结转、汇总记入 D 产品成本汇总表，计算 D 产品的总成本和单位成本，详见表 6－93 所示。

表 6－93　　D 产品成本汇总表

2005 年 4 月　　单位：元

车间份额	产量（件）	直接材料	直接人工	制造费用	合计
第一车间转入份额	500	52500	21250	35000	108750
第二车间转入份额	500		18000	24000	42000
合计	500	52500	39250	59000	150750
单位成本	500	105	78.5	118	301.5

四、对逐步结转分步法和平行结转分步法的评价

（一）对逐步结转分步法的评价

采用逐步结转分步法，除了计算产成品成本，还计算各生产步骤的半成品成本，这就为分析和考核企业产品成本和各生产步骤半成品成本计划执行情况，为正确计算半成品销售成本提供了资料。不论是分项结转法还是综合结转法，半成品成本都是随半成品的转移而结转，即半成品的实物转移与费用结转相一致，各个生产步骤产品成本明细账中的生产费用余额，反映了留在各个

生产步骤的在产品成本，因而能为在产品的实物管理和生产资金管理提供资料；若半成品通过半成品仓库收发，也能为库存半成品实物及价值管理提供资料。采用综合结转法结转半成品成本时，由于各生产步骤产品成本中包括所耗上一生产步骤半成品成本，从而能全面反映各步骤完工产品中所耗上一步骤半成品费用水平和本步骤加工费用水平，有利于各步骤的成本管理。采用分项结转法结转半成品成本时，可以直接提供按原始成本项目反映的产品成本，满足企业分析和考核产品成本构成和水平的需要。

但是，采用逐步结转分步法，成本计算工作量较大，结转过程较复杂，核算工作的及时性较差。如果采用综合结转法，还需要进行成本还原；如果采用分项结转法，结转的核算工作量大，尤其是采用约当产量比例法分配费用时，结转、分配的工作量更大；如果半成品按计划成本结转，还要计算和调整半成品成本差异；如果半成品按实际成本结转，各步骤则不能同时计算成本。因此，应用这一方法时，必须从实际出发，根据管理要求，权衡利弊，做到既满足管理要求，提供所需的各种资料，又能简化核算工作。

（二）对平行结转分步法的评价

采用平行结转分步法，各步骤可以同时计算产品成本，然后将应计入完工产成品成本的份额平行结转汇总计入产成品成本，不必逐步结转半成品成本，从而可以简化和加速成本计算工作。采用这一方法，一般是按成本项目平行结转汇总各步骤成本中应计入产成品成本的份额，因而能够直接提供按原始成本项目反映的产成品成本资料，不需要进行成本还原。

但是，由于采用平行结转分步法不计算结转各步骤的半成品成本，不能提供各步骤半成品成本资料及各步骤所耗上一步骤半成品费用资料，因而不能全面地反映各步骤生产耗费的水平，不利于各步骤的成本管理。

思考与练习题

（一）思考题

1. 简要说明品种法的特点、适用范围及成本计算程序。

2. 在分批法下，如何确定成本计算的批别？

3. 分批法的主要特点是什么？

4. 简要说明简化分批法的意义、特点及其优缺点。

5. 在大量、大批的多步骤生产中，为什么要计算各步骤半成品成本？

6. 分步法的主要特点是什么？

7. 逐步结转分步法的特点是什么？为什么说它是品种法的多次连接应用？

8. 简要说明综合结转法和分项结转法的成本计算程序及其优缺点。

9. 什么是成本还原？为什么要进行成本还原？怎样进行成本还原？

10. 简要说明平行结转法的成本计算程序。

11. 简要说明逐步结转分步法和平行结转分步法的主要区别及其优缺点。

12. 在逐步结转分步法和平行结转分步法下，各步骤在产品的意义有什么不同？

13. 在分步法下，在产品成本计算采用加权平均法和先进先出法，对约当产量计算有什么区别？

（二）练习题

练习一

【资料】某企业大量生产甲、乙两种产品。2005 年 6 月发生的生产费用为：直接材料 350000 元，直接人工 220000 元，制造费用 205000 元。材料消耗定额：甲 200 元/件，乙 150 元/件。生产工时：甲 12000 小时，乙 8000 小时。材料在生产开始时一次投入，月末在产品完工程度为 50%。该企业 2005 年 6 月其他有关资料如下：

1. 甲、乙产品 6 月份投入产出资料如表 6-94。

表 6-94 单位：件

产量	月初在产品	本月投产	本月完工	月末在产品
甲产品	200	1200	1150	250
乙产品	300	700	800	200

2. 甲、乙产品月初在产品成本资料如表 6-95。

表 6-95 单位：元

月初在产品成本	直接材料	直接人工	制造费用	合计
甲产品	42000	33600	31550	107150
乙产品	44000	26400	18450	88850
合计	86000	60000	50000	196000

【要求】（1）采用品种法计算甲、乙完工产品总成本和单位成本。

（2）编制甲、乙两种产品成本计算单。

练习二

【资料】某企业 5 月份赊购甲材料 1000 千克入库，单价 10 元。辅助生产车间领用甲材料 520 千克，加工完成乙材料 200 千克和丙工具 10 件。单位乙材料、丙工具消耗甲材料的定额分别为 2 千克和 10 千克，工时定额分别为 1 小时和 10 小时。辅助生产车间生产工人、管理人员工资分别为 2100 元和 900 元，工资附加费（含职工福利费、社会保险费、住房公积金等）分别为 840 元和 360 元；生产用动力费 1440 元；计提折旧 774 元，制造费用通过“制造费用”核算。

基本生产车间本月生产 A 产品领用甲材料 460 千克、乙材料 200 千克和丙工具 10 件。材料在生产开始时一次投入，丙工具按一次摊销法摊销。生产车间生产工人、管理人员工资分别为 8400 元和 1700 元，工资附加费分别按 40% 计提；生产用动力费 7280 元；计提折旧 1906 元。基本生产由于机物料消耗而领用甲材料 20 千克；现金支付车间办公费 458 元。

本月投产 A 产品 150 件，完工 130 件，入库前验收时发现 10 件不可修复废品，立即报废，残料计价 768.4 元，责任赔款 600 元，120 件合格品入库。单独核算废品损失，并全部由本月合格品负担。

【要求】（1）编制上述业务分录，并列示产品成本项目。

（2）列示各项费用要素的发生额。

（3）编制基本生产成本明细账，计算 A 产品的总成本和单位成本。

练习三

【资料】某企业本月（2005 年 10 月）小批生产多种产品。由于批数较多，且月末未完工的批数也多，为了简化成本计算工作，采用简化分批法计算成本。

企业 10 月份生产产品的批号、数量、投产时间和产品完工情况如表 6－96。

表 6－96

产品批号	产量（件）	投产日期	计划完工日期	本月产品完工情况
0541—A	10	2005 年 7 月 5 日	2005 年 10 月 5 日	全部完工
0542—B	8	2005 年 8 月 10 日	2005 年 11 月 8 日	本月完工 2 件
0543—C	7	2005 年 9 月 20 日	2005 年 12 月 15 日	尚未完工
0544—D	5	2005 年 9 月 25 日	2005 年 12 月 20 日	尚未完工
0545—B	12	2005 年 9 月 28 日	2005 年 12 月 25 日	尚未完工
0546—D	9	2005 年 10 月 6 日	2006 年 1 月 5 日	尚未完工
0547—A	11	2005 年 10 月 18 日	2006 年 1 月 18 日	尚未完工
0548—C	5	2005 年 10 月 24 日	2006 年 1 月 20 日	尚未完工

该企业设立和登记的基本生产成本二级账及各批产品成本明细账见表 6－97 至表 6－105。

表 6－97　　基本生产成本二级账

（各批全部产品总成本）

2005 年 10 月　　单位：元

月	日	摘　要	直接材料	生产工时(小时)	燃料及动力	直接人工	制造费用	成本合计
10	31	发生费用累计	370000	11960	215280	239200	263120	1087600
10	31	全部产品累计间接费用分配率	—	—				
10	31	本月完工转出						
10	31	在产品						

表 6－98　　产品成本明细账

2005 年 10 月

产品批别：0541　　批量 10 件　　投产日期：2005 年 7 月 5 日

产品名称：A 产品　　单位：元　　完工日期：2005 年 10 月 5 日

月	日	摘　　要	直接材料	生产工时(小时)	燃料及动力	直接人工	制造费用	成本合计
10	31	累计数及累计间接费用分配率	50000	2500				
10	31	本月完工转出						
10	31	产品单位成本						
10	31	在产品						

表 6－99　　产品成本明细账

2005 年 10 月

产品批别：0542　　批量 8 件　　投产日期：2005 年 8 月 10 日

产品名称：B 产品　　单位：元　　完工日期：2005 年 11 月 8 日

月	日	摘　　要	直接材料	生产工时(小时)	燃料及动力	直接人工	制造费用	成本合计
10	31	累计数及累计间接费用分配率	48000	2200				
10	31	本月完工转出						
10	31	产品单位成本						
10	31	在产品						

0542－B 产品的材料在生产开始时一次投入，完工产品生产工时 600 小时。

表 6－100　　产品成本明细账

2005 年 10 月

产品批别：0543　　批量 7 件　　投产日期：2005 年 9 月 20 日

产品名称：C 产品　　单位：元　　完工日期：2005 年 12 月 15 日

月	日	摘　　要	直接材料	生产工时(小时)	燃料及动力	直接人工	制造费用	成本合计
10	31	累计数及累计间接费用分配率	36000	2160				
10	31	本月完工转出						
10	31	产品单位成本						
10	31	在产品						

表 6－101　　产品成本明细账

2005 年 10 月

产品批别：0544　　批量 5 件　　投产日期：2005 年 9 月 25 日
产品名称：D 产品　　单位：元　　完工日期：2005 年 12 月 20 日

月	日	摘　要	直接材料	生产工时(小时)	燃料及动力	直接人工	制造费用	成本合计
10	31	累计数及累计间接费用分配率	30000	2250				
10	31	本月完工转出						
10	31	产品单位成本						
10	31	在产品						

表 6－102　　产品成本明细账

2005 年 10 月

产品批别：0545　　批量 12 件　　投产日期：2005 年 9 月 28 日
产品名称：B 产品　　单位：元　　完工日期：2005 年 12 月 25 日

月	日	摘　要	直接材料	生产工时(小时)	燃料及动力	直接人工	制造费用	成本合计
10	31	累计数及累计间接费用分配率	72000	1100				
10	31	本月完工转出						
10	31	产品单位成本						
10	31	在产品						

表 6－103　　产品成本明细账

2005 年 10 月

产品批别：0546　　批量 9 件　　投产日期：2005 年 10 月 6 日
产品名称：D 产品　　单位：元　　完工日期：2006 年 1 月 5 日

月	日	摘　要	直接材料	生产工时(小时)	燃料及动力	直接人工	制造费用	成本合计
10	31	累计数及累计间接费用分配率	54000	850				
10	31	本月完工转出						
10	31	产品单位成本						
10	31	在产品						

表 6－104　　　　产品成本明细账

2005 年 10 月

产品批别：0547　　批量 11 件　　投产日期：2005 年 10 月 18 日

产品名称：A 产品　　单位：元　　完工日期：2006 年 1 月 18 日

月	日	摘　　要	直接材料	生产工时(小时)	燃料及动力	直接人工	制造费用	成本合计
10	31	累计数及累计间接费用分配率	55000	600				
10	31	本月完工转出						
10	31	产品单位成本						
10	31	在产品						

表 6－105　　　　产品成本明细账

2005 年 10 月

产品批别：0548　　批量 5 件　　投产日期：2005 年 10 月 24 日

产品名称：C 产品　　单位：元　　完工日期：2006 年 1 月 20 日

月	日	摘　　要	直接材料	生产工时(小时)	燃料及动力	直接人工	制造费用	成本合计
10	31	累计数及累计间接费用分配率	25000	300				
10	31	本月完工转出						
10	31	产品单位成本						
10	31	在产品						

【要求】采用简化的分批法计算 0541—A 和 0542—B 的完工产品成本。

练习四

【资料】某企业生产的丙产品要经过两个生产步骤连续加工而成，分别由两个车间进行生产。第一步骤投入原材料生产出 A 半成品；第二步骤对 A 半成品加工，生产出丙产成品。该厂采用逐步结转分步法计算产品成本。自制半成品由半成品仓库收发，设有“自制半成品”账户，自制半成品的计价采用加权平均法。生产耗用的原材料在第一车间第一工序一次全部投入，第二车间领用的半成品在第二车间第一工序一次全部投入。两个车间的月末在产品均按定额成本计价。其他有关资料如下：

1. 第一车间2005年7月产品成本明细账如表6－106。

表6－106　　　　产品成本明细账

第一车间：A半成品　　　　2005年7月　　　　单位：元

摘　　要	产量（件）	直接材料	直接人工	制造费用	合计
月初在产品成本		10500	9000	7500	27000
本月发生费用		64500	51000	45000	160500
合计					
完工转出半成品成本	300				
月末在产品（定额成本）		9000	7500	6000	22500

2. 第二车间2005年7月领用A半成品330件，自制半成品明细账如表6－107。

表6－107　　　　自制半成品明细账

A半成品　　　　2005年7月　　　　单位：元

月份	月初结存		本月增加		合计			本月发出	
	数量（件）	实际成本	数量（件）	实际成本	数量（件）	实际成本	单位成本	数量（件）	实际成本
7	60	33720							
8									

3. 第二车间2005年7月产品成本明细账如表6－108。

表6－108　　　　产品成本明细账

第二车间：丙产成品　　　　2005年7月　　　　单位：元

摘　　要	产量（件）	半成品	直接人工	制造费用	合计
月初在产品成本		42780	7125	6390	56295
本月发生费用			30375	29610	
合计					
完工转出产成品成本	315				
完工产成品单位成本					
月末在产品（定额成本）		48600	7890	7650	64140

【要求】（1）采用综合结转法计算完工丙产品的生产总成本和单位成本（在产品按加权平均法计价）；并进行成本还原。

（2）采用分项结转法计算完工丙产品的生产总成本和单位成本（在产品按加权平均法计价）。

（3）编制产品成本明细账及自制半成品明细账。

练习五

【资料】某企业生产的甲产品分三个生产步骤顺序加工完成，成本计算按生产步骤设置成本计算单，分步骤逐步综合结转计算产品成本。各步骤所生产的半成品直接转入下一步骤继续加工。生产产品所需材料于第一生产步骤开工时一次全部投入，生产费用在完工产品与月末在产品之间分配采用约当产量比例法。9月份的产品生产费用及产量资料如下：

1. 2005年9月产量资料如表6-109。

表6-109

单位：件

项目	第一步骤	第二步骤	第三步骤
月初在产品	70	90	30
本月投入生产	180	150	200
月末完工产品	150	200	180
月末在产品	100	40	50
完工程度	30%	50%	60%

2. 第一步骤2005年9月产品成本明细账如表6-110。

表6-110　　第一步骤产品成本明细账

产品名称：甲半成品　　2005年9月　　单位：元

项目	直接材料	直接人工	制造费用	合计
月初在产品成本	350	140	60	550
本月投入费用	900	400	300	1600
分配标准				—
分配率				—
完工半成品成本				
月末在产品成本				

3. 第二步骤2005年9月产品成本明细账如表6-111。

表 6－111　　　　第二步骤产品成本明细账

产品名称：甲半成品　　　　2005 年 9 月　　　　单位：元

项目	上一步骤转入半成品成本	直接人工	制造费用	合计
月初在产品成本	660	180	160	1000
本月投入费用		700	500	
分配标准				
分配率				
完工半成品成本				
月末在产品成本				

4. 第三步骤 2005 年 9 月产品成本明细账如表 6－112。

表 6－112　　　　第三步骤产品成本明细账

产品名称：甲半成品　　　　2005 年 9 月　　　　单位：元

项目	上一步骤转入半成品成本	直接人工	制造费用	合计
月初在产品成本	710	120	50	880
本月投入费用		300	160	
分配标准				
分配率				
完工半成品成本				
月末在产品成本				

【要求】采用逐步综合结转法计算甲产品成本（在产品按加权平均法计价），并进行成本还原。

练习六

【资料】某企业大量生产乙产品，材料在开工时一次投入，经三个步骤顺序加工后成为产成品，半成品从上一步骤完工后直接转入下一步骤进行加工。在产品采用约当产量法计算。2005 年 9 月份其有关产量及成本计算资料如下：

1. 2005 年 9 月产量资料如表 6－113。

表 6－113　　A 产品产量记录表　　单位：件

步骤	月初在产品数量	本月投产数量	本月完工数量	月末在产品数量	在产品完工程度
第一步骤	100	900	800	200	40%
第二步骤	160	800	880	80	50%
第三步骤	80	880	920	40	50%

2. 2005 年 9 月第一步骤产品成本明细账如表 6－114。

表 6－114　　第一步骤产品成本明细账

产品名称：乙半产品　　2005 年 9 月　　单位：元

项目	直接材料	直接人工	制造费用	合计
月初在产品成本	18000	4400	1800	24200
本月投入费用	162000	92400	88200	342600
分配标准				—
分配率				—
完工半成品成本				
月末在产品成本				

3. 2005 年 9 月第二步骤产品成本明细账如表 6－115。

表 6－115　　第二步骤产品成本明细账

产品名称：乙半产品　　2005 年 9 月　　单位：元

项目	上一步骤转入半成品成本	直接人工	制造费用	合计
月初在产品成本	63200	9100	5600	77900
本月投入费用		71400	58800	
分配标准				
分配率				
完工半成品成本				
月末在产品成本				

4. 2005 年 9 月第三步骤产品成本明细账如表 6－116。

表 6－116　　第三步骤产品成本明细账

产品名称：乙产成品　　2005 年 9 月　　单位：元

项　目	上一步骤转入半成品成本	直接人工	制造费用	合计
月初在产品成本	18200	12600	9570	40370
本月投入费用		72000	56700	
分配标准				—
分配率				—
完工产成品成本				
月末在产品成本				

【要求】采用逐步综合结转法计算乙产品成本（在产品成本按先进先出法计算）。

练习七

【资料】某企业生产丁产品，经过三个生产步骤连续加工制成。原材料在第一步骤生产开工时一次全部投入。采用约当产量比例法分配生产费用。2005 年 11 月份其有关产量及成本计算资料如下：

1. 2005 年 11 月丁产品的产量资料如表 6－117。

表 6－117　　单位：件

项目	第一步骤	第二步骤	第三步骤
本月投入	120	90	60
本月完工	90	60	45
月末在产品	30	30	15
在产品完工程度	50%	50%	50%

2. 2005 年 11 月丁产品的成本资料如表 6－118。

表 6－118　　单位：元

成本项目	第一步骤	第二步骤	第三步骤
直接材料	75000		
直接人工	21000	4500	5250
制造费用	10500	3150	3675

3. 2005 年 11 月第一步骤产品成本明细账如表 6－119。

表 6－119　　第一步骤产品成本明细账

产品名称：丁半产品　　2005 年 11 月　　单位：元

项目	直接材料	直接人工	制造费用	合计
本月投入费用	75000	21000	10500	106500
分配标准				
分配率				
完工半成品成本				
月末在产品成本				

4. 2005 年 11 月第二步骤产品成本明细账如表 6－120。

表 6－120　　第二步骤产品成本明细账

产品名称：丁半产品　　2005 年 11 月　　单位：元

项目	直接材料	直接人工	制造费用	合计
本月投入费用		4500	3150	7650
上一步骤转入费用				
上一步骤转入费用分配标准				
上一步骤转入费用分配率				
本步骤投入费用分配标准				
本步骤投入费用分配率				
完工半成品成本				
月末在产品成本				

5. 2005 年 11 月第三步骤产品成本明细账如表 6－121。

表 6－121　　第三步骤产品成本明细账

产品名称：丁产成品　　2005 年 11 月　　单位：元

项目	直接材料	直接人工	制造费用	合计
本步骤投入费用		5250	3675	8925
上一步骤转入费用				
上一步骤转入费用分配标准				
上一步骤转入费用分配率				
本步骤投入费用分配标准				
本步骤投入费用分配率				
完工产品成本				
月末在产品成本				

【要求】（1）采用分项结转法计算完工丁产品的生产总成本和单位成本（在产品按加权平均法计价）。

（2）编制产品成本明细账。

练习八

【资料】某企业2005年10月大量生产A产品，分为三个步骤连续加工完成。该产品的原材料在生产时一次投入。各步骤月末在产品完工率均为50%。由于该产品在各步骤上生产的半成品不具有对外销售的条件，在管理上不需要考核各步骤半成品生产成本，可采用平行结转分步法计算产品成本。企业采用约当产量比例法计算各步骤应计入产成品成本的费用份额。2005年10月份其有关产量及成本计算资料如下：

1. 2005年10月产量资料如表6－122。

表6－122　　产品生产情况表　　单位：件

	一车间	二车间	三车间	产成品
月初在产品数量	4	12	20	
本月投产或上车间转入数量	100	88	80	
本月完工或转入下车间数量	88	80	82	82
月末在产品（狭义）数量	16	20	18	

2. 2005年10月第一车间产品成本明细账如表6－123。

表6－123　　第一车间成本明细账　　单位：元

产品名称：A半成品　　2005年10月　　完工：82件　在产品：16件

	直接材料	燃料及动力	直接人工	制造费用	合计
月初在产品成本	4500	202	796	772	6270
本月生产费用	10800	310	2788	2300	16198
生产费用合计	15300	512	3548	3072	22468
分配率					
计入产成品的份额					
月末在产品成本					

3. 2005年10月第二车间产品成本明细账如表6－124。

表 6－124 **第二车间成本明细账** 单位：元

产品名称：A 半成品 2005 年 10 月 完工：82 件 在产品：20 件

	燃料及动力	直接人工	制造费用	合计
月初在产品成本	120	900	885	1905
本月生产费用	210	3280	2525	6015
生产费用合计	330	4180	3410	7920
分配率				
计入产成品的份额				
月末在产品成本				

4. 2005 年 10 月第三车间产品成本明细账如表 6－125。

表 6－125 **第三车间成本明细账** 单位：元

产品名称：A 产成品 2005 年 10 月 完工：82 件 在产品：18 件

	燃料及动力	直接人工	制造费用	合计
月初在产品成本	68.5	424	500	992.5
本月生产费用	250	4262.5	3595	8107.5
生产费用合计	318.5	4686.5	4095	9100
分配率				
计入产成品的份额				
月末在产品成本				

5. 厂部产品成本汇总计算表如表 6－126。

表 6－126 单位：元

	直接材料	燃料及动力	直接人工	制造费用	合计
一车间转入份额					
二车间转入份额					
三车间转入份额					
完工产成品总成本					
完工产成品单位成本					
月末在产品成本					

【要求】采用平行结转分步法计算 A 产品成本。

第七章　产品成本计算方法（二）

学习目的与要求

本章阐述产品成本计算的辅助方法——分类法、定额法和标准成本法，以及各成本计算方法的结合应用。通过本章学习，应掌握分类法、定额法和标准成本法的特点、计算程序，以及适用范围、应用条件和优缺点；并结合上一章所讲述的内容，理解和掌握成本计算方法的结合应用。

第一节　产品成本计算的分类法

一、分类法的主要特点

产品成本计算的分类法，是以产品类别作为成本计算对象，归集生产费用，计算产品成本的一种方法。

在一些企业，由于生产的产品品种或规格繁多，若按照产品的品种、规格归集生产费用，计算产品成本，则成本计算的工作量较为繁重，在这种情况下采用分类法来核算产品成本，则可简化成本核算工作。分类法的主要特点是：

第一，以产品类别作为成本计算对象，归集生产费用，计算产品成本。采用这种方法时，首先应根据产品结构、所用原材料及工艺过程的近似性，将产品划分为若干类别，按照产品类别开设成本计算单，按类归集产品的生产费用，并计算各类产品的成本。

第二，同类产品内各种品种（或规格）的产品成本，再按照一定的分配方法分配确定。选择分配标准时，主要应考虑与产品生产耗费的关系，即应选择与产品各项耗费有密切关系的分配标准。费用的分配标准一般有定额消耗量、定额成本、售价、计划成本以及产品的体积、长度和重量等。

第三，在同类产品内各种品种（或规格）的产品之间分配费用时，各成本项目可以按同一分配标准进行分配；为了使分配结果更为合理，也可以根据各成本项目的性质，分别按照不同分配标准进行分配。例如，直接材料费用可以按照原材料定额消耗量或原材料定额费用比例进行分配，直接人工等其他费用可以按照定额工时比例进行分配。分配标准一经确定，在一定时期内应保持不变。

第四，在分配标准确定以后，为了简化同类产品内各种产品之间的费用分配工作，可以将分配标准折算成相对固定的系数，然后按系数在同类产品内各产品之间分配费用。确定系数时，一般是在类内选择一种产量较大、生产稳定或规格折中的产品作为标准产品，将单位标准产品的系数定为“1”，再根据类内其他品种（或规格）产品的分配标准额与标准产品的分配标准额的比例，分别确定出各种产品的系数。系数确定后，将类内各产品的实际产量按系数分别折合为标准产量（或称总系数），再按照类内各种产品的标准产量比例分别计算出类内各种产品的总成本，最后根据各种产品的实际产量求得各种产品的单位成本。系数有单项系数和综合系数两种。单项系数是分别按成本项目制定的反映不同产品有关项目与标准产品相应项目比例关系的系数，如按材料定额消耗量制定的材料消耗系数、按材料定额成本制定的材料成本系数、按工时定额制定的工时消耗系数、按工资定额成本制定的工资成本系数和按费用定额成本制定的费用系数，等等；综合系数是指以一个系数综合反映不同产品的成本与标准产品成本的比例关系的系数。计算公式为：

$$\text{单项系数}=\frac{\text{某品种或规格产品的分配标准}}{\text{标准产品的分配标准}}$$

$$\text{综合系数}=\frac{\text{某品种或规格产品的定额成本}}{\text{标准产品的定额成本}}$$

$$\begin{matrix}\text{总系数}\\(\text{标准产量})\end{matrix}=\sum\left(\begin{matrix}\text{各品种或规格}\\\text{产品实际产量}\end{matrix}\times\begin{matrix}\text{该产品单项}\\\text{或综合系数}\end{matrix}\right)$$

采用单项系数分配费用的准确性比较高，但计算工作量较大；采用综合系数的计算工作量比较小，但分配结果的准确性较差。系数确定后应保持相对稳定，但当产品结构、所用的原材料或生产工艺过程变动较大时，企业需要及时修订系数，以保证成本计算结果的准确性。

二、分类法的适用范围

分类法适用于产品品种、规格繁多，但可以按照一定标准（例如耗用原材料种类、产品加工方式、产品的结构和用途等）将产品划分为若干类别的企业和车间。分类法与生产类型无直接关系，可以在各种类型的生产中应用。例如，钢铁厂生产的各种牌号和规格的生铁、钢锭和钢材，食品厂生产的各种饼干、面包和糖果，针织厂生产的各种不同种类和规格的针织品，电线、电缆厂生产的不同规格的电线、电缆等。在这些企业中，如果按照品种、规格开设成本计算单，则产品成本的核算工作量太大，所以在这些企业较适宜采用分类法核算各种产品的成本。

另外，企业生产的零星产品，例如，为协作单位生产的少量零部件，或自制少量材料或工具等，虽然所用原材料和工艺过程不一定完全相近，但其品种规格繁多，且数量少，费用比重小。为了简化核算工作，也可以将它们归为几类，采用分类法计算成本。

采用分类法时，应区别对待等级品。由于人工操作失误所造成的不同质量的等级品，其单位成本应该是相同的，不能把分类法原理应用到这种等级产品的成本计算中。即不能根据等级产品的不同售价分配费用，不能为不同质量等级的产品确定不同的单位成本；否则就会掩盖次级产品由于售价较低造成的损失，这样不利于企业加强成本管理，提高产品质量。但是，如果不同质量的产品是由于所用原材料的质量或工艺技术上的要求不同所致，而不是由于工人操作失误所致，这些产品就应视为同一品种不同规格的产品，可归为一类，采用分类法计算成本。

三、分类法计算程序举例

分类法的计算程序是：（1）选用一定的标准将产品划分为若干类别，以产品类别作为成本计算对象，开设产品成本明细账，归集生产费用；（2）根据生产特点和管理要求，采用品种法、分批法或分步法计算各类产品的总成本；（3）采用适当的方法将各类产品的总成本在类内的各种产品（或规格）之间进行分配，计算各种产品的总成本和单位成本。分类法的成本计算程序见图 7－1。

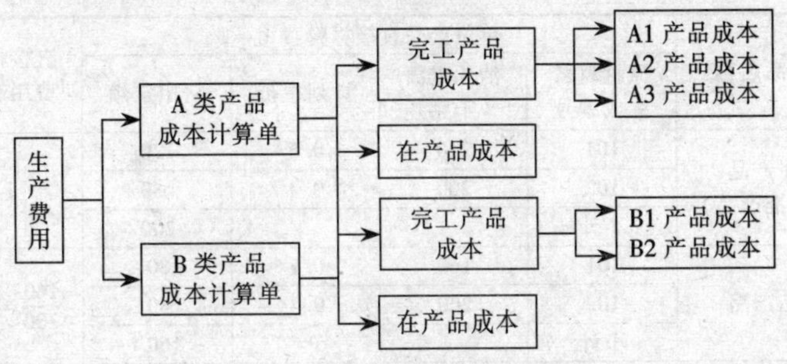

图7－1 分类法成本计算程序

【例7－1】某企业生产的产品中，有甲、乙、丙三种产品所用的原材料和工艺过程基本相同，所以将这三种归为A类，采用分类法计算产品的成本。其计算程序如下：

1. 按照产品类别（A类）开设产品成本明细账。根据各项生产费用分配表登记产品成本明细账，计算该类产品成本（在产品成本按年初固定数计算），见表7－1。

表7－1　　产品成本明细账

产品名称：A类　　单位：元

项　目	直接材料	直接人工	制造费用	合计
月初在产品成本	60000	10000	5000	75000
本月生产费用	100000	50000	10000	160000
生产费用合计	160000	60000	15000	235000
完工产品成本	100000	50000	10000	160000
月末在产品成本	60000	10000	5000	75000

2. 根据直接材料费用定额计算甲、乙、丙三种产品的直接材料费用系数，见表7－2。

表 7－2　　直接材料费用系数计算表　　金额单位：元

产品名称	单位产品直接材料费用				直接材料费用系数
	原材料名称或编号	消耗定额（千克）	计划单价	费用定额	
甲产品（标准产品）	101	240	0.5	120	1
	102	200	0.4	80	
	小计			200	
乙产品	101	160	0.5	80	$\frac{160}{200}=0.8$
	102	200	0.4	80	
	小计			160	
丙产品	101	280	0.5	140	$\frac{220}{200}=1.1$
	102	200	0.4	80	
	小计			220	

3. 将 A 类完工产品的总成本，按照一定标准分配给甲、乙、丙三种产品。直接材料费用按照原材料费用系数分配，直接人工和制造费用按照定额工时比例分配，见表 7－3。

表 7－3　　类内各种产品成本计算表　　金额单位：元

项目	产量（件）	直接材料费用系数	直接材料费用总系数	工时定消耗额（小时）	定额工时（小时）	直接材料	直接人工	制造费用	合计
分配率						250	10	2	
产品 A	130	1	130	10	1300	32500	13000	2600	48100
产品 B	200	0.8	160	11	2200	40000	22000	4400	66400
产品 C	100	1.1	110	15	1500	27500	15000	3000	45500
合计	—	—	400	—	5000	100000	50000	10000	160000

表 7－3 中，各项费用的合计数是分配对象，是根据该类产品成本明细账中产成品成本登记的，直接材料分配率是根据直接材料费用合计除以直接材料费用总系数的合计数计算填列，直接人工、制造费用分配率是根据各项费用的合计数分别除以定额工时的合计数计算填列。三个成本项目的分配率计算如下：

$$直接材料分配率=\frac{A类完工产品的直接材料费用总额}{A类完工产品直接材料费用总系数}$$

$$=\frac{100000}{400}=250$$

$$直接人工分配率=\frac{A类完工产品的直接人工费用总额}{A类完工产品定额工时合计}$$

$$=\frac{50000}{5000}=10$$

$$制造费用分配率=\frac{A类完工产品的制造费用总额}{A类完工产品定额工时合计}$$

$$=\frac{10000}{5000}=2$$

由此可见，按系数分配费用，实际上是以产量加权的总系数分配费用。在按消耗定额或费用定额计算系数的情况下，按系数比例分配费用的结果与直接按定额消耗量或定额费用比例分配费用的结果相同，因为两者的比例关系是一致的。

采用分类法计算产品成本，领料单、工时记录等原始凭证和原始记录可以只按产品类别填列，在各种费用分配表中，可以只按产品类别分配费用，产品成本明细账可以只按产品类别开设，这样大大简化了成本计算工作；而且，在产品品种、规格繁多的情况下，能够分类掌握产品成本的情况。但采用这种方法时，产品分类是否恰当、类内产品的类距是否合适、分配标准的选择是否客观科学都将直接影响成本计算结果的正确性。产品分类的依据是，产品的性质、结构、用途、耗用原材料、工艺过程是否相同或相近。对类内不同品种、规格产品进一步归类时，类距不能过大，否则成本计算就不细，造成品种、规格相差很大的产品但成本却相近；但类距也不能过小，否则就会加大成本计算工作量，失去分类法简化成本计算工作的优越性。只有这样，才能使分类更为恰当。分配标准的选择是分类法正确计算各品种、规格产品成本的关键，选择的分配标准，必须与成本水平的高低具有密切联系，不同的成本项目可考虑选用不同的分配标准，以使其分配结果尽可能接近实际。但无论分配标准如何选择，分配的结果都具有一定的假定性。

四、联产品、副产品和等级品的成本计算

在许多企业，往往使用同一种原材料，经过同一加工过程，生产出两种或两种以上的产品，或者由于生产条件所限、加工操作等方面的原因，产生了不同等级的同一种产品。例如，炼油厂将原油提炼可生产汽油、煤油、柴油、润滑油等产品，氯碱厂电解食盐水可在生产煤气的同时也生产焦油、焦炭等。这些产品有一个共同的特点，它们属联合生产过程的产品，它们都是先经过同一生产过程，然后再分离出来的产品。这不同于分类法中的产品，因为归为同一类的产品不一定就是在同一生产过程中分离出来的产品。根据具体的不同情况，这些产品可区分为联产品、副产品和等级品。

（一）联产品成本的计算

1. 联产品的主要特点。联产品是指企业使用同种材料，在同一生产过程中，同时生产出几种使用价值不同的并具有同等地位的企业主要产品。它的主要特点是：

（1）联产品都是企业的主要产品。它们虽然在性质和用途上不同，但在经济上都具有重要意义，它们都是企业生产活动的主要目的。

（2）联产品给企业带来的收益大。

（3）联产品是在生产过程中必然地、连带地生产的产品，即只要生产一种产品，就必然连带生产出其他联产品。根据各联产品之间产量消长关系，联产品可分为补充联产品和代用联产品

两种，各联产品之间的产量是同比例增加或减少的称为补充联产品，各联产品之间的产量是此增彼减的称为代用联产品。

2. 联产品成本的计算方法。同一生产过程中出来的联产品，有的要到生产过程结束后才分离出来，有的则可能在生产过程中的某个步骤就先分离出来；有的分离出来后不需要进一步加工就成为商品产品，但也有些产品分离出来后还需进一步加工才能对外销售。联产品分离时的生产步骤称为“分离点”。在分离点之前，联合生产过程发生的费用称为联合成本。在这一阶段，很难将各种联产品按每种品种来归集生产费用，计算产品成本，所以，可将联产品视为同类产品归为一类，采用分类法来计算共同发生的成本。分离点，即是联合生产过程的结束，应该采取合适的分配方法，将前阶段发生的联合成本分配给各联产品。分离后不需要进一步加工的联产品，其分离点分配的联合成本就是该联产品的成本。分离后需进一步加工的联产品，应该采用适当的方法计算分离后的加工成本。因分离后的加工成本可辨明其承担的主体，所以也称为可归属成本。分离后需加工的联产品的成本等于该产品应负担的联合成本与分离后的可归属成本之和。

综上所述，联产品的成本计算包括三部分：在分离点前，归集联合成本；在分离点时，将发生的联合成本用适当的方法分配给各联产品；在分离点后，计算可归属成本。联产品的成本计算过程见图 7－2。

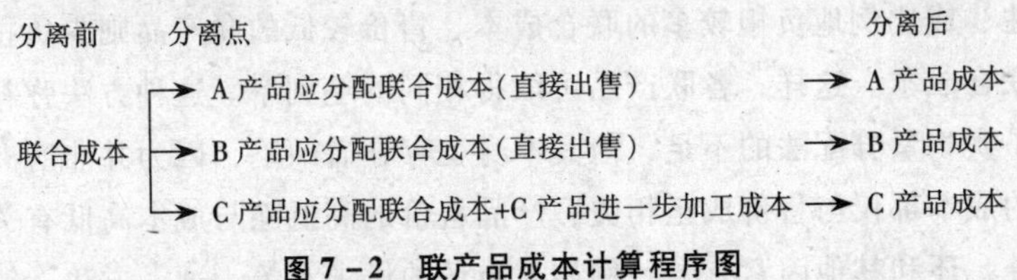

图 7－2 联产品成本计算程序图

在联产品成本计算中，汇总联合成本以及可归属成本的计算可运用前面已介绍的有关方法。而联合成本的分配是联产品成本计算的关键。联合成本分配的常用方法有：实物量分配法、系数分配法、销售价分配法。

（1）实物量分配法。实物量分配法是按各联产品的实物量（如产量、重量等）比例分配联合成本的方法。采用这种方法计算出来的单位成本是平均单位成本，即各联产品在分离点时的单位成本是一样的。这种方法简便易行，但也存在不足：未考虑联产品的销售价值，仅用实物量分配确定产品成本，有可能造成产品的虚盈、虚亏，因为不是发生的所有费用都与实物量成正相关。例如，甲、乙两种联产品按实物量分配法确定的分离时的单位成本为200元/吨，分离后均不需再加工，甲、乙两种联产品的每吨售价分别为400元和180元，这样，就会造成甲产品虚盈，乙产品虚亏。所以这种方法一般适用于成本的发生与产量（实物量）关系密切，而且售价较为均衡的联产品的联合成本的分配。

（2）系数分配法。系数分配法是将各种联产品的实际产量按事先规定的系数（系数的确定与分类法中系数的确定相同）折为标准产量，然后将联合成本按各联产品的标准产量比例进行分配。选用这种方法，其系数的确定是关键，应该根据具体情况选择合适的标准产量和分配标准。

（3）销售价分配法。销售价分配法是根据各联产品销售价值的比例来分配联合成本的方法，即售价较高的联产品应该相应地、成比例地负担较多的联合成本，售价较低的联产品则少负担联合成本。这样，各联产品可取得相同的毛利率。这种方法弥补了实物量分配法的不足，但其本身也存在着缺陷，因为并非所有的成本都仅与售价成正相关；产品售价的高低除与成本高低有关外，还和其他因素有关，例如与市场的供求有关。这一方法一般适用于分离后不再加工，而且价格波动不大的联产品成本计算。

若某种联产品在分离后需进一步加工才能销售，应按这种联产品的销售收入扣减分离后发生的可归属成本后的净收入（或称净实现价值）来分配联合成本。

下面举例介绍联合成本的分配方法。

【例 7－2】某企业利用同一原材料在同一生产过程中生产出 A、B、C 三种联产品，其中 A 和 B 可直接对外销售，C 需进一步加工才能出售。A、B、C 三种联产品在联合生产过程中发生的联合成本为 500000 元，C 进一步加工发生的加工费用为 25000 元。其联合成本的计算分配如下：

（1）采用实物量分配法分配联合成本。三种联产品的已知产量及应分配的联合成本见表 7－4。

表 7－4　　联合成本分配表

（实物量分配法）　　单位：元

产品名称	实际产量（吨）	分配率	应分配的联合成本	单位成本
A 产品	25		125000	5000
B 产品	30		150000	5000
C 产品	45		225000	5000
合计	100	5000	500000	—

（2）采用系数分配法分配联合成本。关于标准产品及分配标准的选择，在分类法中已作过介绍，所以这里不再重述。若选择 A 产品为标准产品，三种联产品的系数及联合成本的分配见表 7－5。

表 7－5　　联合成本分配表

（系数分配法）　　单位：元

产品名称	实际产量（吨）	系数	标准产量	分配率	应分配的联合成本	单位成本
A 产品	25	1	25		125000	5000
B 产品	30	1.3	39		195000	6500
C 产品	45	0.8	36		180000	4000
合计			100	5000	500000	

（3）采用销售价分配法分配联合成本。三种产品的销售价值及联合成本的分配见表7－6。

表7－6　　联合成本分配表

（销售价分配法）　　单位：元

产品名称	实际产量（吨）	销售单价	销售收入	继续加工成本	净收入	分配率	应分配的联合成本	单位成本
A产品	25	10000	250000		250000		138888	5555.56
B产品	30	15000	450000		450000		250000	8333.33
C产品	45	5000	225000	25000	200000		111112	2469.14
合计	—	—	—	—	900000	0.5556	500000	—

（二）副产品成本的计算

1. 副产品的主要特点。副产品是指企业在生产主要产品的过程中，附带生产出一些非主要产品。副产品不是企业的主要产品，但它尚有一定的用途，能满足某些方面的需要，如在制皂生产中产生的甘油等。有些企业在生产过程中产生的一些废气、废水、废渣，对于“三废”的综合利用、回收或提炼出来的产品，也可以称为副产品。副产品的主要特点是：

（1）副产品是企业的次要产品，它不是企业的主要生产目的；（2）副产品的销售价格较低，在企业的销售收入中的比重较小，给企业带来的收益较小。显然，主、副产品不是固定不变的，随着各种条件的变化，副产品也能转为主要产品。

2. 副产品成本的计算方法。与联产品类似，副产品也是经过同一生产过程而生产出来的产品，所以，副产品成本计算就是要确定副产品应负担的分离点前的联合成本。由于副产品是随着主要产品的生产附带出来的，其价值较低，所以副产品成本计算一般不像联产品那么复杂，只需将副产品按一定标准作价，从分离前的联合成本中扣除。由此可见，副产品成本计算的关键就是副产品按什么标准作价，即副产品的成本计价问题。

副产品分离后，可以作为产品直接对外销售，也可以进一步加工后再出售。所以副产品的成本计价将由于这两种不同的情况分别采用以下两种方法：

（1）分离后不再加工的副产品。如其价值较低的话，可以将其销售收入直接作为其他收益处理，即在这种方法下，副产品不负担分离前的联合成本。采用此种方法手续简单、核算方便，但因副产品不负担分离前的联合成本，必然使主产品的成本提高，影响了成本计算的正确性。如其价值较高的话，一般将其销售收入扣除税金和按正常利润率计算的销售利润后的余额作为副产品应负担的成本，也可以在此基础上确定固定的单价，以固定的单价计价。副产品的成本可以从直接材料成本项目中一笔扣除，也可以按比例从各项目中扣除。

【例 7－3】某化工股份有限公司在生产 A、B 联产品的同时，还生产出 C 副产品，假定本期共发生费用 100000 元，其中直接材料 60000 元，直接人工 20000 元，制造费用 20000 元。C 副产品产量为 1000 千克，每千克售价为 3 元，单位销售税金 0.3 元，销售利润率为 10%。假定副产品成本从各项目中扣除，则成本分摊情况如下：

副产品应负担的成本 $=1000\times(3-0.3-0.3)=2400$（元）

直接材料 $=2400\times\dfrac{60000}{100000}=1440$（元）

直接人工 $=2400\times\dfrac{20000}{100000}=480$（元）

制造费用 $=2400\times\dfrac{20000}{100000}=480$（元）

C 副产品成本组成如表 7－7 所示。

表 7-7　　副产品成本计算表　　单位：元

成本项目	总成本	C 副产品应负担成本	A、B 联产品应负担成本
直接材料	60000	1440	58560
直接人工	20000	480	19520
制造费用	20000	480	19520
合计	100000	2400	97600

副产品成本的计价，对于正确计算主、副产品的成本是十分重要的。副产品成本的计价既不能过高，也不能过低，否则不仅不能正确反映副产品的生产耗费水平，而且会影响主产品成本的正确性。如果副产品的售价不能抵补其销售费用，则副产品不应计价，即不能从主产品成本中扣除副产品价值。

（2）分离后需要进一步加工的副产品。有些副产品分离后不能直接对外销售，而在进一步加工后再出售。对于这一类副产品，其成本计价也可以有两种不同的方法。

①副产品只负担可归属成本。用这种方法对副产品计价，副产品不负担分离前发生的联合成本，仅将分离后进一步加工而发生的成本作为副产品的成本。显然，这种方法计算简便，但使副产品成本偏低而使主产品成本偏高。

②副产品既负担可归属成本，也按照一定分配标准负担分离前的联合成本。用这种方法计算副产品成本，副产品应分摊的联合成本可按销售价格扣除税金和按正常利润率计算的销售利润后的价值再减去进一步发生的可归属成本的余额计算。副产品应负担的联合成本可以从直接材料成本项目中一笔扣除，也可以按比例从各项目中扣除。

【例 7-4】某股份有限公司在生产甲产品的同时，还生产了乙副产品，乙副产品分离后需进一步加工才能对外销售。本期共发生联合成本 100000 元，其中直接材料 60000 元，直接人工 10000 元，制造费用 30000 元。生产了甲产品 10000 千克，乙副产品1000千克。乙副产品进一步加工发生直接人工1000元，制造费用2000元。乙副产品对外销售售价为10元/千克，销售利润率为5%，单位税金为0.5元。

$$\text{乙产品应负担的联合成本} = 1000 \times \left(10 - 0.5 - 0.5 - \frac{1000}{1000} - \frac{2000}{1000}\right)$$

$$= 6000\ (\text{元})$$

将联合成本按比例计算为各成本项目：

$$\text{直接材料} = \frac{60000}{100000} \times 6000 = 3600\ (\text{元})$$

$$\text{直接人工} = \frac{10000}{100000} \times 6000 = 600\ (\text{元})$$

$$\text{制造费用} = \frac{30000}{100000} \times 6000 = 1800\ (\text{元})$$

乙副产品成本组成如表7-8。

表7-8　　乙副产品成本计算表　　单位：元

成本项目	联合成本	可归属成本	总成本	单位成本
直接材料	3600		3600	3.6
直接人工	600	1000	1600	1.6
制造费用	1800	2000	3800	3.8
合计	6000	3000	9000	9

如果副产品的加工处理时间不长，费用不大，为了简化工作，副产品也可以按照计划单位成本计价，而不计算其实际成本。这样从主、副产品的生产费用总额中，扣除按计划单位成本计价的副产品成本后的余额，即为主产品的成本。

【例7-5】 企业在生产A产品（主产品）的过程中，还生产出可以制造B产品（副产品）的原料。A产品月初、月末在产品成本和本月发生费用资料见产品成本明细账（见表7-9）。由于B产品加工处理时间不长，费用不多，按计划成本计价，计划单位成本为：直接材料4.50元，直接人工1.50元，制造费用2元。

表7-9　　　　产品成本明细账

产品名称：A产品（主产品）　　　　单位：元

摘　　要	产量（件）	直接材料	直接人工	制造费用	合计
月初在产品成本		3000			3000
本月生产费用		60000	11000	13750	84750
合计		63000	11000	13750	87750
减：B产品成本	250	1125	375	500	2000
本月产成品成本	100	57875	10625	13250	81750
产成品单位成本		578.75	106.25	132.50	817.50
月末在产品成本		4000			4000

有些企业除了生产主要产品以外，有时还为其他企业提供少量加工、修理等作业。如果这些作业费用的比重很小，为了简化成本计算工作，也可以比照副产品的成本计算方法，与主要产品合为一类归集费用，然后按固定价格或计划成本计价，从总的生产费用中扣除。同样理由，企业的基本车间为企业的其他车间或部门提供少量的加工和修理作业，也可以按照计划单位成本结算，不必计算和调整成本差异。

（三）等级品的成本计算

等级品是指使用同种原料，经过同一生产过程，生产出来的品种相同但质量不同的产品，如生产的同一种产品经过质量检验，按照一定标准将其划分为一级品、二级品、三级品等。等级产品的产生一般有两种情况：一种是由于工人操作不慎、技术不熟练、生产管理不善造成的；另一种是由于材料质量不同、工艺技术要求不同、自然的原因或目前生产技术条件所造成的。等级品的成本计算方法，需视等级品产生的原因而定。

1. 按实际产量分配联合成本。如果等级品的产生是由于工人操作不慎、技术不熟练、生产管理不善所致，则不同等级的产品仍应该负担相同的成本。可以根据各等级品的实际产量，直接把联合成本分配至每一种等级品，各种等级品的单位成本是相同的。

【例 7－6】某企业生产 A 产品 10000 只，其中一级品 6000 只，二级品 3000 只，三级品 1000 只；其单价分别为 10 元、8 元、6 元，制造成本共计 55000 元。按等级品成本应相等的原则，以实际产量比例分配计算等级产品成本见表 7－10。

表 7－10　　等级产品成本计算表

产品等级	产量（只）	等级品率（%）	各等级品应负担成本（元）	单位成本（元/只）
一级品	6000	60	33000	5.5
二级品	3000	30	16500	5.5
三级品	1000	10	5500	5.5
合计	10000	100	55000	—

在上述情况下，不同等级品的产品售价不同，但单位成本却是相同的，次级产品就可能低售价造成亏损，企业也可以从中发现生产管理上存在的问题。

2. 按系数分配联合成本。由于原材料质量不同、工艺技术要求不同、自然的原因或目前生产技术条件所造成的，则不同等级的产品就应该负担不同的成本。例如，原煤经过加工可生产出大块煤、块煤、煤末等几个等级品；某些电子元件产品由于当前生产技术水平的限制而难以控制其生产质量，致使生产出质量差别较大、售价也相去甚远的等级产品。在这种情况下，等级产品的成本可按系数进行分配。其系数可根据各等级品的售价来制定，也可根据其他指标来制定。

仍以例 7－6 为例，各等级品成本计算见表 7－11。

表 7－11　　等级产品成本计算表

产品等级	产量（只）	单价（元/只）	系数	标准产量（只）	各等级品应负担成本（元）	单位成本（元/只）
一级品	6000	10	1	6000	36666.67	6.11
二级品	3000	8	0.8	2400	14666.67	4.89
三级品	1000	6	0.6	600	3666.66	3.67
合计	10000	—	—	9000	55000	—

$$单位标准产品成本=\frac{55000}{9000}=6.11（元）$$

$$一级产品应负担的成本=\frac{55000}{9000}\times 6000=36666.67（元）$$

$$二级产品应负担的成本=\frac{55000}{9000}\times 2400=14666.67（元）$$

$$三级产品应负担的成本=\frac{55000}{9000}\times 600=3666.66（元）$$

第二节　产品成本计算的定额法

一、定额法的特点

产品成本计算的定额法，是以产品定额成本为基础，将符合定额的生产费用和脱离定额的差异分别核算，并在定额成本的基础上加减各种差异从而计算出产品实际成本的一种成本计算方法。

在前述各种成本计算方法——品种法、分批法、分步法和分类法下，生产费用的日常核算，都是按照生产费用的实际发生额进行的，产品的实际成本，也都是根据实际生产费用计算的。这样，生产费用和产品成本脱离定额的差异及其发生的原因，只有在月末时通过实际资料与定额资料的对比分析才能得到反映，而不能在费用发生的当时得到反映，因而不能更好地加强定额管理、加强成本控制，不能更有效地发挥成本核算对于节约费用、降低成本的作用。产品成本计算的定额法，把产品成本的计算、控制、核算和分析工作结合在一起，能够及时地反映和监督生产费用和产品成本脱离定额的差异，从而克服前述几种成本计算方法的弱点。

定额法的主要特点是：

第一，事前制定产品的消耗定额、费用定额以作为降低成本的目标，对产品成本进行事前控制；

第二，在生产费用发生时将符合定额的费用和发生的差异分别核算，进而加强对成本差异的日常核算、分析和控制；

第三，月末在定额的基础上加减各种成本差异，计算产品的实际成本，为成本的定期分析和考核提供数据。

因此，定额法不仅是一种产品成本计算的方法，更重要的还是一种对产品成本进行直接控制、管理的方法。

采用定额法计算产品成本，产品实际成本受产品的定额成本、实际生产费用脱离定额的差异、定额变动差异及材料成本差异的影响，其计算公式如下：

产品实际成本 = 产品定额成本 ± 脱离定额的差异 ± 定额变动差异 ± 材料成本差异

二、定额法的计算程序

（一）定额成本的计算

采用定额法，必须先制定单位产品的消耗定额、费用定额，并据以核算单位产品的定额成本。产品的消耗定额、费用定额和定额成本既是日常控制生产耗费的依据，也是月末计算产品实际成本的基础，是进行产品成本事后分析和考核的标准。其计算公式是：

直接材料费用定额 = 产品的原材料消耗定额 × 原材料计划单价

直接人工费用定额 = 产品的生产工时定额 × 生产工资计划单价

制造费用定额 = 产品的生产工时定额 × 制造费用计划单价

直接人工费用和制造费用，通常按生产工时比例分配计入产品成本，因而其计划单价通常是计划的每小时各项费用额。各种费用额的合计数，就是单位产品的定额成本或计划成本。

产品定额成本的制定应包括零件、部件定额成本和产成品定额成本，通常由企业的计划、技术、会计等部门共同制定。不同的企业由于产品的生产工艺过程和管理要求不同，产品定额成本的计算程序不尽相同。如果产品的零部件不多，一般先计算零件定额成本，然后再汇总计算部件和产品成本的定额成本。零部件定额成本还可以作为在产品和报废零部件计价的根据。如果产品的零部件较多，为了简化成本计算工作，也可以不计算零件定额成本，而根据列有零件材料消耗定额、工序计划和工时消耗定额的零件定额卡，以及材料计划单价、计划的工资率和制造费用率，计算部件定额成本，然后汇总计算产成品定额成本；或者根据零部件的定额卡直接计算产品定额成本。在不计算零部件定额成本的情况下，在产品和报废零部件的计价，就要根据零部件定额卡、材料计划单价、计划的工资率和制造费用率临时计算。零件定额卡、部件定额成本表和产品定额成本表的基本格式见表7－12、表7－13、表7－14。

表7－12　　零件定额卡

零件名称：××

零件编号：201　　2005年12月

材料编号	材料名称	计量单位	材料消耗定额
2550	××	千克	13.40

工序	工时定额（小时）	累计工时定额（小时）
1	3	3
2	2	5

续表

工序	工时定额（小时）	累计工时定额（小时）
3	5	10
4	4	14
5	6	20

表 7－13　　部件定额成本表

部件名称：××

部件编号：301　　2005 年 12 月　　金额单位：元

所用零件编号或名称	所用零件数量	材料定额							工时定额
		2550			2551			金额合计	
		消耗定额	计划单价	金额	消耗定额	计划单价	金额		
201	2	26.80	9.60	257.28				257.28	40
202	5				18.40	14.60	268.64	268.64	30
装配									6
合计				257.28			268.64	525.92	76

定额成本项目					定额成本合计
直接材料	直接人工		制造费用		
	每小时定额	金额	每小时定额	金额	
525.92	4.20	319.20	9.40	714.40	1559.52

表 7－14　　产品定额成本计算表

产品名称：甲

产品编号：401　　2005 年 12 月　　金额单位：元

所用部件编号或名称	部件数量	材料费用定额		工时定额	
		部件	产品	部件	产品
301	6	525.92	3155.52	76	456
302	4	572.44	1144.88	54	216
装配					22
合计			4300.40		694

定额成本项目					定额成本合计
直接材料	直接人工		制造费用		
	每小时定额	金额	每小时定额	金额	
4300.40	4.20	2914.80	9.40	6523.60	13738.80

在部件定额成本计算表中，部件的材料消耗定额和工时定额，按零件定额卡所列每一零件的材料消耗定额和工时定额分别乘以部件所用零件的数量计算；部件的直接人工和制造费用定额，按部件的工时定额分别乘以每小时直接人工定额和制造费用定额计算。

在产品定额成本计算表中，产品的材料费用定额和工时定额，按每一部件的材料费用定额和工时定额分别乘以产品所用部件的数量计算；产品的直接人工和制造费用定额，按产品的工时定额分别乘以每小时直接人工定额和制造费用定额计算。

（二）脱离定额差异的计算

脱离定额差异是指在生产过程中，各项费用的实际支出脱离现行定额或预算的数额。要加强生产耗费的日常控制，必须进行脱离定额差异的日常核算，及时分析差异发生的原因，确定差异的责任，并且及时地采取措施进行处理。及时、正确地核算和分析生产脱离定额的差异、控制生产费用支出，是定额法的重要内容。在发生生产费用时，应该为符合定额的费用和脱离定额的差异分别编制定额凭证和差异凭证并在有关的费用分配表和明细账中分别予以登记。为了防止生产费用的超支，避免浪费和损失，差异凭证填制以后，还必须按照规定办理审批手续。在有条件的企业中，也可以将脱离定额差异的日常核算同车间或班组的经济核算结合起来，依靠广大职工控制生产耗费。

1. 直接材料脱离定额差异的计算。在成本构成中，直接材料费用（包括自制半成品费用）一般占有较大的比重，而且属于直接计入费用，因而更有必要和可能在费用发生的当时就按产品计算定额费用和脱离定额差异，加强控制。直接材料脱离定额差异的计算方法，一般有限额法、切割核算法和盘存法三种。

（1）限额法。限额法也叫差异凭证法。为了控制材料领用，在采用定额法时，必须实行限额领料（或定额发料）制度，符合定额的原材料应根据限额领料单（或定额发料单）等定额凭证领发。如果增加产品产量，需要增加用料，必须办理追加限额手续，然后根据定额凭证领发。由于其他原因需要超额领料，应根据专设的超额领料单作为差异凭证，经过一定的审批手续领发。为了减少凭证的种类，这些差异凭证也可用普通领料单代替，以不同的颜色或加盖专用戳记加以区别。在差异凭证中，应该填明差异的数量、金额以及发生差异的原因。差异凭证的签发必须经过一定的审批手续，其中由于采用代用材料、利用废料和材料质量低劣等原因而引起的脱离定额差异，通常由技术部门计算、审批。对于采用代用材料和利用废料，还应在有关的限额领料单中注明，并且从原定的限额内扣除。在每批生产任务完成以后，应该根据车间余料编制退料单，办理退料手续。退料单也应该视为差异凭证，退料单中所列的原材料数额和限额领料单中的原材料余额，都是原材料脱离定额的节约差异。

采用限额法对于控制领料、促进节约用料有重要的作用。但是上述差异凭证反映的差异往往只是领料差异，不一定是用料差异，不能完全控制用料。要控制用料不超支，不仅要控制领料不超过限额，而且还要控制产品的投产数量不少于计划规定的产品数量；此外，还要注意车间有无余料和余料的数量。

【例7－7】某限额领料单规定的产品数量为500件，单位产品的原材料消耗定额为5千克，本月实际领料2400千克。现分别以下情况进行分析：

如果本月实际投产数量为500件，且期初、期末均无余料。则领料差异100千克即为用料脱离定额的节约差异。

如果本月实际投产数量为500件，但期初余料为50千克，期末余料为60千克。原材料定额消耗量2500千克，实际消耗量为2390千克（2400＋50－60），用料脱离定额的节约差异为110

千克（2390－2500）。

如果本月实际投产数量为450件，期初余料为50千克，期末余料为60千克。原材料定额消耗量2250千克，实际消耗量为2390千克（2400＋50－60），用料脱离定额的超支差异为140千克（2390－2250）。

可见，只有实际投产数量等于限额领料单中的产品数量，且期初、期末均无余料或期初、期末余料数量相等时，领料差异才是用料脱离定额的差异。

（2）切割核算法。对于经过切割（下料）才能使用的材料，例如板材、棒材等，除了采用限额法以外，还应采用切割核算法，即通过材料切割核算单核算用料差异、控制用料。这种核算单应按切割材料的批别开立，单中填明发交切割材料的种类、数量、消耗定额和应切割成的毛坯数量；切割完毕，再填写实际切割成的毛坯数量和材料的实际消耗量。根据实际切割成的毛坯数量和消耗定额，即可计算求得材料定额消耗量，以此与材料实际消耗量相比较以确定用料脱离定额的差异。材料定额消耗量和脱离定额的差异，也应填入材料切割核算单中，并应注明发生差异的原因，由主管人员签字。材料切割核算单的基本格式见表7－15。

表7－15　　　　材料切割核算单

材料编号或名称：A材料　　计量单位：千克　　材料计划单价：7.30元

产品名称：丙产品　　零件编号或名称：9215　　图纸号：103

切割工人姓名：××　　机床编号：301

发交切割日期：2005年12月5日　　完工日期：2005年12月9日

发料数量	退回余料数量	材料实际消耗	废料实际回收量
556	12	544	19.20

单件消耗定额	单件回收废品定额	应切割的毛坯数量	实际切割毛坯数量	材料定额消耗量	废品回收数量
14	0.40	76	70	490	7

续表

材料脱离定额差异		废料脱离定额差异			脱离定额差异原因	责任者
数量	金额	数量	单价	金额		
+54	+394.12	-12.20	0.80	-9.76	未按设计图纸切割，因而增加了边料，减少了毛坯	××

在上列材料切割核算中，退回余料是指切割后退回材料仓库的可以按照原来用途使用的材料，其数量应在计算材料实际消耗量时从发料数量中减去。回收的废料是指切割过程中产生的不能按照原来用途使用的边角料，是实际消耗材料的一部分，但退回仓库的废料价值应从材料费用中扣减。

采用材料切割核算单进行材料切割的核算，可以及时反映材料的耗用情况和发生差异的具体原因，加强材料耗用的控制。如果条件具备，材料切割的核算也可以与车间或班组的经济核算结合起来。

（3）盘存法。对于不能采用切割核算法的原材料，为了更好地控制用料，除了采用限额法外，还应按期（按工作班、工作日或按周、旬等）通过盘存的方法核算用料差异。盘存法的计算方法是：根据完工产品数量和在产品盘存（实地盘存或账面结存）数量算出投产产品数量，乘以原材料消耗定额，计算原材料定额消耗量；根据限额领料单和超额领料单等领、退料凭证和车间余料的盘存数量，计算原材料实际消耗量；然后将原材料的实际消耗量与定额消耗量相比较，计算直接材料脱离定额差异。

应该注意的是，投产产品数量与完工产品数量不同，原材料的定额消耗量不应根据本期完工产品数量乘以原材料消耗定额计算，而应根据本期投产产品数量乘以原材料消耗定额计算。这是因为：

$$\text{期初在产品数量} + \text{本期投产产品数量} = \text{本期完工产品数量} + \text{期末在产品数量}$$

移项：

$$\text{本期投产产品数量}=\text{本期完工产品数量}+\text{期末在产品数量}-\text{期初在产品数量}$$

$$\text{本期完工产品数量}=\text{本期投产产品数量}+\text{期初在产品数量}-\text{期末在产品数量}$$

从上列公式可以看出，本期完工产品的原材料包括期初的在产品中的上期用料，但未包括期末在产品中的本期用料。而本期投产产品所用的原材料包括在产品中的本期用料，但不包括期初在产品中的上期用料，因而应该作为本期原材料定额消耗量的计算依据。

但是，按照上列公式计算本期投产产品数量，必须具备下述条件：原材料在生产开始时一次投入，期初和期末在产品都不再耗用原材料。如果原材料随着生产进度连续投入，在产品还要耗用原材料，那么上列公式中的期初和期末在产品数量应改为按原材料消耗定额计算的期初和期末在产品的约当产量。

【例 7-8】 B 产品期初在产品为 25 件，本期完工产品 500 件，期末在产品 75 件。B 产品生产中所用原材料在生产开始时一次投入，单位产品原材料消耗定额为 2 千克，原材料的计划单价为 10 元。本月实际领料数量为 1050 千克，期初余料为 25 千克，期末余料为 10 千克。则：

本月投产产品数量 = 500 + 75 - 25 = 550（件）

原材料定额消耗量 = 550 × 2 = 1100（千克）

原材料实际消耗量 = 1050 + 25 - 10 = 1065（千克）

直接材料脱离定额差异 =（1065 - 1100）× 10 = -350（元）

限额领料单规定的产品数量一般是 1 个月的用量。为了及时核算用料脱离定额差异，有效地控制用料，用料差异的核算期越短越好，应尽量按工作班或工作日进行核算。这样，差异核算期内的投产产品数量一般小于按月规定的产品数量。因此，除了经过切割才能使用的材料以外，大部分材料应采用盘存法核算，控制用料差异。

（4）直接材料定额费用和脱离定额差异汇总表的编制。不论采用哪一种方法核算原材料定额消耗量和脱离定额差异，都应分批或定期地将这些核算资料按照成本计算对象汇总，编制直接材料定额费用和脱离定额差异汇总表。表中填明该批或该种产品所耗各种原材料的定额消耗量、定额费用和脱离定额的差异，并分析说明发生差异的主要原因。这种汇总表，既可用来汇总反映和分析直接材料脱离定额差异，又可用来代替直接材料费用分配表登记产品成本明细账，还可以向职工公布，以便根据差异发生的原因采取措施，进一步挖掘降低直接材料费用的潜力。

【例7-9】假定某企业生产丙产品，2005年12月份直接材料定额费用和脱离定额差异汇总表见表7-16。

表7-16　直接材料定额费用和脱离定额差异汇总表

产品名称：丙　　2005年12月　　金额单位：元

材料类别	材料编号	数量单位	计划单价	定额费用		计划价格费用		脱离定额差异		差异原因
				数量	金额	数量	金额	数量	金额	
原料	1101	千克	30	4820	144600	4970	149100	+150	+4500	（略）
主要材料	1201	千克	18	3980	71640	3820	68760	-160	-2880	（略）
辅助材料	1301	千克	6	1130	9040	1510	12080	+380	+3040	（略）
合计					225280		229940		+4660	

在定额费用和脱离定额差异汇总表中，直接材料的计划费用是按原材料的实际消耗量和计划单价计算的原材料费用，因而表中直接材料脱离定额差异的金额，是按原材料计划单价反映的原材料脱离定额的数量差异。表中脱离定额差异的计算公式为：

$$\text{直接材料脱离定额差异} = \text{直接材料计划价格费用} - \text{直接材料定额费用}$$

以原料费用为例，计算如下：

原料脱离定额差异（数量）=4970－4820=150（千克）

原料脱离定额差异（金额）=149100－144600=4500（元）

可以看出，表中所列直接材料的定额费用、计划价格费用和脱离定额差异，都是按原材料的计划单价计算的，都不包括原材料的价格差异。

领用自制半成品相当于领用原材料，因而自制半成品的定额消耗量、定额费用和脱离定额差异的计算方法与原材料相同。

2. 直接人工脱离定额差异的计算。在计件工资形式下，直接人工属于直接计入费用，其脱离定额差异的计算与直接材料脱离定额差异的计算相类似，符合定额的生产工人薪酬反映在产量记录中，脱离定额的差异通常反映在专设的薪酬补付单等差异凭证中。薪酬差异凭证也应填明原因，并经过一定的审批手续。

在计时工资形式下，直接人工属于间接计入费用，其脱离定额的差异不能按照产品直接计算，只有在月末实际直接人工总额确定以后，才能按照下列公式计算：

$$\text{某产品直接人工脱离定额的差异} = \text{该产品实际直接人工} - \text{该产品定额直接人工}$$

$$\text{某产品的定额直接人工} = \text{该产品定额生产工时} \times \text{计划小时直接人工}$$

$$\text{某产品的实际直接人工} = \text{该产品实际生产工时} \times \text{实际小时直接人工}$$

$$\text{计划小时直接人工} = \frac{\text{某车间计划产量的定额生产工人薪酬总额}}{\text{该车间计划产量的定额生产工时总数}}$$

$$\text{实际小时直接人工} = \frac{\text{某车间实际生产工人薪酬总额}}{\text{该车间实际生产工时总数}}$$

从以上计算公式可以看出，要降低单位产品的直接人工，除降低薪酬费用总额外，还必须降低单位小时的直接人工和单位产品的生产工时。由此可以看出，直接人工脱离定额差异的形成是由于生产工时变动和每小时直接人工费用两个因素共同作用的结果。

【例 7－10】假定前列企业某车间 12 月份计划产量的定额生产工人薪酬总额为 26800 元，计划产量的定额生产工时为 5360 小时，实际生产工人薪酬总额为 27500 元，实际生产工时为 5058 小时；本月丙种产品定额工时为 2988 小时，实际工时为 2860 小时。则丙产品直接人工脱离定额差异的计算如下：

$$计划单位小时直接人工=\frac{26800}{5360}=5$$

$$实际单位小时直接人工=\frac{27500}{5058}=5.437$$

丙产品的定额直接人工＝2988×5＝14940（元）

丙产品的实际直接人工＝2860×5.437＝15549.90（元）

丙产品直接人工脱离定额差异＝15549.90－14940

＝＋609.90（元）

因此，要控制直接人工费用，必须控制生产工人薪酬总额不超过计划；控制非生产工时不超过定额，即在工时总数固定的情况下充分利用工时；控制单位产品的生产工时不超过工时定额。此外，不论采用哪种工资形式，还应根据上述核算资料，按照成本计算对象汇编定额直接人工及脱离定额差异汇总表。表中汇总反映各种产品定额的工时和直接人工、实际的工时和直接人工、工时和直接人工脱离定额的差异以及产生差异的原因等资料，用以考核和分析各种产品生产工时和直接人工定额的执行情况，并据以计算产品的直接人工费用。

3. 制造费用脱离定额差异的计算。制造费用通常与计时工资一样，属于间接计入费用，在日常核算中不能按照产品直接计算脱离定额的差异，而只能按照费用发生的车间、部门和费用的项目计算脱离计划的差异，据以控制和监督费用的发生。对于其中材料费用，也可以采用前述限额单、超额领料单等定额凭证和差异凭证进行控制。领用生产工具、办公用品和发生零星费用，则可采用领用手册和费用限额卡等凭证进行控制；在这些凭证中，先要填明领用计划数，然后登记实际发生数和脱离计划的差异数；对于超过计划领用，也要经过一定的审批手续。因此，制造费用差异的日常核算，通常是指脱离制造费用的计划的差异核算。各种产品应负担的定额制造费用和脱离定额的差异，只有在月末时才能比照上述计时工资的计算公式确定。

【例7-11】假定前列企业某车间12月份计划制造费用总额为125066元，计划产量的定额生产工时为5360小时，实际发生制造费用为27500元，实际生产工时为5058小时；本月丙种产品定额工时为2988小时，实际工时为2860小时。则丙产品制造费用脱离定额差异的计算如下：

$$计划单位小时制造费用=\frac{125066}{5360}=23.3332$$

$$实际单位小时制造费用=\frac{121460}{5058}=24.0134$$

丙产品的定额制造费用 $=2988\times23.3332=69719.60$（元）

丙产品的实际制造费用 $=2860\times24.0134=68678.32$（元）

丙产品制造费用脱离定额差异 $=68678.32-69719.60$

$=-1041.28$（元）

由此可见，要控制产品的制造费用等间接计入费用不超过定额，不仅需要按照上述办法控制这些间接费用的总额不超过计划，同时也需要与控制生产工人计时工资一样，控制生产工时总额不低于计划，控制单位产品的工时不超过定额。

在单独核算废品损失的企业中，对于废品损失及其发生的原因应该采用废品通知单和废品损失计算表单独反映，其中不可修复废品的成本应按定额成本计算。由于产品的定额成本一般不包括废品损失，因而发生的废品损失通常作为脱离定额的差异处理。

在定额法下，生产费用既然是按照定额费用和脱离定额差异分别计算的，那么，根据产品的定额成本加上或者减去脱离定额的差异，即可求得产品的实际成本。计算公式如下：

产品实际成本 = 产品定额成本 ± 脱离定额差异

（三）材料成本差异的分配

采用定额法，为了便于产品成本的分析和考核，原材料的日常核算必须按计划成本计价进行。正因如此，直接材料的定额费用和脱离定额差异都按原材料的计划成本计算。前者是原材料的定额消耗量与其单位计划成本的乘积，后者是原材料消耗数量差异与其单位计划成本的乘积，即按原材料单位计划成本反映的原材料消耗的数量差异（量差），两者即原材料的实际消耗数量与其计划单位成本的乘积，即直接材料的计划费用。因此，在月末计算产品的实际原材料费用时，还必须乘以由材料核算提供的材料成本差异率，计算应该分配负担的原材料成本差异，即所耗原材料的价格差异（价差）。其计算公式如下：

$$\begin{matrix}\text{某产品应分配}\\\text{的材料成本差异}\end{matrix} = \left(\begin{matrix}\text{该产品直接}\\\text{材料定额费用}\end{matrix} \pm \begin{matrix}\text{直接材料脱}\\\text{离定额差异}\end{matrix}\right) \times \begin{matrix}\text{原材料成}\\\text{本差异率}\end{matrix}$$

【例 7-12】 在前列直接材料定额费用和脱离定额差异汇总中，丙种产品 12 月份所耗原材料定额费用为 225280 元，脱离定额差异为超支 4660 元。假定材料核算人员提供的原材料的成本差异率为节约 3%。则：

丙产品应分配的材料成本差异 =（225280 + 4660）×（ - 3%）

= - 6898.20（元）

在实际工作中，材料成本差异的分配计算，应该通过材料成本差异分配表或发料凭证汇总表进行。

如果产品的生产是多步骤生产，而且要求逐步结转半成品成本，半成品的日常核算也应按照计划成本或定额成本计划进行。在月末计算产品实际成本时，也应比照材料成本差异分配方法，分配计算产品所耗半成品的成本差异。这时，产品实际成本的计算公式应为：

产品实际成本 = 产品定额成本 ± 脱离定额差异 ± 原材料或半成品成本差异

在定额法下，为了便于考核和分析生产步骤的产品成本，简化和加速各生产步骤的成本计算工作，各生产步骤所耗原材料和半成品的成本差异，应该尽量由厂部会计部门集中分配、调整，直接计入产成品成本，不计入各生产步骤的产品成本。

（四）定额变动差异的计算

定额变动差异，是指由于修订消耗定额或生产耗费的计划价格而产生的新旧定额之间的差异。在消耗定额或计划价格修订以后，定额成本也应随之及时修订。定额成本一般在月、季度或年初期进行修订，但在定额变动的月份，月初在产品的定额成本并未修订，它仍然是按照旧的定额计算的。为了将按旧定额计算的月初在产品定额成本和按新定额计算的本月投入产品的定额成本，在新定额的基础上相加起来，以便计算产品的实际成本，还应计算月初在产品的定额变动差异，用以调整月初在产品的定额成本。

月初在产品定额变动的差异，可以根据定额发生变动的在产品盘存数量或在产品账面盘存数量和修订前后的消耗定额，计算月初在产品消耗定额修订前和修订后的定额消耗量，从而确定定额消耗量的差异金额。这种计算要按照零部件和工序进行，工作量较大。为了简化计算工作，也可以按照单位产品采用下述系数折算的方法计算：

$$\text{定额变动系数}=\frac{\text{按新定额计算的单位产品费用}}{\text{按旧定额计算的单位产品费用}}$$

$$\begin{matrix}\text{月初在产品}\\\text{定额变动差异}\end{matrix}=\begin{matrix}\text{按旧定额计算的}\\\text{月初在产品费用}\end{matrix}\times\left(1-\begin{matrix}\text{定额}\\\text{变动系数}\end{matrix}\right)$$

【例 7-13】假定前列企业丙种产品的某些零件从 12 月 1 日起修订原材料消耗定额，每件产品旧的原材料费用定额为 476 元，新的原材料费用定额为 450.56 元。该种产品 11 月 30 日在产品的原材料定额费用为 47600 元，则其定额变动系数和月初在产品定额变动差异应计算如下：

$$\text{丙产品定额变动系数}=\frac{450.56}{476}=0.9465546$$

$$\begin{aligned}\text{丙产品月初在产品定额变动差异}&=47600\times(1-0.9465546)\\&=2544\text{（元）}\end{aligned}$$

实际工作中，月初在产品定额变动差异应通过专设的计算表计算、反映。上列丙产品的月初在产品定额变动差异计算表见表 7-17。

表 7-17　　月初在产品定额变动差异计算表

产品名称：丙　　2005 年 12 月　　金额单位：元

成本项目	单位产品		定额变动系数	月初在产品定额费用	月初在产品定额变动差异
	原费用定额	新费用定额			
直接材料	476	450.56	0.9465546	47600	2544

上述定额变动系数由于不是按产品的零部件计算，而是按单位产品综合计算，因而能够简化计算工作。因此，在零部件生产不成套或成套性较差的情况下采用上述系数折算法，就会影响计

算结果的正确性。例如某产品只是一部分零部件的消耗定额做了修改，如果零部件生产不成套，月初在产品所包括的零部件又都不是消耗定额发生变动的零部件。这时，采用上述方法计算就会使本不应有定额变动差异的月初在产品定额成本不正确地做了调整。因此，这种方法在零部件成套生产或零部件生产的成套性较强的情况下采用比较适宜。

消耗定额变动一般表现为不断降低的趋势，因而月初在产品定额变动差异通常表现为月初在产品价值的降低，即贬值。这时，一方面应如上述从月初在产品定额费用中扣除该项差异，另一方面，还应将属于月初在产品生产费用实际支出的该项差异加入本月产品成本中。相反，如果消耗定额不是降低，而是提高，月初在产品差异则应加入月初在产品定额费用之中，同时从本月产品成本中予以扣除（因为实际上并未发生这部分支出）。这就是说，本月产品成本总额未变，即月初在产品费用与本月生产费用之和，或者本月完工产品费用与月末在产品费用之和都不变，只是内部的表现形式有所改变：定额降低时，减少了定额成本，增加了定额变动差异；定额提高时，情况相反，否则账目就不平了。

在修订定额成本的月份，产品的实际成本改按下列公式计算：

$$\text{产品实际成本} = \text{按现行定额计算的产品定额成本} \pm \text{脱离现行定额差异} \pm \text{原材料或半成品成本差异} \pm \text{月初在产品定额变动差异}$$

（五）产品实际成本的计算

某种产品如果既有完工产品又有月末在产品，也应与一般成本计算方法一样，在完工产品与月末在产品之间分配费用。但是，在定额法下，成本的日常核算是将定额成本与各种成本差异分别核算的，因而完工产品与月末在产品的费用分配，应按定额成本和各种成本差异分别进行，即先计算完工产品和月末在产品的定额成本，然后计算分配完工产品和月末在产品的各种成本差异。此外，定额法由于有着现成的定额成本资料，各种成本差异应采用定额比例法或在产品按定额成本计价法分配。前者将成本差异在完工产品与月末在产品之间按定额成本比例分配，后者将成本差异归由完工产品成本负担。分配应按每种成本差异分别进行。差异金额不大，或者差异金额虽大但各月在产品数量变动不大的，可以归由完工产品成本负担；差异金额较大而且各月在产品数量变动也较大的，应在完工产品与月末在产品之间按定额成本比例分配。但其中月初在产品定额变动差异，如果产品生产的周期小于一个月，定额变动的月初在产品在月内全部完工，那么即使差异金额较大而且各月在产品数量变动也较大，也可以将其归由完工产品成本负担。根据完工产品的定额成本，加减应负担的各种成本差异，即可计算完工产品的实际成本；根据月末在产品的定额成本，加减应负担的各种成本差异，即为月末在产品的实际成本。

三、定额法计算举例

【例 7－14】假定某企业丙种产品由一个封闭式车间进行生产，不分步骤计算成本。该企业规定：该种产品的定额变动差异和材料成本差异由完工产品成本负担，脱离定额差异按定额成本比例在完工产品与月末在产品之间进行分配。

根据丙种产品的月初在产品成本、月初产品定额变动差异以及按定额费用和各种成本差异分列的各种生产费用分配表等资料，登记该种产品成本明细账见表 7－18。

表 7-18　　产品成本明细账

产品名称：丙产品　　2005 年 12 月　产品数量：400 件　　单位：元

成本项目		序号	直接材料	直接人工	制造费用	合计
月初在产品	定额成本	①	47600	2460	11480	61540
	脱离定额差异	②	+746.72	+86.10	-176.40	+656.42
月初在产品定额变动	定额成本调整	③	-2544			-2544
	定额变动差异	④	+2544			+2544
本月费用	定额成本	⑤	225280	14940	69720	309940
	脱离定额差异	⑥	+4660	+609.90	-1041.60	+4228.30
	材料成本差异	⑦	-6898.20			-6898.20
生产费用合计	定额成本	⑧=①+③+⑤	270336	17400	81200	368936
	脱离定额差异	⑨=②+⑥	+5406.72	+696	-1218	+4884.72
	材料成本差异	⑩=⑦	-6898.20			-6898.20
	定额变动差异	⑪=④	+2544			+2544
差异分配率	脱离定额差异	⑫=⑨÷⑧	+2%	+4%	-1.50%	
产品成本	定额成本	⑬	180224	12480	58240	250944
	脱离定额差异	⑭=⑬×⑫	+3604.48	+499.20	-873.60	+3230.08
	材料成本差异	⑮=⑩	-6898.20			-6898.20
	定额变动差异	⑯=⑪	+2544			+2544
	实际成本	⑰=⑬+⑭+⑮+⑯	179474.28	12979.20	57366.40	249819.88
月末在产品	定额成本	⑱=⑧-⑬	90112	4920	22960	117992
	定额差异	⑲=⑨-⑭	+1802.24	+196.80	-344.40	+1654.64

在所列丙种产品成本明细账中，月初在产品成本资料应根据上月末在产品成本资料登记。由于材料成本差异和定额变动差异均由完工产品成本负担，因而月初在产品成本中不包括这两种成本差异。月初在产品定额变动资料，应列月初在产品定额变动差异计算表登记，其中，定额成本调整数是用来调整按旧定额计算的月初在产品定额成本的（定额降低时为负数，定额提高时为正数），定额变动差异数是应计入本月产品成本的月初在产品定额变动差异数（定额降低时为负数，定额提高时为正数），两者数额相等，但正负方向相反。本月生产费用中的直接材料的定额

费用和制造费用的定额费用的脱离定额差异，应根据各该费用的分配表或汇总表登记。

产品成本明细账中生产费用的各种累计数应根据月初在产品成本、月初在产品定额变动和本月生产费用中的相应资料汇总登记。其中定额成本应根据月初在产品的定额成本、定额成本调整和本月生产费用中的定额成本的代数和计算登记。

产品成本明细账中的差异率，即在完工产品与月末在产品之间分配各种成本差异的比率。其中脱离定额差异率，应根据生产费用累计数中的脱离差异累计数除以定额成本累计数计算填列。如果材料成本差异和定额变动差异也在完工产品与月末在产品之间进行分配，账中的差异率还应包括这两种成本差异率。

产品成本明细账中本月产成品的定额成本，应根据产品入库单所列产成品数量乘以产品的单位定额成本计算登记。假定两种产品的产成品数量为 400 件，其新修订的原材料费用定额为 450.56 元（见前列月初在产品定额变动差异计算表），其工时定额为 5.20 小时，每小时的直接人工定额为 6 元，制造费用定额为 28 元。产成品的定额成本计算如下：

直接材料 = 400 × 450.56 = 180224（元）

直接人工 = 400 × 5.20 × 6 = 12480（元）

制造费用 = 400 × 5.20 × 28 = 58240（元）

产成品定额成本 = 180224 + 12480 + 58240 = 250944（元）

产品成本明细账中本月产成品应分配负担的脱离定额差异，应根据产成品的定额成本乘以脱离定额差异的差异率计算填列。由于材料成本差异和定额变动差异全部归由产品成本负担，因而本月产成品成本中的该两种成本差异，应根据生产费用累计数中的该两种成本差异直接登记，不必根据差异率分配计算。本月产成品的实际成本就是按照前列产品实际成本的计算公式，根据产成品的定额成本加上或者减去各种成本差异计算登记的。

产品成本明细账中月末在产品的定额成本，可以根据各工序在产品的盘存数量或账面结存数量，乘以相应的费用定额（其中直接材料费用按修订后的费用定额）计算登记；也可以根据生产费用累计数中的定额成本减去本月产成品定额成本，即按照简化的倒挤方法计算登记。两者计算结果应该相等。月末在产品应分配负担的脱离定额差异，可以根据其定额成本乘以脱离定额差异的差异率计算登记，也可以根据生产费用累计中的脱离定额差异减去产成品脱离定额差异计算登记。两者计算结果也应相等。

可以看出，在月末在产品定额成本采用倒挤方法计算的情况下，在定额降低时，如果月初在产品定额成本不作降低的调整，由于本月生产费用和本月产成品成本中的定额成本已按降低后新的定额计算，月初在产品应降低而未降低的定额成本，即月初在产品定额变动差异，会全部计入月末在产品定额成本中，形成月末在产品定额成本虚增，使月末在产品负担的脱离定额差异也虚增。在定额提高时，情况则相反。这样就会影响成本计算的正确性，从而影响成本分析工作的进行。在月末在产品定额成本根据月末在产品盘存数量（或账面结存数量）和新的费用定额计算的情况下，在定额降低时，如月初在产品定额成本不作降低的调整，由于本月生产费用、本月产成品成本和月末在产品成本中的定额成本已按降低以后新的定额成本计算，则月初在产品成本和本月生产费用之和，与产品成本和月末在产品成本之和不相符，会使账目不平（定额提高时也是如此）。在这种情况下，如果成本差异率仍按上列产品成本明细账目中的计算公式计算，则会使成本差异分配不完。这是因为作为差异率计算公式分母的定额成本大于产成品与月末在产品的定额成本之和（定额提高时，情况相反）。

在上列丙种产品成本明细账中，本月产成品的定额成本为250944元，实际成本为249819.88元，成本节约1124.12元。从各种成本差异的组成来看，并非全部都是好的因素。其中脱离定额差异超支3230.08元，这是生产耗费的超支（量差），是车间工作的问题。材料成本差异节约6898.20元，这是车间耗用材料的价差，是材料供应部门工作的成绩，不是车间工作的成绩。定额变动差异超支2544元，这是月初在产品修订定额使定额降低的结果，这不仅不是车间工作的缺点，反而是车间工作的成绩，但不是车间本月份工作的成绩，而是车间以前月份工作的成绩，也就是车间前一个时期改进生产技术、节约原料的结果。上述三种成本差异的代数和就是本月产成品成本的净节约额1124.12元。此外，上述成本分析还可以按照各个成本项目分别进行。由此可见，在定额法下，将完工产品按照成本项目分别反映定额成本和各种成本差异，便于进行产品成本的定期分析和考核。

四、定额法的优缺点、适用范围和应用条件

通过以上各节所述，可以看出，定额法是将产品成本的定额工作、核算工作和分析工作有机地结合起来，将事前、事中、事后反映和监督融为一体的一种产品成本计算方法和成本管理制度。

（一）定额法的优缺点

1. 定额法的优点是：（1）通过生产耗费和生产费用脱离定额和计划的差异的日常核算，能够在各该耗费和费用发生的当时反映和监督脱离定额（或计划）的差异，加强成本控制，从而及时、有效地促进节约生产耗费，降低产品成本；（2）由于产品实际成本是按照定额成本和各种成本差异分别反映的，因而便于进行产品成本的定期分析，有利于进一步挖掘降低成本的潜

力；（3）通过脱离定额差异和定额变动差异的核算，有利于提高成本的定额管理和计划管理工作的水平；（4）由于有着现成的定额成本资料，因而能够比较合理和简便地解决完工产品和月末在产品之间分配费用（即分配各种差异）的问题。

2. 定额法的缺点是：由于要制定定额成本、单独计算脱离定额的差异，在定额变动时还要修订定额成本、计算定额变动差异，因而计算的工作量比较大。

（二）定额法的适用范围和应用条件

定额法与生产的类型没有直接关系，不论哪一种类型，都可以采用定额法核算生产费用、计算产品成本。但是，为了充分发挥定额法的作用，并且简化计算工作，采用定额法必须具备以下两项条件：（1）企业的定额管理制度比较健全，定额管理工作的基础比较好；（2）产品的生产定型，各项消耗定额都比较准确、稳定。由于大批量生产的机械具备这些条件，因而定额法最早应用在大批量生产的工业企业中。

第三节 标准成本法

一、标准成本法的特点

（一）标准成本法的特点

标准成本法，也称标准成本制度，是指事先制定标准成本，然后将实际成本与标准成本相比较，以揭示成本差异，并对差异进行因素分析，进而加强对企业实施成本控制的一种系统或制度。

标准成本法由标准成本、成本差异和差异处理三部分组成，其核心是按标准成本和脱离标准成本的差异记录和反映产品成本的形成过程和结果，借以实现对成本的控制。其主要特点是：

1. 事先制定所生产的各种产品应发生的各项目成本，亦称标准成本，作为员工努力的目标以及衡量实际成本节约或超支的尺度，从而起着成本的事前控制作用。

2. 在生产过程中将成本的实际消耗与标准消耗进行比较，及时地揭示和分析脱离成本标准的差异，并迅速采取措施加以改进，以加强成本的事中控制。

3. 每月终了按实际产量乘以各项目的成本标准，将求得的标准成本同计算出来的实际成本相比较，揭示各成本差异，分析差异原因，查明责任归属，评估业绩，从而制定有效措施，以避免不合理支出和损失的再次发生，为未来的成本管理工作和降低成本的途径指出努力方向，实现成本的事后控制。

由此可见，标准成本法并不单单是指一种成本计算方法，而是一个包括制定标准成本、计算和分析成本差异以及处理成本差异三个环节在内的完整系统。它不仅可以用来确定事后的产品实际成本，而且更重要的是能够用来加强事前和事中的成本控制，从而成为加强成本管理、全面提高企业经济效益的重要工具。

（二）标准成本的种类

制定标准成本必须确定选择符合企业实际情况的成本目标作为标准成本，通常可供选择的标准成本主要有基本标准成本、理想标准成本和正常标准成本三种类型。

1. 基本标准成本。它是在有效地利用现有技术、设备和经营管理条件的基础上，考虑下一期最可能发生的各种耗用量、价格和经营管理能力利用程度而制定的标准成本。这种标准成本是以某一年的成本为基础制定出来的，一经制定，一般多年不变，使各期成本具有一个共同的比较基础。由于历史成本可能包含一部分无效因素，且随时间的推移，企业的生产技术和经营条件肯定发生变化，使原有标准不再适宜现实情况，因而在成本管理中该标准成本所应发挥的作用受到限制。所以这种标准成本在实际工作中较少采用。

2. 理想标准成本。它是指现有的技术设备和生产经营管理条件处于最佳状态制定的标准成本，是在排除了工作中的一切失误、浪费和耽搁（如机器故障、工作停顿等）的基础上，只有最高水平的工作人员在最佳状态下尽最大努力才能实现，具有很强的激励性。由于这种标准提出的要求太高，即使对最优秀的工作人员也很难达到，会挫伤职工的积极性，因此在实际工作中较少采用。

3. 正常标准成本。它是根据企业达到的生产技术水平，以有效地利用生产经营条件为基础所确定的标准成本。在制定这种标准成本时，剔除了一些不可避免的因素，如机器故障、工作停顿、正常耗损等。要达到这种标准成本并非容易，但绝非高不可攀，经过努力是可以达到的。这种标准成本在成本控制中能够发挥积极作用，使其所要求的先进性和现实性得到统一，因而在经济形式稳定的条件下得到广泛应用。

需要指出的是，上述各种标准成本的制定和采用，不论哪种，都应考虑标准的先进性，面向未来。在制定过程中，应当尽量吸收负责执行标准的职工参加，使标准成本在企业成本管理中发挥应有的作用。

（三）标准成本的作用

标准成本主要有以下几个方面的作用：

1. 有效地进行成本控制。标准成本是在对实际情况进行认真调查、分析的基础上，运用一定的科学方法制定出来的，是比历史成本水平更为优越的控制依据，所以其更具有客观性和科学性。成本差异是成本升降的数量反映，在日常经济活动中，不断地计算和分析差异，可以找到成本升降的真正原因，以采取有效的措施消除实际成本超出标准成本的差异，进行成本控制。

2. 有利于分清部门责任。由于标准成本的每个成本项目均采用单独的价格标准和用量标准，企业管理当局可以及时掌握实际成本与标准成本之间、各个成本项目之间的差异的责任归属，从而有利于分清各部门的责任，便于责任会计的推行。

3. 能为企业经营决策提供依据。由于标准成本能使企业管理者达到期望的预定目标成本，剔除了各种不利因素，因此它可以作为确定产品价格的基础，用于产品销售定价决策。同时，由于标准成本是采用科学方法制定的，既不是高不可攀，也并非轻而易举就可以达到的，因此它又可以作为定量化决策成本分析的依据，用于对有关方案的鉴别与优选。

4. 标准成本有利于实施例外管理。由于企业的经济活动纷繁复杂，企业管理者不可能也没有必要对全部的经济活动不分巨细、毫无遗漏地一一作出妥善安排。根据例外管理原则的要求，企业管理者只需将注意力集中于那些未能符合标准的重大事件上。在实施标准成本法的情况下，将实际成本与标准成本相比较所产生的差异，是例外管理赖以进行的必要信息。

5. 简化成本核算工作。采用标准成本法，由于材料、在产品、产成品及产品销售成本均按标准成本计价，标准成本和成本差异分别列示，所以不必将生产费用在完工产品和期末在产品之间进行分配，这就使得成本核算的日常账务处理工作大为简化。

二、标准成本的制定

产品的标准成本一般由直接材料、直接人工和制造费用三部分组成，尽管它们的具体性质和作用各不相同，但其基本形式都是以“数量标准”乘上“价格标准”而得到的。即：

标准成本=数量标准×价格标准

这里，数量标准是指直接材料或直接人工工时的耗用量标准，价格标准是指材料价格标准、人工工资率或制造费用分配率标准。要制定一个既科学合理又切实可行的标准成本，除了需要财会人员的辛勤工作外，也离不开工程技术人员与其他有关人员的努力。通常数量标准主要由工程技术人员研究确定，价格标准则由财会人员会同其他人员（如采购人员、劳资管理人员）研究确定。另外制定标准成本时还应尽量让标准成本的执行者，即直接控制成本的人员参加，最终经企业管理当局同意后执行。

（一）直接材料标准成本的制定

直接材料标准成本的数量标准是指在现有的技术和管理水平及经营条件下，生产单位产品所需用的材料数量，包括构成产品实体的材料、生产中必要的损耗和不可避免地产生的废品所需用的材料等。数量标准应按生产产品所耗用的各种不同的材料分别计算。直接材料标准成本的价格标准是指由财会部门和供应部门根据市场上各种材料的供应价格和运输等因素事先共同研究确定的标准价格，包括买价和运杂费等，价格标准也应按各种材料分别计算。

有了数量标准和价格标准，则标准成本可按下列公式确定：

$$\text{单位产品直接材料标准成本}=\text{单位产品直接材料耗用量标准}\times\text{直接材料价格标准}$$

（二）直接人工标准成本的制定

直接人工标准成本的数量标准是指在现有的技术和管理水平及经营条件下，生产单位产品所需用的时间（通常以工作小时即工时来计量），包括对产品进行直接加工所用的时间、生产过程中必要的间歇和停工时间以及不可避免的废品上所花费的时间等。数量标准应事先按各产品的加工步骤分别计算，然后再按不同的产品分别加以汇总。直接人工标准成本的价格标准即工资率标准，是指每一标准工时应分配的工资数额。

有了以上两个标准，便可按下列公式制定标准成本：

$$\text{单位产品直接人工标准成本}=\text{单位产品工时耗用量标准}\times\text{工资率标准}$$

（三）制造费用标准成本的制定

制造费用标准成本的数量标准是指生产单位产品所需用的小时数；而价格标准即指制造费用的分配率标准。所谓制造费用分配率，是指制造费用预算所确定的费用发生额除以生产量标准（以工时计量）所得的商，它反映的是单位生产工时应负担的制造费用数额。

$$\text{单位产品制造费用标准成本}=\text{单位产品工时耗用量标准}\times\text{制造费用分配率标准}$$

由于制造费用是一个综合性费用项目，它包括的内容较为复杂，其中有的属于固定费用，有的属于变动费用，因此，在制定标准成本时，对固定费用和变动费用应分别编制预算，并分别计算其费用分配率标准。

将以上直接材料、直接人工和制造费用三个项目的标准成本相加，就是产品的标准成本：

$$\text{单位产品标准成本}=\text{单位产品直接材料标准成本}+\text{单位产品直接人工标准成本}+\text{单位产品制造费用标准成本}$$

通常，产品的标准成本是通过标准成本卡的形式反映的。标准成本卡应分车间、分项目反映出单位产品的标准成本及其计算时所依据的材料、工时的用量标准和材料价格、工资率、制造费用分配率的标准等，标准成本卡的内容一般包括直接材料、直接人工和制造费用三部分。其中，直接材料应按材料不同的种类和规格详细列明，直接人工应按不同的工种及不同的工资率分别列出，制造费用应根据其习性分为变动制造费用和固定制造费用，并分项列出。标准成本卡的格式见表7－19。

表7－19　　标准成本卡

产品名称：A　　编制日期：　年　月　日

成本项目	数量标准	价格标准	单位产品标准成本
直接材料	10千克	10元	100元
直接人工	5工时	7元	35元
变动制造费用	5工时	6元	30元
固定制造费用	5工时	2元	25元
单位产品标准成本			190元

三、成本差异分析

成本差异是指产品的实际成本与标准成本之间的差额，它也称为标准差异。尽管标准成本是经过认真、仔细地分析研究而制定的，但它毕竟是一种预定的目标成本。在实际生产经营过程中，由于市场供求的变化、材料价格的波动以及其他种种影响企业经营条件的各种因素的客观存在与变动，往往使得实际成本不可能与预定的目标完全相符，其差额就是成本差异。实际成本超过标准成本所形成的差异叫不利差异，实际成本低于标准成本所形成的差异叫有利差异。通过计算成本差异，并具体分析差异形成的具体原因和责任，进而采取相应措施，就能够实现对成本的有效控制，以促进成本的不断降低。

标准成本的各成本项目是在数量和价格两个因素相乘的基础上计算的，成本差异同样也从数量和价格两个因素进行分析。

设：Q为标准数量，$Q+\Delta Q$为实际数量；P为标准价格；$P+\Delta P$为实际价格。则：

实际成本 $=(Q+\Delta Q)\cdot(P+\Delta P)$

标准成本 $=Q\cdot P$

$$成本差异 = (Q + \Delta Q) \cdot (P + \Delta P) - Q \cdot P$$
$$= P \cdot \Delta Q + Q \cdot \Delta P + \Delta Q \cdot \Delta P$$

从上式可以看出，构成成本差异的有三部分：$P \cdot \Delta Q$ 是实际数量与标准数量不一致而产生的差异，是纯数量差异；$Q \cdot \Delta P$ 是实际价格与标准价格不一致而产生的差异，是纯价格差异；$\Delta Q \cdot \Delta P$ 是实际数量与标准数量的差异同实际价格与标准价格的差异结合在一起而产生的差异。对混合差异的处理通常有两种方式：一是把数量差异、价格差异、混合差异均分别列出；另一种则是不单独计算混合差异，而是把它并至价格差异来处理，因为价格差异常常表现为不可控因素，而数量差异则是成本控制的重点。为了正确进行考核，尽可能不受价格因素的影响，因而通常是将混合差异包括在价格差异中。列示公式如下：

$$数量差异 = [(Q + \Delta Q) - Q] \cdot P = P \cdot \Delta Q$$

$$价格差异 = Q \cdot \Delta P + \Delta Q \cdot \Delta P = (Q + \Delta Q) \cdot \Delta P$$

成本差异包括直接材料成本差异、直接人工成本差异和制造费用成本差异三部分，制造费用成本差异又可以分为变动制造费用成本差异和固定制造费用成本差异。尽管这些差异内容不一，各具特点，但都可以笼统地归结为“价格差异”和“数量差异”两大类，并且，各差异的计算方法和分析原理也基本相同。

①$\begin{matrix}实际\\价格\end{matrix} \times \begin{matrix}实际\\数量\end{matrix}$，②$\begin{matrix}标准\\价格\end{matrix} \times \begin{matrix}实际\\数量\end{matrix}$，③$\begin{matrix}标准\\价格\end{matrix} \times \begin{matrix}标准\\数量\end{matrix}$

价格差异 = ① - ②

数量差异 = ② - ③

成本差异 = 价格差异 + 数量差异

上列式子中显示了差异分析的通常做法：价格差异按实际数量计算，数量差异按标准价格计算。根据以上原理，直接材料、直接人工和制造费用成本差异可逐一分析如下。

（一）直接材料成本差异的分析

直接材料成本差异是指一定产品产量的直接材料实际成本与标准成本之间的差额，它是由直接材料价格差异和直接材料数量差异两部分构成的。其具体计算方法如下：

$$\text{直接材料价格差异}=\left(\text{实际价格}\times\text{实际数量}\right)-\left(\text{标准价格}\times\text{实际数量}\right)$$

$$=(\text{实际价格}-\text{标准价格})\times\text{实际数量}$$

$$\text{直接材料数量差异}=\left(\text{标准价格}\times\text{实际数量}\right)-\left(\text{标准价格}\times\text{标准数量}\right)$$

$$=(\text{实际数量}-\text{标准数量})\times\text{标准价格}$$

$$\text{直接材料成本差异}=\left(\text{实际价格}\times\text{实际数量}\right)-\left(\text{标准价格}\times\text{标准数量}\right)$$

$$=\text{直接材料实际成本}-\text{直接材料标准成本}$$

$$=\text{直接材料价格差异}+\text{直接材料数量差异}$$

【例 7－15】某企业只生产一种产品，并且只需用一种材料，本期共生产 500 件，耗用材料 4600 千克，材料实际价格 11.50 元。若材料标准价格为 10 元，单位产品的材料标准耗用量为 10 千克，则直接材料的成本差异可计算分析如下：

直接材料实际成本 $=11.50\times4600=52900$（元）

直接材料标准成本 $=10\times10\times500=50000$（元）

直接材料成本差异 $=52900-50000=2900$（元）（不利差异）

其中，直接材料价格差异 $=(11.50-10)\times4600$

$=6900$（元）（不利差异）

直接材料数量差异 $=(4600-10\times500)\times10$

$=-4000$（元）（有利差异）

计算表明，该企业由于材料耗用量的节约使得直接材料成本节约了 4000 元，但由于材料价格上升，又使得直接材料成本超支了 6900 元，两因素综合在一起，仍使直接材料实际成本比标准成本增加 2900 元。

当企业生产多种产品或者生产的产品耗用多种材料时，直接材料成本差异的分析仍可按上述方法进行，只是这时需要将上述方法计算的各产品或各材料的价格差异及数量差异加以汇总。

确定了直接材料成本差异后，就应进一步查明差异产生的具体原因及责任归属。一般说来，直接材料价格差异应由企业的采购部门负责，但由于影响材料价格的因素很多，采购地点、采购批量、运输方式、运输线路、材料质量、市场供求情况，等等，在这些因素中，既有采购部门所能选择、所能控制的，也有采购部门所不能选择、不能控制的。若引起价格差异变动的因素是采购部门所不能控制的，则就不应由采购部门负责，比如对临时需要材料进行紧急采购所引起的采购成本和采购费用的升高、市场供求变化引起的价格上升等。直接材料数量差异一般应由生产部门负责，因该差异基本上是生产部门所能控制的。但影响材料耗用量的因素也很多，如影响材料消耗量变动的因素是企业生产部门所不能控制的，则同样也不应由生产部门负责，如由于材料质量低劣或规格型号不符合要求等原因引起的数量差异就应由采购部门负责。

（二）直接人工成本差异的分析

直接人工成本差异的分析是指一定产品产量的直接人工实际成本与标准成本之间的差额，它是由直接人工工资率差异和直接人工效率差异两部分所构成的。直接人工工资率差异就是直接人工的价格差异，它是按实际工资率计算的直接人工成本与按标准工资率计算的直接人工成本之间的差额，类似于直接材料成本差异中的材料价格差异；直接人工效率差异即直接人工的数量差异，它是指按生产中实际产量耗用的直接人工实际工时计算的直接人工成本与按实际产量应耗用的直接人工标准工时计算的直接人工成本之间的差额，类似于直接材料成本差异中的材料数量差异。所以，直接人工成本差异分析的原理与方法同直接材料成本差异分析的原理与方法是相同的。

$$\text{直接人工工资率差异}=\left(\text{实际工资率}\times\text{实际工时}\right)-\left(\text{标准工资率}\times\text{实际工时}\right)$$

$$=(\text{实际工资率}-\text{标准工资率})\times\text{实际工时}$$

$$\text{直接人工效率差异}=\left(\text{标准工资率}\times\text{实际工时}\right)-\left(\text{标准工资率}\times\text{标准工时}\right)$$

$$=(\text{实际工时}-\text{标准工时})\times\text{标准工资率}$$

直接人工成本差异 = 实际直接人工成本 - 标准直接人工成本

= 直接人工工资率差异 + 直接人工效率差异

【例 7 - 16】 某企业本期实际生产产品 500 件，实际耗用 2300 工时，实际发生的直接人工成本为 17940 元。若单位产品的工时耗用标准为 5 工时，标准工资率为 7 元/小时，则直接人工成本差异可计算如下：

实际直接人工成本 = 17940（元）

标准直接人工成本 = 7 × 5 × 500 = 17500（元）

直接人工成本差异 = 17940 - 17500 = 440（元）（不利差异）

其中，直接人工工资率差异 $=\left(\dfrac{17940}{2300}-7\right)\times 2300$

= 1840（元）（不利差异）

直接人工效率差异 = (2300 - 500 × 5) × 7

= - 1400（元）（有利差异）

计算表明，由于工资率提高使成本超支 1840 元，尽管人工效率提高使成本节约 1400 元，但两因素综合起来，仍使直接人工成本超支 440 元。

由于不同工序、不同工种都制定有相应的工时耗用量标准及工资率标准，所以，如果企业生产的产品需若干个工序、由不同工种加工时，就需就不同工序、不同工种分别按上述方法进行成本差异分析，然后加以汇总。

确定了直接人工差异后，同样需要进一步查明差异产生的具体原因及责任归属。工资率通常由劳动合同规定的，除了修改合同外，一般不会出现工资率差异，但如果企业人员安排不当使工资率超过标准，如让高等级工人去做技术要求不高的工作，或安排过多的工人从事一定量的工作，由此引起的差异，应由负责安排工人工作的劳动人事部门或生产部门负责。影响工时耗用量的因素很多，如工人的技术熟练程度与劳动态度、设备的先进程度与完好程度、被加工材料的质量状况、能源的供应情况、工具的配备情况，等等，这些因素中，有生产部门能够控制的，也有一些是生产部门所不能控制的。因此，人工效率差异基本上应由生产部门负责，但也有一部分可能要由其他有关部门负责。

（三）制造费用差异的分析

制造费用差异由变动制造费用差异和固定制造费用差异两部分构成。由于这两部分差异各有特点，所以分析时应区别对待。

1. 变动制造费用差异分析。变动制造费用差异是指一定产品产量的实际变动制造费用与标准变动制造费用之间的差额。变动制造费用是变动制造费用分配率与直接人工工时的乘积，所以变动制造费用差异包括变动制造费用分配率差异和变动制造费用效率差异。变动制造费用分配率差异也称变动制造费用开支差异、耗费差异或预算差异，类似于直接材料价格差异和直接人工资率差异，该差异是由单位直接人工工时应负担的变动制造费用实际脱离其标准而引起的。变动制造费用效率差异类似于直接材料数量差异和直接人工效率差异，该差异是由生产产品实际耗用的直接人工工时脱离其标准而引起的。对变动制造费用差异可分析如下：

$$\text{变动制造费用耗用差异}=\left(\text{实际分配率}\times\text{实际工时}\right)-\left(\text{标准分配率}\times\text{实际工时}\right)$$

$$=(\text{实际分配率}-\text{标准分配率})\times\text{实际工时}$$

$$\text{变动制造费用效率差异}=\left(\text{标准分配率}\times\text{实际工时}\right)-\left(\text{标准分配率}\times\text{标准工时}\right)$$

$$=(\text{实际工时}-\text{标准工时})\times\text{标准分配率}$$

$$\text{变动制造费用差异}=\left(\text{实际分配率}\times\text{实际工时}\right)-\left(\text{标准分配率}\times\text{标准工时}\right)$$

$$=\text{实际变动制造费用}-\text{标准变动制造费用}$$

$$=\text{变动制造费用耗用差异}+\text{变动制造费用效率差异}$$

【例7-17】 某企业本期实际发生的变动制造费用总额为13455元，变动制造费用的标准分配率为每工时6元，其他资料与前【例7-16】相同。则变动制造费用差异可分析如下：

实际变动制造费用＝13455（元）

标准变动制造费用＝6×5×500＝15000（元）

变动制造费用差异＝13455－15000＝－1545（元）（有利差异）

其中，变动制造费用耗用差异$=\left(\frac{13455}{2300}-6\right)\times 2300$

$=-345$（元）（有利差异）

变动制造费用效率差异＝6×(2300－5×500)

$=-1200$（元）（有利差异）

计算表明，该企业不仅提高了劳动效率，缩短了单位产品生产工时，而且还相对节约了变动制造费用，降低了变动制造费用分配率，两方面共同作用使得变动制造费用节约了1545元。

变动制造费用差异计算出来以后，分析产生的原因及落实其责任归属也很重要。由于变动制造费用是一个综合性的费用项目，包括的内容很多，一般直接根据前述计算结果还不便于对变动制造费用进行考核、控制及原因分析，因此，在实际工作中，通常应根据变动制造费用弹性预算的明细项目，结合同类项目的实际发生数编制实绩报告，将各项目实际发生数与预算数进行对比，以找出差异产生的真正原因及责任归属。

2. 固定制造费用差异分析。固定制造费用差异是指一定期间的实际固定制造费用与标准固定制造费用之间的差额。其中：

标准固定制造费用 = 固定制造费用标准分配率 × 标准工时

$$\text{固定制造费用标准分配率}=\frac{\text{固定制造费用预算数}}{\text{计划生产能量}}$$

固定制造费用主要是同生产能力的形成及正常维护相联系的，生产活动水平在一定范围内发生变动，并不会对固定制造费用发生直接的影响。因此，对于固定制造费用，主要是按一定期间编制预算，在一定的相关范围内是采用固定预算而不是弹性预算的形式。在产量的相关范围内，固定制造费用不会随产量的变动而变动，所以，固定制造费用标准分配率是按照计划生产能量作为分母计算的。

在生产多种产品的情况下，由于各种产品有着不同的实物计量单位，有着不同的使用价值，其实物量不能相加。为弥补实物量指标的不足，通常企业的计划生产能量与实际生产能量都是以工时为标准来计量的。一般情况下，计划生产能量与实际生产能量不可能完全一致。实际产量小于计划生产能量，说明生产能力利用程度未达到预算规定的水平；反之，说明生产能力利用超过了预算规定的水平。当实际产量大于或小于计划生产能量时，就会使固定制造费用产生差异，这种差异叫做固定制造费用生产能力利用程度差异，或固定制造费用能量差异。因此，固定制造费用的差异除了像变动制造费用差异那样包括耗用差异和效率差异之外，还包括生产能力利用程度差异。对固定制造费用差异可分析如下：

$$\text{固定制造费用耗用差异}=\left(\text{实际分配率}\times\text{实际工时}\right)-\left(\text{标准分配率}\times\text{计划生产能量}\right)$$

$$=\text{实际固定制造费用}-\text{固定制造费用预算数}$$

$$\text{固定制造费用能量差异}=\left(\text{标准分配率}\times\text{计划生产能量}\right)-\left(\text{标准分配率}\times\text{实际工时}\right)$$

$$=(\text{计划生产能量}-\text{实际工时})\times\text{标准分配率}$$

$$\text{固定制造费用效率差异}=\left(\text{标准分配率}\times\text{实际工时}\right)-\left(\text{标准分配率}\times\text{标准工时}\right)$$

$$=(\text{实际工时}-\text{标准工时})\times\text{标准分配率}$$

$$\text{固定制造费用差异}=\left(\text{实际分配率}\times\text{实际工时}\right)-\left(\text{标准分配率}\times\text{标准工时}\right)$$

$$=\text{实际固定制造费用}-\text{标准固定制造费用}$$

$$=\text{固定制造费用耗用差异}+\text{固定制造费用能量差异}+\text{固定制造费用效率差异}$$

【例 7－18】某企业本期固定制造费用预算数为 13250 元，编制预算时所依据的计划生产能量为 2650 工时，本期实际发生固定制造费用为 15080 元，实际耗用工时为 2600 工时，其他资料与前【例 7－16】相同。则固定制造费用差异可分析如下：

$$\text{固定制造费用标准分配率}=\frac{13250}{2650}=5\text{（元）}$$

$$\text{固定制造费用实际分配率}=\frac{15080}{2600}=5.80\text{（元）}$$

$$\text{固定制造费用耗用差异}=15080-13250$$
$$=1830\text{（元）（不利差异）}$$

$$\text{固定制造费用能量差异}=(2650-2600)\times 5$$
$$=250\text{（元）（不利差异）}$$

$$\text{固定制造费用效率差异}=(2600-5\times 500)\times 5$$
$$=500\text{（元）（不利差异）}$$

固定制造费用差异 = 1830 + 250 + 500 = 2580（元）（不利差异）

固定制造费用预算应就各生产部门分别编制，实际发生固定制造费用应就各生产部门分别记录，固定制造费用的标准分配率和实际分配率应就各生产部门分别计算，因此，固定制造费用的差异分析也应就各生产部门分别进行，然后通过汇总便可求得整个企业的固定制造费用差异和固定制造费用的耗费差异、能量差异、效率差异。

当固定制造费用差异确定后，同样需要落实差异的责任归属。一般来说，固定制造费用耗用差异的产生原因主要有临时添置固定资产、超计划雇佣管理人员和辅助生产人员、应计和预付费用计入本期成本的数额过多等。导致固定制造费用能量差异出现的原因主要有经济不景气、产品定价过高、材料能源供应不足、产品销路不佳等。引起固定制造费用效率差异的原因与引起直接人工效率差异的原因相同，即主要是工时利用效率。与变动制造费用一样，固定制造费用也是一个综合性项目，其包括的内容也很繁杂。为了准确地查明差异产生的真正原因及责任归属，必须将固定制造费用的实际数与预算数逐项进行对比分析，才能恰当而又公正地落实责任。

（四）成本差异分析的特殊问题

1. 直接材料的混合差异与产出差异。某些行业的企业，在生产中往往需要将几种材料按一定比例混合使用。在这种情况下，就应将直接材料成本差异中的数量差异分解成材料混合差异和材料产出差异。

所谓材料混合差异是指由于投料比例改变而形成的差异，它通过投入材料的平均单价的变动显现出来。其计算公式为：

$$\text{材料混合差异} = \left(\text{按实际投料量与标准价格计算的加权平均单价} - \text{标准混合平均单价}\right) \times \text{本期实际投料总量}$$

所谓材料产出差异，是指混合材料实际用量按标准产出率计算的标准成本与实际产量的标准成本之差，它实际上就是生产中的材料用量差异，它通过一定的投料所得到的产品产出量的差异表现出来。其计算公式为：

$$\text{材料产出差异}=\left(\text{混合材料实际总用量按标准产出率计算的标准产量}-\text{实际产量}\right)\times\text{单位产品混合材料的标准成本}$$

【例 7－19】某企业的 A 产品是由甲、乙、丙三种材料混合加工制成的，根据标准，每消耗 4 千克混合材料应产出 1 件 A 产品，本期 A 产品的实际产量为 54000 件，假设本期材料购入量与耗用量相等。其他有关资料见表 7－20。

表 7－20　**A 产品材料耗用表**　金额单位：元

材料名称	每千克混合材料的标准数据			每千克混合材料的实际数据		
	标准价格	标准用量（千克）	标准成本	实际价格	实际用量（千克）	实际成本
甲材料	12	0.5	6	11	80000	880000
乙材料	9	0.2	1.8	10	120000	1200000
丙材料	6	0.3	1.8	6	40000	240000
合计			9.6		240000	2320000

则：单位 A 产品的混合标准成本 = 9.60 × 4 = 38.40（元）

实际产量应耗混合材料的标准数量 = 54000 × 4 = 216000（千克）

直接材料成本差异 = 2320000 − 38.40 × 54000

= 246400（元）（不利差异）

直接材料价格差异 = (11 − 12) × 80000 + (10 − 9)

× 120000 + (6 − 6) × 40000

= 40000（元）（不利差异）

直接材料数量差异 = (80000 − 0.5 × 216000) × 12

+ (120000 − 0.2 × 216000) × 9

+ (40000 − 0.3 × 216000) × 6

$=206400$（元）（不利差异）

将数量差异进一步分解为材料混合差异和材料产出差异：

$$材料混合差异=\left(\frac{12\times80000+9\times120000+6\times40000}{240000}-9.60\right)\times240000$$

$$=-24000（元）（有利差异）$$

$$材料产出差异=38.40\times\left(\frac{240000}{4}-54000\right)$$

$$=230400（元）（不利差异）$$

将材料数量差异进一步分解为混合差异和产出差异，可以明确差异形成的具体原因和责任，针对存在的问题采取相应的有效措施。

2. 直接人工效率差异中的材料用量差异。直接人工工时耗用量与被加工的材料数量有着直接的关系。单位产品耗用材料数量多，势必会使工时消耗增加；反之，单位产品耗用材料数量少，工时消耗也必然会节约。因此，单位产品材料耗用量也是影响人工效率的一个重要因素。因此，不应将材料的数量差异和人工的效率割裂开来孤立地进行分析，必须联系起来进行考虑。

【例 7－20】某企业生产 B 产品，本期共耗用直接材料 5000 千克，直接人工 3400 小时，生产出产品 1500 件，假定没有期初、期末在产品。其他有关资料见表 7－21。

表 7－21　　B 产品材料耗用表

项　目	数量标准	价格标准（元）	单位产品标准成本（元）
直接材料	3 千克	4	12
直接人工	3 小时	5	15
合计			27

直接人工效率差异可计算如下：

按实际工时、标准工资率计算的人工成本 $=3400\times5$

$=17000$（元）

按标准工时、标准工资率计算的人工成本 $=1500\times3\times5$

$=22500$（元）

直接人工效率差异 $=17000-22500=-5500$（元）（有利差异）

上述直接人工效率差异，可进一步按下列方式进行分析：

按实际产量与材料标准用量计算的人工成本 $=1500\times4\times\frac{3}{4}\times5=22500$（元）

按材料实际用量计算的人工成本 $=5000\times\frac{3}{4}\times5$

$=18750$（元）

按实际工时与标准工资率计算的人工成本 $=3400\times5$

$=17000$（元）

材料用量差异引起的直接人工效率差异 $=18750-22500$

$=-3750$（元）（有利差异）

生产中工效提高所引起的直接人工效率差异 $=17000-18750$

$=-1750$（元）（有利差异）

计算表明，直接人工效率差异节约 5500 元，是由于材料用量节约导致人工成本降低 3750 元和直接人工真正的工效提高导致人工成本降低 1750 元两因素共同作用的结果。这样，就可明确形成直接人工效率差异的具体原因及对人工成本进行有效控制。

3. 直接人工的混合差异和产出差异。在企业生产中，一种产品的生产往往需要由几种不同工资等级的工人来完成。不同工资等级的小时工资率不同，在一定量的总工时中，不同等级的工人完成工时所占的比重发生变动也会对直接人工成本产生影响，使直接人工成本产生差异。这种差异是通过平均小时工资率的变动来体现的，但它不同于前面所说的直接人工工资率差异；它包含在人工效率差异当中，但又不同于一般意义上的人工效率差异。这种差异具有同前面所说的材料混合差异相类似的性质，故称直接人工混合差异。这样，直接人工效率差异也应分别计算人工混合差异和人工产出差异。其计算公式为：

人工混合差异 = 按各工种的实际工时和标准工资率计算的人工总成本 − 按实际混合人工总工时和单位工时混合人工标准成本计算的人工总成本

人工产出差异 = （实际混合人工总工时 − 实际产量应耗用的混合人工标准工时）× 单位工时混合人工的标准成本

【例 7－21】某企业的 A 产品是由三种工资等级的工人共同加工完成的，本期实际产量为 54000 件，其他有关资料见表 7－22。

表 7－22　　A 产品人工耗用表

工资等级	单位产品混合人工的标准数据			混合人工的实际数据		
	标准工资率（元）	混合用量（工时）	标准成本（元）	实际工资率（元）	实际用量（工时）	实际成本（元）
一级	2	0.30	0.60	2.20	15000	33000
二级	3	0.20	0.60	2.90	7000	20300
三级	4	0.10	0.40	4.50	6000	27000
合计		0.6	1.60		28000	80300

直接人工成本差异 = 80300 − 54000 × 1.60
= −6100（元）（有利差异）

直接人工工资率差异 = (2.20 − 2) × 15000 + (2.90 − 3) × 7000 + (4.50 − 4) × 6000
= 5300（元）（不利差异）

直接人工效率差异 = (15000 − 54000 × 0.30) × 2 + (7000 − 54000 × 0.2) × 3 + (6000 − 54000 × 0.1) × 4
= −114000（元）（有利差异）

将直接人工效率差异进一步分解为人工混合差异和人工产出差异：

每一混合人工标准工时可生产产品 $=\frac{1}{0.60}=1.67$（件）

单位产品混合人工的标准成本 $=1.60\times1.67=2.67$（元）

实际产量应耗混合人工标准工时 $=\frac{54000}{1.67}=324000$（工时）

人工混合差异 $=15000\times2+7000\times3+6000\times4$

-2.67×28000

$=333$（元）（不利差异）

人工产出差异 $=(28000-32400)\times2.67$

$=-11733$（元）（有利差异）

以上分析，可以使直接人工成本实际脱离标准的差异得到更具体而全面的说明，从而有利于企业管理人员掌握、控制人工成本的方向和对策。

四、标准成本法的账务处理

采用标准成本法时，在产品、产成品和销货成本等账户均按标准成本记账。对于各种成本差异则另设相应的差异账户进行核算，不利差异计入有关差异账户的借方，有利差异计入有关差异账户的贷方。直接材料成本差异有两种不同的核算方法：一是在材料购入时就计算价格差异，将材料的标准成本计入材料账户，将材料价格差异计入材料价格差异账户，这样材料成本差异反映的是购入材料的价格差异；另一种是购入材料时将其实际成本计入材料账户，领用材料时才计算材料价格差异，将领用材料的价格差异由材料账户转入材料价格差异账户，这样材料价格差异反映的是领用材料的价格差异。

【例 7－22】 以本节【例 7－15】~【例 7－18】的各项业务

为例，相应的会计分录为：

1. 生产中领用材料：

借：在产品　　50000
　　直接材料价格差异　　6900
　　贷：材料　　52900
　　　　直接材料数量差异　　4000

（材料价格差异按第二种方法核算）

2. 生产中耗用人工成本：

借：在产品　　17500
　　直接人工工资率差异　　1840
　　贷：应付职工薪酬　　17940
　　　　直接人工效率差异　　1400

3. 结转变动制造费用：

借：在产品　　15000
　　贷：变动制造费用　　13455
　　　　变动制造费用耗用差异　　345
　　　　变动制造费用效率差异　　1200

4. 结转固定制造费用：

借：在产品　　12500
　　固定制造费用耗用差异　　1830
　　固定制造费用能量差异　　250
　　固定制造费用效率差异　　500
　　贷：固定制造费用　　15080

在标准成本法下，各项差异账户期末应予结转，具体处理方法有两种：一是将本期的各种成本差异按标准成本的比例分配给在产品、产成品和销货成本，因为当期发生的成本差异与上述三者都有关。这样，资产负债表上的在产品、产成品项目反映的都是实际成本，损益表上的销货成本反映的也是本期已销售产品的实际成本。另一种是将本期发生的各项成本差异转入销货成本账户，而不再分配给在产品和产成品。这时，期末资产负债表中的在产品、产成品项目反映的只是标准成本。对成本差异这样处理的理由是：本期发生的成本差异反映了企业本期控制成本的业绩，理应全部体现在本期损益表上，只有这样才能如实地反映生产经营工作的全部成效，符合权责发生制的原则要求。采用第二种方法，省去了繁琐的成本差异分摊工作，使产品成本的计算大为简化；避免本期成本控制的业绩部分转嫁到下期损益中去的现象，使损益计算更加准确；生产中的浪费没有导致在产品和产成品价值的增加，节约也没有使在产品和产成品的价值减少，使资产负债表中的在产品和产成品项目也更为真实。因此，西方企业一般采用第二种方法处理。但采用第二种方法，所制定的成本标准必须符合客观实际情况，必须代表企业在现有条件下经过努力应达到的成本水平。如果所制定的标准成本同企业现有条件下的正常成本水平差距较大，将会使会计报表中有关资产、利润等项目的数据失实，不能发挥标准成本应有的作用。

【例 7 - 23】某企业在产品、产成品账户均无期初余额，本期投产的500件产品均已完工并已全部销售，每件售价为260元，货款尚未收到，其他资料见本节【例 7 - 9】~【例 7 - 22】。有关的会计分录为：

5. 结转完工产品标准成本：

产品完工入库，标准成本 = 直接材料 10 × 10 × 500 + 直接人工 7 × 5 × 500 + 变动制造费用 6 × 5 × 500 + 固定制造费用 5 × 5 × 500 = 95000（元）

借：产成品　　95000

　　贷：在产品　　95000

6. 销售产品：

销售收入为 260×500＝130000（元）

借：应收账款　　130000

　　贷：销售收入　　130000

7. 结转已销产品标准成本：

销售成本的标准成本为 95000 元。

借：销货成本　　95000

　　贷：产成品　　95000

8. 结转各项成本差异：

借：销货成本　　4375

　　直接材料数量差异　　4000

　　直接人工效率差异　　1400

　　变动制造费用耗用差异　　345

　　变动制造费用效率差异　　1200

　　贷：直接材料价格差异　　6900

　　　　直接人工工资率差异　　1840

　　　　固定制造费用耗用差异　　1830

　　　　固定制造费用能量差异　　250

　　　　固定制造费用效率差异　　500

五、标准成本法与定额法的比较

定额法与标准成本法都是为了控制成本支出而采用的成本计算方法，由于定额法是从标准成本法的母体中派生出来的一种成本控制方法，它们之间有许多相似之处，但也有不同之处。

相似之处有：

1. 事先都要制定成本的控制标准，称为定额成本或标准成本；

2. 核算中都要按成本要素将实际耗用与控制标准相比较，

及时揭示两者之间的差异，并对产生差异的原因进行分析和采取控制措施。

不同之处有：

1. 定额法要设置差异凭证，通过每一次领料揭示差异，工作量大。标准成本法不设置差异凭证，它是通过对实际消耗的定期汇总来揭示差异，工作量较小。

2. 标准成本法把成本分为变动成本和固定成本，并对每一成本要素的差异都区分数量差异与价格差异，这有利于从成本性态和成本责任上对成本加以控制。

3. 标准成本法下，成本计算只反映标准成本，不计算实际成本，成本差异一般作为销货成本处理。而定额法下计算的仍是产品的实际成本，只不过在成本计算单中将定额成本、脱离定额差异、定额变动差异和材料成本差异分别反映。

第四节　各种成本计算方法的结合应用

在前面各章中，我们详细介绍了成本核算的基本原理以及三种成本计算的基本方法——品种法、分批法和分类法，同时也了解了成本计算的三种辅助方法，即分类法、定额法及标准成本法。由于在实际工作中的情况非常复杂，企业在进行成本计算时，不可能单独采用一种成本计算方法来进行成本计算。例如，一个企业可能有若干车间，一个车间也可能有若干产品，这些车间或产品的生产类型和管理要求并不一定完全相同，因而在一个企业或车间中就有可能同时应用几种不同的产品成本计算方法。即使一种产品，在该产品的各生产步骤、各种半成品和各个成本项目之间，它们的生产类型和管理要求也不一定完全相同，因而在一种产品的成本计算中，也可能将几种成本计算方法结合起来应用。

一、同时应用几种产品成本计算方法计算成本

由于企业内生产的产品种类比较多，生产车间也很多，就有可能出现几种产品成本计算方法的同时应用情况。一个企业的各个生产车间的生产类型不同，可以采用不同的成本计算方法。

一些工业企业，所生产的产品不只一种，并且这些产品的特点不同，其生产类型也可能不同，应当采用不同的成本计算方法计算成本。例如，重型机械设备制造企业，一般采用分批法计算产品成本，倘若同时生产传统产品，且产品已经定型，属于大量生产，这就可以采用品种法或分步法计算成本。

在工业企业中，通常设有基本生产车间和辅助生产车间，由于基本生产车间和辅助生产车间的生产特点和管理要求不同，应当采用不同的成本计算方法计算成本。例如，在大型钢铁企业，其基本生产车间的产品属于大量大批复杂生产，根据其生产特点和管理要求，采用分步法计算成本；企业内部的各个辅助车间（如供电、供水、机修等）则属于大量大批的简单生产，应根据其特点采用品种法计算成本。

二、结合应用几种产品成本计算方法计算成本

由于企业生产产品的特点不同，产品所经过的生产步骤的管理要求不同，致使采用的成本计算方法也有差别，可能同时结合使用几种成本计算方法来进行成本的计算。例如，在小批、单件的机械厂，最终产品是经过铸造、机械加工、装配等相互关联的生产阶段完成的。就其最终产品来看，产品成本的计算应当采用分批法，但从其产品生产的各个步骤来看，铸造车间可以采用品种法计算铸件的成本，而加工、装配车间则可采用分批法计算各

批产品的成本；而铸造和加工、装配车间之间，则可采用逐步结转分步法结转铸件的成本；如果在加工和装配车间之间要求分步计算成本，但加工车间所产半成品种类很多，又不对外出售，不需要计算半成品成本，则在加工和装配车间之间可采用平行结转分步法结转成本。这样，在一个企业内，在分批法的基础上，就结合应用了品种法和分步法三种成本计算方法。

分类法和定额法是为了简化成本计算工作和加强定额管理而采用的两种辅助方法，它们与生产类型的特点没有直接联系，在各种类型的生产中都可以应用，但必须与基本的成本计算方法（即品种法、分批法、分步法）结合起来应用。例如，食品厂所产的各种饼干（单步骤大量生产）的成本，可以采用品种法和分类法相结合的方法计算：先采用品种法计算饼干这一类产品的成本，然后再采用分类法分配计算其中各种饼干的成本；又如，在大批量、多步骤生产的企业中，若消耗定额比较准确、稳定，定额管理基础工作较好，就可以在采用分步法的基础上，结合定额法来计算成本。

总之，在实际工作中，应当根据企业不同的生产特点和管理的要求，考虑企业的规模和管理水平等具体条件，从实际出发，对各种成本计算方法加以灵活运用，才能做好成本核算工作。

三、几种成本计算方法的结合应用举例

【例 7－24】某工业企业大量生产甲、乙、丙三种产品，其生产工艺过程属多步骤复杂生产，但因为企业生产厂家规模小，成本管理上也不要求分步计算产品成本，因此甲产品采用品种法计算成本。由于乙、丙两种产品规格不同，但生产的工艺相同，所耗原材料也相同，为了简化成本计算工作，企业规定将乙、丙两种产品归为一类，成为 A 类产品，采用分类法计算产品成本。

该企业除设立基本生产车间以外，同时设有一个机修车间，主要是为基本车间提供修理服务。原材料均在生产开始时一次投入。2005 年 12 月份发生的有关经济业务资料及成本计算过程如下：

1. 产品产量记录见表 7－23。

表 7－23　　产量记录　　单位：件

产品名称	完工数量	月末在产品数量	在产品完工程度
甲产品	600	200	50%
乙产品	250	100	50%
丙产品	200	50	60%

2. 甲产品和 A 类产品月初在产品成本资料见表 7－24。

表 7－24　　月初在产品成本　　单位：元

产品名称	直接材料	直接人工	制造费用	合计
甲产品	7500	1250	1875	10625
A 类产品	6000	1500	2250	9800

3. 根据审核后的领料凭证编制直接材料费用汇总分配表见表 7－25。

表 7－25　　直接材料费用汇总分配表　　单位：元

车间部门	用途	原材料	低值易耗品
基本生产车间	甲产品	25000	
	A 类产品	15000	
	一般消耗	600	225
	小计	40600	225
辅助生产车间	机修车间	3000	
	一般消耗	150	200
	小计	3150	200
合　计		43750	425

编制会计分录如下：

借：基本生产成本——甲产品　　　　　25000

——A 类产品　　15000

辅助生产成本——机修车间　　3000

制造费用——基本生产　　825

——机修车间　　350

贷：原材料　　43750

低值易耗品　　425

4. 根据职工薪酬计算表编制直接人工费用汇总分配表见表7－26。

表7－26　　**直接人工费用汇总分配表**　　单位：元

车间部门	用途		应付职工薪酬——工资	应付职工薪酬——福利费	合计
基本生产车间	生产工人	甲产品	6500	910	7410
		A 类产品	4750	665	5415
	管理人员		700	98	798
	小计		11950	1673	13623
辅助生产车间	机修车间	生产人员	1000	140	1140
		管理人员	300	42	342
	小计		1300	182	1482
合　计			13250	1855	15105

编制会计分录如下：

借：基本生产成本——甲产品　　7410

——A 类产品　　5415

辅助生产成本——机修车间　　1140

制造费用——基本生产　　798

——机修车间　　342

贷：应付职工薪酬——工资　　13250

应付职工薪酬——职工福利　　1855

5. 根据固定资产折旧提取计算表编制折旧费用分配表见表7－27。

表 7-27　　折旧费分配表　　单位：元

车间部门	基本生产车间	辅助生产车间	合计
累计折旧	7900	1950	9850

编制会计分录如下：

借：制造费用——基本生产　　7900

　　　　　　——机修车间　　1950

　贷：累计折旧　　9850

6. 本月发生的以银行存款支付的其他费用包括办公费支出600元（其中基本生产车间150元，机修车间45元，行政管理部门405元），本月应付水电费1250元（其中基本生产车间625元，机修车间300元，行政管理部门325元），编制会计分录如下：

借：制造费用——基本生产　　775

　　　　　　——机修车间　　345

　管理费用　　730

　贷：银行存款　　600

　　　应付账款　　1250

7. 将归集的辅助生产车间的制造费用分配转入辅助生产成本总账和明细账，编制辅助生产费用分配表见表7-28、表7-29和表7-30（本月机修厂车间共提供修理劳务1000小时，其中基本生产车间850小时，行政管理部门150小时）。

表 7-28　　制造费用明细账　　单位：元

摘　　要	物料消耗	低值易耗品摊销	工资	福利费	折旧费	办公费	水电费	合计
分配材料费用	150	200						350
分配职工薪酬费用			300	42				342
分配折旧费用					1950			1950

续表

摘　要	物料消耗	低值易耗品摊销	工资	福利费	折旧费	办公费	水电费	合计
分配办公费						45		45
分配水电费							300	300
合计	150	200	300	42	1950	45	300	2987
分配转出	(150)	(200)	(300)	(42)	(1950)	(45)	(300)	(2987)

编制会计分录如下：

借：辅助生产成本——机修车间　　2987

　　贷：制造费用——机修车间　　2987

表 7－29　　辅助生产费用明细账　　单位：元

摘　要	直接材料	直接人工	制造费用	合计
分配材料费用	3000			3000
分配职工薪酬费用		1140		1140
分配制造费用			2987	2987
合计	3000	1140	2987	7127
分配转出	(3000)	(1140)	(2987)	(7127)

表 7－30　　辅助生产费用分配表

车间部门	修理小时（小时）	分配率	分配金额（元）
基本生产车间	850		6057.95
行政管理部门	150		1069.05
合计	1000	7.127	7127

编制会计分录如下：

借：制造费用——基本生产车间　　6057.95

　　管理费用　　1069.05

　　贷：辅助生产成本——机修车间　　7127

8. 通过制造费用明细账归集和分配基本生产车间的制造费用，编制制造费用分配表见表 7－31 和表 7－32。

表 7-31　　制造费用明细账　　单位：元

摘　要	物料消耗	低值易耗品摊销	工资	福利费	折旧费	办公费	水电费	合计
分配材料费用	600	225						825
分配职工薪酬费用			700	98				798
分配折旧费用					7900			7900
分配办公费						150		150
分配水电费							625	625
合计	600	225	700	98	7900	150	625	10298
分配转出	600	225	700	98	7900	150	625	10298

表 7-32　　制造费用分配表

车间部门	修理小时（小时）	分配率	分配金额（元）
甲产品	3000		6178.80
A 类产品	2000		4119.20
合计	5000	2.0596	10298

编制会计分录如下：

借：基本生产成本——甲产品　　6178.80

　　　　　　　　——A 类产品　　4119.20

　贷：制造费用——基本生产车间　　10298

9. 计算产品的总成本和单位成本：甲产品的直接材料费用按产量比例分配，直接人工及制造费用按约当产量法分配；A 类产品按定额成本制定的综合系数作为分配依据（乙产品的定额成本为 60 元，丙产品的定额成本为 50 元，乙产品为标准产品其系数为 1，丙产品的成本系数则为 0.9）。有关计算见表 7-33、表 7-34 和表 7-35。

表 7-33　　产品成本计算表　　单位：元

摘　要	直接材料	直接人工	制造费用	合计
月初在产品成本	7500	1250	1875	10625
本月生产费用	25000	7410	6178.80	38588.80

续表

摘　要	直接材料	直接人工	制造费用	合计
生产费用合计	32500	8660	8053.80	49213.80
完工产品成本	24375	7422	6903	38700
单位成本	40.625	12.37	11.505	63
月末在产品成本	8125	1238	1150.80	10513.80

表 7－34　　A 类产品标准产量计算表　　单位：件

产品名称	系数	产成品		在产品				
		产量	标准产量	数量	完工程度	约当产量	标准产量	
							按约当产量折合	按实际数量折合
	①	②	③＝①×②	④	⑤	⑥＝⑤×④	⑦＝⑥×①	⑧＝④×①
乙	1	250	250	100	50%	50	50	100
丙	0.9	200	180	50	60%	30	27	45
合计			430				77	145

表 7－35　　产品成本计算表　　单位：元

摘　要	直接材料	直接人工	制造费用	合计
月初在产品成本	6000	1550	2250	9800
本月生产费用	15000	5415	4119.20	24534.20
生产费用合计	21000	6969	6369.20	34334.20
完工产品成本	15703.60	5908.2	5402.95	27019.75
乙产品总成本	9130	3435	3141.25	15706.25
单位成本	36.52	13.74	12.565	62.825
丙产品总成本	6573.60	2473.20	2261.70	11308.50
单位成本	32.868	12.366	11.3085	56.5425
月末在产品成本	5296.40	2113.60	1932.50	14638.90

编制会计分录如下：

借：库存商品——甲产品　　38700
　　　　　　——乙产品　　15706.25
　　　　　　——丙产品　　11308.50

贷：基本生产成本——甲产品　　38700
　　　　　　　　——乙产品　　15706.25
　　　　　　　　——丙产品　　11308.50

思考与练习题

（一）思考题

1. 产品成本计算的分类法有什么特点？

2. 在什么情况下，适合或必须采用分类法计算产品成本？

3. 简述分类法的优缺点和应用时应注意的问题。

4. 产品成本计算的定额法有什么特点？

5. 简述定额法的优缺点和应用条件。

6. 标准成本法的主要特点是什么？

7. 在标准成本法下，会计期末对各种成本差异怎样进行处理？其理由是什么？

8. 简述标准成本法与定额法的联系和区别。

9. 在什么情况下，可以同时采用几种不同的成本计算方法？

10. 计算一种产品的成本，在什么情况下可结合采用几种不同的成本计算方法？

（二）练习题

练习一

【资料】某企业在生产主要产品甲产品的同时，生产出可以加工成副产品（乙产品）的原料。副产品按固定单价每千克 8 元计价，从甲产品的原材料费用中扣除。生产中产生副产品 3000 千克。甲、乙两种产品的在产品均按定额成本计价，本月生产甲产品 9000 千克，生产乙产品 6000 千克。其他有关资料见表 7－36、表 7－37 和表 7－38。

表 7-36

费用分配表

项目	生产工时（小时）	直接人工（元）	制造费用（元）
本月发生额	65800	164500	118440
费用分配率			
甲产品（主产品）	60000		
乙产品（副产品）	5800		
合计			

表 7-37

产品成本明细账

产品名称：甲产品（主产品）　　单位：元

摘要	产量（千克）	原料	辅助材料	直接人工	制造费用	合计
在产品成本		50000				50000
本月生产费用		640000	8600			
减：副产品原料						
生产费用累计						
本月产成品成本						
产成品单位成本						
在产品成本		47600				47600

表 7-38

产品成本明细账

产品名称：乙产品（副产品）　　单位：元

摘要	产量（千克）	原料	辅助材料	直接人工	制造费用	合计
在产品成本		4500				4500
本月生产费用			3200			
生产费用累计						
本月产成品成本						
产成品单位成本						
在产品成本		4800				4800

【要求】根据上述资料，填列费用分配表和产品成本明细账。

练习二

【资料】以练习一的资料为基础，副产品按计划单位成本计算，其计划单位成本为：原料 3.75 元，辅助材料 0.50 元，直接人工 2.50 元，制造费用 1.75 元。

【要求】根据上述资料，填列产品成本明细账（见表7－39）。

表7－39　　产品成本明细账

产品名称：甲产品（主产品）　　单位：元

摘　　要	产量（千克）	原料	辅助材料	直接人工	制造费用	合计
在产品成本		50000				50000
本月生产费用		640000	11800	164500	118440	934740
生产费用累计						
减：副产品原料						
本月产成品成本						
产成品单位成本						
在产品成本		47600				47600

练习三

【资料】某企业生产A类产品，类内又有甲、乙、丙、丁四种产品，采用分类法计算产品成本。直接材料费用按系数计算分配，分配标准为每种产品的材料费用定额。其他费用按定额工时的比例分配。A类产品的产量和产品成本计算单等资料见表7－40、表7－41和表7－42。

表7－40　　A类产品产量、价格、定额工时资料

产品名称	费用定额（元）	工时定额（工时）	产量（件）
甲产品	615	150	400
乙产品	492	145	300
丙产品	410	130	650
丁产品	369	120	800

注：其中丙产品为标准产品。

表7－41　　A类产品成本计算单　　单位：元

项　　目	直接材料	燃料及动力	直接人工	制造费用	合计
月初在产品成本	2305	85	160	572	3122
本月生产费用	835067	230115	270000	235819	1571001
合计	837372	230200	270160	236391	1574123
完工产品成本	834140	230040	269800	235720	1569700
月末在产品成本	3232	160	360	671	4423

【要求】根据上述资料，采用分类法计算类内每种产品的成本，并将计算结果填入完工产品成本计算单（见表7-42）。

表7-42　　　　完工产品成本计算单　　　　单位：元

项目	产量（件）	直接材料费用系数	直接材料费用总系数	单位产品定额工时（工时）	定额总工时（工时）	直接材料	燃料及动力	直接人工	制造费用	合计
分配率										
甲产品										
乙产品										
丙产品										
丁产品										
合计										

练习四

【资料】某企业生产一种产品，采用定额法计算成本。该种产品由甲、乙、丙三种部件组成，甲部件由A、B、C三种零件组成。各种零部件有关部门的定额资料如下：

（1）A零件材料消耗定额8千克，每千克计划单价5元；工时消耗定额10小时。甲部件需要A零件数量2个。

（2）B零件材料消耗定额5千克，每千克计划单价4元；工时消耗定额9小时。甲部件需要A零件数量4个。

（3）C零件材料消耗定额3千克，每千克计划单价3元；工时消耗定额8小时。甲部件需要A零件数量5个。

（4）装配甲部件的工时定额6小时。

（5）每小时直接人工定额2元。

乙部件的定额成本600元，丙部件的定额成本835元。

【要求】根据上述资料，计算产品单位定额成本。

练习五

【资料】某企业10月份直接材料定额费用及脱离定额差异汇总表如表7-43所示。

表 7－43　　数量单位：千克　金额单位：元

材料类别	材料编号	计划单价	定额费用		计划内价格费用		脱离定额差异	
			数量	金额	数量	金额	数量	金额
原料	1101	8	5860		5530			
主要材料	2101	5	890		920			
辅助材料	3101	2	380		350			
合计	—	—	—		—			

【要求】根据上表资料，计算直接材料定额费用、脱离定额差异，并将计算结果填入上表中。

练习六

【资料】某企业甲产品采用定额法计算成本。甲产品有关直接材料费用资料如下：月初在产品直接材料费用为 20000 元，月初在产品直接材料脱离定额差异为－600 元。月初在产品定额费用调整降低 1500 元，定额变动差异全部计入完工产品成本中。本月直接材料费用为 50000 元，本月直接材料脱离定额差异为＋2497.45 元，本月材料成本差异率为 5%，材料成本差异全部由完工产品负担。本月完工产品直接材料费用为 60000 元。

【要求】根据上述资料，采用定额法计算完工产品和月末在产品的直接材料成本。

练习七

【资料】某企业生产和销售 A 产品。生产 A 产品耗用甲、乙、丙三种材料，只经过一个生产部门的一个工种加工。本月固定制造费用预算为 187200 元；预算工时为 15600 工时。变动制造费用分配率和固定制造费用分配率均按直接人工工时计算。A 产品的标准成本卡如表 7－44 所示。

表 7－44　　标准成本卡

项　　目	用量标准	价格标准	单位标准成本
直接材料：甲	3 千克	45 元	135 元
乙	6 千克	15 元	900 元
丙	9 千克	30 元	270 元
直接人工	1.5 工时	10.80 元	16.20 元
变动制造费用	1.5 工时	3.60 元	5.40 元
固定制造费用	1.5 工时	12 元	18 元
单位产品标准成本			534.60 元

月初没有在产品和产成品，本月投产8000件A产品，全部于本月完工入库；本月销售A产品8000件，每件售价650元。本月实际耗用甲材料32000千克，实际成本为1280000元；实际耗用乙材料52000千克，实际成本为884000元；实际耗用乙材料68000千克，实际成本为2142000元。实际耗用直接人工工时10000工时，实际发生直接人工为110000元，变动制造费用为40000元，固定制造费用为190000元。

【要求】根据表7－44的资料，计算确定各种成本差异，并进行账务处理。

第八章　成本报表的编制和分析

学习目的与要求

通过本章的学习，应该了解工业企业为什么要编制成本报表，成本报表作为内部报表具有哪些特点，适应企业内部管理需要，一般应编制哪些报表，以及这些报表的编制方法和分析方法，进而理解成本报表在发挥成本会计职能、完成成本会计任务中的地位和作用。

第一节　成本报表概述

一、成本报表的特点

成本报表是根据产品成本和期间费用的核算资料以及有关的计划、统计资料编制的，用以反映和监督企业在一定时期产品成本和期间费用的水平及其构成情况的报告文件。成本是综合反映企业生产、技术、经营、管理工作水平的一项重要指标，企业的物质消耗、劳动效率、技术水平、生产经营管理以及外部因素(如物价、国家经济政策等)，都会直接或间接地在产品成本和期间费用中表现出来。通过编制成本报表，可以考核成本、费用计划的执行情况，寻找降低成本、费用的途径。编制和分析成本报表是成本会计工作的一项重要内容。

成本报表作为对内报表，与现行制度中的对外报表相比较，具有以下特点：

首先，成本报表是服务于企业内部经营管理目的的报表。报表的种类、格式、编制时间、报送程序、报送范围都由企业根据需要自行规定，并且随着生产经营条件的变化、管理要求的提高，可以随时修改和调整。成本报表具有较大的灵活性与多样性。

其次，成本报表是以企业特定的生产环境为背景，对成本的反映与控制紧密联系着其生产工艺与生产组织的特点及企业对成本管理的要求，因此不同企业之间成本报表的个性差异是成本报表的特点之一。

再次，成本报表是会计核算资料与技术经济资料结合的产物，其信息具有综合性与全面性的特点，如材料成本，既要从价格上反映，也要从消耗量上反映。因此对成本报表不能仅设置货币指标，在反映成本消耗的指标上要采取多种形式，容纳多方面的信息。同时，成本报表需要同时满足会计部门和各级生产部门、各职能部门对成本管理的需要，不仅要提供满足事后分析的资料，还要能够提供事前计划、事中控制所需的大量信息。

最后，成本报表还具有及时与灵敏的特点。由于编报的时间灵活，有日报、班报、旬报、月报等，能为日常成本控制提供及时有用的资料。

二、成本报表的种类

成本报表不是对外报送或公布的会计报表，因此，成本报表的种类、项目、格式和编制方法国家不作统一规定，由企业自行确定。主管企业的上级机构为了对本系统所属企业的成本管理工作进行领导或指导，为了给国民经济管理提供所需的成本、费用数据，也可以要求企业将其成本报表作为会计报表的附表上报。在这种情况下，企业成本报表的种类、项目、格式和编制方法，也可以由企业的上级机构会同企业共同规定。

企业应从实际情况出发，从管理的要求出发来设计和编报成本报表。为加强成本的日常管理，对于成本耗费的主要指标可以按旬、周、日编报；为了将成本管理与技术管理相结合，分析成本升降的具体原因，可将成本会计指标、统计指标和技术指标结合起来，合并编制报表；为了加强成本工作的预见性，还可以在计划执行过程中向有关部门和人员编制分析报告。

成本报表按其所反映的内容可以分为：

1. 反映成本情况的报表。主要反映企业为生产一定种类和数量产品所花费成本的水平及其构成情况，一般包括产品生产成本表、主要产品单位成本表。

2. 反映各种费用支出的报表。主要反映企业在一定时期内各种费用支出总额及其构成情况，一般包括制造费用明细表、销售费用明细表、管理费用明细表和财务费用明细表。

企业除了按期编报产品生产成本表、主要产品单位成本表、制造费用明细表和各种期间费用明细表外，还可以根据本身的生产特点和管理要求，编制其他成本报表，如材料考核表、人工考核表、损失报告表、责任成本报告等。

三、成本报表的编制要求

编制成本报表的主要资料来源有：报告期的账簿资料、本期成本计划及费用预算资料、以前年度的会计报表资料以及企业有关的统计资料和其他资料等。有了这些资料作为编制成本报表的主要依据，要真实、准确、完整清楚、及时地编制成本报表还应做到以下几点：

1. 数字准确。就是报表的指标必须如实反映情况，不能任意估计数字，更不能弄虚作假，篡改数字。成本报表上的各项指标大部分是来源于当期的成本账簿资料，为了保证账簿记录资料真实可靠，首先要检查所有经济业务是否按时全部入账，不能为了赶编报表而提前结账；其次要检查账实、账款是否相符，在编报前要认真核对账面记录与实物是否相符，账面记录与债权、债务以及银行存款是否相符，如有不符的账项应及时进行调整。只有在账实、账证、账账相符的情况下，才能编制成本报表。

2. 内容完整。就是指应编制的各种成本报表必须齐全，应填列的报表指标和文字说明必须全面，表内项目和表外补充资料，不论根据账簿资料直接填列还是分析计算填列，都应完整无缺，不得任意取舍。

3. 编报及时。就是要求按照规定期限报送成本报表。只有这样才能保证利用准确完整的资料，及时地对企业成本计划完成情况进行检查和分析，从中发现问题，采取措施迅速加以解决，以充分发挥成本报表应有的作用。为此，企业财会部门应提前做好准备工作，并且要加强与各有关部门的协调与配合。要做到及时编报，首先要求企业搞好日常的成本核算；其次要使报送的成本报表指标能在企业成本管理中发挥作用，除报送的指标真实可靠外，还要有配套的计划、预算、统计以及历史成本资料，通过加工、计算、分析、综合才能及时揭示深层的矛盾问题，以便采取措施及时处理矛盾和问题，体现成本信息的效用。

第二节　成本报表的编制

成本报表中有的反映本期产品的实际成本，有的反映本期各种实际费用发生额，有的还可能反映实际成本或实际费用的累计数。为了考核和分析成本计划的执行情况，这些报表一般还列示了有关的计划数和其他有关资料。成本报表中的实际成本和实际费用，应根据有关的产品成本明细账和费用明细账的本期实际发生额填列；累计的实际成本、费用，应根据本期报表的本期实际成本、费用加上上期报表的累计实际成本、费用计算填列；计划数应根据有关的计划资料填列；其他有关资料，应根据报表编制要求填列。

一、产品生产成本表的编制

产品生产成本报表是用来反映企业在报告期内生产的全部产品的总成本的报表。该表一般分为两种：一种按成本项目反映，另一种按产品种类反映。

（一）按成本项目反映的产品生产成本表的编制

1. 结构和作用。该表是按成本项目汇总反映企业在报告期内发生的全部生产费用以及产品生产成本合计数的报表。该表可分为生产费用和产品生产成本两部分。表中生产费用部分按成本项目反映报告期内发生的各种生产费用及其合计数；产品生产成本部分是在生产费用合计数的基础上，加上在产品和自制半成品的期初余额，减去在产品和自制半成品的期末余额，计算出产品生产成本的合计数。这些费用和成本还可以按上年实际数、本年计划数、本月实际数和本年累计实际数分栏反映。

现列示某工业企业2005年12月份按成本项目反映的产品生产成本表，见表8－1。

表8－1　　产品生产成本表（按成本项目反映）　　单位：元

项　目	上年实际	本年计划	本月实际	本年累计实际
生产费用：				
直接材料费用	57860	56120	4490	56140
直接人工费用	23250	24050	1850	23000
制造费用	29826	26320	2850	27560
生产费用合计	110936	106490	9190	106700
加：在产品和自制半成品的期初余额	8760	8520	4800	6529
减：在产品和自制半成品的期末余额	6529	6632	5700	5700
产品生产成本合计	113167	108378	8290	107529

2. 编制。在按成本项目反映的产品生产成本表中，上年实际数应根据上年12月份本表的本年累计实际数填列；本年计划数应根据成本计划有关资料填列；本年累计实际数应根据本月实际，加上上月本表的本年累计实际数计算填列。现将表8－1中本月实际数的填列方法说明如下：

表中按成本项目反映的各项生产费用数，应根据各种产品成本明细账所记本月生产费用合计数按照成本项目分别汇总填列。

假定上例企业生产甲、乙、丙三种产品，各种产品成本明细账所记12月份的生产费用合计如下：

甲产品：直接材料890元，直接人工410元，制造费用560元，合计1860元。

乙产品：直接材料1640元，直接人工760元，制造费用950元，合计3350元。

丙产品：直接材料1960元，直接人工680元，制造费用1340元，合计3980元。

根据上列资料按照成本项目进行汇总，即可填列上列产品生产成本表中按成本项目反映的本月实际生产费用及其合计数。

表中的期初、期末在产品和自制半成品的余额应根据各种产品成本明细账的期初、期末在产品成本和各种自制半成品的明细账的期初、期末余额分别汇总填列。

假定上例企业甲、乙、丙三种产品成本明细账所记12月份的月初、月末在产品成本如下：

月初在产品成本为：甲产品1050元，乙产品1550元，丙产品2200元，合计4800元。

月末在产品成本为：甲产品800元，乙产品2100元，丙产品2800元，合计5700元。

假定上例企业12月份甲、乙、丙三种产品均无自制半成品。

根据上列资料，即可汇总填列上列产品生产成本表中在产品和自制半成品的期初余额数及期末余额数。

按成本项目反映的产品生产成本表的作用有：

（1）可以反映报告期内全部生产费用的支出情况和各项费用的构成情况，并据以进行生产费用支出的一般评价；

（2）将本年累计实际生产费用与本年计划和上年实际数相比较，可以考核和分析年生产费用计划的执行结果以及生产费用的升降情况；

（3）将各期产品成本合计数与各该期产值、销售收入或利润进行对比，可以考核和分析各该期的经济效益；

（4）将本年累计实际的产品生产成本与本年计划数和上年实际数相比较，可以考核和分析年度产品生产总成本计划的执行结果及升降情况，并据以分析影响成本升降的各项因素。

（二）按产品种类反映的产品生产成本表的编制

1. 结构和作用。该表是按产品种类汇总反映企业在报告期内生产的全部产品的单位成本和总成本的报表。该表可以分为实际产量、单位成本、本月总成本、本年累计总成本四部分。表中按产品种类分别反映本月产量、本年累计产量，以及上年实际成本、本年计划成本、本月实际成本和本年累计实际成本。

现列示上列企业 2005 年 12 月份按产品种类反映的产品生产成本表，见表 8－2。

表 8－2　　产品生产成本表（按产品种类反映）　　单位：元

产品名称	实际产量		单位成本				本月总成本			本年累计总成本		
	本月	本年累计	上年实际平均	本年计划	本月实际	本年累计实际平均	按上年实际平均单位成本计算	按本年计划单位成本计算	本月实际	按上年实际平均单位成本计算	按本年计划单位成本计算	本年实际
甲	100	1140	22.10	21.00	21.10	22.50	2210	2100	2110	25194	23940	25650
乙	280	3050	12.50	11.00	10.00	11.10	3500	3080	2800	38125	33550	33855
丙	400	5520	8.75	8.60	8.45	8.70	3500	3440	3380	48300	47472	48024
合计	—	—	—	—	—	—	9210	8620	8290	111619	104962	107529

在按产品种类反映的产品生产成本表中，对于主要产品，应按产品品种反映实际产量、单位成本以及本月总成本和本年度累计总成本；对于非主要产品，则可按照产品类别汇总反映本月总成本和本年累计总成本；对于上年没有正式生产过、没有上年成本资料的产品，一般称为不可比产品，不反映上年成本资料；对于上年正式生产过、具有上年成本资料的产品，一般称为可比产品，还反映上年成本资料。

2. 编制。在该表中，各种产品的本月实际产量应根据相应的产品成本明细账填列。本年累计实际产量应根据本月实际产量加上上月本表的本年累计实际产量计算填列。上年实际平均单位成本应根据上年本表所列全年累计实际平均单位成本填列；本年计划单位成本应根据本年成本计划填列；本月实际单位成本应根据表中本月实际总成本除以本月实际产量计算填列。如果在产品成本明细账或产成品成本汇总表中有现成的本月实际产量、总成本和单位成本，表中这些项目都可以根据产品成本明细账或产成品成本汇总表填列。表中本年度累计实际平均单位成本应根据表中本年累计实际总成本除以本年累计实际产量计算填列。按上年实际平均单位成本计算的本月总成本和本年累计总成本，应根据本月实际产量和本年累计实际产量乘以上年实际平均单位成本计算填列。按本年计划单位成本计算的本月总成本和本年累计总成本，应根据本月实际产量和本年累计实际产量乘以本年计划单位成本计算填列。本月实际总成本，应根据产品成本明细账或产成品成本汇总表填列。本年累计实际总成本，应根据产品成本明细账或产成品成本汇总表本年各月产成品成本计算填列。如果有不合格品，应单列一行，并注明“不合格品”字样，不应与合格品合并填列。

对于可比产品，如果企业或上级机构规定有本年成本比上年的降低额或降低率的计划内指标，还应根据该表资料计算成本的实际降低额或降低率，作为表的补充资料列在表的下端。

可比产品成本的降低额或降低率的计算公式如下：

$$\begin{matrix}\text{可比产品}\\\text{成本降低额}\end{matrix} = \begin{matrix}\text{可比产品按上年实际平均单}\\\text{位成本计算的本年累计总成本}\end{matrix} - \begin{matrix}\text{本年累计}\\\text{实际总成本}\end{matrix}$$

$$\begin{matrix}\text{可比产品}\\\text{成本降低额}\end{matrix} = \frac{\text{可比产品成本降低额}}{\begin{matrix}\text{可比产品按上年实际平均单}\\\text{位成本计算的本年累计总成本}\end{matrix}} \times 100\%$$

假设上例企业所产甲、乙、丙三种产品都是可比产品，有关资料见表 8－3。

表 8-3　　甲、乙、丙产品有关资料

产品名称	实际产量（件）		单位成本（元）		总成本（元）	
	本月	本年累计	上年实际平均	本年计划	本月	1~11 月累计实际
甲产品	100	1140	22.10	21.00	2110	23540
乙产品	280	3050	12.50	11.00	2800	31055
丙产品	400	5520	8.75	8.60	3380	44644

根据上列资料，计算填列按产品种类反映的产品生产成本表见表 8-2。全部可比产品的成本降低额和降低率如下：

$$\text{可比产品成本降低额} = 111619 - 107529 = 4090\ (\text{元})$$

$$\text{可比产品成本降低率} = \frac{4090}{111619} \times 100\% = 3.66\%$$

如果企业可比产品品种不多，其成本降低额和成本降低率也可以按产品品种分别计划和计算。

按产品种类反映的产品生产成本表中的本月实际总成本的合计和本年累计实际总成本的合计，应与按成本项目反映的产品生产成本表中的本月实际的产品生产成本合计和本年累计实际的产品生产成本合计分别核对相符（上例企业均为 8290 元和 107529 元）。但是，按产品种类反映的产品生产成本表中按上年实际平均单位成本计算的本年累计总成本 111619 元和按计划单位成本计算的本年累计总成本 104962 元，不能与按成本项目反映的产品生产成本表中的上年实际产品生产成本合计数 113167 元和本年计划产品生产成本合计数 108378 元核对相符。这是因为，按产品种类反映的产品生产成本表是根据本年产品的实际产量和实际品种比重条件下的产品核算资料编制的，而按成本项目反映的产品生产成本表中的上年实际产品生产成本合计数，是上年的实际产量、实际品种比重条件下的实际总成本；按成本项目反映的产品生产成本表中的本年计划产品生产成本合计数，是本年的计划产量、计划品种比重条件下计划总成本。其中的产量和品种比重不同。

按产品种类反映的产品生产成本表的作用有：

（1）可以分析和考核各种产品全部产品本月和本年累计成本计划的执行结果，对成本的节约和超支情况进行一般的分析；

（2）可以分析和考核各种产品全部产品本月和本年累计的成本比上年的升降情况；

（3）可以分析和考核可比产品成本降低计划的执行情况，促使企业采取措施降低成本；

（4）可以了解哪些产品成本节约较多，哪些产品成本超支较多，为进行单位成本分析指明方向。

二、主要产品单位成本表的编制

主要产品单位成本表是反映企业在报告期内的各种主要产品单位成本构成情况的报表。该表应按主要产品分别编制，是按产品种类反映的产品生产成本表中某些主要产品单位成本的进一步反映。

（一）结构和作用

该表可以分为三部分：产量、单位成本和主要技术经济指标。产量部分包括本月计划和实际产量数、本年累计计划和实际产量数；单位成本部分分别反映历史先进、上年实际平均、本年计划、本月实际和本年度累计实际平均单位成本；技术经济指标部分主要反映原料、主要材料、燃料和动力的消耗数量。主要产品单位成本表的格式和内容见表 8－4。

表 8－4　　主要产品单位成本表

本月计划产量：9 件
本月实际产量：10 件

产品名称：A　　计量单位：件　　本年累计计划产量：100 件
产品规格：×××　　销售单价：430 元　　本年累计实际产量：150 件

成本项目	历史先进水平	上年实际平均	本年计划	本月实际	本年累计实际平均
直接材料（元）	117.50	120	120	118.75	120.50
直接人工（元）	29.5	34.50	32.50	28.75	32.75
制造费用（元）	35	35.50	35	36.25	37.50
产品单位成本（元）	182	190	187.50	183.75	190.75
主要技术经济指标	耗用量	耗用量	耗用量	耗用量	耗用量
甲材料（千克）	9.50	10.50	10	9	9
乙材料（千克）	16	16.50	16	15	17

主要产品单位成本表的作用有：

1. 可以按照成本项目考核主要产品单位成本计划的执行结果，分析单位成本节约或超支的原因。

2. 可以按照成本项目将本月实际和本年累计实际平均单位成本与上年实际平均单位成本和历史先进单位成本进行对比，了解比上年的升降情况和与先进水平的差距，分析单位成本发展变化的趋势。

3. 可以分析、考核主要产品的各项经济技术指标的执行情况。

（二）编制

该表的产品销售单价应根据产品定价表填列。本月及本年累计计划产量应根据生产计划填列；本月及本年累计实际产量应根据产品成本明细账或产成品成本汇总表填列。历史先进水平应根据历史上该种产品成本最低年度的实际平均单位成本填列；上年实际平均单位成本应根据上年本表实际平均单位成本填列；本月实际平均单位成本应根据该种产品成本明细账或产成品成本汇总表填列；本年累计实际平均单位成本应根据该种产品成本明细账所记年初至报告期末止完工入库总成本除以本年累计实际产量计算填列。主要技术经济指标应根据业务技术核算资料填列。

三、制造费用明细表的编制

制造费用明细表是反映企业在报告期内制造费用及其构成情况的报表。由于辅助生产车间的制造费用已通过辅助生产费用的分配转入基本车间制造费用、管理费用等有关的成本、费用项目，因而该表的制造费用只反映基本车间制造费用，不包括辅助车间的制造费用，以免重复。

（一）结构和作用

该表一般按制造费用项目分别反映各该费用的本年计划数、上年同期实际数、本月实际数和本年度累计实际数。如果需要，也可以根据制造费用的分月计划，在表中加列本月计划数。制造费用明细表的格式和内容见表8－5。

表8－5　　制造费用明细表

费用项目	本年度计划	上年同期实际	本月实际	本年累计实际
职工薪酬	31350	1492	2705	31936
折旧费	21350	1746	1785	21910
修理费	13455	1290	1160	13475
办公费	14975	1164	1060	13705
水电费	17450	1394	1430	17437
机物料消耗	14900	1180	1125	13560
劳动保护费	17585	1488	1390	16581
在产品盘亏、毁损	—	1191	1065	7448
停工损失	—	936	—	2572
其他	12970	1809	1770	8679
合　计	144035	14690	13490	147303

制造费用明细表的作用有：

1. 可以按费用项目分析制造费用本月数比上年同期实际数的增减变化情况，在表中列有本月计划数的情况下，还可以分析本月计划的执行结果。

2. 可以在年度内按照费用项目分析制造费用年度计划的执行情况，以便采取措施将制造费用控制在年度计划之内；在年度末，按照费用项目分析制造费用年度计划的执行结果，分析产生差异的原因。

3. 可以分析本月实际和本年累计实际制造费用的构成情况，与上年同期实际和计划构成情况进行比较，分析制造费用构成的发展变化情况和原因。

（二）编制

该表的本年计划数应根据成本计划中的制造费用计划填列；上年同期实际数应根据上年同期制造费用明细表的累计实际数填列；本月实际数本年累计实际应根据制造费用总账科目所属各基本生产车间制造费用明细账的本月末累计数汇总填列。

四、销售费用、管理费用和财务费用明细表的编制

销售费用、管理费用和财务费用明细表是反映企业在报告期内的经营管理费用及其构成情况的报表。编制经营管理费用明细表有以下作用：

1. 可以分析这些费用的本期实际数比上年同期实际数的增减变化情况；

2. 可以分析和考核这些费用的计划执行情况和执行结果；

3. 可以分析这些费用内部各项费用的构成情况。

（一）销售费用明细表的编制

销售费用明细表是反映企业在报告期内发生的销售费用及其

构成情况的报表。该表一般按费用项目分别反映各该费用的计划数、上年同期实际数、本月实际数和本年累计实际数。该表的本年计划数应根据本年销售费用计划填列；上年同期实际数应根据上年同期销售费用明细表的累计实际数填列；本月实际数应根据销售费用明细账的本月合计数填列；本年累计实际数应根据销售费用明细账的本月末的累计实际数填列。如果需要，也可以根据销售费用的分月计划，在表中加列本月计划数。销售费用明细表的格式和内容见表8－6。

表8－6　　销售费用明细表　　单位：元

费用项目	本年计划	上年同期实际	本月实际	本年累计实际
包装费	18775	1655	1635	19755
运输费	25900	2039	2090	25630
装卸费	18800	1498	1564	18755
保险费	11350	914	986	11337
展览费	14050	1140	1170	13990
广告费	21050	1785	1733	20799
其他	17100	1398	1449	17405
合　计	128025	10421	10627	127671

（二）管理费用明细表的编制

管理费用明细表是反映企业在报告期内发生的管理费用及其构成情况的报表。该表一般按费用项目分别反映各该费用的计划数、上年同期实际数、本月实际数和本年累计实际数。该表的本年计划数应根据管理费用计划填列；上年同期实际数应根据上年同期管理费用明细表的累计实际数填列；本月实际数应根据管理费用明细账的本月合计数填列；本年累计实际数应根据管理费用明细账的本月末的累计实际数填列。如果需要，也可以根据管理费用的分月计划，在表中加列本月计划数。管理费用明细表的格式和内容见表8－7。

表 8－7　　　　　　　　　管理费用明细表　　　　　　　　　单位：元

费用项目	本年计划	上年同期实际	本月实际	本年累计实际
职工薪酬	23400	2056	1949	23355
折旧费	16300	1365	1340	16055
工会经费	7850	665	655	7855
业务招待费	18750	1519	1573	18790
印花税	8550	692	712	8505
房产税	10850	920	905	10390
车船使用税	5800	480	489	5842
土地使用税	5200	435	435	5215
无形资产摊销	11950	990	965	11995
职工教育经费	14950	253	1238	14910
劳动保险费	6750	605	565	5755
失业保险费	10200	789	843	10098
技术转让费	11550	1406	1131	13615
材料产品盘亏、毁损	—	860	911	10939
其他	11850	1095	1159	13912
合　计	163950	15130	14870	178231

（三）财务费用明细表的编制

财务费用明细表是反映企业在报告期内发生的财务费用及其构成情况的报表。该表一般按费用项目分别反映各该费用的计划数、上年同期实际数、本月实际数和本年累计实际数。该表的本年计划数应根据财务费用计划填列；上年同期实际数应根据上年同期财务费用明细表的累计实际数填列；本月实际数应根据财务费用明细账的本月合计数填列；本年累计实际数应根据财务费用明细账的本月末的累计实际数填列。如果需要，也可以根据财务费用的分月计划，在表中加列本月计划数。财务费用明细表的格式和内容见表 8－8。

表 8－8　　财务费用明细表　　单位：元

费用项目	本年计划	上年同期实际	本月实际	本年累计实际
利息支出	21350	1628	1733	20905
汇兑损失	16400	1391	1446	17355
手续费	12400	1044	938	12670
其他	6050	506	479	5755
合　计	56200	4569	4596	56685

第三节　成本报表的分析

一、成本报表的分析步骤

成本报表的分析，大体上可按以下步骤进行。

（一）确定分析课题

在进行成本分析之前，要根据生产经营过程中出现的问题或管理上的需要，确定分析课题，明确分析的要求。开展成本分析，总的来说，是为了总结企业生产经营的成绩和缺点，更好地按经济规律办事。但是，企业在一定时期内，总有一些特殊的管理性的问题需要解决，对于成本分析的目的和要求，在不同企业或同一企业的不同时期不可能完全一样。因此，对每次成本分析，都要根据企业生产经营的具体情况，提出具体的分析目的和要求，并拟定分析工作计划，这样才能有目的地收集和运用各种资料，才能有步骤地开展成本分析工作。

（二）收集有关资料

大量占有完备的各种资料，是正确进行成本分析的基础。为了做好成本分析工作，必须全面收集有关的成本资料。既要收集反映计划完成过程和结果的会计、统计和业务核算的实际资料，又要收集各项计划和定额资料；既要收集有关的数字资料，又要收集会议记录、决议、纪要、报告和备忘录等文字资料；既要收集国内同行业先进水平企业的有关资料，又要收集国外先进水平企业的有关资料。企业收集的资料必须实事求是，只有这样才能使成本分析作出正确的结论和提出切实可行的建议。

（三）揭示存在的问题

在开展成本分析时必须运用对比分析的方法，对经济指标及其数据进行各种各样的比较。通过比较，确定差异，揭示矛盾，发现问题。这样，一方面可以明确必须进行深入分析的问题，找寻产生问题的原因；另一方面又为挖掘潜力指出方向和途径。

（四）分析影响因素

通过指标对比，只能看出数量上、现象上的差异，而不能说明差异的实质。因此，在揭示了成本工作存在的问题之后，还要相互联系地研究问题产生的原因。影响产品成本的因素是多种多样的：既有人的因素，又有物的因素；既有主观因素，又有客观因素；既有生产组织方面的因素，又有政治思想方面的因素；既有技术上的因素，又有管理上的因素。只有运用对立统一的观点进行深入综合的分析，才能在多种矛盾中找出主要矛盾，从复杂因素中找出决定因素，才能查明成本指标形成与变动原因以及有关人员的经济责任，才能抓住问题的关键。

（五）提出改进措施

成本分析的根本目的在于对过去成本工作的总结与评价，来控制现在并规划未来。因为过去的已成为事实，即使有失误与不足，也无法避免与挽回。在找出差距、分析原因之后，还应针对成本工作中的关键问题和薄弱环节，提出切实可行的改进措施和实施方案，以全面挖掘降低产品成本的各种潜力，不断提高经济效益。

二、成本报表的分析方法

对成本报表进行分析的方法是多种多样的，采用哪种决定于分析的目的、企业的特点及其所掌握资料的性质和内容。常用的方法主要有对比分析法、比率分析法、因素分析法和积分法。

（一）对比分析法

对比分析法也称指标对比法，是成本报表分析的主要方法，使用比较广泛。它是把相同事物的指标在时间上和空间上进行对比，从数量上确定差异的一种分析方法。使用这种方法的目的是揭示成本差异、找出问题及其产生的原因，研究解决问题的途径和方法，达到降低成本的目的。对比分析法在成本报表分析工作中主要用于以下几种指标的对比分析：

1. 实际与计划或定额指标对比分析。主要是了解计划或定额完成情况，揭示完成计划和未完成计划或定额的差距。

2. 本期实际与前期实际指标对比分析。与上期或上年同期实际指标对比，可以了解成本的发展趋势和方向，揭示本期比上期或上年同期的差距有多少；与历史先进水平对比可以了解成本的发展速度是否已达到或超过历史先进水平。

3. 本期实际与同行业先进水平对比分析。可以反映企业与国内外先进水平的差距，考察企业成本水平在同类企业同种产品中所处的地位，在更大范围内发现差距，推动企业改进经营管理。

对比分析法既可以是绝对指标的对比，也可以是相对指标的对比。无论采用哪种比较形式都必须注意指标之间的可比性，即对比指标采用的计量单位、计价标准、时间单位、指标内容和前后期采用的计算方法等应具有可比的基础和条件。在同类企业比较成本指标时，还应考虑它们在技术、经济上的可比性。如果用于对比分析的资料包含不可比因素，应将对比的指标作必要的调整换算。如对比费用指标时，可以先将随产量变化而变化的变动费用计划数，按产量增减幅度进行调整，再同实际指标相对比；与以前指标对比，可以按不变价格换算或按物价、收费率等变动情况调整某些指标。但在分析时，也要防止将指标可比性绝对化。

（二）比率分析法

比率分析法是通过计算和对比经济指标的比率，进行数量分析的一种方法。采用这种方法，先要把对比的数值变成相对数，求出比率，然后再进行对比分析。比率分析法主要有相关指标比率分析法、构成比率分析法和趋势比率分析法三种。

1. 相关指标比率分析法。是通过计算两个性质不同而又相关的指标的比率，再以实际数与基数进行对比进行数量分析的方法。在实际工作中，由于企业规模不同等原因，单纯地对比产值、销售收入或利润等指标的绝对数，不能说明各企业经济效益的好坏。通常需要计算成本与产值、销售收入或利润相比的相对数，求出产值成本率、销售成本率和成本费用利润率，据以分析和比较生产耗费的经济效益。通过相关比率的计算，可以排除不同企业之间和同一企业不同时期的某些不可比因素，有利于企业经营管理者进行成本效益分析和经营决策。计算公式分别为：

$$产值成本率=\frac{产品生产成本}{工业总产值}\times 100\%$$

$$销售成本率=\frac{销售成本}{销售收入}\times 100\%$$

$$成本费用利润率=\frac{利润总额}{成本费用总额}\times 100\%$$

2. 构成比率分析法。是通过计算某项指标的各个组成部分占总体的比重（即部分与全部的比率），然后将不同时期的构成比率相比较进行数量分析的方法。例如，将构成产品成本的各个成本项目与产品成本总额相比，计算其占总成本的比重，确定成本的构成比率；将各个费用项目与费用总额相比，计算各项费用的构成比率等。通过计算产品成本中各个项目的比重和费用总额中各个费用项目的比重，且将不同时期的构成比率进行比较，可以反映产品成本或费用总额的构成是否合理；观察构成比率的变动，掌握经济活动情况，了解企业改进生产技术和经营管理对产品成本的影响，为寻求降低成本、节约费用的途径指明方向。计算公式分别为：

$$产品成本的构成比率=\frac{直接材料、直接人工或制造费用总额}{产品成本总额}\times 100\%$$

$$期间费用的构成比率=\frac{营业费用、管理费用或财务费用数额}{期间费用总额}\times 100\%$$

$$制造费用构成比率=\frac{某费用项目数额}{制造费用总额}\times 100\%$$

3. 趋势比率分析法。又称动态比率分析法，是将几个时期的同类指标对比，求出比率，进行动态比较，据以分析该项指标的增减速度和变化趋势，从中发现企业生产经营方面的成就或不足。在连续的若干期之间，可以按绝对数进行对比，也可以按相对数进行对比；可以以某个时期为基期，其他各期均与该时期的基数进行对比，也可以在各个时期之间进行环比，分别以上一时期为基期，下一个时期与上一个时期的基数进行对比。

例如，某企业 A 产品某年四个季度单位产品成本和趋势比率见表 8－9。

表 8-9　　A 产品单位成本及趋势比率

指　标	第一季度	第二季度	第三季度	第四季度
产品单位成本（元）	190	210	295	335
基期指数	100	110.50	128.90	176.30
环比指数	—	110.50	116.70	136.70

通过表中趋势比率的计算和对比，可以看出该企业 A 产品的单位成本呈逐年上升趋势，且提高的幅度较大。企业必须采取有效的措施，解决生产和管理方面存在的问题。

比率分析法与对比分析法相比，具有容易判断、可比性强等特点。但由于它同样受会计资料、成本核算方法及行业特点的影响与制约，因此，在使用比率分析法时，同样需要结合实际，对具体问题进行具体分析。不论采用什么比率法，分析时都将比率的实际数与基数进行比较，揭示其与基数之间的差异。例如，进行相关指标比率的成本利润率分析时，应将本期实际成本利润率与计划成本利润率、前期实际成本利润率进行对比，揭示其与计划指标、前期指标的差异。进行构成比率分析也是如此。

（三）因素分析法

因素分析法又称连环替换法，它是将某一综合指标分解为若干个相互联系的因素，并分别计算、分析每个因素影响程度的一种方法。企业产品成本是一个综合性的价值指标，影响产品成本升降的因素很多，但概括起来无外乎是外部因素和内部因素两类。外部因素是指来自社会以及外部经济环境和条件的影响因素；内部因素则是企业本身经营管理所造成的。

通常在采用因素分析法时，首先要确定分析指标的构成因素；其次要确定各个因素与指标的关系，如加减关系、乘除关系等；再次要采用适当的方法，把指标分解成各个因素；最后再来确定各个因素对指标变动的影响方向与程度。具体计算程序如下：

1. 将影响经济指标的各个因素按一定的顺序排列，并按其依存关系将指标分解为基数（计划数、上期实际数等）和实际数两个体系；

2. 以成本的基数为基础，按预定的顺序依次用实际指标去替换各因素的基数指标，直至全部替换完为止；

3. 将每次计算结构与前次计算结果相比，求得某一因素对成本指标变动的影响程度；

4. 将各因素的影响数值相加，即为被分析指标实际数与基数的总差异数。

下面对因素分析法的分析原理作进一步阐述。

设成本指标 F 由 x、y、z 三个因素所构成，且三个因素与成本指标的关系为 $F=f(x, y, z)=xyz$，成本指标的基数和实际数分别为 $F_0=x_0y_0z_0$，$F_1=x_1y_1z_1$，成本指标的实际数与基数的差额为 F_1-F_0。分析计算过程如下：

成本指标的基数 $F_0=x_0y_0z_0$

第一次替换 $F_x=x_1y_0z_0$，F_x-F_0 为 x 变动的影响

第二次替换 $F_y=x_1y_1z_0$，F_y-F_x 为 y 变动的影响

第三次替换 $F_z=F_1=x_1y_1z_1$，F_z-F_y 为 z 变动的影响

x、y、z 三个因素变动影响总额 $=F_x-F_0+F_y-F_x+F_z-F_y=F_1-F_0$

【例 8-1】假设某企业有关材料费用的计划和实际资料见表 8-10。

表 8-10　　　　材料成本资料

指　标	单　位	计划数	实际数
产品产量	件	200	220
单位产品材料消耗量	千克	20	18
材料单价	元	5	6
材料费用总额	元	20000	23760

材料费用总额实际脱离计划的差异：23760 - 20000 = 3760（元），是产量增加、单位产品材料消耗量降低和材料单价提高三个因素综合影响的结果。用因素分析法测定各因素变动对材料费用总额的影响程度：

材料费用总额计划数：200 × 20 × 5 = 20000（元）

第一次替换（产品产量）：220 × 20 × 5 = 22000（元），产量增加对材料费用总额的影响 = 22000 - 20000 = 2000（元）

第二次替换（单位产品材料消耗量）：220 × 18 × 5 = 19800（元），单位产品材料消耗量降低对材料费用总额的影响 = 19800 - 22000 = -2200（元）

第三次替换（材料单价）：220 × 18 × 6 = 23760（元），材料单价提高对材料费用总额的影响 = 23760 - 19800 = 3960（元）

综合各因素影响数：2000 - 2200 + 3960 = 3760（元）

分析表明，由于产量增加、材料价格提高使材料费用总额增加了 5960 元（2000 + 3960），虽然单位产品材料消耗量降低使材料费用减少了 2200 元，但结果造成材料费用总额超支了 3760 元。对此，应进一步分析各因素变动的具体原因。

因素分析法在实际运用中通常采用简便的形式，即差额计算法。运用这一方法时，先确定各因素实际数与基数的差额，然后按各因素的排列顺序依此求出各因素变动的影响：某因素的实际数与基数的差额，乘以前面因素的实际数、后面因素的基数，乘积即为该因素对指标的影响程度。

仍按前例假设，成本指标的基数为 $F_0 = x_0y_0z_0$，实际数为 $F_1 = x_1y_1z_1$，成本指标的实际数与基数的差额为 $F_1 - F_0$。差额计算法的分析计算过程如下：

x 因素变动的影响 $= (x_1 - x_0)y_0z_0$

y 因素变动的影响 $= (y_1 - y_0)x_1z_0$

z 因素变动的影响 = $(z_1 - z_0)x_1y_1$

x、y、z 三个因素变动影响总额 = $(x_1 - x_0)y_0z_0 + (y_1 - y_0)x_1z_0 + (z_1 - z_0)x_1y_1 = x_1y_1z_1 - x_0y_0z_0$

【例 8-2】 仍以上例数字资料，以差额计算法测定各因素变动对材料费用总额的影响程度如下：

产量变动的影响 = (220 - 200) × 20 × 5 = 2000（元）

单位产品材料消耗量变动的影响 = (18 - 20) × 220 × 5
= -2200（元）

材料单价变动的影响 = (6 - 5) × 220 × 18 = 3960（元）

综合各因素影响数：2000 - 2200 + 3960 = 3760（元）

差额计算法由于计算简便，所以应用比较广泛，特别是在影响因素只有两个时更为适用。

应用因素分析法时，必须注意以下几个基本要点：

1. 成本指标体系的组成因素，必须是能反映造成该项指标差异的内在原因；

2. 分析某一方面因素变动对成本差异的影响程度，只有暂时假定其他因素不变的情况下才有可能；

3. 各因素对成本指标差异数的影响，必须顺序连环地逐一进行，不可采用不连环的方法计算，否则算出诸因素的影响程度之和就不等于成本指标的差异数；

4. 各个因素替换的顺序不同，各个因素的影响差异程度也就不一样。因而，正确确定各因素的替换顺序非常重要。确定各因素替换顺序的通常做法是：如果既有数量因素又有质量因素，先计算数量因素变动的影响，后计算质量因素变动的影响；如果既有实物量因素又有价值量因素，先计算实物量因素变动的影响，后计算价值量因素变动的影响；如果有几个数量因素或质量因素，还应区分主要因素和次要因素，先计算主要因素变动的影响，后计算次要因素变动的影响。

（四）积分法

因素分析法能够揭示各因素变化对指标的影响程度和方向，但其计算结果并非各因素变化对指标影响值的客观真实反映，因为因素分析法最基本的特征就是分析过程中因素替换的连环性，不同的替换顺序会得出不同的计算结果。导致这一结果的根本原因在于因素分析法本身存在的弊端。对此，可通过对因素分析法的剖析而得到认识。

仍按前面假设，另外再设 Δ 表示增量，即 $\Delta F = F_1 - F_0$，$\Delta x = x_1 - x_0$，$\Delta y = y_1 - y_0$，$\Delta z = z_1 - z_0$，等等。

成本指标的基数为 $F_0 = x_0 y_0 z_0$

成本指标的实际数为 $F_1 = F_0 + \Delta F = (x_0 + \Delta x)(y_0 + \Delta y)(z_0 + \Delta z) = x_0 y_0 z_0 + \Delta x y_0 z_0 + x_0 \Delta y z_0 + x_0 y_0 \Delta z + \Delta x \Delta y z_0 + \Delta x y_0 \Delta z + x_0 \Delta y \Delta z + \Delta z \Delta x \Delta y$

产生差异 ΔF 的原因：

x 因素变动的影响 $= \Delta x y_0 z_0$

y 因素变动的影响 $= x_0 \Delta y z_0 + \Delta x \Delta y z_0$

z 因素变动的影响 $= x_0 y_0 \Delta z + \Delta x y_0 \Delta z + x_0 \Delta y \Delta z + \Delta z \Delta x \Delta y$

由此可见，采用因素分析法时，排在最前面的因素只负担其基本影响额，而后面的因素除了要负担各自的基本影响额外，还要负担一切与它有关的共同影响额部分。因此，因素排列越后，负担的共同影响额部分越多。显然，这样的分配很不合理。因为共同影响额是由两个或两个以上的因素共同变动对指标的影响结果。正确的分配方法应当是将共同影响额部分在各影响因素之间进行分配。

根据高等数学知识我们可以利用全微分的公式计算各个因素（自变量）的变动对经济指标（函数）的影响。

仍按前例假设，$F = f(x, y, z) = xyz$，各因素变动对指标的影响程度（分别以 A_x、A_y、A_z 表示）的计算公式为：

$$A_x = \int_0^{\Delta x} (y_0 + kx)(z_0 + lx)dx$$

$$A_y = \int_0^{\Delta x} k(x_0 + x)(z_0 + lx)dx$$

$$A_z = \int_0^{\Delta x} l(x_0 + x)(y_0 + kx)dx$$

式中，$k = \frac{\Delta y}{\Delta x}$；$l = \frac{\Delta z}{\Delta x}$

【例 8－3】 用积分法对上例资料中的材料费用总额超支 3760 元的原因进行分析，则分析结果如下：

$$产品产量的影响 = \int_0^{20} (20 - \frac{1}{10}x)(5 + \frac{1}{20}x)dx = 2086.67（元）$$

$$单位产品材料消耗量的影响 = \int_0^{20} -\frac{1}{10}(200 + x)(5 + \frac{1}{20}x)dx = -2313.33（元）$$

$$材料单价的影响 = \int_0^{20} \frac{1}{20}(200 + x)(20 - \frac{1}{10}x)dx = 3986.66（元）$$

各因素影响之和 = 2086.67 − 2313.33 + 3986.66 = 3760（元）

积分法避免了因素分析法最棘手的因素排列顺序问题，这就能排除进行分析前人们对各种因素的作用所作的任何主观推测，从而使得分析结果能够客观正确地反映各因素变动对经济指标的实际影响程度。这还可以通过下面对积分法分析公式的进一步剖析而得到认识。

当 $F = f(x, y, z) = xyz$ 时，根据积分法得：

$$A_x = \int_0^{\Delta x} (y_0 + kx)(z_0 + lx)dx$$

$$= \Delta x y_0 z_0 + \frac{\Delta x \Delta y z_0 + \Delta x y_0 \Delta z}{2} + \frac{\Delta x \Delta y \Delta z}{3}$$

同理，

$$A_y = \int_0^{\Delta x} k(x_0 + x)(z_0 + lx)dx$$

$$= x_0 \Delta y z_0 + \frac{\Delta x \Delta y z_0 + x_0 \Delta y \Delta z}{2} + \frac{\Delta x \Delta y \Delta z}{3}$$

$$A_z = \int_0^{\Delta x} l(x_0 + x)(y_0 + kx)dx$$

$$= x_0 y_0 \Delta z + \frac{\Delta x y_0 \Delta z + x_0 \Delta y \Delta z}{2} + \frac{\Delta x \Delta y \Delta z}{3}$$

可以看出，各因素的基本影响额是由各该因素自己负担的：A_x 中包含了 $\Delta x y_0 z_0$，A_y 中包含了 $x_0 \Delta y z_0$，A_z 中包含了 $x_0 y_0 \Delta z$；而共同影响额部分是在各有关因素之间根据因素的个数来分摊的：$\Delta x \Delta y z_0$ 是由 x、y 因素各分摊 1/2，$\Delta x y_0 \Delta z$ 是由 x、z 因素各分摊 1/2，$x_0 \Delta y \Delta z$ 是由 y、z 因素各分摊 1/2，$\Delta z \Delta x \Delta y$ 是由 x、y、z 因素各分摊 1/3。其实，按积分法分析的结果就是对影响经济指标的各因素按照各自可能的排列顺序都作一番替代计算，然后在此基础上计算出来的平均数。当函数值表现为自变量相乘时，这些自变量的顺序是可先可后的，不管怎样排列，函数值始终不变。如果我们在进行经济分析时，只承认其中一种因素排列顺序正确，这显然是与基本常识相违背的。各因素变动对经济指标的影响理应是在各种可能出现的排列顺序下计算出来的那个平均数。

以上所述只是常见的几种数量分析方法，企业还可以根据分析的目的和要求，采用分组法、指数法、图表法等其他数量方法。需要指出的是，不论采用什么分析方法，都只能为进一步调查研究指明方向，而不能代替调查研究。要确定成本、工作好坏的具体原因，并据以提出切实有效的建议和措施来改进工作，都必须在采用上述分析方法进行分析的基础上，深入实际调查研究。

三、产品生产成本表的分析

（一）按成本项目反映的产品生产成本表的分析

按成本项目反映的产品生产成本表，一般采用对比分析法、构成比率分析法和相关指标比率分析法进行分析。

采用比较分析法，将产品成本合计数、生产费用合计数及其各个成本项目费用的本年计划数进行对比，揭示差异，以便为进一步分析指明方向。

表 8－1 中的产品成本合计数，本年累计实际数不仅低于上年实际数，而且也低于计划数，可见该年产品总成本是降低的。成本降低的原因是多方面的，可能是由于单位成本的降低，也可能是由于产品产量和产品品种构成的变动。应进一步分析影响产品成本变动的主要因素和具体原因，才能对产品成本的降低是否合理作出评价。

就表 8－1 中的生产费用合计来看，本年累计实际数虽然低于上年实际数但高于计划数。这是由于产品生产成本本年累计实际数低于上年实际数（107529－113167），计划的期初、期末在产品和自制半成品的余额（8520－6632）大于实际的期初、期末在产品和自制半成品的余额（6529－5700）。就各个成本项目来看，直接材料、直接人工和制造费用的本年累计实际数与上年数和计划数相比，升降的情况和程度各不相同，应进一步查明原因。

对于各项生产费用，还可计算构成比率，并在本年实际、本月实际、本年计划和上年实际之间进行对比。各项指标的计算如下：

1. 本年实际构成比率：

$$直接材料比率 = \frac{56140}{106700} \times 100\% = 53\%$$

$$直接人工比率 = \frac{23000}{106700} \times 100\% = 22\%$$

$$制造费用比率 = \frac{27560}{106700} \times 100\% = 25\%$$

2. 本月实际构成比率：

$$直接材料比率 = \frac{4490}{9190} \times 100\% = 49\%$$

$$直接人工比率 = \frac{1850}{9190} \times 100\% = 20\%$$

$$制造费用比率 = \frac{2850}{9190} \times 100\% = 31\%$$

3. 本年计划构成比率：

$$直接材料比率 = \frac{56120}{106490} \times 100\% = 53\%$$

$$直接人工比率 = \frac{24050}{106490} \times 100\% = 23\%$$

$$制造费用比率 = \frac{26320}{106490} \times 100\% = 24\%$$

4. 上年实际构成比率：

$$直接材料比率 = \frac{57860}{110936} \times 100\% = 52\%$$

$$直接人工比率 = \frac{23250}{110936} \times 100\% = 21\%$$

$$制造费用比率 = \frac{29826}{110936} \times 100\% = 27\%$$

根据以上各项构成比率的计算，可以看出，本年实际构成与本年计划构成相比，直接人工费用的比重有所降低，而制造费用的比重有所提高；与上年实际构成相比，三项费用比重都有所变化，其中直接材料费用和直接人工费用比重都有所提高，而制造费用的比重则有所降低；本月各项费用构成的变化还是较大的，应分析其产生变化的具体原因。

为了比较各期相对的经济效益，可将产品生产成本与产值、销售收入或利润相比，计算相关指标比率，即产值成本率、销售收入成本率或成本利润率，然后进行比较，以计算和了解企业的经济效益情况及其变动的趋势。

（二）按产品种类反映的产品生产成本表的分析

按产品种类反映的产品生产成本表的分析，一般可从以下两个方面进行：（1）本期实际成本与计划成本的对比分析；（2）本期实际成本与上年实际成本的对比分析。

1. 本期实际成本与计划成本的对比分析。将产品生产成本表中所列全部产品和各种主要产品的本月实际总成本和本年累计实际总成本分别与本月计划总成本和本年累计计划总成本进行比较，对全部产品和各种主要产品的成本计划完成情况进行总括评价。

下面对表 8 - 2 中的本年累计总成本计划的完成情况进行分析，见表 8 - 11。

表 8 - 11　　全部产品成本计划完成情况分析　　单位：元

产品名称	计划总成本	实际总成本	成本降低额	成本降低率
甲产品	23940	25650	1710	7.14%
乙产品	33550	33855	305	0.91%
丙产品	47472	48024	552	1.12%
合　计	104962	107529	2567	2.44%

计算表明，本年全部产品累计实际总成本超过计划 2567 元，

升高 2.44%。就产品品种来看，甲、乙、丙三种产品本年累计实际总成本都超过计划，但甲产品成本超过计划较多，超支幅度也较大，应进一步分析甲产品成本超支的原因。值得注意的是，从表 8－2 可知，本月全部产品总成本实际比计划降低了 330 元，降低 3.82%，说明年末工作有所好转。

2. 本期实际成本与上年实际成本的对比分析。可比产品的实际成本，除了与计划比较外，还应进一步与上年实际成本对比，确定可比产品较上年成本的降低额和降低率，并同成本计划中规定的降低额和降低率相比较，以考察可比产品成本降低计划的执行结果。

可比产品成本升降情况的分析，可以按产品品种进行，也可以按全部可比产品进行。由于可比产品成本降低计划一般按全部可比产品综合规定，因而可比产品成本降低计划执行结果的分析一般按全部可比产品进行。分析时，应首先将全部可比产品本年累计实际总成本和本年按上年实际平均单位成本计算的累计总成本进行比较，计算可比产品本期实际成本降低额和降低率，确定可比产品成本降低计划的执行结果；在此基础上，进一步对影响可比产品成本降低任务完成情况的因素进行分析。

影响可比产品成本降低任务完成情况的因素，概括起来有三个：

（1）产品产量。可比产品计划降低额是根据各种产品计划产量制定的，而实际成本降低额是根据各种产品实际产量制定的。所以，在产品品种结构和单位成本不变的情况下，产品产量的增减会使成本降低额同比例增减，因而不会影响成本降低率的变化，这时只需计算出产品产量变动对成本降低额的影响程度。其计算公式为：

$$\begin{array}{c}\text{产量变动对成本}\\\text{降低额的影响}\end{array}=\left[\sum\left(\begin{array}{c}\text{实际}\\\text{产量}\end{array}\times\begin{array}{c}\text{上年实际平}\\\text{均单位成本}\end{array}\right)\right.$$

$$-\sum\left(\text{计划产量}\times\text{上年实际平均单位成本}\right)\Big]$$

$$\times\ \text{计划成本降低率}$$

$$=\left[\sum\left(\text{实际产量}\times\text{上年实际平均单位成本}\right)\times\text{计划成本降低率}\right]$$

$$-\ \text{计划成本降低额}$$

（2）产品品种结构。产品品种结构是指各种可比产品在全部可比产品中所占的比重。全部可比产品成本降低率实质上是以各种产品的个别成本降低率为基础计算出来的，由于各种可比产品成本降低率不同，如果成本降低率大的产品在全部可比产品中所占比重比计划高，那么，可比产品成本降低率就会多降低，降低额也会相应地多降低；反之，则降低率和降低额都会降低得少些。产品品种结构变动对降低额的影响可以用结构变动后的降低额减去结构变动前的降低额表示，其计算公式为：

$$\text{产品结构变动对成本降低额的影响}=\left[\sum\left(\text{实际产量}\times\text{上年实际平均单位成本}\right)-\sum\left(\text{实际产量}\times\text{计划单位成本}\right)\right]$$

$$-\left[\sum\left(\text{实际产量}\times\text{上年实际平均单位成本}\right)\times\text{计划成本降低率}\right]$$

$$\text{品种结构变动对成本降低率的影响}=\frac{\text{品种结构变动对降低额的影响}}{\sum\left(\text{实际产量}\times\text{上年实际平均单位成本}\right)}\times 100\%$$

（3）单位成本。可比产品计划成本降低额和成本降低额都是以上年成本作为对比基础的，为此，可比产品成本降低任务的完成程度实际上是各种产品单位成本发生变动所致。产品单位成本比计划降低越多，成本降低额和降低率也就越大；相反，成本降低额和降低率就越小。产品单位成本的变动与成本降低额和降低率的变动方向相反。其计算公式为：

$$\begin{aligned}\begin{matrix}\text{单位成本变动对}\\\text{成本降低额的影响}\end{matrix} &= \sum\left[\begin{matrix}\text{实际}\\\text{产量}\end{matrix}\times\left(\begin{matrix}\text{计划单}\\\text{位成本}\end{matrix}-\begin{matrix}\text{实际单}\\\text{位成本}\end{matrix}\right)\right]\\ &= \sum\left(\begin{matrix}\text{实际}\\\text{产量}\end{matrix}\times\begin{matrix}\text{计划单}\\\text{位成本}\end{matrix}\right)\\ &\quad -\sum\left(\begin{matrix}\text{实际}\\\text{产量}\end{matrix}\times\begin{matrix}\text{实际单}\\\text{位成本}\end{matrix}\right)\end{aligned}$$

$$\begin{matrix}\text{单位成本变动对}\\\text{成本降低率的影响}\end{matrix} = \frac{\text{单位成本变动对降低额的影响}}{\sum\left(\begin{matrix}\text{实际}\\\text{产量}\end{matrix}\times\begin{matrix}\text{上年实际平}\\\text{均单位成本}\end{matrix}\right)}\times 100\%$$

【例 8-4】假定上例企业全部可比产品成本的计划降低额为 4789 元，计划降低率为 4.23%。根据该企业 12 月份按产品种类反映的产品生产成本表的补充资料，可以了解该企业该年全部可比产品成本实际的降低额为 4090 元，降低率为 3.66%。实际脱离计划的差异为：

降低额 =4090 -4789 = -699（元）

降低率 =3.66% -4.23% = -0.57%

可以看出，该企业该年度全部可比产品的实际总成本虽然比上年有所下降，但成本降低计划规定的成本降低要求较高，成本降低额和成本减低率均未完成计划。产品产量、产品品种结构和产品单位成本三因素变动对可比产品成本降低计划执行结果影响程度计算如下：

①产品产量变动的影响：

对成本降低额的影响 = (111619 × 4.23%) − 4789

= −68(元)

②产品品种构成变动的影响：

对成本降低额的影响 = (111619 − 104962) − (111619 × 4.23%)

= 1936 (元)

$$对成本降低率的影响 = \frac{1936}{111619} \times 100\% = 1.73\%$$

③产品单位成本变动的影响：

对成本降低额的影响 = 104962 − 107529 = −2567 (元)

$$对成本降低率的影响 = \frac{-2567}{111619} \times 100\% = -2.30\%$$

以上三因素的影响程度可列表如表 8－12。

表 8－12　　各因素影响程度汇总表

因　素	对成本降低额影响（元）	对成本降低率影响（%）
产品产量变动	−68	0
产品品种构成变动	1936	1.73
产品单位成本变动	−2567	−2.30
合　计	−699	−0.57

以上分析结果表明，该企业该年度可比产品成本没有完成降低计划的主要原因，是由于产品单位成本升高，使成本少降低 2567 元，约合降低率 2.30%。其中主要是甲产品成本升高，而乙产品和丙产品成本却是降低的。值得注意的是，本月（12 月）甲产品单位成本低于上年和本年累计实际平均成本，略高于本年计划；而乙产品和丙产品本月实际单位成本比上年实际平均、本年计划、本年累计实际平均成本都低，应结合单位成本进一步分析查明原因。此外，产量减少使成本实际比计划少降低了 68 元，

而品种结构变动却使成本比计划多降低了1936元。对此，需结合生产分析和销售分析查明原因。

3. 对两种情况的说明。进行可比产品成本降低任务完成情况的分析，既包括分析成本降低额，也包括分析成本降低率。成本降低额是用绝对数来反映企业通过降低成本所取得的节约额是多少，而成本降低率是用相对数来表示成本水平节约的程度。在一般情况下，企业可比产品成本降低额计划与降低率计划的完成情况是一致的，同时各可比产品成本降低任务与全部可比产品成本降低任务的完成情况也是一致的。但是，在实际工作中情况并非如此简单，有时也会出现刚好相反的现象。

（1）成本降低额计划与成本降低率计划的完成情况相矛盾。这是指企业没有完成某种产品的成本降低额计划，但却完成了成本降低率计划；企业完成了某种产品的成本降低额计划，而成本降低率计划却没有完成。

【例8-5】某企业生产的可比产品A、B，其成本计划资料如表8-13。

表8-13　A、B产品成本计划资料　单位：元

产品名称	计划产量（件）	单位成本		总成本		成本降低额	成本降低率
		上年实际平均	本年计划	按上年实际平均计算	本年计划		
A产品	200	750	700	150000	140000	10000	6.67%
B产品	500	380	370	190000	185000	5000	2.63%
合计	—	—	—	340000	325000	15000	4.41%

现根据两种假设的执行结果，编制产品成本计算分析表见表8-14和表8-15。

表 8－14　　　　A、B 产品成本计算分析表　　　　单位：元

产品名称	实际产量（件）	单位成本		总　成　本		成本降低额	成本降低率
		上年实际平均	本年累计实际平均	按上年实际平均计算	本年累计实际		
A 产品	180	750	6950	135000	125100	9900	7.33%
B 产品	400	380	370	152000	148000	4000	2.63%
合计	—	—	—	287000	273100	13900	4.84%

表 8－15　　　　A、B 产品成本计算分析表　　　　单位：元

产品名称	实际产量（件）	单位成本		总　成　本		成本降低额	成本降低率
		上年实际平均	本年累计实际平均	按上年实际平均计算	本年累计实际		
A 产品	300	750	705	225000	211500	13500	6%
B 产品	600	380	375	228000	225000	3000	1.32%
合计	—	—	—	453000	436500	16500	3.64%

从表 8－13 与表 8－14 的对比分析中我们发现，该企业可比产品成本的计划降低额为 15000 元，实际降低额为 13900 元，成本降低额计划没有完成，但成本降低率却由计划的 4.41% 上升到实际的 4.84%，超计划完成了。从表 8－13 与表 8－15 的对比分析中我们又发现，该企业可比产品成本的实际降低额为 16500 元，成本降低额指标超计划完成了，但成本降低率却下降到 3.64%，未能完成计划。

致使成本降低额计划与成本降低率计划完成情况相矛盾的原因是，影响成本降低率的只有单位成本和品种结构这两个因素，而影响成本降低额的因素除此之外还有产品产量。当产品产量实际较计划减少，而产品单位成本实际又较计划降低时，就有可能出现成本降低率完成计划而成本降低额未能完成计划的现象。当产品产量实际较计划增加，而产品单位成本实际又较计划上升时，就有可能出现成本降低额完成计划而成本降低率未能完成计划的现象。因此，为了全面客观地评价企业成本工作的好坏，必

须将成本降低额和成本降低率结合起来考核。

（2）个别产品的成本降低率计划与综合的成本降低率计划完成情况相矛盾。这是指企业的各种产品的成本降低率指标都超计划完成了，但总的成本降低率计划却没有完成；或者，企业没有一种产品能完成成本降低率计划，但总的成本降低率计划却完成了。

例如上例企业，根据这样两种假设的实际资料，编制产品成本计算分析表见表8－16和表8－17。

表8－16　A、B产品成本计算分析表　单位：元

产品名称	计划产量（件）	单位成本		总成本		成本降低额	成本降低率
		上年实际平均	本年累计实际平均	按上年实际平均计算	本年累计实际		
A产品	150	750	695	112500	104250	8250	7.33%
B产品	800	380	368	304000	294400	9600	3.16%
合计	—	—	—	416500	398650	17850	4.29%

表8－17　A、B产品成本计算分析表　单位：元

产品名称	计划产量（件）	单位成本		总成本		成本降低额	成本降低率
		上年实际平均	本年累计实际平均	按上年实际平均计算	本年累计实际		
A产品	400	750	702	300000	280800	19200	6.4%
B产品	550	380	3372	209000	204600	4400	2.11%
合计	—	—	—	509000	485400	23600	4.64%

从表8－13和表8－16的对比分析中我们发现，该企业A、B产品的实际成本降低率分别高于计划0.66%和0.53%，但是综合的成本降低率实际却低于计划0.12%。从表8－13和表8－17的分析中我们又发现，该企业A、B产品都未能完成成本降低率计划，分别低于计划0.27%和0.52%，但是可比产品成本综合降低率实际却高于计划0.23%。致使各个产品的成本降低率计划与综合的成本降低率计划完成情况相矛盾的原因是产品品种

结构发生了变化。可比产品的成本降低率指标不仅受各个别产品的成本降低率大小的影响，同时还受产品品种结构变动的影响。即：

$$\text{成本综合降低率} = \sum\left(\text{各个别产品的成本降低率} \times \text{各该产品的比重}\right)$$

所以，在企业各可比产品的单位成本实际较计划降低的情况下，只要将降低率较小的产品的比重提高到一定程度，就必然会发现各种产品的成本降低率都完成计划，而综合成本降低率却不能完成计划的现象；或者，在企业各可比产品的单位成本实际较计划提高的情况下，只要将降低率较大的产品的比重提高到一定程度，就必然会发现各种产品的成本降低率都未能完成计划，而综合成本降低率却超计划完成的现象。因此，在对可比产品成本降低率指标进行考核的时候，必须将各个别产品的成本降低率与综合降低率联系起来，以便更正确地认识和评价企业的经营管理工作。

四、主要产品单位成本表的分析

该表的分析应选择成本超支或节约较多的产品有重点地进行，以揭示产品单位成本及其成本项目的变动情况，查明单位成本升降的具体原因。分析时，可先根据本期实际的生产成本与其他各种生产成本（计划、上年实际、历史最好水平等）进行对比，进行一般分析；然后，按成本项目分析其增减变动，查明造成单位成本升降的具体原因。在可能的条件下，还可以组织厂际间同类产品单位成本的对比分析。

（一）主要产品单位成本变动情况分析

现以某企业 A 产品的单位成本表为例，说明一般分析方法。

1. 主要产品单位成本的水平分析。根据 A 产品单位成本表，编制A产品单位成本比较分析表，以了解A产品单位成本的升降情况及其原因，见表8－18。

表8－18　　A产品单位成本比较分析表　　单位：元

成本项目	上年成本	计划成本	实际成本	实际比上年降低或超支			实际比计划降低或超支		
				金额	降低率（%）	对单位成本影响（%）	金额	降低率（%）	对单位成本影响（%）
直接材料	120	120	118.75	－1.25	－1.04	－0.66	－1.25	－1.04	－0.66
直接人工	34.50	32.50	28.75	－5.75	－16.67	－3.02	－3.75	－11.54	－2
制造费用	35.50	35	36.25	＋0.75	＋2.11	＋0.39	＋1.25	＋3.58	＋0.66
合计	190	187.50	183.75	－6.25	－3.29	－3.29	－3.75	－2	－2

从比较分析的结果看，A产品的单位成本比上年降低6.25元，降低率为3.29%。主要是由于直接材料和直接人工的降低使单位成本降低，尤其是直接人工降低幅度比较大，使单位成本显著降低。A产品的单位成本与计划相比较降低了3.75元，降低率为2%，是由于直接材料和直接人工的降低和制造费用提高共同影响的结果。

2. 主要产品单位成本的垂直分析。根据A产品单位成本表，编制A产品单位成本结构分析表，以了解A产品单位成本的构成情况及其变动原因，见表8－19。

表8－19　　A产品单位成本结构分析表　　单位：元

成本项目	上年成本	计划成本	实际成本	成本构成（%）			构成变动	
				上年	计划	实际	实际与上年	实际与计划
直接材料	120	120	118.75	63.16	64	64.63	＋1.47	＋0.63
直接人工	34.50	32.50	28.75	18.16	17.33	15.65	－2.51	－1.68
制造费用	35.50	35	36.25	18.68	18.67	19.72	＋1.04	＋1.05
合计	190	187.50	183.75	100	100	100	—	—

从以上分析可以看出，该产品单位成本的构成与上年相比，

直接材料和制造费用的比重有所提高，而直接人工所占比重则有所降低。与本年计划相比，直接人工所占比重则有所降低，制造费用的比重有所提高，而直接材料的比重则变化不大。

此外，为了了解产品单位成本的发展变化情况，还可以对产品单位成本进行趋势分析。运用多年的产品单位成本资料，计算定基比率及环比比率，揭示各期间单位成本的增减变化，并据以预测单位成本的发展趋势。

（二）主要产品单位成本的分项目分析

企业一定时期的产品单位成本的高低，是与企业的生产技术、生产组织的状况和经营管理水平，以及采取的技术组织措施效果紧密相连的。因此，紧密结合企业技术经济方面的资料，查明成本升降的具体原因，是进行产品单位成本各个成本项目分析的特点。

下面以直接材料、直接人工和制造费用几个主要成本项目为例，说明分析的一般方法。

1. 直接材料项目的分析。直接材料费用在产品成本中所占比重一般较大，节约使用材料是降低产品成本的一个重要内容，也是增加产品生产的一个重要条件。因此，对直接材料要进行重点分析，以便制定节约使用材料的有效措施，在保证产品质量的条件下，进一步降低原料、材料、燃料及动力的消耗，争取最大的节约。

在分析直接材料项目变动的原因时，首先将各种主要材料成本的实际数与基数（计划数、上年数等）相比较，查明哪种材料或哪几种材料的升降较大；其次，分析直接材料费用升降的原因。一般情况下，直接材料费用的升降取决于材料的消耗量和材料价格两个因素。材料耗用量和价格变动对直接材料成本的影响，可通过下列公式计算：

$$\text{材料耗用量变动的影响}=\left(\text{实际耗用量}-\text{计划耗用量}\right)\times\text{计划价格}$$

材料价格变动的影响 =（实际价格 - 计划价格）× 实际耗用量

【例 8-6】根据某企业生产 A 产品的成本计划和成本核算的有关资料，编制的直接材料成本差异明细表见表 8-20。

表 8-20　　A 产品直接材料费用分析表

材料名称	计量单位	耗用量		单价		直接材料费用	
		计划	实际	计划	实际	计划	实际
甲	千克	10	9	6.75	7	67.5	63
乙		16	15	4.35	4.50	69.6	67.50
合计						137.10	130.50
废料收回	元					17.10	11.75
合计						120	118.75

A 产品直接材料成本实际比计划降低 1.25 元，其中，材料耗用量和价格两因素变动使直接材料成本降低了 6.60 元，废料回收价值的减少使直接材料成本升高了 5.35 元。

材料耗用量变动的影响：

甲材料（9 - 10）×6.75 = -6.75（元）

乙材料（15 - 16）×4.35 = -4.35（元）

合计 -11.10

价格变动的影响：甲材料（7 - 6.75）×9 = 2.25（元）

乙材料（4.50 - 4.35）×15 = 2.25（元）

合计 4.50

材料耗用量减少使直接材料成本降低了 11.10 元，材料价格上涨使直接材料成本升高了 4.50 元，两因素的共同影响使直接材料成本实际较计划降低了 6.60 元。在此基础上，还要进一步分析材料消耗量、材料价格变动的原因，以便寻求降低直接材料成本的具体途径。

影响材料耗用量变动的原因很多，归纳起来主要有：

(1) 产品结构的变化。在保证或提高产品性能和产品质量的前提下，不断改变产品设计，使产品简化结构，缩小体积，减轻重量，就会减少产品生产中的材料消耗，降低材料成本。

(2) 材料加工方式的变化。改进工艺和加工方式或采取合理的套材下料措施，减少毛坯的切削余量和工艺损耗，就能提高原材料利用率，节约原材料消耗，降低产品成本。

(3) 材料质量和规格的变化。企业生产中使用优质材料，不仅可以提高产品质量，还可以节约材料消耗，但材料费用会升高；如果质量低于计划要求，价格虽然较低，但会增大材料的消耗量，增加生产操作时间，或者降低产品质量。如果材料规格与生产所需要的不符，造成大材小用，长材短用，优材劣用，也会使生产中多消耗材料数量。

(4) 材料代用或配料比例的变化。在保证产品质量的前提下，采用廉价的代用材料，选用经济合理的技术配方，就会节约材料消耗或降低材料费用。

(5) 材料综合利用。在利用原材料生产主产品的同时，开展原材料的综合利用，生产副产品，将同样多的材料费用分配到更多品种和数量的产品中去，从而降低主产品的材料费用。

(6) 产生废品和废料的回收利用情况。生产中所出现的废品越多，单位合格品所负担的材料消耗量就越多。加工过程中所产生的废料，如能得到很好地回收利用，也能相对地减少材料消耗。

此外，生产工人的操作和技术水平、生产设备性能的优劣以及有关材料管理制度的健全状况及其实行情况等，都会影响材料消耗量的增减。

影响材料价格变动的原因也很多，常见的有：

（1）材料买价的变动。材料价格是由买价和采购费用两部分所组成。材料买价的变动一般属于客观因素，但从企业内部来看，同供应部门的工作质量往往存在一定的联系。

（2）运输费用的变动。这种费用的变动可能是由于运价发生变化，也可能是由于材料采购地点变化，或者是运输方式的变化。分析时应区别两种情况，一是与企业工作质量无关的客观因素，如运价的调整；另一种是由企业的组织管理工作所决定的，属主观因素，如运输线路、方式的选择。

（3）运输途中的材料损耗。运输途中的损耗在合理范围内，都要计入材料的采购成本。运输途中材料的损耗状况，必然会影响入库材料的价格。

此外，采购部门的经营管理和经费支出水平，也会影响到材料价格。

2. 直接人工项目的分析。直接人工费用是指直接从事产品生产工人的工资、福利费、社会保险费、住房公积金等。直接人工费用的多少，反映企业劳动组织是否合理，工时利用是否充分以及劳动生产率的高低。

单位产品中直接人工费用的多少，既取决于企业所实行的工资制度，同时也与企业所采用的工资分配方法有关。当企业实行计件工资制度时，计件单价不变，单位产品的直接人工成本一般也不变，除非生产工艺或劳动组织方面有所改变。当企业实行计时工资制度时，单位产品的直接人工成本则同劳动生产率有关。劳动生产率提高，一定时期所生产的产品就增多（或降低），单位产品所负担的直接人工成本就减少（增多）。对直接人工成本项目的分析，可以分以下两种不同的情况：

（1）生产一种产品。此时，企业发生的直接人工费用都由该种产品负担，单位产品直接人工成本的多少，取决于生产该种产品的产量和工资数额这两个因素。它们之间的关系为：

$$单位产品直接人工成本 = \frac{生产工人工资总额}{产品产量}$$

如果产品产量的增长速度大于生产工人工资的增长速度，单位产品直接人工成本就会下降；如果产品产量的增长速度小于生产工人工资的增长速度，单位产品直接人工成本就会上升。

【例8－7】某企业生产B产品，直接人工成本有关资料见表8－21。

表8－21　　B产品直接人工费用分析表　　单位：元

项　　目	本年计划	本年实际	差异
生产工人工资总额（元）	4500	5040	540
产品产量（件）	100	120	20
单位产品直接人工成本（元）	45	42	－3

B产品单位产品直接人工成本较计划降低了3元，其原因是：

$$生产工人工资总额变动的影响 = \frac{5040}{100} - \frac{4500}{100} = 5.40（元）$$

$$产品产量变动的影响 = \frac{5040}{120} - \frac{5040}{100} = -8.40（元）$$

生产工人的工资总额，主要受工人人数的增减、工人工资的调整、工人出勤情况等原因的影响。产品产量主要受工人人数、劳动生产率、生产工艺等因素的影响。

（2）生产多种产品。由于各种产品的使用价值不同，也就不能按实物量将各种产品加以汇总，即不能得到一个以实物量反映的产品总产量指标。这时，应将生产工人工资按一定标准在各有关产品之间进行分配。产品中的直接人工费用，一般是按生产工时比例分配计入的，这时，产品单位成本中的直接人工成本取决于生产单位产品的工时消耗和每小时工资两个因素。它们之间的关系为：

单位产品直接人工成本 = 单位产品工时消耗 × 小时工资率

生产单位产品消耗的工时越少，成本中分摊的直接人工费用就越少，而每小时工资的变动则受计时工资总额和生产工时总数的影响。其变动原因需从这两个因素的总体去查明。单位产品消耗工时和小时工资率两个因素变动对直接人工成本的影响，可通过下列公式计算：

$$\text{单位产品消耗工时变动的影响} = \left(\text{实际工时} - \text{计划工时}\right) \times \text{计划小时工资率}$$

$$\text{小时工资率变动的影响} = \left(\text{实际小时工资率} - \text{计划小时工资率}\right) \times \text{实际工时}$$

单位产品工时消耗变动反映了劳动生产率的高低，劳动生产率越高，单位产品的生产工时消耗就越少；小时工资率反映了生产工人平均工资的高低，小时工资率越高，单位产品成本中包含的工资费用就越高。分析单位产品的直接人工费用，应结合生产技术、工艺和劳动组织等方面的情况，重点查明单位产品生产工时和每小时工资变动的原因。

【例 8－8】 A 产品每件所耗工时数和每小时工资的计划数和实际数见表 8－22。

表 8－22　　A 产品直接人工费用分析表　　单位：元

项　　目	单位产品所耗工时（小时）	每小时工资费用	单位产品成本中的直接人工
本年计划	4	8.125	32.50
本月实际	5	5.75	28.75
直接人工差异	+1	－2.375	－3.75

A 产品实际单位产品直接人工成本较计划降低 3.75 元的原因是：

单位产品所耗工时变动的影响 = +1 ×8.125 = +8.125（元）

每小时工资变动的影响 = −2.375 ×5 = −11.875（元）

3. 制造费用项目的分析。对制造费用成本项目的分析，可仿照直接人工成本项目的分析方法来进行。

在生产单一产品的企业或车间里，单位产品费用的多少，直接受产量的高低和费用增减两个基本因素的影响，它们之间的关系为：

$$\text{单位产品应负担的制造费用} = \frac{\text{制造费用总额}}{\text{产品产量}}$$

产品产量和制造费用总额两因素变动的影响可通过下列公式计算：

$$\text{产量变动的影响} = \frac{\text{计划制造费用}}{\text{实际产量}} - \text{单位产品计划制造费用}$$

$$\text{制造费用总额变动的影响} = \text{单位产品实际制造费用} - \frac{\text{计划制造费用}}{\text{实际产量}}$$

在生产多种产品的企业或车间，一般是按各种产品的工时数分配制造费用的，单位产品的制造费用是按下列公式来计算的：

$$\text{单位产品的制造费用} = \text{单位产品工时消耗} \times \text{制造费用分配率}$$

单位产品工时消耗和制造费用分配率两因素变动的影响的计算公式为：

$$\text{单位产品工时消耗变动的影响} = \left(\text{实际工时} - \text{计划工时}\right) \times \text{制造费用计划分配率}$$

$$\text{制造费用分配率变动的影响} = \left(\text{制造费用实际分配率} - \text{制造费用计划分配率}\right) \times \text{实际工时}$$

【例 8－9】 A 产品每件所耗工时数和制造费用分配率的计划数和实际数见表 8－23。

表 8-23　　　　A 产品制造费用分析表

项　　目	单位产品所耗工时（小时）	制造费用分配率	单位产品成本中的制造费用（元）
本年计划	4	8.75	35
本月实际	5	7.25	36.25
制造费用差异	+1	-1.50	+1.25

A 产品实际单位产品制造费用较计划升高 1.25 元的原因是：

单位产品所耗工时变动的影响 = +1 ×8.75 = +8.75（元）

制造费用分配率变动的影响 = -1.50 ×5 = -7.50（元）

在进行产品成本计划完成情况分析时，还应注意以下问题：

（1）成本计划本身的正确性。计划如果不正确、不科学，就难以作为衡量的标准和考核的依据。尤其是不可比产品，因为过去没有正式生产过，缺乏完整、可靠的成本资料作为制定计划的依据。

（2）成本核算资料的真实性。如果成本计划是正确的，而成本核算资料不真实，也难以正确评价企业成本计划的完成程度和生产耗费的经济效益。检查成本核算资料是否真实，关键是看生产费用的归集和分配是否严格遵守了规定的成本开支范围，是否正确划分了各个月份、各个产品以及完工产品与在产品间的费用界限，有无挤占成本、少计成本等任意调节成本的现象。

（3）为了分清企业或车间在降低成本方面的主观和客观因素的影响，划清经济责任，在评价企业成本工作时，应从实际成本中扣除客观因素和相关车间、部门工作的影响。

（三）单位产品成本厂际分析

以上进行的成本分析，一般都是局限于企业内部，即以成本指标的实际数与计划数或上年数进行的对比分析。这种对比分析，对正确评价企业的成本管理工作，挖掘降低成本的潜力，无疑是很重要的，但仅这样对比还不够。在市场经济条件下，为了在竞争中取胜，一定要了解竞争对手的情况，要与竞争对手进行横向比较，以开阔眼界，掌握信息，明了自己的优势与不足。为此，各企业应积极地创造条件，开展厂际成本的对比分析。

进行厂际成本分析通常是以企业主要产品的单位成本和各成本项目，以及直接有关的技术经济指标作为分析对象，一般按以下步骤：首先，对比分析同类型产品的单位成本及各成本项目，找出差距；其次，分析影响成本变动的各个因素，找出造成成本差距的主要原因；再次，研究和制定改进企业工作的措施方案。举例如下：

【例 8－10】某钢厂与先进企业 A 厂每吨钢锭的成本资料见表 8－24。

表 8－24　　钢锭单位成本分析表　　单位：元

成本项目	本厂	A 厂	差异额	差异率（%）
直接材料	1720	1500	+220	+14.67
直接人工	156	120	+36	+30
制造费用	60	50	+10	+20
单位成本	1936	1670	+266	+15.93

可见，本厂每吨钢锭的单位成本较 A 厂高 266 元，幅度达 15.93%，就各个成本项目来看，也都程度不同地高于 A 厂，这说明在生产经营的各个方面可能存在着浪费、损失、低效等现象。企业应根据有关技术经济指标和消耗定额等资料，进一步分析单位成本中各成本项目较高的原因。

1. 直接材料成本提高的原因。

【例 8－11】假定有关直接材料成本的资料见表 8－25。

表 8－25　　钢锭直接材料费用分析表　　单位：元

项　目	本厂	A 厂	差异
合格钢锭收合率（%）	90.70	96	－5.30
每千克金属料的平均单价（元）	1.56	1.44	+0.12
每吨钢锭的直接材料成本（元）	1720	1500	+220

表中，合格钢锭收合率是指合格钢锭重量和投入的金属料重量之比。指标值越大，说明企业熔炼过程中金属料的利用越充分；否则，就说明熔炼过程中金属料的浪费越严重。

现根据资料，对直接材料成本产生差异的原因进行分析：

（1）由于合格钢锭收合率比 A 厂低 5.30%，使每吨钢锭直接材料成本增加：

$$\text{合格钢锭收合率变动对直接材料成本的影响} = \left(\frac{1000}{90.70\%} - \frac{1000}{96\%}\right) \times 1.44 = 88\text{（元）}$$

（2）由于金属料平均单价比 A 厂高 0.12 元，使每吨钢锭的直接材料成本增加：

$$\text{金属料价格变动对直接材料成本的影响} = \frac{1000}{90.70\%} \times 0.12 = 132\text{（元）}$$

钢锭的直接材料成本是由合格钢锭收合率和金属料价格两个因素构成的，而这两个因素本身又受到一系列因素变动的影响。所以，分析时，应结合生产实际，具体查明各主、客观原因，以促使钢锭成本的不断降低。

2. 直接人工成本提高的原因。

【例 8－12】假定有关直接人工的资料见表 8－26。

表 8－26　　钢锭直接人工费用分析表

项　　目	本厂	A 厂	差异
每一生产工人平均工资（元）	170	174	－4
每一生产工人平均钢产量（吨）	1.09	1.45	－0.36
每吨钢锭的直接人工成本（元）	156	120	+36

据此，可分析出本厂每吨钢锭的直接人工成本较 A 厂高 36 元的原因：

(1) 由于劳动生产率（每一生产工人平均钢产量）低于 A 厂，使每吨钢锭中的直接人工成本增加：

$$\text{生产工人平均工资变动对直接人工成本的影响}=\frac{174}{1.09}-\frac{174}{1.45}=39.60\ (\text{元})$$

(2) 由于每一生产工人平均工资低于 A 厂，使每吨钢锭中的直接人工成本减少：

$$\text{劳动生产率变动对直接人工成本的影响}=\frac{174}{1.09}-\frac{170}{1.09}=3.60\ (\text{元})$$

至于影响单位产品直接人工的两个因素——生产工人平均工资和劳动生产率，又是由许多原因变动所引起的。对此，应结合生产统计资料的生产技术与组织等具体原因，进行深入分析。

3. 制造费用提高的原因。

【例 8－13】假设有关制造费用的资料见表 8－27。

表 8－27　　钢锭制造费用分析表

项　　目	本厂	A 厂	差异
每一生产工人平均制造费用（元）	65.40	72.50	－7.10
每一生产工人平均钢产量（吨）	1.09	1.45	－0.36
每吨钢锭的制造费用（元）	156	120	+36

据上述资料可知，本厂单位产品所负担的制造费用之所以比 A 厂高 10 元，其原因是：

（1）由于劳动生产率水平比 A 厂低，使单位成本上升：

$$\text{劳动生产率变动对制造费用的影响}=\frac{72.50}{1.09}-\frac{72.50}{1.45}=16.51\text{（元）}$$

（2）由于每一生产工人平均制造费用比 A 厂低，使单位成本降低：

$$\text{生产工人平均制造费用变动对制造费用的影响}=\frac{72.50}{1.09}-\frac{65.40}{1.09}=6.51\text{（元）}$$

同样，影响每一生产工人平均制造费用和每一生产工人平均钢产量的因素也很多，要真正找到降低人均制造费用和提高人均钢产量的具体途径，尚需结合企业的实际，作深入、细致地分析研究。

通过厂际成本的对比分析，不仅能开阔眼界，看到不足，而且还能促进企业之间相互学习，共同提高，这对加强成本管理，降低成本水平起到积极作用。

进行厂际成本对比分析，必须注意对比对象之间的可比性。这不仅要求被比较的产品其功能、结构和质量应当一致，同时，企业间的技术装备、原材料来源、运输条件、专业化和协作化水平也应当基本相同，并且产品成本的构成内容、生产费用的分配方法也要求相同。

五、产品成本的技术经济分析

技术经济指标是指与企业生产技术特点具有密切内在联系的那些经济指标。由于企业在产品生产过程中具有各自不同的生产技术特点，即拥有不同的技术装备、耗用不同的原材料、采用不同的加工方法和工艺过程，所以用来考核和分析各类企业的技术经济指标也是各不相同的。如冶金企业生产中的锅炉有效容积利用系数和焦比，机械企业生产中的机床利用率、铸件成品率，酿酒企业生产中的出酒率，电力企业生产中的标准煤耗率等。技术经济指标能够综合反映企业的经济与技术状况，各项技术经济指标完成的好坏，都会直接或间接地影响到产品成本。因此，通过对技术经济指标变动对产品成本影响的分析，可以使经济分析与技术分析结合起来，使成本分析深入到生产技术领域。

各项技术经济指标变动对产品成本的影响方式是不同的。有的直接影响产品总成本，如原材料、燃料和动力的消耗量；有的通过产量间接地对单位成本产生影响，如设备利用率；还有些技术经济指标既直接影响产品总成本，也通过产量间接地影响单位成本。正因为各企业有反映生产经营特点的不同技术经济指标，并且各项技术经济指标对产品成本的影响方式又不一样，这就决定了产品技术经济分析的多样性与灵活性。一般可以从产量、产品生产质量、劳动生产率和材料利用率等几个方面进行分析。

（一）原材料等物资消耗变动对产品成本的影响

原材料等物资消耗在产品成本中占很大比重，并且随着劳动生产率的提高这些费用在成本中所占比重还将随之提高。因此，努力降低原材料等物资消耗对降低产品成本具有重要意义。原材料等物资消耗变动对产品成本的影响，可按下列公式计算：

$$\text{产品成本降低率}=\text{材料（包括燃料和动力）消耗定额降低率}\times\text{材料（包括燃料和动力）成本占成本的计划比重}$$

【例8-14】某产品计划原材料成本在总成本中所占比重为60%，燃料和动力占12%；实际由于采取了某项技术措施，使原材料消耗定额降低8%，燃料和动力消耗定额降低10%。则：

产品成本降低率 $=60\%\times8\%+12\%\times10\%=6\%$

一般情况下，材料成本占总成本的比重是相对稳定的，降低产品成本的主要途径是降低材料消耗定额。材料消耗定额降低可采用下列方法：

（1）改进产品设计，减轻产品重量。设计中的失误将会给企业带来巨大的损失和浪费，一项好的产品设计要做到：体积由大变小、结构由繁变简、重量由重变轻、效能由低变高。改进产品设计，减轻产品重量对产品成本的影响可按下列公式计算：

$$\text{重量变动对产品成本的影响}=\left(\frac{\text{改变后的产品重量}}{\text{改变前的产品重量}}-1\right)\times\text{改变前的原材料成本}$$

【例 8-15】 某产品原来的重量为 300 千克，原材料成本为 240 元，现在通过改进产品设计，使产品重量降至 275 千克。则：

$$\text{重量变动对产品成本的影响}=\left(\frac{275}{300}-1\right)\times 240=-20\text{（元）}$$

（2）提高材料利用率。材料利用率是说明材料利用程度的相对指标，它反映了投入生产的材料消耗量和实际利用重量之间的比例关系。其一般计算公式为：

$$\text{材料利用率}=\frac{\text{生产中利用重量}}{\text{投入生产的材料消耗量}}\times 100\%$$

材料利用率变动对材料成本影响程度，可用单位产品材料成本降低率来表示，可按下列公式计算：

$$\text{单位产品材料成本降低率}=1-\frac{\text{原来的材料利用率}}{\text{变动后的材料利用率}}\times 100\%$$

$$\text{或}=\frac{\text{变动前的材料单位成本}-\text{变动后的材料单位成本}}{\text{变动前的材料单位成本}}\times 100\%$$

【例 8-16】 某产品变动前的材料单位成本为 30 元，材料利用率为 60%，变动后的材料单位成本为 24 元，材料利用率为 75%。提高材料利用率对材料成本的影响为：

$$\text{提高材料利用率对材料成本的影响}=\frac{30-24}{30}\times 100\%=20\%$$

$$\text{或} = \left(1 - \frac{60\%}{75\%}\right) \times 100\% = 20\%$$

在此基础上，再乘以材料成本在产品中所占的比重，就可以确定材料利用率提高对产品成本的影响程度。设上例材料在产品成本中占 70%，则由于材料利用率提高使产品成本降低 14%（20% ×70%）。

（3）合理采用代用材料。在保证产品质量不受影响的前提下，合理采用代用材料，通常可以扩大材料来源，促进生产发展，同时也可以使产品成本得到降低。采用代用材料对产品成本的影响，可按下列公式计算：

$$\begin{matrix}\text{材料成本}\\\text{降低额}\end{matrix} = \begin{matrix}\text{原耗用}\\\text{材料数量}\end{matrix} \times \begin{matrix}\text{该材料}\\\text{单价}\end{matrix} - \begin{matrix}\text{耗用代用}\\\text{材料数量}\end{matrix} \times \begin{matrix}\text{代用材料}\\\text{单价}\end{matrix}$$

【例 8 -17】某产品原来每件耗用 A 材料 38 千克，材料单价为 7 元。后来通过研制，该用价格比较低廉的 B 材料，B 材料的单价为 6.4 元，单位产品需消耗 B 材料 40 千克。则由于材料代用，使单位产品材料成本降低了 10 元。即：

$$\begin{matrix}\text{材料成本}\\\text{降低额}\end{matrix} = 38 \times 7 - 40 \times 6.4 = 10\text{（元）}$$

（二）产量变动对产品成本的影响

产量变动对成本的影响是通过固定成本而引起的。由于固定成本总额在企业保持一定规模的条件下，一般不受产量变动的影响，当产量增加时，单位产品所分摊的份额就会相应减少；反之，当产量减少时，单位产品所分摊的份额就会相应增加。产量变动对单位成本的影响可按下列公式计算：

$$\begin{matrix}\text{产品成本}\\\text{降低率}\end{matrix} = \left(1 - \frac{1}{1 + \text{产品产量增长率}}\right) \times \begin{matrix}\text{固定成本占}\\\text{成本的计划比重}\end{matrix}$$

【例 8 -18】某企业生产某产品 100 件，单位成本 20 元。单位成本中，固定成本 8 元，变动成本 12 元。而实际产量为 118

元。则：

$$\text{产量变动对产品成本的影响} = \left(1 - \frac{1}{1 + 18\%}\right) \times 40\% = 6.1\%$$

实际上，固定成本总额只是相对稳定，并非绝对不变。当固定成本总额发生增减变化时，只要固定成本的增长幅度小于产品产量的增长幅度，就会减少单位成本所分摊的固定成本，从而使单位产品成本降低。当固定成本变动时，可按下列公式来计算产品产量和固定成本两个因素变动对单位成本的影响：

$$\text{产品成本降低率} = \left(1 - \frac{1 + \text{固定成本增长率}}{1 + \text{产品产量增长率}}\right) \times \text{固定成本占成本的计划比重}$$

【例 8 - 19】仍按照上例资料，假定固定成本总额由计划的 800 元增加到 840 元，则：

$$\text{产量变动对产品成本的影响} = \left(1 - \frac{1 + 5\%}{1 + 18\%}\right) \times 40\% = 4.41\%$$

（三）质量变动对产品成本的影响

产品质量是衡量企业经营管理水平高低的重要指标。提高产品质量，对于企业本身的发展和社会需要的满足具有重大意义。产品质量的好坏，直接影响着产品成本的高低。产品质量好，成品率高，次品率低，产品成本就下降；反之，产品成本就上升。在实行按质论价、推行质量差价的情况下，产品质量的优劣也决定着企业的收入和经济效益。质量变动对产品单位的影响可分别以下两种情况进行：

1. 等级系数变动对产品成本的影响。可以划分等级的产品，其质量水平可以通过平均等级系数来表示。平均等级系数越大，说明其有效的总产量越多，即折合为一级品的总产量越多，这样，在总成本一定的条件下，折合产量的单位成本就必然降低；反之，折合产量的单位成本就上升。等级系数变动对产品成本的影响，可按下列公式计算：

$$\text{产品成本降低率}=\frac{\text{实际平均等级系数}-\text{计划平均等级系数}}{\text{实际平均等级系数}}\times 100\%$$

【例 8－20】某企业有关资料见表 8－28。

表 8－28 各等级产品产量和成本资料

产品等级	等级系数	产量（件）		成本（元）	
		计划	实际	计划	实际
一级品	1	300	350	3600	4200
二级品	0.8	150	110	1800	1320
三级品	0.6	50	40	600	480
合计		500	500	600	6000

$$\text{计划平均等级系数}=\frac{300\times 1+150\times 0.8+50\times 0.6}{500}=0.9$$

$$\text{实际平均等级系数}=\frac{350\times 1+110\times 0.8+40\times 0.6}{500}=0.924$$

$$\text{产品成本降低率}=\frac{0.924-0.9}{0.924}\times 100\%=2.597\%$$

2. 废品率变动对产品成本的影响。废品率变动对产品成本变动有着直接的影响。因为废品不计入产品产量，而废品损失却包括在合格品的成本中，所以，废品率越高，即意味着合格品数量越少，并且这较少的合格品还要负担更多的废品损失，产品单位成本就必然升高；反之，单位成本就会降低。废品率变动对产品成本的影响，可按下列公式计算：

$$\text{产品成本降低率}=\frac{\text{废品率}\times(1-\text{废品残值率})}{1-\text{废品率}}\times 100\%$$

【例 8－21】企业生产某产品 50 件，单位成本 100 元。检查发现产品的废品率为 10%，废品可收回残值占原废品成本的百分比为 30%。则，废品率变动对产品成本的影响为：

$$\text{产品成本降低率}=\frac{10\%\times(1-30\%)}{1-10\%}\times 100\%=7.78\%$$

（四）劳动生产率变动对产品成本的影响

劳动生产率的提高意味着单位产品所消耗生产时间的减少，从而使单位产品负担的工资成本也会相应地减少。但是，劳动生产率的增长往往伴随着职工薪酬的增长，从而使单位产品成本提高。因此，要计算劳动生产率增长对成本的影响，要看劳动生产率的增长速度是否快于职工薪酬的速度。劳动生产率的增长速度超过职工薪酬的增长速度，才能降低单位成本，保证既增加职工薪酬，又提高企业盈利。两因素的共同作用对产品成本的影响可用下列公式计算：

$$\text{产品成本降低率} = \left(1 - \frac{1 + \text{职工薪酬增长率}}{1 + \text{劳动生产率增长率}}\right) \times \text{直接人工占成本的计划比重}$$

【例 8－22】 某产品，直接人工占产品成本的比重为 20%，当劳动生产率增长 14%，职工薪酬增长 10% 时，可对该产品成本降低率进行测算：

$$\text{产品成本降低率} = \left(1 - \frac{1 + 10\%}{1 + 14\%}\right) \times 20\% = 0.7\%$$

上述计算方法指的是整个企业或车间的总体情况，在生产多种产品的企业和车间里，直接人工通常是按产品的生产工时消耗数进行分配的，单位产品成本中的直接人工费用直接受到单位产品工时消耗和小时直接人工这两个因素的影响。单位产品的工时消耗和小时直接人工两因素的变动对产品单位成本的影响程度，可按下列公式计算：

$$\text{产品成本降低率} = \left[1 - \left(1 + \text{小时直接人工增长率}\right) \times \left(1 - \text{单位产品工时消耗降低率}\right)\right] \times \text{直接人工占成本的计划比重}$$

【例 8－23】 某产品单位产品工时数：计划为 50 小时，实际为 40 小时；小时直接人工：计划为 8 元，实际为 9 元。直接人工在产品成本中的比例为20%。则单位产品工时消耗降低率为20%，小时直接人工增长率为12.5%，两因素的变动对单位成本的影响程度为：

$$\text{产品成本降低率} = [1 - (1 + 12.50\%) \times (1 - 20\%)] \times 20\% = 2\%$$

六、各种费用明细表的分析

制造费用、销售费用、管理费用和财务费用，虽然有的是作为生产费用计入产品成本，有的是作为期间费用计入当期损益，但是它们都是由许多具有不同经济性质和不同经济用途的费用组成的。对各种费用明细表进行分析时，可采用对比分析法和构成比率分析法。

在采用对比分析法进行分析时，应将本月实际数和上年同期实际数进行对比，揭示本月实际和上年同期实际之间的增减变化；在列有本月计划数的情况下，应将本月实际数和计划数对比，以分析月份计划的执行结果。在将本年累计实际数与本年计划数进行对比时，如果不是12月份的报表，差异只是反映年度内计划的执行情况；如果是12月份的报表，则差异就是全年费用计划执行结果。

由于各项费用所包含的费用项目具有不同的经济性质和用途，各项费用的变动又分别受不同因素变动的影响，因此，在确定费用实际支出脱离计划差异时，应根据各项费用组成项目分别进行，而不能只检查各项费用总额计划的完成情况，不能用其中一些项目的节约额来抵补其他项目的超支。同时，要注意不同费用项目支出的特点，不能简单地把任何超过计划的费用支出都看作是不合理的；同样，对某些费用项目支出的减少也要作具体分析：有的可能是企业工作成就，有的则可能是企业工作中的问题。总之，不能孤立地看费用是超支了还是节约了，应结合其他有关情况，结合各项技术组织措施效果来分析，结合各项费用支出的经济效益进行评价。

在按费用组成项目进行分析时，由于费用项目较多，应选择超支或节约较大或者费用比重较大的项目有重点地进行。还应特别注意那些非生产性的损失项目，如材料、在产品和产成品等存在的盘亏和毁损。这些费用的发生与企业管理不善直接相关。在采用构成比率法进行分析时，可以计算某项费用占费用合计数的构成比率，与企业或车间的生产、技术特点联系起来，分析其构成是否合理；也可以将本月实际和本年累计实际的构成比率与本年计划的构成比率和上年同期实际的构成比率进行对比分析其差异和增减变动是否合理。

在对各种费用明细表进行分析时，还应注意以下问题：

1. 对于变动费用项目，应联系业务量的变动计算其相对节约或超支额。变动费用随着生产或销售等业务量变动而变动，如销售费用中的包装费、运输费、装卸费等都会由于产品销售量增减而相应地增减。对于这些项目的超支或节约，要与业务量联系起来进行分析。在前列销售费用明细表中，包装费、运输业费和装卸费的本年累计实际数都低于本年计划，看起来是节约数，但如果本年的实际销售量少于计划销售量，则可能是超支数。

2. 只有固定项目，才能用实际数与基数相比较的绝对差异确定其节约或超支。固定费用不随生产、销售等业务量变动而变动，例如管理费用中的工资及福利费、折旧费、工会经费等，不会由于产销等业务量增减而增减。对于这些费用的超支或节约，可以通过本期实际数与计划和上期实际数等基数的比较直接确定。在表8－7管理费用明细表中，职工薪酬本年累计实际与本年计划数的差异45元（23355－23400），就是该项费用的节约数；工会经费本年累计实际与本年计划数的差异5元（7855－7850），就是该项费用的超支数。

3. 对于某些支出和损失项目，应结合其抵消数进行分析，例如财务费用中的利息支出和汇兑损失，应查明有无利息收入和汇兑收益的抵消数；又如管理费用中的材料产品盘亏毁损的损失，应查明有无材料产品盘盈，以便确定材料产品的实际损失。在表8－8财务费用明细表中，利息支出的本年累计实际比本年计划数减少445元（21350－20905），假定本年有利息收入1505元，则本年的利息支出实际上不是节约，而是超支1060元。

思考与练习题

（一）思考题

1. 为什么要编制成本报表？

2. 成本报表作为内部报表，在编制上有哪些要求？

3. 简述对比分析法的特点和适用范围。

4. 比率分析法的具体形式有哪几种？

5. 因素分析法的特点是什么？

6. 如何利用产品生产成本表对企业全部产品成本计划的完成情况进行总括评价？

7. 影响可比产品成本降低计划完成情况的因素有哪几个？其变动影响的特点是什么？

8. 在分析产品成本计划完成情况时，应注意哪些问题？

9. 技术经济指标变动对产品单位成本影响的途径有哪几种情况？

10. 如何分析各种费用明细表？

（二）练习题

练习一

【资料】某企业生产甲产品，本年直接材料费用计划数及实际支出情况如表 8－29。

表 8－29

项　目	产品产量（件）	单位产品消耗量（千克）	材料单价（元）	材料费用（元）
计划	500	40	10	200000
实际	490	42	9	185220
差异	－10	+2	－1	－14780

【要求】根据上述资料，分别采用连环替换法和差额计算法计算各因素变动对材料费用差异的影响程度。

练习二

【资料】某企业生产甲、乙、丙三种产品，各种产品成本明细账所记 12 月份生产费用合计数如表 8－30。

表 8－30

单位：元

产品名称	直接材料	直接人工	制造费用
甲	15600	4820	9860
乙	30640	13740	18160
丙	36640	13580	25940
合计	82880	32140	53960

上月末直接材料本年累计实际数为 759660 元，直接人工本年累计实际数为 332680 元，制造费用本年累计实际数为 535254 元。其他有关资料见表 8－31。

表 8－31　　　　　　　　**产品生产成本表**　　　　　　　　单位：元

项　　目	上年实际	本年计划	本月实际	本年累计实际
生产费用：				
直接材料费用	847520	822620		
直接人工费用	349100	387680		
制造费用	646176	576140		
生产费用合计	1842796	1786440		
加：在产品、自制半成品期初余额	98400	95840	82340	
减：在产品、自制半成品期末余额	76996	79720	100460	
产品生产部门合计	1864200	1802560	150860	

【要求】根据上述资料，计算填列产品成本表中各栏数字，并分析全部产品成本计划完成情况。

练习三

【资料】某企业产品生产成本表如表 8－32。

表 8－32　　　　　　　　　　　　　　　　　　　　单位：元

产品名称	实际产量（件）		单位成本				本月总成本			本年累计总成本		
	本月	本年累计	上年实际平均	本年计划	本月实际	本年累计实际平均	按上年实际平均单位成本计算	按本年计划单位成本计算	本月实际	按上年实际平均单位成本计算	按本年计划单位成本计算	本年实际
甲	30	310	700	690	680	685						
乙	35	400	900	850	830	831						
丙	20	230	—	400	460	458						
合计	—	—	—	—	—	—						

产值成本率计划数为 61 元/百元，产品产值本月实际数按现行价计算为 105000 元。

【要求】根据上述资料，计算填列产品生产成本表中总成本各栏数字，分析全部产品成本计划完成情况和产值成本率计划完成情况。

练习四

【资料】接练习二，可比产品本月计划降低额为2500元，计划降低率为4.76%。

【要求】检查可比产品成本降低计划完成情况，分析其升降原因，并作出评价。

练习五

【资料】甲产品的单位成本如表8－33。

表8－33　主要产品单位成本表　单位：元

成本项目	历史先进水平	上年实际平均	本年计划	本月实际	本年累计实际平均
直接材料	1860.30	1862	1890	2047	2021
直接人工	150	150	168	164	166
制造费用	245	248	212	209	217
产品单位成本	2255.30	2260	2270	2420	2404
主要技术经济指标	耗用量	耗用量	耗用量	耗用量	耗用量
材料消耗量（千克）	954	950	900	890	940
材料单价（元）	1.95	1.96	2.10	2.30	2.15

【要求】分析甲产品单位成本变动情况，并分析影响材料费用的因素和各因素变动的影响程度。

第九章　商品流通企业成本核算

学习目的与要求

通过本章学习，了解商业企业经营业务特点和管理要求，掌握批发企业和零售企业商品采购成本和销售成本的核算，并熟练掌握实际工作中运用较为广泛的毛利率法和售价金额核算法的应用。

第一节　商品流通企业概述

商品流通企业即商业企业，是指从事商品流通或以商品流通为主营业务的企业，是商品流通中交换关系的主体。这些企业主要通过低价格购进商品、高价格出售商品的方式实现商品进销差价，以进销差价弥补企业的各项费用及支出而获得收益，并将生产者生产的商品产品，从生产领域转移到消费领域，最终实现商品的价值。包括商业、粮食、物资供销、供销合作社、对外贸易、医药、石油、烟草、商业、图书发行等企业。

商品流通企业是社会扩大再生产过程的交换环节，是国民经济中的一个重要部门，是联结工业与农业、城市与乡村、生产与消费的桥梁和纽带。由于商业企业的经营活动只是购进和销售两个环节，因此，商品流通企业的资金运动主要以“货币资金—商品资金—货币资金”的形式运动，随着商品购销活动的交替进行，由货币资金转化为商品资金，再由商品资金转化为货币资金，周而复始。

商品流通企业按其在商品流通中所处的地位不同，分为批发商品流转和零售商品流转两个基本环节。各类企业所处的流转环节不同，业务经营范围不同，其业务经营上也各具不同的特点。

1. 批发企业经营活动的特点。批发企业的经营活动是将购进的工农业产品，供应给零售企业用作转卖给消费者，或供应给生产企业用作生产消费的商品流转活动。批发环节是联系生产企业与零售企业、生产企业与生产企业的中间环节，担负着组织货源、储备商品、调节供求和安排市场的重要任务。批发企业的地位和作用，决定了批发商品流转业务具有如下特点：

（1）批发企业的经营规模及业务量大。为了加强商品的管理和保障商品的安全，必须建立和健全严密的验收、销售、盘点的手续，及时反映购、销、存情况。

（2）批发企业的商品储备量大。为了调节市场供应，经常需要保持一定数量的商品储备，因此，必须合理地组织商品采购和供应工作。

（3）批发企业的销售对象，一般是生产企业和零售企业，交易次数不像零售企业那样频繁，但每次交易额比较大。

（4）批发企业经营大宗商品交易，每次交易都必须填制内容完整的专用发票。

2. 零售企业经营活动的特点。零售企业的经营活动是从批发企业或生产部门购进工农业产品，再把工农业产品直接售给城乡居民消费和企业、机关、团体、学校等集体消费的商品交易活动。零售企业担负着把工农业产品从流通领域转移到消费领域，实现消费品分配的任务。零售企业与批发企业相比，在业务经营上的特点是：

(1) 零售企业一般是综合经营，既有工业品又有农副产品，商品品种较多，规格复杂。

(2) 零售企业一般库存量较少，在业务经营上要求勤进快销，柜台与在库商品一般由同一实物负责人经管。

(3) 零售企业销售对象是广大消费者，因而交易频繁，数量零星，大多采用现款销售方式，一般不需填制销货凭证。

(4) 在商品零售价格上，工业品零售价格相对稳定，农副鲜活商品价格则随鲜活程度而随时变更。

从上述可以看出与工业企业等其他行业企业的经营活动相比较，商品流通企业的经营活动主要有以下三个特点：一是经营活动的主要内容是商品购销活动；二是商品资产在企业全部资产（经济资源）中占有较大的比例，是企业资产管理的重点；三是企业营运中资金运动的基本轨道是“货币—商品—货币”，主要形式是货币与商品的相互转换。

第二节 商品流通企业的成本确定

商品流通企业的经营成本是企业在商品经营过程中所发生的，与经营活动有关的支出。经营资金实际支出，主要包括商品采购成本、商品销售成本。商品采购成本以商品的实际进价为核算基础，商品的实际进价即商品的采购成本，也称商品的进价成本。商品销售成本实质是已销商品的采购成本，可以根据一定的存货计价方法确定。商品流通企业成本核算一般是指商品采购成本、商品销售成本的核算。商品流通企业在组织商品流通过程中发生的销售费用、管理费用、财务费用，以及在进货过程中发生的运杂费、保险费、途中合理损耗、入库前的挑选整理费用等费用，作为期间费用计入当期损益。

一、商品采购成本的确定

商品采购是商品流转过程的首要环节。为了正确核算商业企业的经营成果，必须认真进行商品采购过程的成本核算。

商品采购成本是指商品的进价成本。为经营商品或提供劳务而发生的其他各项费用（包括销售费用、管理费用和财务费用）均列入商品流通费，作为期间费用处理。

按照商品来源地的不同，企业的商品可以分为国内购进商品和国外购进商品两大类，这两类商品的进价成本在具体内容上有一定的差异：一类是国内购进用于国内销售和用于出口的商品，应以进货原价作为其采购成本。必须注意，购进商品过程中所发生的运输费、装卸费、包装费、保险费、运输途中的合理损耗和入库前的挑选整理费用等进货费用，以及购进出口商品到达交货地车站、码头以前支付的各项费用和手续费，均应列入销售费用作为当期损益处理。另一类是企业进口的商品，其采购成本是指进口商品在到达目的地港口以前所发生的各种支出，包括进口商品的国外进价、应分摊的外汇价差和进口环节的各种税金。包括：（1）进口商品的国外进价。即进口商品按对外承付货款日市场外汇牌价结算的到岸价格。如对外合同是以离岸价格成交的，商品离开对方口岸后，由我方负担的运杂费、保险费、佣金等费用，也应计入商品的进价；商品到达我国口岸目的港后发生的费用，应计入经营费用。收入的进口佣金冲减进价，不易按商品认定的，则冲减经营费用。（2）企业委托其他单位代理进口的商品，其采购成本为实际支付给代理单位的全部价款。（3）购进外汇价差。即企业以调入外汇进口商品而按规定结转的外汇价差。(4) 进口税金。如商品进口报关时应缴纳的进口关税。企业收购农副产品，其采购成本包括支付的收购价款、税金等。企业购进商品发生的购货折扣、退回和折让及购进商品发生的经确认的索赔收入，应冲减商品进价成本。

二、商品销售成本的确定

商品销售成本是指已销商品的进价成本。通常依据已销商品的数量和单位进价成本予以确定。

三、商品流通费用的确定

商品流通费用是在商品流通过程中发生各种耗费的货币表现，它是一种不能直接计入商品进价的间接费用。主要包括销售费用、管理费用和财务费用。

第三节　销售费用及其分摊

一、销售费用

销售费用是指商品流通企业在商品购、销、存环节发生的各项费用，包括由企业负担的运输费、装卸费、整理费、包装费、保险费、差旅费、展览费、保管费、检验费、中转费、劳务手续费、广告费、商品损耗、进出口商品累计佣金、经营人员的工资及福利费等。

要准确地界定销售费用，必须注意销售费用与管理费用的区别。管理费用是指管理部门为组织和管理经营活动而发生的费用。包括管理人员工资及福利费、业务招待费、技术开发费、董事会会费、工会经费、职工教育费、劳动保护费、涉外费、租赁费、咨询费、诉讼费、商标注册费、技术转让费、低值易耗品摊销费、折旧费、无形资产摊销费、修理费、消防费、房产税、土地使用税、印花费、车船使用税、审计费及坏账损失等。如差旅费、工资等费用必须是发生在商品的购、销、存环节上的，才能计入销售费用，否则应计入管理费用。

商品流通企业的销售费用一般直接计入当期损益。

二、销售费用分摊

为了正确确定商品存货成本，并正确计算企业财务成果。经营季节性商品的企业，如经营煤炭、石油、食粮和大宗农副产品的批发企业，应对发生的进货费用及保管费用进行分摊。分摊费用的范围仅限于对财务成果及商品存货成本影响较大的费用项目。分摊的标准可根据企业具体情况，按商品存销的数量比例或进价成本比例分摊，如按商品存销的进价成本比例分摊，其计算公式如下：

$$\text{费用分摊率}=\frac{\text{期初进货运杂费结存额}+\text{本期进货运杂费用额}}{\text{期初结存商品进价成本}+\text{本期购进商品进价成本}}\times 100\%$$

$$\text{期末结存商品存货应分摊的进货运杂费}=\text{期末商品存货进价成本}\times\text{费用分摊率}$$

$$\text{应计入当期损益的销售费用}=\text{期初进货运杂结存额}+\text{本期销售费用}-\text{期末商品存货应分摊的进货运杂费}$$

【例 9－1】某批发企业期初结存商品进价成本为 40000 元，期初结存进货运杂费 2000 元，本期购进商品进价成本为 360000 元，期末结存商品进价成本为 60000 元，本期营业费用为 8000

元（其中进货运杂费为2000元）。

$$费用分摊率=\frac{2000+2000}{40000+360000}\times 100\%=1\%$$

$$\begin{array}{l}期末商品存货应分摊\\ \quad 的进货运杂费用\end{array}=60000\times 1\%=600（元）$$

期末商品存货应分摊的进货运杂费用计入商品存货成本的方法有两种：一是结账法；二是账留法。

在结账法下，于期末将商品存货分摊的进货运杂费用通过编制会计分录的方式计入商品存货成本，并于下期期初编制转回分录。即：

本期期末作如下会计分录：

借：库存商品——进货运杂费　　600

　　贷：销售费用——运杂费　　600

下期期初作如下会计分录：

借：销售费用——运杂费　　600

　　贷：库存商品——进货运杂费　　600

在账留法下，将商品存货应分摊的进货运杂费用作为“销售费用”科目的借方余额保留，但在编制资产负债表时，应将其并入存货项目。

第四节　商品采购成本与商品销售成本的核算

一、商品采购成本的核算

（一）批发企业商品采购成本的核算

批发企业在采购商品过程中除了商品的进价外，还要发生与商品采购有关的进货费用，例如运杂费。为了便于计算已销商品的毛利，进货费用不计入购进商品采购成本，而是作为期间费用直接列入当期损益。“一般纳税企业”按规定支付的可以作为进项税额抵扣的增值税，不包括在采购成本中。商业企业应该设置“物资采购”账户，核算购入商品的采购成本。购入商品包括国内采购、国外进口的商品。企业为了供应和销售给外单位而购入的各种商品，不论是否通过本企业仓库储存，凡是通过本企业结算货款的，都应当在该账户核算商品采购成本。企业购入的材料物资、包装物、低值易耗品等，应在“包装物”、“低值易耗品”等账户核算，不记入本账户。企业因采购商品而在期末发生的在途商品，以及采用实际成本核算材料、商品的企业，可以将本账户改为“在途物资”账户进行核算。

企业购入商品，根据发票、账单支付货款和各项费用、税金等，按商品进货原价（有进货折扣与折让的，应扣除进货折扣与折让），借记“在途物资”账户和“销售费用”等账户，贷记“银行存款”、“应交税费”等账户。采用商业汇票结算方式购入的商品，开出、承兑商业汇票时，借记本账户，贷记“应付票据”账户。商品到达验收入库后，采用进价核算的商品，按进价借记“库存商品”账户，贷记“在途物资”账户；采用售价核算的商品，按售价借记“库存商品”账户，按进价贷记“在途物资”账户，按售价与进价的差额贷记“商品进销差价”账户（售价低于进价时，应借记“商品进销差价”账户，下同）。本账户期末余额反映企业在途商品的采购成本。

购入商品在运输途中发生的毁损、短缺或溢余，不作为增减购入商品的采购成本处理，应于发现时，通过“待处理财产损溢”账户核算，并应查明原因分别情况进行处理。

本账户应按供货单位、商品类别等设置明细账进行明细核算。企业经营进出口商品的，可根据需要分别进口商品采购和出口商品采购进行明细核算。

企业购入商品抵达仓库前发生的包装费、运杂费（不包括按规定根据运输费的一定比例计算的可抵扣的增值税额）、运输储存过程中的保险费、装卸费、运输途中的合理损耗和入库前的挑选整理费用等采购费用直接计入当期销售费用，不在本账户核算。

【例9－2】 某批发企业2006年7月12日购进A商品一批，收到的增值税专用发票上列示价款90000元和增值税额15300元，运输公司开具的运费发票金额为1200元，款项未付，开出经银行承兑的商业汇票一张，票面额为106500元。根据供货单位的增值税专用发票、运输发票和银行承兑汇票，编制会计分录如下（假定运费金额按7%的扣除率计算进项税额准予扣除）：

借：在途物资　　90000

　　销售费用　　（1200×93%）1116

　　应交税费——应交增值税（进项税额）

　　　　（15300＋1200×7%）15384

　　贷：应付票据　　106500

该批商品验收入库后，财会部门根据仓库验收盖章的收货单，结转商品采购成本，编制会计分录如下：

借：库存商品　　90000

　　贷：在途物资　　90000

实际工作中，企业收到购进商品的时间与货款的结算时间往往不一致，有“单货同到”、“单到货未到”和“货到单未到”三种情况，这三种情况的账务处理方法与材料购进相同。但无论出现哪种情况，都必须通过“在途物资”账户核算采购成本。

（二）零售企业商品采购成本的核算

零售企业商品采购成本与批发企业一样，只包括进价，按规定可以作为进项税额抵扣的增值税，也不包括在采购成本中。在采购商品过程中发生的进货费用作为期间费用，列入当期损益。为了反映企业购入商品的采购成本，也应设置“在途物资”账户。

企业购入商品时，根据增值税专用发票上列示的价款，借记“在途物资”账户；根据专用发票上注明的增值税额，借记“应交税费——应交增值税（进项税额）”账户；根据应付或实付的金额，贷记“应付账款”、“应付票据”、“银行存款”等账户。待商品验收入库时，由各营业柜组根据供货单位的发货单所列品种、规格、数量和单价进行验收，填制“收货单”。收货单中不仅应填列商品品种、规格、数量和进价，还应填列商品的售价以及进销差价，以便对商品的售价和进销差价分别核算。商品验收入库后，根据收货单，按商品的售价借记“库存商品”账户，按商品的进价贷记“在途物资”账户，按商品售价大于进价的差额贷记“商品进销差价”账户。

【例9-3】某零售企业2006年6月10日向本市某批发企业购入某种商品100件，对方开具的增值税专用发票上列示价款10000元和增值税额1700元。该批商品售价金额为13000元，其进销差价共为3000元。贷款已开出支票付讫，商品已验收入库。根据供货单位的专用票和本企业支票存根，编制会计分录如下：

借：在途物资　　10000
　　应交税费——应交增值税（进项税额）　　1700
　　贷：银行存款　　11700

根据商品收货单，编制会计分录如下：

借：库存商品　　13000
　　贷：在途物资　　10000

商品进销差价　　　　　　　　3000

二、商品销售成本的核算

在商品流通企业中，库存商品可以采用进价或售价进行核算，一般来说，批发企业的库存商品应按商品进货原价记账，零售企业库存商品则应按商品的销售价格记账。与此相适应，在结转商品的销售成本时，批发企业与零售企业所采用的成本计算方法也存在较大的差异。批发企业的商品销售成本是指已销商品的实际进价成本，通过“主营业务成本”账户进行核算。结转商品销售成本时，借记“主营业务成本”账户，贷记“库存商品”账户。

（一）批发企业商品销售成本的核算

商品销售成本是指已销商品的进价成本。由于同一种商品购入的时间和地点不同，各批已销商品的进价也往往不同，因此必须根据商品经营情况和管理要求等，采用一定的方法正确计算商品销售成本。商品销售成本可供选择的计算方法主要有先进先出进价法、加权平均进价法、移动加权平均进价法、个别进价法和毛利率法五种方法，但方法一经确定，为了保证会计信息可比，不能随意变更。其中先进先出进价法、加权平均进价法、移动加权平均进价法和个别进价法可比照工业企业材料发出的核算。下面主要介绍毛利率法。

毛利率法就是根据本期商品销售收入乘以上季度实际毛利率（或成本季度计划毛利率），匡算出本期已销商品毛利率，再据以计算本期商品销售成本。其计算公式如下：

$$上季度实际毛利率=\frac{上季度已销商品毛利额}{上季度商品销售收入}$$

本月商品销售毛利额＝本月商品销售收入×上季度实际毛利率

本月商品销售成本＝本月商品销售收入－本月商品销售毛利额

一般来说，商业企业同类商品毛利率不致相同，而各类商品的毛利率相关较大，为了简化计算工作，比较正确地计算商品销售成本，可先按商品类别计算出种类商品销售成本，再汇总计算全部商品销售成本。采用这种方法，还应按商品类别增设“库存商品”和“主营业务收入”二级账户，以便于计算各类商品的实际毛利率和销售成本。对于库存商品明细账平时只记数量，不记金额。

【例9－4】某批发企业第三季度甲类商品销售收入为20000元，其销售成本为16000元；7月份该类商品销售收入为50000元。该类商品7月份商品销售成本计算如下：

$$甲类商品第三季度毛利率=\frac{20000-16000}{20000}\times 100\%=20\%$$

7月份甲类商品销售成本＝50000×(1－20%)＝40000（元）

将计算出的商品销售成本从“库存商品”账户转入“主营业务成本”账户，其会计分录如下：

借：主营业务成本　　　　40000

　　贷：库存商品　　　　　　40000

毛利率法下，由于本月毛利额是根据上季度实际毛利率或本季度计划毛利率匡算的，因而计算结果反映的并非是实际成本。为了提高每一季度商品销售成本计算的正确性，每季度末应采用先进先出法等比较准确的方法，在库存商品明细账中计算出该季度已销商品的实际成本，用该季度商品实际销售成本减去前两个月已结转的匡算成本，得出该季度第三个月应结转的销售成本，以调整前两个月的销售成本。

【例9－5】承上例，该类商品8月份销售收入为60000元，9月份销售收入为80000元，第三季度末，采用先进先出进价法，按商品品种逐一计算并汇总得出该类商品第三季度实际销售成本为150000元。

7月份已结转的商品销售成本＝40000（元）

8月份已结转的商品销售成本＝60000×（1－20%）

＝48000（元）

9月份应结转的商品销售成本＝150000－（48000＋48000）

＝62000（元）

毛利率法下，商品销售成本是按商品类别综合计算的，不是按商品品种、规格分别计算的，因而简化了成本计算工作。但如果各月毛利率水平相差比较大，或者计划毛利率不够准确，各月成本计算的正确性会受到影响。

（二）零售企业商品销售成本的核算

零售商品企业的主要业务是从批发企业或生产单位购进商品再销售给个人或集体消费者，是商品流通的最后环节。与批发企业相比，零售企业在业务经营上有许多特点，零售商品品种繁多，规格复杂，销售数量零星，交易次数频繁，经营商品的库存量少，商品的销售和保管均可由业务柜组直接进行，能够随时掌握库存商品数量。因此，零售商品企业对商品一般采用“售价金额核算法”核算。

采用售价金额核算法的零售企业进行商品销售成本核算时，也应设置“主营业务成本”账户。为了简化核算工作，购进商品的售价与进价之间的差额即进销差价，平时不随商品的销售计算和结转，而是设置“商品进销差价”账户进行归集。在商品销售后按售价借记“主营业务成本”账户，贷记“库存商品”账户。因为“主营业务成本”账户平时不反映已销商品进价成本，所以平时账面上也就反映不出销售商品实现的毛利。月末将全部商品进销差价在已销商品和结存商品之间分配，并将已销商品应分摊的进销差价一次转入“主营业务成本”账户的贷方，“主营业务成本”账户按售价反映的借方发生额减去其反映应分摊进销差价的贷方发生额，就得出按进价反映的商品销售成本。已销商品应分配的进销差价即是销售商品实现的毛利。由此可见，零售商品销售成本计算的关键是确定已销商品应分摊的进销差价。

已销商品进销差价的计算方法主要有两种：综合差价率法和分类差价率法。

1. 综合差价率法。差价率法是根据进销差价占当月可供销售商品售价的比率，计算已销商品应分摊的进销差价。按计算差价率的范围不同，差价率可分为综合差价率和分类差价率。综合差价率按全部商品计算，分类差价率按经营商品的柜组或类别分别计算。分类差价率计算的进销差价比综合差价率计算的进销差价准确，但分类差价率计算工作量较大。

综合差价率法是按全部商品的存销比例分摊商品进销差价的一种计算方法，其计算公式为：

$$\text{综合差价率}=\frac{\text{月末结账前“商品进销差价”账户余额}}{\text{月末库存商品余额}+\text{本月已销商品售价总额}}$$

$$\text{已销商品应分摊的进销差价}=\text{已销商品售价总额}\times\text{综合差价率}$$

$$\text{已销商品进销差价}=\text{已销商品售价总额}-\text{已销商品应分摊的进销差价}$$

上列公式中的“月末库存商品余额”应包括“库存商品”账户和“委托代销商品”账户月末余额；“本月已销商品售价总额”应采用本月已从“库存商品”账户转入“主营业务成本”账户借方的发生额，不宜采用“主营业务收入”账户的贷方发生额，因为其是不含税销售收入，且当月可能有低于原定售价出售商品的情况，易导致计算口径不一致。

【例9-6】 某零售企业月末结转前总分类账户余额为："主营业务成本"账户借方发生额为6万元，"库存商品"账户借方余额4万元，"商品进销差价"账户贷方余额为2.8万元。采用综合差价率法计算本月已销商品应分摊的进销差价以及已销商品的进销差价为：

$$\text{综合差价率}=\frac{28000}{40000+60000}\times 100\%=28\%$$

已销商品应负担的进销差价 $=60000\times 28\%=16800$（元）

已销商品进销差价 $=60000-16800=43200$（元）

虽然综合差价率法计算简单，工作量小，但因各种商品的进销差价不同，以及各种商品的销售比重不同，使得这种方法的计算结果不是很准确，会产生一定的偏差，而且存销比例偏差越大，分摊进销差价的偏差越大，进而会影响商品销售毛利和库存商品成本的正确性。

2. 分类差价率法。分类差价率法是分别按各大类商品的存销比例分摊各类（柜组）商品进销差价的一种计算方法。采用这种方法时，要分别计算各大类商品或各营业柜组的平均进销差异率，并以此分摊商品进销差价。因此，应按商品大类（柜组）设置"主营业务收入"、"主营业务成本"、"商品进销差价"和"库存商品"账户的明细账，以便提供所需的计算资料。分类差价率法缩小了计算范围，这种方法的计算原理和综合差价率计算法相同，只是计算中所取的资料均以各类或各柜组为范围。其计算公式如下：

$$\text{分类差价率}=\frac{\text{月末分配前"商品进销差价"账户余额}}{\text{月末库存商品账户余额}+\text{月末受托代销商品账户余额}+\text{本月商品销售收入}}$$

已销商品应分摊的进销差价 = 本月商品销售收入 × 差价率

【例9-7】 假定某零售企业有三个柜组，2006年3月31日

“库存商品”、“主营业务收入”和“商品进销差价”账户的有关资料见表9-1所示。

表9-1　　　单位：元

柜组	库存商品月末余额	主营业务收入本月发生额	商品进销差价月末余额
一组	14500	68000	8250
二组	21800	102000	17332
三组	7600	28000	4272
合计	43900	198000	29854

根据上述资料，计算各柜组差价率及各柜组已销商品应分摊的进销差价如表9-2所示。

表9-2　　　商品进销差价计算表

2006年3月　　　单位：元

柜组	月末分配前商品进销差价账户余额(1)	月末库存商品账户余额(2)	本月主营业务收入账户贷方发生额(3)	进销差价(4) $=\frac{(1)}{(2)+(3)}\times100\%$	已销商品进销差价(5)=(3)×(4)	库存商品结存进销差价(6)=(1)-(5)
一组	8250	14500	68000	10%	6800	1450
二组	17332	21800	102000	14%	14280	3052
三组	4272	7600	28000	12%	3360	912
合计	29854	43900	198000		24440	5414

根据表9-2的计算结果，编制会计分录如下：

借：商品进销差价——一组　　6800

　　　　　　　——二组　　14280

　　　　　　　——三组　　3360

　贷：主营业务成本——一组　　6800

　　　　　　　　——二组　　14280

——三组　　　　　　　　　3360

已销商品分配进销差价后，商品销售成本调整为按进价反映的商品销售成本为173560元（198000－24440）。

如前所述，无论采用综合差价率还是分类差价率计算分摊商品进销差价，都不可避免地会出现误差。为了正确核算商品销售成本与经营成果，在年终决算前应对商品进销差价进行核实并调整。核实和调整商品进销差价的具体做法是：

（1）盘点商品。各柜组对全部商品进行盘点，根据每种商品的实存数量，分别乘以该种商品的进价和售价，计算出每种结存商品的进价金额和售价金额，并汇总计算出全部结存商品的进价金额和售价金额，再进一步计算出全部结存商品的进销差价。其计算公式如下：

$$\begin{matrix}\text{结存商品}\\\text{进价金额}\end{matrix}=\sum\left(\begin{matrix}\text{各种商品}\\\text{实存数量}\end{matrix}\times\begin{matrix}\text{各该商}\\\text{品进价}\end{matrix}\right)$$

$$\begin{matrix}\text{结存商品}\\\text{售价金额}\end{matrix}=\sum\left(\begin{matrix}\text{各种商品}\\\text{实存数量}\end{matrix}\times\begin{matrix}\text{各该商}\\\text{品售价}\end{matrix}\right)$$

$$\begin{matrix}\text{结存商品}\\\text{进销差价}\end{matrix}=\sum\begin{matrix}\text{结存商品}\\\text{售价金额}\end{matrix}-\begin{matrix}\text{结存商品}\\\text{进价金额}\end{matrix}$$

（2）调整商品进销差价。将核实得出的结存商品进销差价与调整前“商品进销差价”账户余额作比较，如果前者大于后者，说明以前月份多转了商品进销差价，少算了销售成本，虚增了毛利，应予以调整，借记“商品销售成本”账户，贷记“商品进销差价”账户；如果前者小于后者，说明以前月份少转了商品进销差价，多计了商品销售成本，应借记“商品进销差价”账户，贷记“商品销售成本”账户。

【例9－8】某零售企业年末进行库存商品盘点，按进价计算的结存商品总金额为786000元，按售价计算的结存商品总额为1060000元，“商品进销差价”账户余额为258600元。

结存商品进销差价 = 1060000 - 786000 = 274000（元）

应调整的商品进销差价 = 274000 - 258600 = 15400（元）

应编制的调整分录如下：

借：主营业务成本　　　　　　　　15400

　　贷：商品进销差价　　　　　　　　15400

思考与练习题

（一）思考题

1. 简述批发企业与零售企业库存商品核算方法有何区别，为什么？
2. 简述毛利率法的优缺点及其适用范围。
3. 售价金额核算法的主要内容是什么？
4. 在售价金额核算法下，商品销售成本如何计算？
5. 简要说明销售费用的分摊。

（二）练习题

练习一

【资料】某批发企业采用毛利率法计算商品销售成本，该企业第二季度 A 类商品计划毛利率为 21.8%。4 月初该类“库存商品”账户余额为 30000 元。二季度商品购销情况如表 9 - 3。

表 9 - 3　　　　单位：元

月份	购入该类商品进价金额	商品销售收入
4	70000	100000
5	80000	110000
6	75000	90000

6 月末对商品进行盘点，按个别进价法确定 A 类“库存商品”账户余额为 25000 元。

【要求】采用毛利率法计算并结转 6 月份 A 类商品销售成本。

练习二

【资料】某零售企业甲类商品 7 月初“库存商品”账户月初余额为 20000 元，商品进销差价月初余额为 4240 元。本月购进该类商品进价成本为 56000 元，售价金额为 70000 元。本月该类商品销售收入为 68000 元。

【要求】计算甲类商品 7 月份的进销差价率及已销商品进价成本。

第十章　物流成本核算

学习目的与要求

本章阐述物流成本的概念、物流成本核算的基本原理以及作业成本法下的物流成本计算。通过本章的学习，应理解物流成本的概念及其分类，掌握物流成本核算范围的确定、核算对象的选取以及核算的基本方法，并通过与传统成本计算的比较了解物流作业成本计算的程序和特点。

第一节　物流成本

一、物流成本的概念

物流是指物资实物形态的流动，即物资借助于人力、物力和信息在空间上的实体运动。它是一种广泛存在的综合性很强的系统活动，一般包括供应、生产、销售、废弃和退货物流等基本内容。

随着生产的日益社会化，物流作为一种广泛存在的经济活动，普遍存在于企业内部。从原材料采购开始，到顺利加工成零部件，把零部件组装成产成品，最后产成品出厂投入消费领域，自始至终都离不开物流活动。企业物流过程，是创造、实现价值和使用价值的过程。保证企业物流活动有秩序、高效率、低消耗地进行，需要耗费一定的人力和物力，投入一定的劳动。一方面，物流劳动同其他生产劳动一样，也创造价值，物流成本在一定程度上，即在社会需要的限度内会增加商品价值，扩大生产耗费，成为生产一定种类及数量产品的社会必要劳动时间的一项内容，其总额必须在产品销售收入中得到补偿；另一方面，它又不完全等同于其他生产劳动，它并不增加产品使用价值总量，相反，产品总量往往在物流过程中因损坏、丢失而减少。同时，为进行物流活动，还要投入大量的人力、物力和财力。因此，企业物流成本是“使商品变贵而不追加商品使用价值的费用”。

在物流过程中，为了提供有关的物流服务，要占用和耗费一定的活劳动和物化劳动。这些活劳动和物化劳动的货币表现，即为物流成本，也称物流费用。

物流成本有广义和狭义之分。狭义的物流成本是物流作业发生的费用支出，仅指由于物品移动而产生的运输、包装、装卸等费用。广义的物流成本是指生产、流通、消费全过程的物品实体与价值变化而发生的全部费用，包括从生产企业内部原材料的采购、供应开始，经过生产制造中的半成品、产成品的仓储、搬运、装卸、包装、运输以及在消费领域发生的验收、分类、仓储、保管、配送、废品回收等发生的所有成本。

二、物流成本的构成及分类

物流成本是企业的物流系统为实现物资在空间、时间上的转移而发生的各种耗费。为了正确认识和分析物流成本的构成，加强企业物流成本的管理，落实企业降低物流成本的方法措施，可将物流成本按一定的标准进行分类。

(一) 按物品流通的环节分类

物流成本按流通环节可分为运输成本、流通加工成本、配送成本、包装成本、装卸搬运成本和仓储成本。

1. 运输成本。在现代企业物流中，运输在其经营业务中占有主导地位，物流运输费用在整个物流业务中占有较大比例。因此，物流合理化在很大程度上依赖于运输合理化，而运输合理与否直接影响着物流运输费用的高低，进而影响物流成本的高低。物流运输成本主要包括：

(1) 人工费用，如工资、福利费、奖金、津贴和补贴等；

(2) 营运费用，如营运车辆的燃料费、轮胎费、折旧费、维修费、租赁费、车辆牌照检查费、车辆清理费、养路费、过路费、保险费、公路运输管理费等；

(3) 其他费用，如差旅费、事故损失、相关税金等。

2. 流通加工成本。流通加工是在商品从生产者向消费者流动的过程中，为了促进销售，维护商品质量，实现物流的高效率所采用的使商品发生形状和性质的变化，比如剪板加工、冷冻加工、分装加工、组装加工、精致加工等。流通加工成本主要有：

(1) 流通加工设备费用，是在流通加工过程中流通加工设备由于使用而发生实体损耗和价值转移，购置设备的支出以流通加工费的形式转移到被加工的产品中去；

(2) 流通加工材料费用，是在流通加工过程中投入到加工过程中的一些材料消耗的费用；

(3) 流通加工劳务费用，是在流通加工过程中支付给从事加工活动的工人及有关人员的工资、奖金等费用；

(4) 流通加工其他费用，除上述费用外，在流通加工中耗用的电力、燃料、油料以及管理费用等。

3. 配送成本。配送是与市场经济相适应的一种先进的物流方式，是指企业物流按用户订单或配送协议进行配货，选择经济合理的运输路线与运输方式，在用户指定的时间内，将符合要求的货物送达指定地点的一种商品供应方式。一般的配送集装卸、包装、保管、运输于一身，特殊的配送还包括加工在内。根据配送流程及配送环节，配送成本应由以下费用构成：

(1) 配送运输费用，主要包括配送运输过程中发生的车辆费用和营运间接费用；

(2) 分拣费用，主要包括配送分拣过程中发生的分拣人工费用及分拣设备费用；

(3) 配装费用，主要包括配装环节发生的材料费用、人工费用；

(4) 流通加工费用，主要包括流通加工环节发生的设备使用费、折旧费、材料费及人工费用。

4. 包装成本。包装是生产的终点和物流的起点。包装过程中发生的耗费占流通费用的比重较大，加强包装费用的管理与核算，可以降低物流成本，提高企业的经济效益。包装成本构成一般包括以下几个方面：

(1) 包装材料费用，包装材料的种类繁多，各种包装材料功能不同，成本差异也较大；

(2) 包装机械费用，主要包括设备折旧费、低值易耗品摊销、维修费等；

(3) 包装技术费用，是对采用的包装技术进行的设计、实施，以使包装的功能能够充分发挥其作用、达到最佳的包装效果所支出的费用，如实施缓冲包装、防潮包装、防伪包装等发生的支出；

(4) 包装辅助费用，这些费用包括包装标记、标志的设计费用、印刷费用、辅助材料费用、赠品费以及相关的能源消耗费用等；

（5）包装的人工费用，是指从事包装工作的工人与其他有关人员的工资、奖金、福利费等。

5. 装卸与搬运成本。装卸与搬运是指在指定的地点以人力或机械设备装入或卸下物品。发生在同一地域范围内，以改变“物”的存放、支承状态的活动称为装卸；以改变“物”的空间位置的活动称为搬运。装卸与搬运成本的主要内容包括：

（1）人工费用，如工人工资、福利费、奖金、津贴、补贴等；

（2）营运费用，如固定资产折旧费、维修费、能源消耗费、材料费等；

（3）装卸与搬运合理损耗费用，如装卸与搬运中发生的货物破损、散失、损耗、混合等费用；

（4）其他费用，如办公费、差旅费、保险费、相关税金等。

6. 仓储成本。仓储管理的主要任务是用最低的费用在适当的时间和适当的地点取得适当数量的存货。在许多企业中，仓储成本是物流总成本的一个重要组成部分，物流成本的高低常常取决于仓储管理成本的大小。而且，企业物流系统所保持的库存水平对于企业为客户提供的物流服务水平起着重要作用。仓储成本主要包括以下几个方面：

（1）仓储持有成本，是指企业为保持适当的库存而发生的成本，包括仓储设备的折旧费、维修费、仓库职工工资、仓库的挑选整理费、仓储商品的毁损和变质损失等；

（2）缺货成本，是指由于库存供应中断而造成的损失，包括原材料供应中断造成的停工损失、产成品库存缺货造成的延迟发货损失和丧失销售机会损失等；

（3）在途库存持有成本，在途物资在交给客户之前仍然属于企业所有，运货方式及所需的时间是影响储存成本的重要因素，企业应该对运输成本与在途存货持有成本进行分析。在途库存持有成本一般包括库存的资金占用成本、保险费用、仓储风险成本等。

（二）按物流成本的性态分类

成本性态是指物流成本与物流业务量之间的依存关系。按物流成本的性态分类，可将物流成本分为变动成本和固定成本。

在企业的物流活动中，企业发生的资源耗费与物流业务量之间的关系可以分为两类：一是随物流业务量的变化而近似成比例变化的成本，如包装材料的消耗、工人的工资、能源消耗等；二是在一定业务量范围内，与业务量的增减变化无关的成本，例如物流设备折旧费、管理部门的办公费等。对于这两类不同性质的成本，我们将前者称为变动成本，而将后者称为固定成本。

在企业的物流活动中，还存在一些既不与物流业务量的变化成正比变化也非保持不变，而是随着物流业务量的增减变动而适当变动的成本，这种成本被称为混合成本，例如物流设备的日常维修费、辅助费用等。对于混合成本，可按一定方法将其分解成变动和固定两部分，并分别划归到变动成本与固定成本中去。

（三）按物流成本是否具有可控性分类

按物流成本是否具有可控性，可分为可控成本与不可控成本。

可控成本是指考核对象对成本的发生能够控制的成本，由于可控成本对各责任中心来说是可以控制的，因而必须对其负责。不可控成本是指考核对象对成本的发生不能予以控制，因而也不予负责的成本。例如，包装部门的经营管理水平与包装材料的耗用量相关，而与包装设备的折旧费无关，所以，包装材料费是包装部门的可控成本，而包装设备折旧费则是不可控成本。

可控成本与不可控成本都是相对的，而不是绝对的。对于一个部门来说是可控的，对另一个部门来说是不可控的。并且从整个企业来考察，一切费用都是可控的，只是这种可控性需分解落实到相应的责任部门。

除此之外，物流成本还存在其他一些分类方式。如按物流成本支付形态可分为材料费、人工费、公益费、维护费、一般经费、特殊经费和委托物流费用；按物流活动范围可分为供应物流费、企业内物流费、销售物流费、退货物流费和废弃物流费，等等。

三、物流成本的几种重要理论学说

（一）“黑大陆”学说

在财务会计中把企业的生产经营管理费用划分为生产费用、管理费用、销售费用、财务费用和营业外费用等，再把销售费用按各种支付形态分类。这样，在损益表中所能看到的物流成本在整个销售额中只占很小的比重，因此物流的重要性当然不会被认识到，是未被了解的“黑暗大陆”。

由于物流成本管理存在的问题以及有效管理对企业盈利、发展的重要作用，1962 年世界著名管理学家彼得·德鲁克在《财富》杂志上发表了题为《经济的黑色大陆》一文，他将物流比作“一块未开垦的处女地”，强调应高度重视流通以及流通过程中的物流管理。彼得·德鲁克指出：“流通是经济领域里的黑暗大陆。”这里彼得·德鲁克虽然泛指的是流通，但是由于流通领域中的物流活动的模糊性特别突出，是流通领域中人们认识不清的领域，所以“黑大陆”学说主要是针对物流而言的。

“黑大陆”主要是指尚未认识、尚未了解。在“黑大陆”中，如果理论研究和实践探索照亮了这块黑大陆，那么摆在人们面前的可能是一片不毛之地，也可能是一片宝藏之地。“黑大陆”学说是对20世纪经济学界存在的一种愚昧认识的批驳和反对，指出在市场经济繁荣和发达的情况下，科学技术也好，经济发展也好，都没有止境。“黑大陆”学说也是对物流本身的正确评价：这个领域未知的东西还很多，理论与实践都不成熟。

从某种意义上看，“黑大陆”学说是一种未来学的研究结论，是战略分析的结论，带有较强的哲学抽象性，这一学说对于研究物流成本领域起到了启迪和动员作用。

（二）物流成本冰山理论

冰山的特点是大部分沉在水面之下，而露出水面上的仅仅是冰山的一角。“物流冰山”学说是日本早稻田大学西泽修教授提出来的。他在研究物流成本时发现，现行的财务会计制度和会计核算方法都不能掌握物流费用的实际情况，因而人们对物流费用的了解是一片空白，甚至有很大的虚伪性。物流便是一座冰山，其中沉在水面以下的是我们看不到的黑色区域，而我们看到的不过是物流成本的一部分。

西泽修教授从物流成本角度诠释了彼得·德鲁克的“黑大陆”学说。事实证明，物流领域的方方面面对于我们而言还是不清楚的，在“黑大陆”中和“冰山”的水下部分正是物流尚待开发的领域，也正是物流的潜力所在。

决算表中记载的物流费用只是公司外部支付的部分，如果把它误解为“冰山全貌”，忽略物流成本管理，企业就会面临险境。只有对物流成本进行全面计算，才能够解释清楚混在有关费用中的物流部分成本。传统会计中，工厂生产的产品从工厂运到商业部门的物流成本，是计算在成本中的；购买原材料所支付的物流费用是计算在原材料成本中的；自营运输费和自营保管费是计入销售费用中的；另外与物流有关的利息和其他利息一起是计入财务费用中的。如果把这些来自生产成本、原材料、销售费用和财务费用之中的有关物流部分费用划分出来，并单独加以汇总计算，就会对物流费用的全部有进一步的了解，并会为其巨大的金额而感到惊讶。

（三）“第三利润源”说

在生产力相对落后、社会产品处于供不应求的历史阶段，由于市场商品匮乏，制造企业无论生产多少产品都能销售出去，于是就大力进行设备更新改造、扩大生产能力、增加产品数量、降低生产成本，以此来创造企业的剩余价值，即第一利润。当产品充斥市场，转为供大于求，销售产生困难时，也就是第一利润达到一定极限，很难持续发展时，便寻求新的利润源泉。采取依靠科技进步提高劳动生产率，降低人力消耗或采用机械化、自动化来降低劳动耗用，从而降低成本，增加利润，这称之为“第二个利润源”。然而，在前两个利润源潜力越来越小，利润开拓越来越困难的情况下，物流领域的潜力被人们所重视，于是出现西泽修教授的“第三利润源泉”说。

第三个利润源，是对物流潜力及效益的描述。经过半个世纪的探索，人们已肯定这“黑大陆”虽不清楚，但绝不是不毛之地，而是一片富饶之源。第三利润源的理论主要包括以下内容：

1. 物流是可以完全从流通中分化出来，自成体系、有目标、有管理，因而能进行独立的总体判断；

2. 物流和其他独立的经济活动一样，它不是总体的成本构成因素，而是单独盈利因素，物流可以成为“利润中心”；

3. 从物流服务角度来说，通过有效的物流服务，可以给接受物流服务的生产企业创造更好的盈利机会，成为生产企业的“第三个利润源泉”；

4. 通过有效的物流服务，可以优化社会经济系统和整个国民经济的运行，降低整个社会的运行成本，提高国民经济总效益。

这三个利润源着重开发生产力的三个不同要素：第一个利润源挖掘对象是生产力中的劳动对象；第二个利润源挖掘对象是生产力中的劳动者，第三个利润源挖掘对象则是生产力中劳动工具的潜力，同时注重劳动对象与劳动者的潜力，因而更具有全面性。

（四）效益背反理论

"效益背反"指的是物流的若干功能要素之间存在着损益矛盾，即某一功能要素的优化和利益发生的同时，却会存在另一个或几个功能要素的利益损失，反之也如此。这是一个此消彼长、此盈彼亏的现象，虽然在许多领域中这种现象都是存在的，但在物流领域中，这个问题似乎尤为严重。

物流系统的效益背反包括物流成本与服务水平的效益背反和物流各功能活动的效益背反。

1. 物流成本与服务水平的效益背反。物流服务水平与物流成本变化之间有六种组合，可归纳为四种情形：

（1）物流成本提高，物流服务水平降低；物流成本降低，物流服务水平降低；物流成本提高，物流服务水平不变。以上三种均不可取，其原因是降低了企业的物流服务水平或提高物流成本而未能改变物流服务水平。

（2）物流服务水平不变，物流成本降低。在不改变物流服务水平的情况下，通过改进物流系统来降低物流成本，提高物流价值。这种通过优化系统结构降低物流成本来维持一定物流服务水平的方法称为追求效益法。

（3）物流服务水平提高，物流成本提高。这是许多企业提高物流服务水平的做法，是企业物流面对特定客户或其面临竞争对手时所采取的具有战略意义的做法。

（4）物流成本不变，服务水平提高。这是一种积极的物流成本对策，是一种追求效益的方法，也是一种有效的利用物流成本性能的方法。

高水平的物流服务是由高水平的物流成本作保证的。在没有较大的技术进步的情况下，企业物流很难做到既提高了物流服务水平，同时也降低了物流成本。一般来讲，提高物流服务，物流成本即上升，两者之间存在着效益背反，而且，物流服务水平与物流成本之间并非呈现线性关系，即投入相同的物流成本并非可以得到相同的物流服务增长。

企业采取哪种物流成本策略，在对物流服务和物流成本作决策时，以价值工程理论为指导要考虑各个方面的综合因素，这些因素包括商品战略、流通战略和物流系统所处的环境及竞争对手的情况等。

企业物流管理肩负着“降低企业物流成本”和“提高企业物流服务水平”两大任务，物流管理目标就在于降低物流成本的投入并取得较大的经营效益。物流系统就是以成本为核心，按最低成本的要求，使整个物流系统化，它强调的是调整各要素之间的矛盾，把它们有机地结合起来，使物流总成本最小。

2. 物流各功能活动的效益背反。现代物流是由运输、包装、仓储、装卸及配送等物流活动组成的集合。物流的各项活动处于这样一个相互矛盾的系统中，要想较多地达到某个方面的目的，必然会使另外一些方面的目的受到一定的损失，这便是物流各功能活动的效益背反。

例如，减少物流网络中仓库的数目并减少库存，必然会使库存补充变得频繁而增加运输的次数，这样降低了库存成本，却使得运输成本增加；将铁路运输改为航空运输，虽然增加了运费，却提高了运输速度，减少了库存，降低了库存费用。再如包装问题，在产品销售市场和销售价格不变的情况下，假定其他成本要素也不变，那么包装方面每少花一分钱，这一分钱就必然转到收益上来，包装越省，利润则越高。但是，商品一旦进入流通之后，如果包装降低了产品的防护功能，造成了大量损失，就会造成储存、装卸、运输功能要素的工作损失和效益减少。显然，包装活动的效益是以其他功能要素的损失为代价的。

这都表明，在设计物流系统时，要综合考虑各方面因素的影响，使整个物流系统达到最优。美国营销专家 P. 科特勒指出："物流的目的必须引进系统效率概念，才能得出较好的定义。"即把物流看成是由多个效益背反的要素所构成的系统，避免为了片面达到某一单一目的，而损害企业整体利益。

除了上述物流成本理论学说之外，还有一些其他物流成本学说，较有影响的主要有：

1. 成本中心说。其含义是：物流是企业成本的重要产生点，因而解决物流的问题，并不只是搞合理化、现代化，不只是为了支持保障其他活动，重要的是通过物流管理和物流的一系列活动降低成本。所以，成本中心既是指主要成本的产生点，又是指降低成本的关注点，物流是"降低成本的宝库"等说法正是这种认识的形象表述。

2. 利润中心说。其含义是：物流可以为企业提供大量直接和间接的利润，是形成企业经营利润的主要活动。非但如此，对于国民经济而言，物流也是国民经济中创利的主要活动。物流的这一作用，被表述为"第三利润源泉"。

3. 服务中心说。这种理论认为，物流活动最大的作用并不在于为企业节约了消耗，降低了成本或增加了利润，而是在于提高企业对客户的服务水平进而提高了企业的竞争能力。它特别强调其服务保障的职能，通过物流的服务保障，企业以其整体能力来压缩成本，增加利润。

4. 系统说。物流是“第三个利润源泉”，容易产生误解，使企业经营者急于求成，动辄向物流要效益。物流费用的降低当然可以直接体现出物流利润的增加，但物流速度的提高所产生的效益主要表现为生产周期的缩短，企业物资及资金流转速度加快；客户满意度的提高有利于产品形象和企业形象的优化。物流产生利润实际上包括：物流时间的节省，物料、半成品、产成品在物流各环节停留时间的减少带来的物资和资金流转速度加快；物流费用降低；客户满意度增加。物流利润的大部分会间接转移到企业整体效益的提高上，不能仅从物流费用的节省来简单地衡量物流利润。

5. 战略说。在学术界和产业界越来越多的人们已逐渐认识到，物流更具有战略性，是企业发展的战略而不是一项具体操作性任务。当前既能提供成本优势又能提供价值优势的管理领域是极少的，而物流管理则是这些为数不多的管理领域之一。高效、合理的物流管理，既能够降低企业经营成本，又能为客户提供优质的服务。因此，物流管理日益受到企业的重视，被纳入企业战略管理的范围，甚至成为企业发展的基石。

四、企业物流成本的影响因素

（一）竞争性因素

企业所处的市场环境充满了竞争，企业之间的竞争除了产品的价格、性能、质量外，从某种意义上讲，优质的客户服务是决定竞争成败的关键。而高效物流系统是提高客户服务水平的重要途径。如果企业能够及时可靠地提供产品和服务，则可以有效地提高客户服务水平，这都依赖于物流系统的合理化。而客户服务水平又直接决定物流成本的高低，因此物流成本在很大程度上是由于日趋激烈的竞争而不断发生变化的，企业必须对竞争作出反应。影响物流成本的竞争性因素主要有以下几个方面：

1. 订货周期。企业物流系统的高效必然可以缩短企业的订货周期，降低客户的库存，从而降低客户的库存成本，提高企业的客户服务水平，提高企业的竞争力。

2. 库存管理。无论是生产企业还是流通企业，对存货实行控制，严格掌握进货数量、次数和品种，都可以减少资金占用、贷款利息支出，降低库存、保管、维护成本。另外，良好的物品保管、维护、发放制度，可以减少物品的损耗、霉变、丢失等事故，从而降低物流成本。相反，若在保管过程中，物品损耗、霉烂、丢失等时有发生，物流成本必然增加。

3. 运输。不同的运输工具和方式，成本高低不同，运输能力大小不等。运输工具和方式的选择，一方面取决于所运货物的体积、重量及客户的要求；另一方面又取决于企业对某种物品的需求程度及工艺要求。所以，选择运输工具和方式要同时兼顾既保证生产与销售的需要，又要力求物流成本最低两个方面。

（二）产品因素

产品的特性不同也会影响物流成本，主要有：

1. 产品价值。产品价值的高低会直接影响物流成本的大小。随着产品价值的增加，每一物流活动的成本都会增加。一般来讲，产品的价值越大，对其所需使用的运输工具要求越高，仓储和库存成本也随着产品价值的增加而增加。

2. 产品密度。产品密度越大，相同运输单位所装的货物越多，运输成本就越低。同理，仓库中一定空间领域存放的货物越多，库存成本就会降低。

3. 产品废品率。影响物流成本的一个重要方面还在于产品的质量，也即产品废品率的高低。生产高质量的产品可以杜绝因次品、废品等回收、退货而发生的各种物流成本。

4. 易损性。物品的易损性对物流成本的影响是显而易见的，易损性的产品对物流各环节如运输、包装、仓储等都提出了更高的要求。

（三）空间因素

空间因素是指物流系统中企业制造中心或仓库相对于目标市场或供应点的位置因素。若企业距离目标市场太远，则必然会增加运输及包装等成本；若在目标市场建立或租用仓库，则会增加库存成本。另外，进货方向决定了企业货物运输距离的远近及运输成本的高低。因此，空间因素对物流成本的影响是较大的。

（四）管理因素

管理成本与生产和流通没有直接的数量依存关系，但却直接影响着物流成本的大小，节约办公费、水电费、差旅费等管理成本相应可以降低物流成本总水平。另外，企业利用贷款开展物流活动，必然要支付一定的利息（如果是自有资金，则存在机会成本问题），资金利用率的高低，影响着利息支出的大小，从而也影响着物流成本的高低。

第二节　物流成本核算的基本原理

一、物流成本核算的范围

企业在进行物流成本核算时，首先应确定计算的口径，即从哪个角度计算物流成本，物流成本的核算范围包括哪些内容。从目前看，我国对物流成本的核算范围还没有形成统一的规范，参照日本运输省流通对策本部制定的《物流成本计算统一标准》，适应我国物流管理的需要，物流成本可以从以下三个方面来分类计算。

（一）按物流范围计算

物流成本按照物流范围可以分为供应物流费、生产物流费、销售物流费、回收物流费和废弃物流费五种。

供应物流费是指从商品（包括容器、包装材料）采购直到批发、零售业者进货为止的物流过程中所产生的费用。

生产物流费是指从购进的商品到货或由本企业提货时开始，直到最终确定销售对象的时刻为止的物流过程中所需花费的费用，包括运输、包装、保管、配货等费用。

销售物流费是指从确定销售对象开始，直到商品送交客户为止的物流过程中所需要的费用，包括包装、商品出库、配送等方面的费用。

回收物流费是指材料、容器等由销售对象回收到本企业的物流过程中所需要的费用。

废弃物流费是指在商品、包装材料、运输容器的废弃过程中而产生的物流费用。

（二）按物流支付形态计算

按支付形态的不同，物流成本分为本企业支付的物流费和其他企业支付的物流费。本企业支付的物流费又可以分为企业本身的物流费和委托物流费，其中，企业本身的物流费又分为材料费、人工费、公益费、维护费、一般经费和特别经费等。

要准确地掌握物流成本，就必须以企业财务会计为基础。从财务会计核算的相关项目中分离出物流成本资料，虽然是物流成本核算中最困难的工作，却是最为重要的基础工作。如果不能从财务会计中取得物流活动的费用资料，物流成本计算就只是一句空话。按支付形态，将物流成本分为材料费、人工费、公益费、维护费、一般经费、特别经费和委托物流费以及其他企业支付的物流费，是物流成本计算的基础。

材料费是指因物料的消耗而发生的费用。由物料材料费、燃料费、消耗性工具、低值易耗品摊销以及其他物料消耗等费用组成。

人工费是指因人力劳务的消耗而发生的费用。包括工资、奖金、福利费、医药费、劳动保护费及职工教育培训费和其他一切用于职工的费用。

公益费是指为公益事业所提供的公益服务而支付的费用。包括水费、电费、煤气费、冬季取暖费、绿化费及其他费用。

维护费是指土地、建筑物、机械设备、车辆、船舶、搬运工具、器具备件等固定资产的使用、运转和维修保养所产生的费用。包括维修保养费、折旧费、房产税、土地车船使用税、租赁费、保险费等。

一般经费是指差旅费、交通费、会议费、书报资料费、文具费、邮电费、零星购进费、城市维护建设税、能源建设税及其他税款，还包括物资及商品损耗费、物流事故处理及其他杂费等一般支出。

特别经费是指采用不同于财务会计的计算方法所计算出来的物流费用，包括按实际使用年限计算的折旧费和企业内利息等。

委托物流费是指将物流业务委托给第三方物流企业时向其支付的费用。包括支付的包装费、运费、保管费、出入库手续费、装卸费、特殊服务费等。

其他企业支付的物流费是指在物流成本中，还应当包括向其他企业支付的物流费。比如商品购进采用送货制时包含在购买价格中的运费和商品销售采用提货制时从销售价格中扣除的运费等。在这些情况下，虽然表面上看本企业并未发生物流活动，但却发生了物流费用，这些费用也应该计入物流成本之内。

（三）按物流功能计算

按照物流功能的不同，物流成本大体可以分为物品流通费、信息流通费和物流管理费三大类。

1. 物品流通费是指为完成商品、物资的物理性流通而发生的费用。该部分费用还可进一步细分为包装费、运输费、保管费、装卸搬运费、流通加工费和配送费等。

包装费是指商品运输、装卸、保管的需要而进行包装的费用，即运输包装费，不包括销售包装。

运输费是指把商品从某一场所转移到另一场所需要的运输费用。除了委托运输费外还包括由本企业的自有运输工具进行运输的费用，但要将伴随运输的装卸费除外。

保管费是指一定时期内因保管商品而需要的费用。除了包租或委托储存的仓储费外，还包括在本企业自有仓库储存时的保管费。

装卸费是指伴随商品包装、运输、保管、流通加工等业务而发生的商品在一定范围内进行水平或垂直移动所需要的费用。可以分为包装装卸费、运输装卸费、保管装卸费和流通加工装卸费。如果在实际业务中单独计算装卸费或进行这种分离很困难，也可以将装卸费分别计算在相应的费用中。

流通加工费是指在商品流通过程中为提高物流的效率而进行的商品加工所需要的费用。物流中的流通加工费不包括流通交易及生产职能的加工费用。流通过程中的加工活动可以分为属于物流的流通加工、属于商流（交易）的流通加工和属于生产的流通加工。尽管从理论上讲应该把只属于物流加工的费用计入物流成本中，但在实际业务中难以将它与其他流通加工的费用分开时，或从管理上讲以不分离为更方便时，也可将这些费用计入物流成本中。

配送费是指按客户要求的商品品种和数量，在配送中心进行分拣、配装后将商品送交客户的过程中所产生的费用。包括包装、分拣、配货、装卸、短途运输等费用。

2. 信息流通费是指因处理、传输有关的物流信息而产生的费用。包括与订货处理、储存管理、为客户服务等有关的费用。在企业中，要将传输、处理的信息分为与物流有关的信息和物流以外的信息是十分困难的，但从物流成本的计算上来讲却是十分重要的。

3. 物流管理费是指进行物流的计划、调整、控制、监督、考核等活动所需要的费用。它既包括企业物流管理部门的管理费，也包括作业现场管理费。

二、物流成本计算的对象

成本计算对象是指企业或成本管理部门为归集和分配各项成本费用而确定的、以一定期间和空间范围为条件而存在的成本计算实体。

物流成本如何归集与计算，取决于对所评价和考核的成本计算对象的选取。在计算物流成本或收集物流成本数据时，明确成本计算对象是前提条件。成本计算对象的选取方法不同，得出的物流成本的结果也就不同，从而导致了不同的成本评价对象与评价结果。在实际工作中，之所以计算出来的物流成本对物流成本管理以及通过成本来管理物流存在着无功而返的现象，其中一个主要因素就是不能正确地选取与确认物流成本的计算对象。

（一）物流成本计算对象的影响因素

物流成本是物流作业发生的费用支出。企业的各项物流活动发生的费用，都需要从其发生期间、发生地点和承担实体三个方面进行合理划分。因此，物流成本计算对象主要受三个方面因素的影响。

1. 成本费用承担实体。成本费用承担实体是指其发生并应合理承担各项费用的特定经营成果的体现形式，包括有形的各种产品和无形的各种服务作业。例如，工业企业的某种、某批或某类产品；服务行业的某一经营项目；施工企业的某项工程；运输企业的运输劳务等。对于企业物流来讲，其成本费用承担实体主要是各种不同类型的物流活动或物流作业。

2. 成本计算期。成本计算期是指汇集生产经营费用、计算生产经营成本的时间范围。物流成本计算期从理论上应是某项物流经营活动从开始到完成这一周期，但在企业物流经营活动连续不断进行的情况下，难以对某一项物流经营活动确定经营期和单独计算成本。因此，往往根据权责发生制原则，一般以月份作为物流成本计算期，对于一些特殊的物流活动，也可以经营周期作为成本计算期。

3. 成本计算空间。成本计算空间是指成本费用发生并能组织企业成本计算的地点或区域，如工业企业的车间、分厂、某个工段或某一生产步骤，服务性企业的部门、分支机构或班组等。

企业物流成本计算空间的划分一般是指对物流活动的范围、物流功能范围以及物流成本控制的重点进行的选取。

（1）对物流活动范围的选取。成本计算对象对物流活动范围的选取，从物流成本计算对象的角度看，是指对物流的起点与终点以及起点与终点间的物流活动过程的选取，也就是对物流活动过程的空间上的截取。

物流按其活动范围可分为两大类：企业内部物流与社会物流。企业内部物流是企业内部的物品实体流动，主要是企业内部的生产经营活动中所发生的加工、检验、搬运、储存、包装、装卸等物流活动。社会物流是企业外部的物流活动总称。

在这些活动中，究竟从哪里开始到哪里为止，作为物流成本的计算对象。换句话说，对于每个物流成本计算对象，都存在着物流活动的起止点的选取问题。起止点选取不同，其成本计算结果也就不同。显然对于某一物流部门来讲，其物流成本计算对象的物流起止点在确定之后不能任意改变，以符合成本计算上的可比性原则和一贯性原则。

（2）对物流功能范围的选取。物流功能范围，是指在运输、搬运、储存、保管、包装、装卸、流通加工和物流信息处理等物流功能中，选取哪些功能作为物流成本计算对象。把所有的物流功能作为成本计算对象与只把运输、保管这两种功能作为成本计算对象，所反映的物流功能范围的成本显然是不同的。

（3）物流成本控制的重点。物流成本计算对象的选取，应当放在成本控制的重点上。就物流成本管理来讲，物流成本的计算并非越全越细越好，其成本计算对象也并非越全越好。过细过全的成本计算是不必要的，也是不经济的、不可能的。物流成本控制的重点应包括：按成本责任划定的责任成本单位；当前成本费用开支比重较大、有必要分清并分别计算不同部门及不同作业活动成本的物流活动；新开发的物流作业项目。

（二）物流成本计算对象的选取

根据对物流成本计算对象三个基本构成要素的分析，结合企业物流成本管理的基本要求，企业物流成本计算对象存在以下几种情况。

1. 形态别物流成本核算。形态别物流成本核算，是指以物流费用的支付形态为成本计算对象所进行的物流成本核算。具体指：（1）企业内部物流费计算，即汇总、归集企业自己进行各项物流活动所发生的物流费用，它是相对于委托物流费计算而言的。企业内物流费计算又可分为材料费计算、人工费计算、水电气费计算、维护费计算、物流利息计算、其他费用计算等。(2) 委托物流费计算，即汇总和归集企业委托外单位进行运输、保管、装卸、包装、流通加工等物流活动所支付的各项费用。(3) 外企业支付物流费计算，包括供应外企业支付物流费计算和销售外企业支付物流费计算。

形态别物流成本的核算是企业物流成本核算的基础。通过形态别物流成本核算，可以为制定标准物流成本和编制物流成本预算提供资料，可以为企业进行有关的决策提供资料。例如，企业物流活动是否委托外单位进行，企业应该采用何种交货方式采购物料或销售产品等。

2. 功能别物流成本核算。功能别物流成本核算，是指以物流活动的功能为成本计算对象所进行的物流成本核算，即对企业一定时期的物流费用按其发生用途不同进行分类、归集，包括运输费计算、保管费计算、装卸费计算、包装费计算、流通加工费计算及物流管理费计算等。

通过功能别物流成本核算，可以了解物流成本的功能别构成，便于我们更好地协调物流各环节的关系。各功能成本的计算可通过各功能的成本计算表进行，并在此基础上可进一步汇总各功能成本计算表的资料，编制整个企业的物流成本汇总表。

3. 范围别物流成本核算。范围别物流成本核算，是指以物流活动的范围为成本计算对象所进行的物流成本核算，即对企业一定时期的物流费用按发生于物流活动的不同过程所进行的汇总、归集，具体包括供应物流费计算、生产物流费计算、销售物流费计算、退货物流费计算和废弃物物流费计算等。

通过范围别物流成本核算，便于发现不同过程物流活动中所存在的问题，分清有关部门对此应负的责任，并为不同过程物流活动的协调、控制提供依据。在进行范围别物流成本核算时，凡是发生在某一物流过程的物流费用都必须计入该过程的物流成本中，以便据以考核其负责部门的工作业绩。例如，凡是在物料供应过程中发生的物流费用都应计入供应物流费中。范围别物流成本核算可通过各物流范围物流费用汇总表进行，并在此基础上可进一步编制企业物流成本汇总表。

4. 制品别物流成本核算。制品别物流成本核算，对供应部门是以各种原材料、包装材料为成本计算对象所进行的物流成本计算；对生产部门是以在产品、半成品、产成品为成本计算对象所进行的成本计算；对整个企业和销售部门是以销售产品为成本计算对象所进行的成本计算。制品别物流成本计算表的编制见表10－1。

表 10－1　　制品别物流成本计算表

功能 制品		运输费	保管费	装卸费	包装费	流通加工费	合计
制品 A	直接费						
	间接费						
	小计						
制品 B	直接费						
	间接费						
	小计						
制品 C	直接费						
	间接费						
	小计						
合计	直接费						
	间接费						
	小计						

5. 地域别物流成本核算。地域别物流成本核算，即按物料购入和产品销售地区不同所进行的核算。地域别物流成本计算表

见表10－2。

表10－2　　　地域别物流成本计算表

<table>
<tr><th>功能
地域</th><th></th><th>运输费</th><th>保管费</th><th>装卸费</th><th>包装费</th><th>流通加工费</th><th>合计</th></tr>
<tr><td rowspan="3">甲地区</td><td>直接费</td><td></td><td></td><td></td><td></td><td></td><td></td></tr>
<tr><td>间接费</td><td></td><td></td><td></td><td></td><td></td><td></td></tr>
<tr><td>小计</td><td></td><td></td><td></td><td></td><td></td><td></td></tr>
<tr><td rowspan="3">乙地区</td><td>直接费</td><td></td><td></td><td></td><td></td><td></td><td></td></tr>
<tr><td>间接费</td><td></td><td></td><td></td><td></td><td></td><td></td></tr>
<tr><td>小计</td><td></td><td></td><td></td><td></td><td></td><td></td></tr>
<tr><td rowspan="3">丙地区</td><td>直接费</td><td></td><td></td><td></td><td></td><td></td><td></td></tr>
<tr><td>间接费</td><td></td><td></td><td></td><td></td><td></td><td></td></tr>
<tr><td>小计</td><td></td><td></td><td></td><td></td><td></td><td></td></tr>
<tr><td rowspan="3">合计</td><td>直接费</td><td></td><td></td><td></td><td></td><td></td><td></td></tr>
<tr><td>间接费</td><td></td><td></td><td></td><td></td><td></td><td></td></tr>
<tr><td>小计</td><td></td><td></td><td></td><td></td><td></td><td></td></tr>
</table>

从上述制品别、地域别物流成本计算结果中，可以知道各地域、各制品的物流耗费状况，从而有利于企业物流管理抓住重点，合理组织购销活动。

6. 变动物流成本核算。变动物流成本核算，是根据企业物流费用的发生与物流业务量的关系不同所进行的核算，包括随物流业务量增加而增加的变动物流费的计算和不随物流业务量增减的固定物流费计算。具体方法有高低点法、散布图法、最小二乘法等。这种核算可以为企业进行各种物流决策提供资料。

7. 责任物流成本核算。责任物流成本核算，是按物流成本发生的责任归属不同对责任中心的物流成本所进行的计算。责任的划分应以可控原则为基础，即一定层次、一定部门和人员的责任物流成本必须是其权力活动范围内可以控制或影响其发生额大小的成本。在已经实行责任成本核算的企业，责任物流成本的核算可结合到现行责任成本核算之中，作为现行责任成本报告的附录资料反映出来。进行责任物流成本计算，有利于评价各责任单位的物流活动状况，加强其责任心，从而有利于控制和降低物流成本。

8. 特殊物流成本核算。特殊物流成本核算，是指为满足物流管理进行某些物流决策的需要，对各物流活动方案的机会成本、差别成本、沉没成本等所进行的计算比较，它是一种临时性的计算。

综上所述，企业进行物流成本管理的目的不同，其所需要的物流成本资料也就有所不同，由此产生出了不同的成本计算对象和方法。企业应根据其生产经营的特点和物流成本管理的要求，具体确定物流成本计算对象。

三、物流成本核算的基本方法

上述物流成本核算体系中的各种物流成本信息可通过以下方法来取得。

（一）会计方式的物流成本核算方法

所谓会计核算方法，就是通过凭证、账户、报表对物流耗费予以连续、系统、全面地记录、计算和报告的方法。会计方式的物流成本核算，具体包括两种形式：其一是双轨制，即把物流成本核算与其他成本核算截然分开，单独建立物流成本核算的凭证、账户、报表体系。在单独核算的形式下，物流成本的内容在传统成本核算和物流成本核算中得到双重反映。其二是单轨制，即物流成本核算与企业现行的其他成本核算如产品成本核算、责任成本核算、变动成本核算等结合进行，建立一套能提供多种成本信息的共同的凭证、账户、报表核算体系。在这种情况下，要对现有的凭证、账户、报表体系进行较大的改革，需要对某些凭证、账户、报表的内容进行调整，同时还需要增加一些凭证、账户和报表。这种结合无疑是比较困难的，但并不是不可能的，因为企业物流成本的大部分内容包括在产品成本中，责任物流成本是责任中心成本的一部分，变动物流成本则是企业变动成本的一部分。

运用会计方式进行物流成本核算时，提供的成本信息比较系统、全面、连续，且准确、真实，这是其优点。但这种方法比较复杂，或者需要重新设计新的凭证、账户、报表核算体系，或者需要对现有体系进行较大的甚至可以说是彻底的调整。

企业物流成本会计核算是采用“单轨制”还是采用“双轨制”，应根据每个企业的具体情况而定。不过，从发展的观点来看，最好是采用单轨制会计核算方式。当然，采用单轨制会计核算方式还必须具备一定的条件：①核算人员必须有较高的业务素质；②企业管理基础工作必须比较健全；③管理人员必须具备综合的现代成本管理意识；④企业的成本工作必须实现标准化和现代化，有基本的组织保证。

(二) 统计方式的物流成本核算方法

所谓统计方式，就是说它不要求设置完整的凭证、账户和报表体系，而主要是通过对企业现行成本核算资料的解剖分析，从中抽出物流耗费部分（即物流成本的主体部分），再加上一部分现行成本核算没有包括进去、但要归入物流成本的费用，如物流信息费、外企业支付的物流费等，然后再按物流管理的要求对上述费用重新归类、分配、汇总，加工成物流管理所需要的成本信息。具体做法如下：

1. 通过对材料采购、管理费用账户的分析，抽出供应物流成本部分，如材料采购账户中的外地运输费，管理费用账户中的材料市内运杂费，原材料仓库的折旧修理费，保管人员的工资等，并按功能类别、形态类别进行分类核算。

2. 从生产成本、制造费用、辅助生产、管理费用等账户中抽出生产物流成本，并按功能类别和形态类别进行分类核算。例如，人工费部分按物流人员的人数比例或物流活动工时比例确定，折旧修理费用按物流固定资产占用资金比例确定。

3. 从销售费用中抽出销售物流成本部分，包括销售过程发生的运输、包装、装卸、保管、流通加工等费用，委托物流费按直接发生额计算。

4. 外企业支付物流费部分，现有成本核算资料没有反映。其中供应外企业支付的物流费可根据在本企业交货的采购数量，每次以估计单位物流费率进行计算；销售外企业支付的物流费根据在本企业交货的销售数量乘以估计单位物流费率进行计算；单位物流费率的估计可参考企业物资供应、销售给对方企业交货时的实际费用水平。

5. 物流利息的确定可按企业物流资产占用额乘以内部利率进行计算。

6. 从管理费用中抽出退货物流成本。

7. 废弃物物流成本对于企业来说，数额一般较小，可以不单独抽出，而是并入到其他物流费用中。

委托物流费的计算比较简单，它等于企业对外支付的物流费用。而企业内部物流耗费及外企业支付物流费用的计算比较复杂，总的原则是单独为物流活动所耗费的部分直接计入；间接为物流活动所耗费的部分，以及物流活动与其他非物流活动共同耗费的部分，则按一定标准或比例，如物流人员的比例、物流工时比例、物流资金数额等分配计算。

与会计方式的物流成本核算比较起来，由于统计方式的物流成本核算没有对物流耗费进行连续、全面、系统的跟踪，所以据此得来的信息，其精确程度受到很大的影响，但正由于它不需要对物流耗费作全面、系统、连续的反映，所以运用起来比较简单、方便。

（三）统计方式与会计方式相结合的物流成本核算方法

所谓统计方式与会计方式相结合，即物流耗费的一部分内容通过统计方式予以核算，另一部分内容通过会计方式予以核算。运用这种方法，也需要设置一些物流成本账户，但不像第一种方法那么全面、系统，而且，这些物流成本账户不纳入现行成本核算的账户体系，对现行成本核算来说，它是一种账外核算，具有辅助账户记录的性质。具体做法如下：

1. 辅助账户设置。一般说来，企业应设置物流成本总账，核算企业发生的全部物流成本；同时按物流范围设置供应、生产、销售、退货、废弃物流成本二级账；在各二级账下按物流功能设置运输费、保管费、装卸费、包装费、流通加工费、物流管理费三级账，并按费用支付形态设置专栏。

2. 对于现行成本核算已经反映，但分散于各科目的物流费用，在按照会计制度的要求编制凭证、登记账簿、进行正常成本核算的同时，据此凭证登记相关的物流成本辅助账户，进行账外的物流成本核算。如计入管理费用中的对外支付的材料市内运杂费、物流固定资产折旧、本企业运输车队的费用、仓库保管人员的工资、产成品和原材料的盘亏损失、停工待料损失，计入制造费用的物流人员职工薪酬、物流固定资产的折旧修理费、运输费、保险费、在产品盘亏和毁损，等等。

3. 对于现行成本核算没有包括，但属于物流成本应该包括的费用，其计算方法与统计方式下的计算方法相同。

4. 月末根据各物流成本辅助账户所提供的资料编制范围类别、功能类别、形态类别等各种形态的物流成本报表。

这种方法的优缺点介于第一种方法和第二种方法之间，即它没有第一种方法复杂，但它也没有第一种方法准确、全面；与第二种方法比较，情形则恰恰相反。

四、物流成本核算存在的难点问题

（一）物流成本没有独立的会计科目

物流成本在企业财务会计制度中没有单独的项目，而是与其他成本一起列在费用一栏中，因此很难对企业发生的物流成本作出准确、全面的计算与分析，也无法同其他企业的物流成本进行比较。

（二）物流成本计算不完整、不全面

一般情况下，企业会计科目中，只把支付给外部运输、仓储企业的费用列入物流成本，实际这些费用在整个物流费用中确实犹如冰山一角。因为，物流基础设施建设费和企业利用自己的车辆运输、利用自己的库房保管货物、由自己的工人进行包装、装卸等费用都没有列入物流费用科目内。一般来说，企业向外部支付的物流费用是很小的一部分，真正的大头是企业内部发生的物流费用。

物流成本难以确定的原因主要有三个方面。（1）物流成本的计算范围太大。物流包括：原材料物流、工厂内部物流、从工厂到仓库和配送中心的物流、从配送中心到商店的物流等，成本计算的范围不同，物流费用的大小相距甚远。（2）物流成本的计算对象难以确定。运输、包装、保管、装卸及信息等各物流环节中，以不同环节作为物流成本的计算对象，计算结果差别相当大。（3）物流成本计算内容难以归集。向企业外部支付的运输费、保管费、装卸费等费用一般都很容易列入物流成本，但是本企业内部发生的物流费用，如与物流相关的人工费、物流设施建设费、设备购置费以及折旧费、维修费、电费、燃料费等，都难

以准确地确定应列入物流成本的项目和金额。

(三)存在制度性缺陷，实际操作难度大

由于物流成本大部分发生在企业内部，而且范围大、流通环节多、涉及的单位较多，因此许多已经发生的物流费用在具体分解时存在很大的困难。现行会计制度通常将一些应计入物流成本的费用，如仓储保管费用、仓储办公费用、仓储物资的合理损耗等计入企业的经营管理费用。同时，将物资采购中发生的物资运输费用、保险费用、合理损耗、装卸费用、挑选整理费用等计入物资采购成本或经营费用。因此，在实际计算物流成本时，对上述费用的分解还同时存在一个制度规范的问题。而且，如果要分解这些隐藏的费用，在操作上也存在很大的难度，操作成本较高。

(四)物流成本范围边缘不清，难以掌握和比较

对物流成本的计算和控制，各企业通常是分散进行的，各企业根据自己不同的理解和认识来把握物流成本。由于没有统一的计算标准致使各企业物流成本包含的范围不同，因此企业无法进行物流成本的比较，也无法得出企业物流成本的平均值；又由于各企业的物流成本缺乏相互比较的基础，所以无法真正衡量企业相对的物流绩效，物流管理失去了依据。

(五)无法掌握和控制的物流成本较多，增加了物流成本管理的难度

在企业中，物流部门无法掌握和控制的物流成本较多。比如，由于过量进货、过量生产而产生的保管费，紧急运输产生的费用和过量服务所产生的成本都包括在其中，从而增加了物流成本管理的难度。

第三节　物流成本核算的实施

目前在我国企业中尚未进行过系统的物流成本计算，物流成本核算体系也不完善，在此我们可以借鉴日本“物流成本计算标准”中的物流成本计算方法来实施物流成本核算。

此种物流成本的计算方法是从“按支付形态不同分类”入手，从企业财务会计核算的相关科目中抽出所包含的物流成本，然后以表格的形式从不同角度逐步计算出各类物流成本。其计算步骤如下：

一、分类计算物流成本

按支付形态不同分类从各相关科目中分离出物流成本，并进行计算。

（一）材料费

材料费是由物流消耗而产生的费用。直接材料费可以通过用各种材料的实际消耗量乘以实际的购进价格来计算。材料的实际消耗量可以按物流成本计算期末统计的材料支出数量计算，在难以通过材料支出单据进行统计时，也可以采用盘存计算法。材料的购进价格应包括材料的购买费、进货运杂费、保险费、关税等。

（二）人工费

人工费是指对物流活动中消耗的劳务所支付的费用。物流人工费的范围包括职工所有报酬（工资、奖金、其他补贴）的总额、职工劳动保护费、保险费、按规定提取的福利基金、职工教育培训费等。

在计算人工费的本期实际支付额时，报酬总额按计算期内支付该从事物流活动的人员的报酬总额或按整个企业职工的平均报酬额计算。职工劳动保护费、保险费、按规定提取的福利基金以及职工培训教育费等都需要从企业这些费用项目的总额中把用于物流人员的费用部分抽出来。但当实际费用难以抽出来计算时，也可将这些费用的总额按从事物流活动的职工人数比例分摊到物流成本中。

（三）公益费

公益费是指对公共事业所提供的公益服务（自来水、电、煤气、取暖、绿化等）支付的费用。严格地讲，每一物流设施都应安装计数表直接计费。但对没有安装计量仪表的企业，此部分费用可以从整个企业支出的公益费中按物流设施的面积和物流人员的比例计算得出。

（四）维护费

维护费根据本期实际发生额计算，对于经过多个期间统一支付的费用（如租赁费、保险费等），可按期间分摊计入本期相应的费用中。对于物流业务中可以按业务量或物流设施来掌握和直接计算的物流费，在可能的限度内直接算出维护费，对于不能直接算出来的，可以根据建筑物面积和设备金额等分摊到物流成本中。折旧费应根据固定资产原值、经济使用年限和相应折旧方法计算，对于使用年限长且有价格变动的物流固定资产折旧，可采用重置价格计算。

（五）一般经费

一般经费是指不能归属于其他项目的一般性经常费用，其中，对于差旅费、交通费、会议费、书报资料费等使用目的明确的费用，直接计入物流成本。对于一般经费中不能直接计入物流成本的，可按职工人数或设备比例分摊到物流成本中。

（六）特别经费

特别经费包括按实际使用年限计算的折旧费和企业内利息等。

利息在传统会计中是以有利率负债的金额为基础，根据融资期间和规定的利率来计算的。但在物流成本计算中，企业内部物流利息实际上是物流活动所占用的全部资金的资金成本。企业内部利息的计算，对物流作业中使用的固定资产（土地、建筑物、机械设备、车辆等）以征收固定资产占用税时的评估价格乘以企业内利息率，对存货（商品、包装材料等）以账面价值乘以企业内利息率来计算。之所以对固定资产以征收固定资产占用税时的计价额为基础，对存货以账面价值为基础，根据期末余额和企业内利率来计算，是因为：第一，固定资产使用在征收占用税时的评估价格较为客观、公允，可以排除利用固定资产原值的不合理性和利用时价的随意性；第二，存货的周转率很高，直接使用账面价值，可以排除通货膨胀的影响；第三，企业内利息以资本成本的形式计算，作为附加成本计入物流成本，可以恰如其分地计算物流成本，同时还有利于降低资本利息，进而有效地利用物流资产。

（七）委托物流费

委托物流费根据本期实际发生额计算。包括托运费、市内运输费、包装费、装卸费、保管费和出入库费、委托物流加工费等。除此之外的间接委托的物流费按一定标准分摊到各功能的费用中。

（八）其他企业支付的物流费

其他企业支付的物流费，以本期发生购进对其他企业支付和发生销售对其他企业支付物流费的商品重量或件数为基础，乘以费用估价来计算。

其他企业支付的物流费虽然不是本企业的物流费支付，但对购进商品来说，实际上已经将商品从产地运到销售地点的运费、装卸费等物流费用包含在进货价格中，如果到商品产地购进，则这部分物流费显然是要由本企业支付的。对于销售的商品，买方提货所支付的运费也相当于扣减了销售价格，如果销售的商品采用送货制，则这部分物流费也要由本企业支付。因此，其他企业支付的物流费实际上是为了弥补应由本企业承担的物流费而计入物流成本的。

其他企业支付的物流费的计算，必须依靠估价的费用单价，但当本企业也承担与此相当的物流费时，也可以用本企业相当的物流费来代替。

二、编制各物流功能成本计算表

根据计算物流成本的需要，将以上通过计算得出的数据资料编制各物流功能的成本计算表，如运输费计算表、保管费计算表等。如果把所有的功能都作为成本计算对象，每一种功能分别编制一张物流成本计算表，则需要编制七张成本计算表；如果只计算其中某几项功能的费用，可根据实际需要填制。根据各物流功能成本计算表，即可汇总编制整个企业的物流成本计算表。根据需要，可按支付形态、范围汇总计算物流成本，也可按物流功能、支付形态汇总计算物流成本，还可按物流范围、功能汇总计算物流成本。

例如，某企业通过对管理费用、财务费用、销售费用等费用项目的分析，按一定比率计算出物流部门的费用，见表10－3。

表 10－3　　物流费用计算表

项　目	管理费用等（元）	物流费用（元）	备　注
车辆	50040	50040	全额
包装材料费	15092	15092	全额
工资津贴费	315667.50	89334	按人数比率计算
水电气暖费	6322.50	3332	按面积比率计算
保险费	5123.50	2700	按面积比率计算
修缮维护费	9798	5163.50	按面积比率计算
折旧费	19902	10488.50	按面积比率计算
办公费	9638	4057.50	按物流费用比率计算
易耗品费	10658	4487	按物流费用比率计算
资金占用利息	11930.50	5022.50	按物流费用比率计算
税金	16553	6968.50	按物流费用比率计算
通讯费	5183	2182	按物流费用比率计算
软件租赁费	8874	3136	按物流费用比率计算
物流成本合计	434742	202603.50	物流费占费用总额比率

（一）计算各物流功能的成本

根据会计账簿记录和其他相关资料，上述各项物流成本资料分析如下：

1. 公司供应和销售物流共同费用的分配比为 1:2。

2. 车辆租赁费为公司运输部门所发生的费用。本月运输部门提供物流运输劳务 3200 吨/公里，其中采购材料耗用 1200 吨/公里，产品销售耗用 2000 吨/公里。

$$供应物流负担额 = 50040 \times \frac{1200}{3200} = 18765（元）$$

$$销售物流负担额 = 50040 \times \frac{2000}{3200} = 31275（元）$$

3. 包装材料费为仓库实施包装作业所耗用。

4. 工资津贴费按各物流作业职工人数进行分配。其中，包装作业 6 人，运输作业 12 人，保管作业 4 人，装卸作业 10 人，物流管理人员 4 人。

$$包装作业的工资津贴费 = 89334 \times \frac{6}{36} = 14889\ （元）$$

$$运输作业的工资津贴费 = 89334 \times \frac{12}{36} = 29778\ （元）$$

$$供应物流负担额 = 29778 \times \frac{1}{3} = 9926\ （元）$$

$$销售物流负担额 = 29778 \times \frac{2}{3} = 19852\ （元）$$

$$保管作业的工资津贴费 = 89334 \times \frac{4}{36} = 9926\ （元）$$

$$装卸作业的工资津贴费 = 89334 \times \frac{10}{36} = 24815\ （元）$$

$$供应物流负担额 = 24815 \times \frac{1}{3} = 8271.50\ （元）$$

$$销售物流负担额 = 24815 \times \frac{2}{3} = 16543.50\ （元）$$

$$物流管理作业的工资津贴费 = 89334 \times \frac{4}{36} = 9926\ （元）$$

$$供应物流负担额 = 9926 \times \frac{1}{3} = 3308.50\ （元）$$

$$销售物流负担额 = 9926 \times \frac{2}{3} = 6617.50\ （元）$$

5. 水电汽暖费为物流作业管理所耗用，其分配计算为：供应物流负担 1110. 50 元，销售物流负担 2221. 50 元。

6. 保险费按各物流作业设施的账面价值分配。其中，包装设备价值为 480000 元，运输设备价值为 1740000 元，保管设备价值为 987000 元，装卸设备价值为 216000 元，物流管理部门设备价值为 147000 元。

$$包装作业的保险费 = 2700 \times \frac{480000}{3570000} = 363\ （元）$$

$$运输作业的保险费 = 2700 \times \frac{1740000}{3570000} = 1316（元）$$

$$供应物流负担额 = 1316 \times \frac{1}{3} = 438.50（元）$$

$$销售物流负担额 = 1316 \times \frac{2}{3} = 877.50（元）$$

$$保管作业的保险费 = 2700 \times \frac{987000}{3570000} = 746.50（元）$$

$$装卸作业的保险费 = 2700 \times \frac{216000}{3570000} = 163.50（元）$$

$$供应物流负担额 = 163.50 \times \frac{1}{3} = 54.50（元）$$

$$销售物流负担额 = 163.50 \times \frac{2}{3} = 109（元）$$

$$物流管理作业的保险费 = 2700 \times \frac{147000}{3570000} = 111（元）$$

$$供应物流负担额 = 111 \times \frac{1}{3} = 37（元）$$

$$销售物流负担额 = 111 \times \frac{2}{3} = 74（元）$$

7. 修缮维护费和折旧费的发生和分配同保险费。计算如下：

$$包装作业的负担额 = (5163.50 + 10488.50) \times \frac{480000}{3570000} = 2104.50（元）$$

$$运输作业的负担额 = (5163.50 + 10488.50) \times \frac{1740000}{3570000} = 7628.50（元）$$

$$供应物流负担额 = 7628.50 \times \frac{1}{3} = 2543（元）$$

$$销售物流负担额 = 7628.50 \times \frac{2}{3} = 5085.50（元）$$

$$保管作业的负担额 = (5163.50 + 10488.50) \times \frac{987000}{3570000}$$

$$= 4327.50（元）$$

$$装卸作业的负担额 = (5163.50 + 10488.50) \times \frac{216000}{3570000}$$

$$= 947（元）$$

$$供应物流负担额 = 947 \times \frac{1}{3} = 315.50（元）$$

$$销售物流负担额 = 947 \times \frac{2}{3} = 631.50（元）$$

$$物流管理作业的负担额 = (5163.50 + 10488.50) \times \frac{147000}{3570000}$$

$$= 644.50（元）$$

$$供应物流负担额 = 644.50 \times \frac{1}{3} = 215（元）$$

$$销售物流负担额 = 644.50 \times \frac{2}{3} = 429.50（元）$$

8. 易耗品费可根据材料领料单分配确定。其中，包装作业耗用 1448 元，保管作业耗用 1878 元，管理部门耗用 1161 元（供应物流负担 387 元，销售物流负担 774 元）。

9. 办公费为物流作业管理发生，其分配计算为：供应物流负担 1352.50 元，销售物流负担 2705 元。

10. 资金占用利息为企业存货资金所占用的利息。

11. 税金为固定资产占用税，分配方法同保险费。计算如下：

$$包装作业的税金 = 6986.50 \times \frac{480000}{3570000} = 937（元）$$

$$运输作业的保险费 = 6986.50 \times \frac{1740000}{3570000} = 3396.50（元）$$

$$供应物流负担额 = 3396.50 \times \frac{1}{3} = 1132（元）$$

$$销售物流负担额 = 3396.50 \times \frac{2}{3} = 2264.50（元）$$

$$保管作业的保险费 = 6986.50 \times \frac{987000}{3570000} = 1926.50（元）$$

$$装卸作业的保险费 = 6986.50 \times \frac{216000}{3570000} = 421.50（元）$$

$$供应物流负担额 = 421.50 \times \frac{1}{3} = 140.50（元）$$

$$销售物流负担额 = 421.50 \times \frac{2}{3} = 281（元）$$

$$物流管理作业的保险费 = 6986.50 \times \frac{147000}{3570000} = 287（元）$$

$$供应物流负担额 = 287 \times \frac{1}{3} = 95.50（元）$$

$$销售物流负担额 = 287 \times \frac{2}{3} = 191.50（元）$$

12. 通讯费和软件租赁费为信息流通费，其分配计算为：供应物流负担 1972.50 元，销售物流负担 3945.50 元。

13. 本月企业支付的委托物流费为 60420 元。其中购买材料的市内运输费 24020 元，仓库保管费 36400 元。

14. 本月外企业支付物流费为 28170 元。其中，本月发生购进对其他企业支付的物流费（运费）为 17130 元，本月发生销售对其他企业支付的物流费（运费）为 11040 元。

根据上述分析计算，编制包装费、运输费、保管费、装卸费、信息流通费和物流管理费成本计算表见表 10－4、表 10－5、表 10－6、表 10－7、表 10－8、表 10－9。

表 10－4　　**包装费计算表**　　单位：元

<table>
<tr><th colspan="4">范围
支付形态</th><th>供应物流费</th><th>企业内物流费</th><th>销售物流费</th><th>退货物流费</th><th>废弃物物流费</th><th>合计</th></tr>
<tr><td rowspan="10">企业物流费</td><td rowspan="8">本企业支付物流费</td><td rowspan="6">企业本身物流</td><td>材料费</td><td></td><td>16540</td><td></td><td></td><td></td><td>16540</td></tr>
<tr><td>人工费</td><td></td><td>14889</td><td></td><td></td><td></td><td>14889</td></tr>
<tr><td>维护费</td><td></td><td>3404.50</td><td></td><td></td><td></td><td>3404.50</td></tr>
<tr><td>一般经费</td><td></td><td></td><td></td><td></td><td></td><td></td></tr>
<tr><td>特别经费</td><td></td><td></td><td></td><td></td><td></td><td></td></tr>
<tr><td>企业本身物流费</td><td></td><td>34833.50</td><td></td><td></td><td></td><td>34833.50</td></tr>
<tr><td colspan="2">委托物流费</td><td></td><td></td><td></td><td></td><td></td><td></td></tr>
<tr><td colspan="2">本企业支付的物流费</td><td></td><td>34833.50</td><td></td><td></td><td></td><td>34833.50</td></tr>
<tr><td colspan="3">外企业支付的物流费</td><td></td><td></td><td></td><td></td><td></td><td></td></tr>
<tr><td colspan="3">企业物流费总计</td><td></td><td>34833.50</td><td></td><td></td><td></td><td>34833.50</td></tr>
</table>

表 10－5　　**运输费计算表**　　单位：元

<table>
<tr><th colspan="4">范围
支付形态</th><th>供应物流费</th><th>企业内物流费</th><th>销售物流费</th><th>退货物流费</th><th>废弃物物流费</th><th>合计</th></tr>
<tr><td rowspan="10">企业物流费</td><td rowspan="8">本企业支付物流费</td><td rowspan="6">企业本身物流</td><td>材料费</td><td></td><td></td><td></td><td></td><td></td><td></td></tr>
<tr><td>人工费</td><td>9926</td><td></td><td>19852</td><td></td><td></td><td>29778</td></tr>
<tr><td>维护费</td><td>22878.50</td><td></td><td>39502.50</td><td></td><td></td><td>62381</td></tr>
<tr><td>一般经费</td><td></td><td></td><td></td><td></td><td></td><td></td></tr>
<tr><td>特别经费</td><td></td><td></td><td></td><td></td><td></td><td></td></tr>
<tr><td>企业本身物流费</td><td>32804.50</td><td></td><td>59354.50</td><td></td><td></td><td>92159</td></tr>
<tr><td colspan="2">委托物流费</td><td>24020</td><td></td><td></td><td></td><td></td><td>24020</td></tr>
<tr><td colspan="2">本企业支付的物流费</td><td>56824.50</td><td></td><td>59354.50</td><td></td><td></td><td>116179</td></tr>
<tr><td colspan="3">外企业支付的物流费</td><td>17130</td><td></td><td>11040</td><td></td><td></td><td>28170</td></tr>
<tr><td colspan="3">企业物流费总计</td><td>73954.50</td><td></td><td>70394.50</td><td></td><td></td><td>144349</td></tr>
</table>

表 10－6　　**保管费计算表**　　单位：元

支付形态 \ 范围				供应物流费	企业内物流费	销售物流费	退货物流费	废弃物物流费	合计
企业物流费	本企业支付物流费	企业本身物流	材料费		1878				1878
			人工费		9926				9926
			维护费		7000.50				7000.50
			一般经费						
			特别经费		5022.50				5022.50
		企业本身物流费			23827				23827
		委托物流费			36400				36400
	本企业支付的物流费				60227				60227
	外企业支付的物流费								
	企业物流费总计				60227				60227

表 10－7　　**装卸费计算表**　　单位：元

支付形态 \ 范围				供应物流费	企业内物流费	销售物流费	退货物流费	废弃物物流费	合计
企业物流费	本企业支付物流费	企业本身物流	材料费						
			人工费	8271.50		16543.50			24815
			维护费	510.50		1021.50			1532
			一般经费						
			特别经费						
		企业本身物流费		8782		17565			26347
		委托物流费							
	本企业支付的物流费			8782		17565			26347
	外企业支付的物流费								
	企业物流费总计			8782		17565			26347

表 10-8　　信息流通费计算表　　单位：元

支付形态 \ 范围				供应物流费	企业内物流费	销售物流费	退货物流费	废弃物物流费	合计
企业物流费	本企业支付物流费	企业本身物流	材料费						
			人工费						
			维护费						
			一般经费	1972.50		3945.50			5918
			特别经费						
			企业本身物流费	1972.50		3945.50			5918
		委托物流费							
		本企业支付的物流费		1972.50		3945.50			5918
	外企业支付的物流费								
	企业物流费总计			1972.50		3945.50			5918

表 10-9　　物流管理费计算表　　单位：元

支付形态 \ 范围				供应物流费	企业内物流费	销售物流费	退货物流费	废弃物物流费	合计
企业物流费	本企业支付物流费	企业本身物流	材料费	387		774			1161
			人工费	3308.50		6617.50			9926
			维护费	347.50		695			1042.50
			一般经费	2463		4926.50			7389.50
			特别经费						
			企业本身物流费	6506		13013			19519
		委托物流费							
		本企业支付的物流费		6506		13013			19519
	外企业支付的物流费								
	企业物流费总计			6506		13013			19519

(二) 汇总编制整个企业的物流成本计算表

根据各物流功能成本计算表，汇总编制整个企业的物流成本计算表，见表 10－10。

表 10－10　物流成本计算表（形态别、范围别）　单位：元

<table>
<tr><th colspan="4">范围
支付形态</th><th>供应物流费</th><th>企业内物流费</th><th>销售物流费</th><th>退货物流费</th><th>废弃物物流费</th><th>合计</th></tr>
<tr><td rowspan="10">企业物流费</td><td rowspan="8">本企业支付物流费</td><td rowspan="6">企业本身物流</td><td>材料费</td><td>387</td><td>18418</td><td>774</td><td></td><td></td><td>19579</td></tr>
<tr><td>人工费</td><td>21506</td><td>24815</td><td>43013</td><td></td><td></td><td>89334</td></tr>
<tr><td>维护费</td><td>23736.50</td><td>10405</td><td>41219</td><td></td><td></td><td>75360.50</td></tr>
<tr><td>一般经费</td><td>4435.50</td><td></td><td>8872</td><td></td><td></td><td>13307.50</td></tr>
<tr><td>特别经费</td><td></td><td>5022.50</td><td></td><td></td><td></td><td>5022.50</td></tr>
<tr><td>企业本身物流费</td><td>50065</td><td>58660.50</td><td>93878</td><td></td><td></td><td>202603.50</td></tr>
<tr><td colspan="2">委托物流费</td><td>24020</td><td>36400</td><td></td><td></td><td></td><td>60420</td></tr>
<tr><td colspan="2">本企业支付的物流费</td><td>74085</td><td>95060.50</td><td>93878</td><td></td><td></td><td>263023.50</td></tr>
<tr><td colspan="3">外企业支付的物流费</td><td>17130</td><td></td><td>11040</td><td></td><td></td><td>28170</td></tr>
<tr><td colspan="3">企业物流费总计</td><td>91215</td><td>95060.50</td><td>104918</td><td></td><td></td><td>291193.50</td></tr>
</table>

(三) 按物流功能、支付形态分类计算物流成本

如果要想了解按物流功能、支付形态分类的物流成本的支出情况时，可以将按物流形态别、范围别编制的物流成本计算表支付形态项目的合计数进行汇总，编制按物流功能别、形态别的物流成本计算表，可以明确看出哪种物流功能的成本最大，都发生在哪些物流活动中。见表 10－11。

(四) 求出按物流范围、功能分类的物流成本

如果想要求出按物流范围、功能分类的物流成本，同样可以将按物流形态别、范围别编制的物流成本计算表物流范围项目的合计数进行汇总，编制按物流功能别、范围别的物流成本计算表，这样可以了解哪个范围、哪种功能的物流成本高，并且还能算出销售额与物流成本的比例，以及根据销售数量算出的单位物流成本。见表 10－12。

表 10－11　　物流成本计算表（形态别、功能别）　　单位：元

支付形态 ＼ 功能			物品流通费				信息流通费	物流管理费	合计
			包装费	运输费	保管费	装卸费			
企业物流费	本企业支付物流费	企业本身物流 材料费	16540		1878			1161	19579
		人工费	14889	29778	9926	24815		9926	89334
		维护费	3404. 50	62381	7000. 50	1532		1042. 50	75360. 50
		一般经费					5918	7389. 50	13307. 50
		特别经费			5022. 50				5022. 50
		企业本身物流费	34833. 50	92159	23827	26347	5918	19519	202603. 50
		委托物流费		24020	36400				60420
		本企业支付的物流费	34833. 50	116179	60227	26347	5918	19519	263023. 50
	外企业支付的物流费			28170					28170
	企业物流费总计		34833. 50	144349	60227	26347	5918	19519	291193. 50

表 10－12　　物流成本计算表（范围别、功能别）　　单位：元

范围 ＼ 功能	物品流通费				信息流通费	物流管理费	合计
	包装费	运输费	保管费	装卸费			
供应物流费		73954. 50		8782	1972. 50	6506	91215
企业内物流费	34833. 50		60227				95060. 50
销售物流费		73954. 50		17265	3945. 50	13013	104913
退货物流费							
废弃物物流费							
合计	34833. 50	147909	60227	26347	5918	19519	291693. 50
销售额							
销售成本							
销售数量							

计算物流成本时要注意，每进行一次物流成本的计算，都要明确计算的范围，以使计算结果有可比性。明确计算范围的方法就是直接利用上述各种物流成本计算表，因为这些成本计算表能够计算出物流成本的总额。当实际计算过程中只计算部分成本时，同样可以利用这些成本计算表，只需将非计算对象的成本栏空出。这样，就能通过把本年度的计算结果与前一年相比较的方法，看出计算范围上的差别。此外，由于物流成本计算的范围明确了，在与其他企业进行比较或进行时间序列分析时，就可以消

除因计算范围不同所引起的成本计算结果上的差别。

第四节　物流作业成本计算

一、物流作业成本计算的作用

（一）作业成本法的产生和发展

作业成本法是英文 Activity - based Costing 的中文译名，简称 ABC 法。它是以作业为基础，通过对作业成本的确认、计量而计算产品成本的一种方法。其基本思想最早由美国会计学者科勒在 20 世纪 30 年代末、40 年代初提出，20 世纪 80 年代初期和中期，西方会计学者开始对它进行全面反思，加快了对作业成本法的全面研究，80 年代后期开始在企业实践中应用。

作业成本法的产生和应用与新制造环境下成本构成内容的变化密切相关。由于传统成本计算方法通常是以一定总量为基础，计算统一的间接费用率来分配间接费用的，在间接费用较少、间接费用在总成本中所占比重较少、对成本的管理要求不高的情况下是可行的。自 20 世纪 70 年代以来，高科技在生产领域的广泛应用，加快了社会生产的发展。日本、美国等一些发达国家纷纷实行自动化生产、电脑辅助设计、电脑辅助制造、弹性制造系统等丰硕成果，对生产经营的技术性变革提出要求，同时也为其提供了技术上的可能性。这就使得直接人工费用在成本中的比例越来越小，间接费用的比例大幅度上升。如 20 世纪 80 年代，间接费用在产品成本中所占的比重，美国 35%，日本 26%；就美、日的电子和机械制造业来看，这一比重在日本高达50% ~60%，在美国高达 75%。产品的多样化，也会使各种产品在技术层次上相差较大。在这种成本构成内容发生变化的情况下，为了正确计算产品成本，提供更为广泛和相关的成本信息，客观上要求把成本控制的重点由直接材料、直接人工向制造费用转移。

在电子技术革命的基础上，既产生了高度电脑化、自动化的先进制造企业，同时带来管理观念和管理技术的重大变革，形成了以高科技为基础的新的企业观。所谓新的企业观，就是把企业看作最终满足客户需要而设计的一系列作业的集合体，形成一个由此及彼、由内到外的作业链。若要完成一项工作，就要消耗一定的资源，而作业的产出又形成一定的价值，转移到下一个作业，依此类推，直到最终把产品提供给企业外部的顾客，以满足他们的需要。这里所说的作业，是指基于一定目的、以人为主体、消耗一定资源、特定范围内的某种活动或事项。作业的转移同时伴随着价值的转移，最终产品是全部作业的集合，同时也表现为全部作业的价值的集合。因此，作业链的形成过程也就是价值链的形成过程。作业形成价值，并不是所有的作业都增加转移给顾客的价值，可以增加转移给顾客价值的作业叫做增加价值的作业；不能增加转移给顾客价值的作业叫做不增加价值的作业或浪费作业。企业管理就是要以作业管理为核心，尽最大努力消除不增加价值的作业，尽可能提高增加价值的作业的运作效率，减少其资源消耗。

使作业成本法得到迅速发展和应用的主要原因在于适时制生产（Just-in time Production）和全面质量管理（Total Quality Control)。所谓适时制生产就是企业应适时地将外购原材料或零部件投入生产，各个零部件适时地加工完成，组装成产品后适时地提供给外部顾客，即要求以顾客的需要为出发点，实现零存货。而适时制生产和全面质量管理的实施，要求将企业的管理工作深入到作业层次，只有将各项作业实施有效的管理，才能保证它们的有效运行。

成本管理的根本性要求就是满足企业经营管理的要求。新技术革命和日趋激烈的市场竞争使企业经营管理方式的变化，对传统的成本计算方法产生前所未有的冲击。它要求成本核算工作由以产品为中心转移到以作业为中心，建立起一个以作业为基本对象的科学的成本信息系统，使之贯穿于作业管理的全过程，以便通过它对所有作业活动进行追踪，进行动态反映，提供更为相关精细的信息，且在此基础上建立更为科学、有效的决策、计划、控制、分析和考评机制，以促使企业作业管理水平的提高。于是，产生了以作业量为成本分配基础，以作业为成本计算的基本对象，旨在为企业作业管理提供更为相关、相对准确的成本信息的成本计算方法——作业成本法。

（二）传统成本计算存在的缺陷

传统成本计算方法所提供的成本信息均缺乏相关性，难以适应物流成本管理的需要。其表现是多方面的。

1. 传统的成本计算法造成了所谓的“物流费用冰山”。企业会计科目中，只把支付给外部运输、仓库企业的费用列入成本，实际这些费用在整个物流费用中犹如冰山一角。因为企业利用自己的车辆运输、利用自己的库房保管货物和由自己的工人进行包装、装卸等费用都没列入物流费用科目内。传统的会计方法没有显现各项物流费用，在确认、分类、分析和控制物流成本上都存在许多缺陷。

2. 传统成本计算法提供的物流成本往往失真，不利于进行科学的物流控制。现代生产特点是生产经营活动复杂，产品品种结构多样，产品生产工艺多变，经常发生调整准备，使过去费用较少的订货作业、物料搬运、物流信息系统的维护等与产量无关的物流费用大大增加，投入的所有资源也随其成倍增加。成本计算中普遍采用与产量关联的分摊基础——直接工时、机器小时、材料耗用额等所谓“数量基础成本计算”。这种计算方法使许多物流活动产生的费用处于失控状态，造成了大量的浪费和物流服务水平的下降。这种危机在传统的制造企业表现尚不明显，然而在先进制造企业，在高科技时代的今天，它却是致命的。

3. 传统的成本计算法通常并不能提供足够的物流量度。(1) 物流活动及其发生的许多费用常常是跨部门发生的，而传统的成本计算是将各种物流活动费用与其他活动费用混在一起归集为诸如工资、租金、折旧等形态，这种归集方法不能确认运作的责任，不能满足物流一体化的要求。(2) 将传统成本会计的各项费用剥离出物流费用，通常是按物流功能分离的，在分配物流成本中却存在许多问题，很难为个别活动所细分。比如人工费分配率由于每个人花费在物流活动上的精力很难确定，而难以估计。(3) 传统的成本计算法不能对物流和供应链改造工程活动进行物流成本核算。

(三) 作业成本法的作用

作业成本概念的提出深化了人们对成本的认识。传统成本理论认为：成本是对象化的费用，是生产经营过程中所耗费的资金总和。传统成本理论的成本概念揭示了成本的经济实质（价值耗费）和经济形式（货币资金），但没有反映出成本形成的动态过程。作业成本法有效地弥补了这一不足，它把企业生产经营过程描述为一个为满足顾客需要而设计的一系列作业的集合。作业推移的过程也是价值在企业内部逐步积累、转移，直到最后形成转移给顾客的总价值（即最终产品成本）的过程。作业成本法通过作业这一中介，将费用发生与成本形成联系起来，形象地揭示了成本形成的动态过程，使成本的概念更为完整、具体。

与传统成本制度相比，作业成本计算采用的是比较合理的方法分配间接费用。该方法首先汇集各作业中心消耗的各种资源，再将各作业中心的成本按各自的成本动因分配到各成本计算对象。归根到底，它是采用多种标准分配间接费用，是对不同的作业中心采用不同的成本动因来分配间接费用。而传统的成本计算只采用单一的标准进行间接费用的分配，无法正确反映不同产品生产中不同技术因素对费用发生的不同影响。作业成本法将直接费用和间接费用都视为产品消耗作业所付出的代价而同等对待。对直接费用的确认和分配，与传统成本计算方法并无差别；对间接费用的分配则依据作业成本动因，采用多样化的分配标准，从而使成本的可归属性大大提高。因此，从间接费用的分配准确性来说，作业成本法计算的成本信息比较客观、真实、准确。

从成本管理的角度讲，作业成本管理把着眼点放在成本发生的前因后果上，通过对所有作业活动进行跟踪动态反映，可以更好地发挥决策、计划和控制作用，以促进作业管理的不断提高。

1. 企业的管理者可以利用作业成本计算提供的信息来更好地对其产品、服务进行定价，以便使收到的收入与所付出的成本能够匹配。例如，对于大批量生产的标准产品，通过作业成本计算可以发现，它们的成本比用传统成本计算方法所得出的成本低，这时价格就可以被适当定得低一些；而对于小批量生产的特制产品，通过作业成本计算可以会发现，它们的成本比用传统的成本计算方法所得出的成本高，这时价格就应该被适当定得高一些，以便使该产品不至于亏损。在现实生活中，不乏由于估测的产品成本信息不精确而造成定价失误和企业利润受损的例子。

2. 企业的管理者可以利用作业成本计算所提供的信息更好地选择产品组合。现在，随着时代的变迁，顾客对于产品的需求越来越趋于多样化和个性化，这就使得企业不得不面对改变现有产品组合的问题。越来越多的企业选择了生产小批量、多样化产品的战略。但是在估计该战略对企业成本所造成的影响这个问题上，许多管理者存在着错误的想法，许多成本，尤其是间接费用是固定的，因此从大批量标准产品转向小批量特制产品并不会引起企业成本的明显变化。但是，新的产品组合由于包含许多小批量特制产品，它对于批层次和产品层次的支持性作业将会有较多需求。如果企业没有多余的生产能力来实施这些作业，则企业将必须负担增加的开销来购买用于实施这些作业的资源。利用作业成本计算这一方法，管理者们可以预先比较精确地估计出每一种产品组合的成本，因而可以作出正确的产品组合决策。当然定价和产品组合并不是孤立的两个问题，管理者可以把定价作为手段来达到最佳的产品组合；通过提高亏损或低利润产品的价格的方法，企业可以逐渐挤出那些亏损和低利润产品并调整自己的产品组合以达到利润最大化。

3. 企业的管理者还可以利用作业成本计算所提供的信息作出合理的预算，以便使企业对资源的供给与企业对资源的需求相匹配，从而消除传统预算方法下容易出现的预算空额问题，更好地对企业的资源进行管理和处置，以提高企业利润。在作业成本计算所提供信息的帮助下，管理者们可以清楚而准确地看到企业将来对资源的需求和企业现在对资源的提供之间的差额，并改进企业将来对资源的提供和提高企业的利润。对于那些预计供给量小于需求量的资源，需要额外的企业开销来得到补充；而对于那些预计供给量多于需求量的资源，则管理者可以采取行动将这些对资源需求的减少转化为企业开销的减少。从实质上看，作业成本计算就是一种制定更加精确的资源消耗模型的工具，它可以使企业的管理者更加准确地预测到企业对资源的消耗，并据此作出比在传统成本制度下更加合理的决策，因而增加企业的利润。

二、物流作业成本计算

物流作业成本计算是运用作业成本法的基本原理，将物流间接成本和辅助资源更准确地分配到物流作业、运作过程、产品、服务及顾客中的一种成本计算方法。一般来说，物流作业成本计算需要经过以下几个阶段：分析和确定资源，建立资源库；分析和确定作业，建立作业成本库；确定资源动因，分配资源耗费至作业成本库；确定成本动因，分配作业成本至成本对象。

（一）分析和确定资源

资源指支持作业的成本、费用来源。它是一定期间内为了生产产品或提供服务而发生的各类成本、费用项目，或者是作业执行过程中所需要花费的代价，包括货币资源、材料资源、人力资源、动力资源以及厂房设备资源等。通常，在企业财务部门编制的预算中可以比较清楚地得到各种资源项目。例如发出订货单是采购部门的一项作业，那么相应办公场地的折旧、采购人员的工资和附加费、电话费、办公费等都是订货作业的资源费用。

企业各项资源被确认后，要为每类资源设立资源库，并将一定会计期间的资源耗费归集到各相应的资源库中。资源库设置时，有时需要把一些账目或预算科目结合组成一个资源库，有时需要把一些被不同作业消耗的账目或预算科目分解开来。

（二）分析和确定作业

作业是企业为了某一特定的目的而进行的资源耗费活动，是企业划分控制和管理的单元，是连接资源和成本对象的桥梁。企业经营过程中的每个环节或每道工序都可以视为一项作业，企业的经营过程就是由若干项作业构成的。作业有三个基本特征：(1) 作业是投入产出因果连动的实体。从微观层面看企业经营过程，无论是销货收款，还是内部工序间交接，人操作机器，或者收发人员登记文件，无一不是资源投入和效果产出的实实在在的过程；（2）作业贯穿于公司经营的全过程，构成包容企业内部和连接企业外部的作业链；（3）作业是可量化的基准。作业是计算成本过程中的一个元素，必须具有可量化性，同时又是计算成本的客观依据。

物流作业是一个组织活动对物质资料实体的物理性移动，包括场所位置的转移和时间的占有的实际操作过程。物流作业包括运输作业、储存与保管作业、包装作业、装卸搬运作业、流通加工作业、信息处理等。由这些作业构成物流整体作业，从而实现物流功能。

物流作业的划分不一定与企业的传统职能部门相一致。有时作业是跨部门的，而有时一个部门则能完成好几项不同作业。作业的划分应当粗细得当，划分过细，就会使作业总数过多，由此必然导致成本计算工作量太大，同时企业为此所付出的代价势必过高；反之，如果作业划分得过粗，一个作业中含有多种不相关业务，必然会使产品成本计算结果的准确性大大降低。因此，作业的确定应遵循成本效益原则。经验表明：（1）一般在每个传统的组织单位或部门中都应有 2～10 个功能明确的作业。有时一个小的部门可能只有 1 个作业。有时一个作业跨越好几个部门。在一个典型的部门中如果有 10 个以上的作业，这时可能就需要将一些作业合并。相反，如果一个中型或大型部门只定义了 1 个作业，这时就应分解它。（2）不同的人执行的作业不能被合并。（3）一个作业一般不超过 5～15 个密切关联的业务。（4）如果 1 个作业只有一项业务，则说明作业划分过细。（5）如果 1 个作业含有不相关的业务，则应把它分解出去。

作业分散在企业的组织结构中，随着企业的规模、工艺和组织形式的不同而不同。作业划分和认定的方法多种多样，比较常用的有以下几种：一是绘制企业的生产流程图，将企业的各种经营过程以网络的形式表现出来；将每一个流程都分解为几项作业，最后将相关或同类作业归并起来。二是从企业现有的职能部门出发，通过调查分析，确定各个部门的作业再加以汇总。三是召集全体员工开会，由员工或工作组描述其完成的工作，再进行汇总。前两种方法可以较快取得资料，准确性高，不会对员工造成干扰；后一种方法，有助于提高全员的参与意识，改变其态度，加速作业成本管理的实施。

与传统的成本系统采用简单的数量成本动因不同，由于作业成本系统采用多个成本动因来分析企业的成本，而且它们可能与产量没有直接关系，因此作业成本系统需要对作业进行层次的划分。对此，各国学者提供了一些划分方法供实务界采纳。如杰佛·米勒和汤姆·沃尔曼把作业分为逻辑性作业、平衡性作业、质量作业和变化作业四个层次；罗宾·库珀则把作业分为单位作业、批别作业、产品作业、过程作业四类。这些分类理论性较强，但缺乏实务操作性。确认作业层次的理论依据是作业特性，实务依据是作业贡献于产品的方式和原因即成本动因，据此，可以把作业分为以下三大类别：

1. 不增值作业。不增值作业是指那些不直接对企业创造价值行为作出贡献的作业，属于企业希望消除而且能够消除的作业。

2. 专属作业。专属作业是指为某种特定产品或劳务提供专门服务的作业。专属作业资源耗费价值应直接由该特定的产品或劳务负担。

3. 共同消耗作业。共同消耗作业是指同时为多种产品或劳务提供服务的作业。共同消耗作业按其为产品或劳务服务的方式不同又可分为：

(1) 数量动因作业。即使每种产品或劳务的每个单位都均衡受益的作业。如包装作业，产品完工后，每件产品都需要包装，且耗费的资源相同，使每件产品都得到了均衡的受益。

(2) 批别动因作业。即服务于每批产品或劳务并使每一批产品或劳务都均衡受益的作业。如分批获取订单的订单作业，分批运送原材料或产品的搬运作业等。

(3) 工时动因作业。即资源耗费与工时成比例变动的作业，每种产品按其所耗工时吸纳作业成本。如机加工作业等。

(4) 价值管理作业。即指那些负责综合管理工作的部门作业。如作业中心总部作为一项作业就是价值管理作业。

通过对作业层次的揭示，作业成本系统能够指出不同层次作业的动因（不同层次的作业的成本习性不同），因而它较准确地描述了成本发生的因果关系。区分不同层次的作业可以帮助管理人员确定各个作业的成本动因以衡量各种产品或劳务所消耗的作业，它还可以帮助管理人员了解作业产生的根本原因，从而改善作业绩效。

（三）确定资源动因，分配资源耗费至作业成本库

作业确认后，要为每一项作业设立一个作业成本库，然后以资源动因为标准将各项资源耗费分配至各作业成本库。所谓资源动因是指资源被各项作业消耗的方式和原因，它反映了作业对资源的消耗情况因而是把资源库价值分解到各作业成本库的依据。

确立资源动因的原则是：第一，某一项资源耗费能直观地确定为某一特定产品或劳务所消耗，则直接计入该特定产品或劳务的成本中，此时资源动因也是成本动因，该动因可以认为是“终结耗费”，材料费往往适用于该原则；第二，如果某项资源耗费可以从发生领域区划为某项作业所耗，则可以直接计入该作业成本库，此时资源动因可以认为是“作业专属耗费”，各作业

中心发生的办公费适用这一原则；第三，如果某项资源耗费从最初消耗上呈混合耗费形态，则需要选择合适的量化依据将资源分解并分配到各项作业，这个量化依据就是资源动因。表 10 - 13 列举了几种资源动因。

表 10 - 13　　资源动因的几个例子

成本要素	资源动因
职工医疗保险	职工人数
人力	消耗劳工时间
动力	消耗电力度数
房屋租金	使用面积
折旧	所用设备价值

在成本分配的过程中，各资源库价值要根据资源动因一项一项分配到各作业中去。这样，可以为每个作业成本库设置一套账户，引入作业成本核算矩阵这一工具。所谓作业成本核算矩阵是反映和描述成本项目和作业成本关系的一张表格，通过它可以准确地得出每个作业的成本，见表 10 - 14。

表 10 - 14　　作业成本核算矩阵

作业编号及名称 / 成本项目及资源动因编号及名称		001	002	003	……	998	999	Σ
001								
002								
003								
……								
998								
999								
作业成本								

在表 10 - 14 中，每一列的成本之和即为该作业的作业成本，每一行的成本之和即为该成本项目的成本。作业成本之和应等于

成本项目成本之和。

(四) 确定成本动因，分配作业成本至成本对象

成本动因是指作业被各种产品或劳务消耗的方式和原因，它是作业成本库将成本分配到成本对象中去的标准，也是将作业耗费与最终产出相沟通的中介。

由于物流服务过程中所需作业的数量很多，因此，从经济上看，为每一项作业确定一个成本动因是不可行的。相反，许多作业被综合起来，并用一个成本动因来计算这些作业的费用，将造成成本计算的误差。因此，在物流作业成本计算中需要特别注意成本动因的确定，即确定成本动因的数目和选择哪些成本动因。其实这两个问题是相关的，因为所选择的成本动因的类型将影响所需成本动因的数目以达到理想的准确程度。

1. 成本动因的选择。选择成本动因时，应主要考虑以下几个原则：

(1) 相关性。即选定的成本动因与实际作业消耗之间的相关性。作业成本计算的核心思想是根据每种产品消耗的作业成本动因量来将作业成本分配给产品，这实际上是以产品消耗成本动因的数量作为产品消耗的作业的计量标准。因此，成本分配的准确性依赖于作业的消耗与成本动因的消耗之间的关联关系。由此，成本动因可分为三种类型：交易性成本动因、延续性成本动因和精确性成本动因。

交易性成本动因计量作业发生的频率，例如设备调整次数、订单数目等。当所有的产出物对作业的要求基本一致时，可以选择交易性成本动因。例如，处理一次订货，所需要的时间和精力与订货的数量无关，即可以订货次数作为成本动因。如果不同数量的产品或劳务要求的作业消耗的资源显著不同时，则应采用更为准确的计量标准，即延续性成本动因，它反映完成一次作业所

需的时间。例如加工工艺流程简单的产品每次所进行的设备调整时间较短，而加工工艺流程复杂的产品所需的设备调整时间较长，如果都以设备调整次数为成本动因的话，则可能导致作业成本计算的不实，此时以设备调整所需的时间为成本动因更为合适。但是，如果每单位时间里进行设备调整耗费的人力、技术、资源等存在显著差异时，则需要采用精确性成本动因，即直接计算每次执行每项作业所耗费的资源的成本。例如新产品刚开始生产时所进行的设备调整，可能要求单位时间里投入特殊的人力和质量测定工具，而成熟产品单位时间所需要的资源消耗量可能较少，此时，以每次调整的资源成本为成本动因则是适当的。

（2）成本效益。即计量成本动因的成本。物流作业成本核算系统通过使用比数量为基础的成本系统多的成本动因以得到准确性较高的成本结果。为了减少与成本动因有关的计量费用，应尽量采用数据容易获得的成本动因，这主要是通过替换掉不能直接得出作业消耗的成本动因实现的。例如，加工小时这个成本动因可由加工次数来替换，若每次加工的时间基本相同，这个替换是可以接受的。

在以作业为基础的成本系统的设计中，用作业次数的成本动因代替作业时间的成本动因是一个很重要的方法，因为计算次数的成本动因比较容易取得。例如订货的次数、装船的次数、检查的次数等，每进行一次作业就可计数一次。

（3）行为因素。即成本动因采用所诱致的行为。成本动因的选择应有助于激励业绩的改进。成本系统的设计可能对管理者产生有利或不利的行为影响，成本动因选择时应考虑这个因素的存在。例如以联系的供应商数为向供应商询价作业的成本动因，但有可能使得管理者减少询价次数，从而丧失了联系到有利的（高质量或低成本）供应商的机会；反过来，以材料搬运次数作为存货处理作业的成本动因时，有可能促使管理者采取减少搬运次数，从而减少处理成本的行为。

相关程度、计量费用和行为作用三者是互相作用的。设计者的目的是设计能提供效益最大、费用最低的最优系统，因此，一个使用起来昂贵、有较低的相关联性但却能带来有利行为的成本动因，在行为作用起主要作用的情况下是可以选择的。例如，若行为的目的是减少配送过程时间，可以选择配送过程时间作为成本动因，即使作业与配送过程时间之间存在较少的相关联性。相反，一个计量起来昂贵，能带来有害行为但却有较高相关联性的成本动因，在误差代价起主导作用的条件下，也是可以被选择的。

2. 成本动因数量的确定。一个以作业为基础的物流成本系统所需要的最少的成本动因的数目取决于其要达到的成本核算结果的准确程度以及物流的复杂性。所要达到的成本结果的准确程度起着十分明显的作用，随着物流成本动因数量的增加，所能达到的准确度越大。物流服务的多样性在决定两个或两个以上作业是否可以被综合且不至于在仅使用一个成本动因的情况下进一步造成成本误差时，起着更为微妙而复杂的作用。一般说来，使用一个物流成本动因是否可行，由以下三个因素决定：物流服务的多样性；物流作业的相对支出；数量的多样性。

(1) 物流服务的多样性。当物流服务消耗不同量的作业时，它们具有多样性。如果产品高度多样化，那么将成本归集库合并以减少成本动因后，将在一定程度上失去成本信息的准确性。修改了某种产品的设计后，就会经常订购新部件，但如果对全部采购成本只使用一个成本动因，产品的成本就会被低估。

(2) 物流作业的相对支出。各种物流作业的相对支出是各种物流作业占生产过程整个支出的比例的度量。每项归集作业成本库的成本大小，即它相对总归集成本的重要性，影响着成本信息的精确性。例如，某项作业仅代表很小一部分总归集成本（如小于5%），那么，用与之不相关的成本动因分配该部分成本对产品成本所引起的失实，就可能无关紧要。相反，如果某项作业在总归集成本中占有的比重大，那么，就只能用引起该部分成本的成本动因分配，按其他的动因来分配将会是重要的失实。

（3）数量多样性。当以不同批量进行生产运作时，便会出现数量多样性。产品生产的批量大小不同也会对成本信息造成影响。因为对作业的需求，由此而带来的间接计入成本与批量大小并不与产出的数量相关。这样，如果一种产品按不同的批别生产却不相应地改变其成本动因，则也会造成成本歪曲。

与数量无关活动的相对成本越大，在其他条件不变的情况下，使用与数量有关的成本动因计算产品成本所得到的误差越大。产品多样性与数量多样性或是共同作用，或是相互抵消。若高集中度产品的数量多样性小于1，产品多样性与数量多样性共同作用；相反，若高集中度产品的数量多样性大于1，那么两者相互抵消。若数量多样性大于产品多样性，数量多样性的作用占主导地位且数量少的产品成本被算得偏低。

在许多实际例子中，数量多样性的作用大于产品多样性的作用，因此，若与数量无关的作业的相对支出高，传统成本系统便会得出误差很大的成本核算结果。

在实践中，要搞清需要多少个成本动因，就得进行判断和分析。第一步是找出高额的投入；第二步是考察产品多样性和数量多样性。将多样性高的产品分离出去，设计者便可以认定哪些主要投入可以综合起来计算而不至于带来很大的误差。然后，就可以分析低估的投入，从而确定哪些投入可以与主要投入综合起来，哪些需要分开计算。

（五）计算物流作业成本

作业成本动因选定后，就可以按照同质的成本动因将相关的成本归集起来，有几个成本动因，就建立几个成本库，建立不同的成本库按多个分配标准（成本动因）分配间接费用是作业成本计算优于传统成本计算之处。

物流作业成本计算是将成本库归集的作业成本按成本动因分配到各成本计算对象上。物流作业成本的计算分配有两种方法：两阶段法和多阶段法。两阶段法较为简单，首先将明细账中的资源成本按资源动因分配到不同的作业上，而后将这些作业上归集的成本按成本动因分配到产品上。

多阶段法则认识到有些作业并不直接为最终产品或劳务所消耗，而是为其他或多个产品或劳务消耗，它试图更准确地反映成本在组织里流动的实际情况，强调作业和作业以及产品和作业之间的关系。例如搬运装卸，可能为产品的加工服务，也可能为其他作业服务，而其他作业又是为产品生产服务的。通过多阶段分配，可以归集其他作业对搬运装卸作业的消耗，再计算产品消耗的搬运装卸作业和其他作业。

无论采用何种分配计算方法，各作业成本库的作业成本在成本计算对象之间分配时，都应通过确定成本动因分配率以计算各成本计算对象的物流作业成本。其分配计算公式如下：

$$成本动因分配率=\frac{某作业中心发生的作业成本}{该作业中心提供的作业量}$$

$$\begin{matrix}某成本计算对象应\\分配的某项作业成本\end{matrix}=\begin{matrix}该成本计算对象耗用的\\该项作业的成本动因数\end{matrix}\times\begin{matrix}成本动因\\分配率\end{matrix}$$

$$\begin{matrix}某成本计算对象\\的物流作业成本\end{matrix}=\begin{matrix}该成本计算对象应分配\\的各项作业成本之和\end{matrix}$$

需要指出的是，由于各成本计算对象实际耗用的某项作业的成本动因数之和一般小于该作业中心可提供的作业量，因此按上述方法计算出来的各产品应分配的某项作业成本之和一般都小于该作业中心发生的作业成本，二者的差额即为未耗用的资源成本。未耗用的资源成本的确定有利于分析企业资源配置的合理性，为企业优化作业链——价值链提供依据。

三、物流作业成本计算法与传统成本计算法的比较

作业成本计算法是一种全新的成本计算方法，与传统成本计算法相比主要有以下一些特点：

（一）对物流间接成本的分配更为合理

与传统成本计算法相比，物流作业成本计算的分配基础发生了质变，它不再采用单一的数量分配基准，而是采用多元分配基准；并且集财务变量与非财务变量为一体，尤其强调非财务变量。因此，物流作业成本计算法所提供的成本信息比传统成本计算法准确得多。

（二）作业是物流作业成本计算法的基本成本计算对象

传统成本计算法主要是以物品实体或物流过程和功能为成本计算对象，而作业成本法以作业作为最基本的成本计算对象，其他成本计算对象的成本计算均通过作业成本进行分配。正是由于作业成本法可以提供各项作业耗费的成本信息，因此能为管理人员开展作业管理并改善作业链成为可能。

（三）物流作业成本计算法是更为广泛的完全成本法

传统的成本计算法将许多成本项目列作期间费用，采用在发生的当期一次扣除而不加以分配。在作业成本法下对于营销、仓储、回收等领域发生的成本，只要这些成本与特定产品相关，则可通过有关作业分配至有关的产品或其他成本计算对象中。这样所提供的成本信息更有利于企业进行定价的相关决策。

（四）所有的成本均是变动的

在变动成本法下有相当一部分成本因其在一定的范围内不随

业务量的变化而变化而被划分为固定成本。但是，从作业成本法的观点看，这部分成本虽然不随业务量的增加而增加，但却会随其他因素的变化而改变，这些因素包括产品销售批次、机器设备的调整、企业经营能力的增减等。作业成本法将所有的成本均视为变动的，这有利于企业分析物流成本产生的原因，进而落实控制和降低成本的方法和措施。

虽然物流作业成本计算有前述许多优点，但就作业成本法本身来说，也不是一种十全十美的成本计算方法，它还存在着许多方面的局限性。例如，在确认资源和作业、设立作业成本库及为作业成本库选择成本动因过程中，难免带有一定的主观性和一定程度的武断；实施作业成本法对企业来说是一项庞大的系统工程，不仅成本计算过程复杂，而且需要作出许多基础性的工作，实施作业成本法的费用较高；作业成本法无论在产品成本所包括的内容上，还是费用分配原理上与传统成本计算法都存在很大差别，必然会使企业有关资产价值的计量和损益的计算发生变化，使企业前后期的会计信息以及与其他企业的会计失去可比性。

综上所述，物流作业成本计算为企业物流管理、提高盈利能力和竞争能力提供了重要手段。作业成本法在物流成本管理的运用能否起到应有的作用在很大程度上取决于我们对其如何运用。在借鉴和应用作业成本计算时，首先，应充分认识企业的具体情况，注意把作业成本法的实施与企业成本管理水平的改善和提高结合起来，从现实需要出发，来设计作业成本计算系统。其次，要充分认识作业成本法的本质要求，切忌主观武断。再次，要充分考虑成本效益原则，力求有效地解决企业生产经营过程和经营管理中存在的问题。

思考与练习题

(一) 思考题

1. 简述物流成本的影响因素。

2. 为适应我国物流管理的需要，应如何确定物流成本核算的范围?

3. 简述物流成本计算对象的选取。

4. 简述物流成本核算的基本方法。

5. 在现行制度环境下，物流成本核算存在哪些难点问题?

6. 与传统成本计算法相比较，物流作业成本计算法有哪些特点?

7. 将作业成本分配至成本对象，确定成本动因应遵循哪些原则?

8. 简述作业成本法下物流成本计算的基本程序。

(二) 练习题

【资料】某生产性企业产销A、B两种产品。A、B产品的工艺过程基本相同，两者的区别主要表现在所提供的物流服务上：A产品实施的是大批量、低频率的物流配送服务，每批数量为4000件；B产品实行多频率小额配送服务，每批数量为10件。该企业采用作业成本法计算产品的物流成本，所涉及的作业主要有七项：订单处理、挑选包装、包装设备调整、运输装卸、质量检查、传票管理、一般管理。其他资料如下：

1. 本月该企业销售A产品5批，共20000件，B产品140批，共1400件。

2. 订单处理作业全月有能力处理1008份订单。本月实际处理订单800份，其中A产品500份，B产品300份。

3. 包装机共4台，全月共可利用640机器小时。包装机每包装一批新产品就需要调整一次，连续包装同一批产品达1000件时也需要进行一次调整，每台包装机调整一次需要24分钟。包装机如果用于包装A产品，每件需1.5分钟，如果用于包装B产品，每件需2分钟。

4. 运输装卸作业全月共能提供840工作小时的生产能力，其中用于A

产品运输装卸每批需120小时，用于B产品运输装卸每批需0.4小时。

5. A、B产品的质量检查过程完全相同，该企业全月有能力检查800件产品。对于A产品每批需要随机抽检10件，对于B产品每批需要随机抽检3件。

6. 该企业进行传票管理作业是采用计算机辅助设计系统来完成的，该系统全月共能提供840个机时。本月用于A产品传票管理的机时数为168个，本月用于B产品传票管理的机时数为420个。

7. 本月人员及设备的利用程度为75%。

8. A产品每件消耗直接材料1.5元，B产品每件消耗直接材料1.8元。

【要求】采用作业成本法计算该企业两种产品的物流成本。

第十一章 质量成本核算

学习目的与要求

通过本章学习，应理解质量成本的经济内涵，了解质量成本的分类，了解开展质量成本核算的意义，掌握质量成本核算方法及质量成本分析与考核方法。

第一节 质量成本的经济内涵与分类

一、质量成本的产生与发展

质量成本的概念及质量成本管理是在20世纪60年代之后，推行全面质量管理（TQC）的实践中所逐渐形成和发展起来的成本管理分支学科。综观质量管理的演变过程，大体分为事后质量检验、过程中质量控制和全面质量管理三个发展阶段。

1911年，泰罗撰写出版了名著《科学管理》，提出了一系列科学管理方法，论证最佳管理是一门建立在明确规定的法律制度和原则基础上的科学，科学管理的根本原理适用于人的一切行为。一切管理问题都可以而且应当通过科学的方法加以解决。在这一思想指导下，企业产品质量管理方法以建立科学的质量标准和严格的质量检验制度为特征，并将质量检验结果与生产工人的报酬联系起来。此时的质量管理方法注重产品完成加工工序之后的事后检验，尽管也能从中总结分析影响质量水平的因素，但并不能控制和预防生产中废次品的产生，不能直接有效地减少废品损失。

20 世纪 20 年代，美国贝尔电话实验室工程师、统计学家休哈特（W. A. Sheuhart），在研究统计学在生产中的应用时，首先提出将数量统计的理论和方法应用到质量管理之中。1924 年，他进一步应用数量统计理论，提出控制生产过程中的质量水平，动态地反映产品生产质量缺陷的“3σ”分析方法，绘制了第一张工程质量控制图，此后被广为采用。1931 年，休哈特将所发表的论文、设计的质量管理方案和质量控制图汇编出版了《制造业质量控制经济学》一书。

20 世纪 80 年代中期以后，质量成本理论研究范围不断扩展，研究课题不断深化。1984 年，日本质量管理专家小野滋在质量成本理论基础上，提出了“用户质量成本”和“社会质量成本”的概念，把考察质量成本的角度从企业内部扩展到产品的使用者，进而再扩展到除交易双方之外的第三者。实证研究表明，追求“无缺陷”质量并不一定需要投入巨额的质量控制成本，因而，探索“符合性质量”与质量成本之间相互作用的变化规律，成为质量成本理论研究的一个新课题。1987 年，美国质量管理协会主席、世界质量管理研究院副主席哈林顿（J. Harniton）出版了其论述质量成本的专著《不良质量成本》。哈林顿特别强调了间接不良质量成本对企业的市场信誉、产品推销利润及企业发展产生的重大影响，从而进一步拓展了质量成本的研究范围。

自 1978 年，随着我国以经济建设为中心战略思想的确立，我们积极学习借鉴西方国家科学管理理论和现代管理方法，全面质量管理活动在许多大中型企业得到迅速推广，并在质量成本管理方面取得显著成效。为了总结经验，推动质量成本管理工作向纵深发展，中国质量管理协会于1984年在上海召开了第一次质量经济分析研讨会，介绍了质量成本理论研究动态和国外开展质量成本管理情况，交流了一些企业开展质量成本管理的经验，并决定成立隶属于中国质量管理协会的“中国质量经济分析研究委员会”，以统一协调和领导全国质量成本理论研究与实践活动。在中国质量经济分析研究委员会的以后历次年会和专题会议上，先后研讨了质量成本与经济分析的相互关系、质量成本核算、质量成本项目设置及推荐项目、质量成本管理规范化和有效性等一系列重大问题，促进了我国质量成本理论研究和实践的发展。

质量成本理论的形成及其在全面发展质量管理中的成功应用，是工程技术与经济管理相互渗透的又一结晶。随着社会生产力的提高和科学技术的进步，产品结构和生产工艺过程日趋复杂，市场竞争越加激烈，对产品功能和可靠性的要求不断提高。在生产经营活动中，因预防和控制产品质量而投入的资金以及因产品质量低劣而导致的经济损失也日益严重，这就迫使企业经济管理人员和工程技术人员结合起来，从加大预防控制产品质量投入和降低质量控制失败与损失耗费相互制约的两个方面去研究质量管理问题。质量成本概念的提出，一方面从根本上改变了传统质量管理只限于质量检验统计分析的僵化局面，通过将质量评价转化为价值形态的经济指标，增强了质量管理和工程技术人员的成本意识，从而开拓了质量管理的新领域。另一方面，也明确了质量成本管理是研究制造过程中合理质量水平的一种经济分析方法。从经济效益上看，片面追求百分之百的合格率，需要投入大量质量保证费用，这未必是有利的。确定在一定技术经济条件下的“最优质量标准”，正是质量成本研究的课题。这就对企业成本管理提出了更高的要求，促使成本管理向产品开发、工艺技术的深度发展。

二、质量成本的经济内涵

关于质量成本（Cost of Quality）的定义，目前有如下几种表述形式：

1. 质量成本理论的创立者，美国质量管理专家费根堡姆对质量成本的定义为：在生产经营活动中，“为达到和保持特定的质量水平而支付的一切费用，以及因未达到既定质量标准而发生的一切损失之总和”。按照这种定义，质量成本应理解为在正常生产经营活动中保证质量符合既定标准而投入的费用以及所承担的不符合质量标准而产生的损失。如果这种投入的费用和产生的损失，属于生产经营活动中的必要劳动耗费，那么，这种质量成本当属于企业生产成本的构成内容之一。只是在现行成本核算制度下，我们不限于单独计算“废品损失”成本项目，因而不能满足完整地汇集质量成本，为全面质量管理提供数据的要求。费根堡姆对质量成本的定义为质量管理理论界所认同，是一种经典的质量成本概念，也是质量成本的经济内涵。

2. 美国质量管理专家朱兰博士对质量成本的定义为：我们所用的质量成本一词始终是指“归因于劣等质量的成本”。

3. 美国质量管理协会主席哈林顿认为，为使人们避免质量成本就是高质量产品需要高成本的误解，建议将质量成本更名为“不良质量成本”。他对质量成本的定义是：使全体员工每一次都把工作做好的成本，鉴定产品是否可接受的成本以及产品不合公司或用户期望所引起的成本之和。不良质量成本可分为直接不良质量成本和间接不良质量成本两部分。直接不良质量成本是指质量预防和鉴定成本，以及企业内部和外部质量损失成本。间接不良质量成本是指用户损失成本，用户不满成本和企业信誉损失。哈林顿所提出的间接不良质量成本，可以认为是质量成本的外延。

4. 国际标准化组织技术委员会第176号公告把质量成本分为工作质量成本和外部质量保证成本两类。工作质量成本是指企业为达到和保证规定的质量水平所发生的耗费，包括预防成本、鉴定成本和损失成本。外部质量保证成本是指按照用户要求而作出担保所支付的费用，包括特别和附加的质量保证措施、质量试验和评价费用等。

5. 我国颁布的国家标准GB6583·1—86把质量成本定义为：将产品质量保持在规定的质量水平所需的费用，它包括预防成本、鉴定成本、内部损失成本和外部损失成本。

尽管对质量成本的概念还可以列举出一些中外学者的不同观点，但大多数只是表述形式上的差别，其经济内涵与外延是基本一致的。归纳起来，有下述认识：

1. 按照国际通行标准，质量（台湾学者称之为“品质”）是产品（或劳务）满足规定或潜在要求的功能特征和品质特性的总称。我们认为，质量应有功能性质量（Quality of Function 或称设计质量 Quality of Design）与符合性质量（Quality of Conformance 或称工作质量，生产质量）之分。二者作用主体不同，评价标准各异。功能性质量是指产品使用功能满足用户要求的程度，包括产品的消费适用性和使用可靠性。一件高质量的产品，就是能很好地满足用户在某一方面的消费需求，并能在产品寿命周期内连续有效地发挥这种功能的产品，因而功能性质量的受益者和评价者是用户，而非产品生产者。例如，在当今市场上推出的某些具有多种复杂功能的家电产品，用户往往只能经常性地使用其中某几种功能，其他功能大多闲置。这种对于生产者来说也许是“高档次质量”的产品，但对用户来说却可能是一种功能浪费和经济损失，这就是功能性质量设计与市场需求背离而导致的生产与消费误区。对于生产者而言，功能性质量通常用于产品设计改造和工艺技术标准制定，即质量成本的事前控制。在新产品开发设计和老产品改造中，尽力使产品功能质量满足消费者需求，是决定产品适销与否的关键。符合性质量是指产品完成一定阶段的工艺加工过程之后，符合性质量的受益者和评价者是生产者，而非产品用户。显然，符合性质量水平越高，产生的损失费用越少，相应合格品增加，生产成本下降，企业经济效益提高。但产品功能性质量并不因符合性质量提高而提高，产品价格也不会因此而上升。在质量成本管理中，一般都是指符合性质量水平的决策与控制，而功能性质量控制则纳入价值工程（Value Engineering）的范畴。

2. 质量成本的内涵是产品在生产过程中为使产品达到经济合理的符合性质量水平而发生的一切资金耗费。质量成本包括两个基本组成部分，即“为达到保持规定的质量水平而发生的费用”和“因未达到规定的质量水平而引起的损失”。通常称前者为质量保证成本，它包括为预防质量缺陷产生而投入的预防成本和进行质量鉴定活动而产生的鉴定成本；称后者为质量损失成本，它包括内部质量损失成本和外部质量损失成本。从系统论的角度考察，在生产过程中，如果将随产品形成过程而发生的产品质量符合规定质量水平的状态视为一个系统，那么，质量保证成本是该系统的投入，是系统主体可直接控制的决策变量；质量损失成本是该系统的负产出，是质量控制失效的反映，只能进行间接调控。一般而言，随质量保证成本投入的增加，符合性质量水平会随之提高，质量损失成本则随之下降。质量保证成本、质量损失成本及符合性质量水平三者之间的关系及变化规律，是质量成本管理理论研究的基本问题。

3. 质量成本的外延是产品完成生产过程之后，消费者在使用产品过程中因质量低劣而导致的消费者的损失以及消费者对质量不满而对企业产生的间接损失。导致消费者对产品质量不满的原因较为复杂，有的是产品设计功能质量不足，生产者以低成本、低价位来满足一般消费水平；有的是推销商以虚假广告欺骗消费者所致。但从符合性质量分析，调查显示我国企业生产中的不良产品损失约占工作总产值的10%～15%，长期以来我国工业产品的抽样合格率平均在70%～75%，与发达国家工业产品平均合格率的98%左右相差甚远。因产品质量达不到规定标准而造成的质量事故乃至人身伤害多有发生，因此所产生的消费者损失，社会不良影响及对产品品牌、企业信誉的损失是十分严重的。近年来许多生产名牌产品的企业，除了加强产品生产质量的监控和市场宣传之外，都在产品售后服务上投入了大量的财力，注重质量品牌的市场效应，从而获得较好的经济效益。

三、质量成本的分类

为了满足质量成本管理的要求，许多中外质量管理学者从不同的角度对质量成本进行了分类。概括起来有下述三种分类方法：

（一）从质量成本发生性质上分类

质量成本发生于产品开发研制，投产制造，发出销售和售后服务的全过程。从各过程中与质量管理活动有关的资金耗费性质上划分，可以将质量成本分为：预防成本，鉴定成本，内部损失成本和外部损失成本4类。每类成本又再细分为若干成本项目：

1. 预防成本（Prevention Costs）。指为防止废品、次品及质量事故的发生，保证和提高符合性质量水平而投入的质量控制措施费用。其成本项目包括：（1）质量事故预防措施费；（2）质量管理培训费；（3）新产品质量评审鉴定费；（4）质量改进措施费；（5）质量水平提高奖励费。

2. 鉴定成本（Appraisal Costs）。指在一次性检验合格情况下，对原材料、半成品、产成品进行质量检测和鉴定而发生的费用。其成本项目包括：(1) 检测设备及工具的使用维护费；(2) 检测试验费；(3) 检测鉴定管理费。

3. 内部损失成本（Internal Failure Costs）。指半成品或产成品在未发出销售之前，经检测未达到规定的质量水平而发生的损失费用。其成本项目包括：(1) 废品净损失费；(2) 不合格产品返修费；(3) 返修复检费；(4) 质量降级损失费；(5) 质量事故损失费；(6) 质量事故处理费。

4. 外部损失成本（External Failure Costs）。指产品发出销售之后，因产品质量问题而发生的损失费用。其成本项目包括：(1) 质量保修费；(2) 质量索赔费；(3) 质量诉讼费；(4) 产品退换费；(5) 降价损失费；(6) 质量"三包"管理费。

上述分类有利于生产经营过程中所发生的与产品质量有关的一切费用，按项目组织质量成本核算，明确各职能部门在质量管理上的经济责任。同时，也有利于分析质量成本的构成，为研究降低质量成本途径，寻求提高质量水平与降低成本的最佳结合点，选择最优质量管理方案提供依据。

（二）从质量成本可控性上分类

质量成本管理的核心在于强化质量成本控制，满足提高质量水平和降低成本两方面要求。从质量成本的可控性上分类，可将质量成本分为可控质量成本和不可控质量成本两类：

1. 可控质量成本。指质量管理职能部门在其权限范围之内，可以直接调控的那一部分质量成本。从可控的时间阶段上看，企业投入的预防成本和鉴定成本均为可控质量成本，它们对于质量管理的后果有着直接的影响作用。从可控的空间范围上看，不同的质量管理职能部门有不同内容的可控质量成本。如预防成本、鉴定成本分别是设计部门和技术部门的可控质量成本，内部损失成本、外部损失成本的部分内容分别是生产部门和销售部门的可控质量成本。

2. 不可控质量成本。指在发生质量事故和产生质量损失之前，企业质量管理部门不能调控的损失费用，如内部损失成本和外部损失成本的部分内容。不可控质量成本作为质量事故发生的损失费用，是质量管理的后果，故也称“质量后果成本”。

上述分类有利于研究质量成本构成的规律，通过加强调节可控质量成本能力，降低质量后果成本，实现以预防为主的管理要求，达到不断提高产品质量，减少质量损失的目的。在质量成本管理理论中，从质量成本的内涵与外延出发，有的学者将可控质量成本与不可控质量成本归为“直接质量成本”，因其直接耗费于企业，而将另一类所费于消费者的成本归为“间接质量成本”，包括用户质量损失成本和用户质量不满成本。这类间接质量成本虽不发生于企业，但也对企业的生产经营活动、企业信誉和市场占有份额（Market Share）产生不可忽视的影响，故从控制的角度考虑，也应纳入质量成本管理的范畴。

（三）从质量成本价值补偿性上分类

质量成本作为一种资金耗费或经济损失有的发生了实际的支付行为，转化为企业的生产费用和成本，必须从经营收入中获得相应的价值补偿；有的表现为一种经济损失，并未发生直接的支付行为，其损失费用隐含于其他形式的成本或支出之中，为此可将质量成本分为“显见性质量成本”和“隐含性质量成本”两类：

1. 显见性质量成本。指在质量管理中，实际发生支付行为，其费用可以从经营收入中获得价值补偿的资金耗费。包括“预防成本”、“鉴定成本”、“内部损失成本”中的部分内容（如废品损失费、不合格品返修费、返修复检费、质量事故处理费等）以及“外部损失成本”中除“降价损失费”之外的全部内容。

2. 隐含性质量成本。指在生产经营过程中因质量事故而遭受经济损失，但并未发生直接支付行为，其费用不能从经营收入中获得价值补偿的资金耗费。包括“内部损失成本”中的“降级损失费”和“质量事故损失费”（如，责任质量事故中需索赔的损失、意外灾害造成的质量损失等），“外部损失成本”中的“降价损失费”项目。

上述分类有利于将须获得价值补偿的显见性质量成本在质量成本核算中单列出来，分析其在企业成本中的比重，以揭示质量管理工作中的薄弱环节，促进质量管理活动开展，同时重视隐含性质量成本的作用，加强质量监督，减少经济损失。

上述分类之间的关系，如表 11－1 所示。

表 11－1　　　　质量成本分类表

<table>
<tr><td rowspan="21">质量成本</td><td rowspan="20">直接质量成本</td><td rowspan="8">可控质量成本</td><td rowspan="5">预防成本</td><td>①质量事故预防措施费</td><td rowspan="10">显见性成本</td></tr>
<tr><td>②质量管理培训费</td></tr>
<tr><td>③质量评审鉴定费</td></tr>
<tr><td>④质量改进措施费</td></tr>
<tr><td>⑤质量提高奖励费</td></tr>
<tr><td rowspan="3">鉴定成本</td><td>①检测设备及工具使用维护费</td></tr>
<tr><td>②检测试验费</td></tr>
<tr><td>③检测管理费</td></tr>
<tr><td rowspan="12">不可控质量成本</td><td rowspan="6">内部损失成本</td><td>①废品损失费</td></tr>
<tr><td>②不合格品返修费</td></tr>
<tr><td>③返修复检费</td><td rowspan="5">隐含性成本</td></tr>
<tr><td>④质量事故处理费</td></tr>
<tr><td>⑤质量事故损失费</td></tr>
<tr><td>⑥降级损失费</td></tr>
<tr><td rowspan="6">外部损失成本</td><td>①降价损失费</td></tr>
<tr><td>②质量保修费</td><td rowspan="5">显见性成本</td></tr>
<tr><td>③质量索赔费</td></tr>
<tr><td>④产品退换费</td></tr>
<tr><td>⑤质量“三包”管理费</td></tr>
<tr><td>⑥质量诉讼费</td></tr>
<tr><td>间接质量成本</td><td colspan="4">①用户质量不满成本
②用户质量损失成本
③企业信誉损失成本</td></tr>
</table>

第二节　质量成本的核算

一、开展质量成本核算的意义

质量问题是关系到企业能否生存发展的根本性、决定性的问题，也是关系到社会主义经济建设和对外贸易事业发展的重大经济战略问题。没有质量观念，就不可能有效地、持久地提高经济效益。因此，现代公司、合伙制企业及其他所有经济主体，应首先树立“质量第一”、“质量出效益”、“质量决定命运”等质量意识，切实做好成本质量、产品质量、管理质量等工作，根据社会和市场的需要组织生产，坚持效益和速度的统一，质量和数量的统一，走质量效益型的道路。

企业生产经营的目的就是不断提高经济效益，这就意味着用尽可能少的活劳动耗费和物化劳动耗费，生产出尽可能多的符合社会需要的价廉物美、优质低耗的产品。企业要衡量自身创造的经济效益，就必须建立会计组织，进行会计核算。而质量成本核算也是企业会计核算必不可少的前提条件。因为，首先它可以使原来分散的或没有记录的有关质量成本、质量收入、质量收益数据的归集、分析和报告系统化、制度化和经常化。其次，质量成本核算可用于质量成本的规划、控制和分析等方面。最后，质量成本核算可以为加强质量管理提供可靠的数据和有力的手段，从而使其在提高产品质量、降低产品成本、提高经济效益方面发挥重要作用。因此，推行质量成本核算是企业深化全面质量管理，加强经营责任制的客观要求，有着积极的现实意义。

二、质量成本核算的原则

质量成本作为一种价值形态的经济指标，需要遵循一定的原则，采用适当的会计方法组织核算，以保证质量成本资料的完整和准确。

（一）正确划分质量成本与非质量成本的经济界限

在生产经营活动所发生的各项资金耗费中，有的与质量管理活动及其后果有直接联系，有的表现为一种间接性联系，有的则与质量管理活动无关。在未组织质量成本核算的情况下，产品项目中仅以“废品损失”汇集质量损失费用，通常占成本的比例小于1%，而实证研究资料表明，在一般制造业的产品成本中，如果组织质量成本核算，质量成本项目在产品成本中的比例通常在15%左右，甚至高于燃料及动力直接工资和制造费用项目在产品成本中的比重，可见正确组织质量成本核算的重要性。

为了正确组织质量成本核算，必须制定质量成本开支范围，结合企业生产经营的特点，从制度上明确规定生产经营活动中质量保证成本和质量损失成本的各明细项目，界定各项目的经济内容，使质量成本核算有章可循，从而保证质量成本的完整与准确。

（二）正确划分质量成本中应计入产品成本和不应计入产品成本的经济界限

在质量成本构成经济内容中，按其经济性质，并非所有项目都要计入产品生产成本。大多数质量预防成本和部分质量鉴定成本并不一定在产品成本开支范围之内，例如为提高产品质量对生产设施进行技术改造的质量改进措施费、质量检测设备的购置费等，均属于资本性支出；质量管理培训费、质量评审鉴定费、检测试验费、检测管理费等应在管理费用列支。外部损失成本中的降价损失直接抵减了销售收入；质量保修费、质量索赔费、产品退换费、质量“三包”费用按规定均在管理费用列支。内部损失成本的废品损失费、不合格品返修费、返修复检费、质量事故损失费、降级损失费等在正常范围内应列入产品成本。由于在现有生产技术条件和管理水平下，生产过程中一定范围内和一定程度上的废品或质量事故难以完全避免，由此产生的损失是为取得一定量合格品而伴随发生的必要劳动耗费，因而应列入产品成本开支范围。但是，这类损失费用列入产品成本并取得相应价值补偿的性质应受到损失数量界限和产生原因的制约。超过正常范围和非正常原因造成的废品或质量事故，属于管理或操作上的失误，应追查责任单位或个人，向过失人索赔，这部分损失应列为应收款项。意外事故造成的质量损失，应分清原因，或者列入管理费用，或者列入营业外支出。不同类型的企业，由其生产工艺技术条件决定，对生产过程中应列产品成本的损失费用，应有不同的限定范围，并严格控制。

实证研究资料表明，在一般制造业的质量成本中，约占55%的费用属产品成本开支范围，约占25%的费用在管理费用开支，约占20%的费用在营业外支出开支或应追索赔偿责任。因而应严格把握产品成本与质量成本的关系，防止扩大产品成本开支范围的倾向。

（三）正确划分各产品和各期间质量成本的经济界限

为了便于控制和考核各种产品的质量成本水平，对于应计入产品成本的质量费用，应确认各项费用的归集对象，直接性质量费用应根据原始凭证全部归于某产品质量成本；间接性质量费用应选择合理的标准分配计入不同产品质量成本。当月发生的属于收益性支出的鉴定成本以及内部损失成本应全部计入当月完工产品成本，预防成本因其费用发生于前而受益于后，故应依发生数额的多少和受益期的长短，在不同会计期间分摊。计入本期产品成本的预防成本应按产品完工情况，在当月完工产品成本与期末在产品成本之间分配。计入管理费用的部分预防成本、鉴定成本和外部损失成本，作为期间费用，应全部抵减当月的销售收入。

三、质量成本项目的设置

（一）设置质量成本项目的原则

1987 年 3 月，中国质量管理协会所属的质量经济分析研究委员会首次提出了设置质量成本项目的原则如下：

1. 质量成本项目要与国家标准对质量成本的定义相吻合；

2. 质量成本项目要同目前的会计核算制度及产品成本核算内容相适应；

3. 质量成本项目要有特定的成本开支范围；

4. 质量成本项目要同质量成本责任单位相联系；

5. 质量成本项目要同企业的具体情况相适应。

按照上述原则，质量成本推荐项目设置的步骤如下：

1. 按照质量成本与质量控制之间的关系，将质量成本划分为质量控制成本（质量保证成本）和质量控制失败成本（质量损失成本）两个基本部分。质量控制成本是对产品进行控制、管理和鉴定所支付的费用，质量控制失败成本是由于控制不力而产生的不合格品造成的损失。

2. 按照基本功能将质量控制成本分为预防成本和鉴定成本，按照发生领域将质量控制失败成本分为内部损失成本与外部损失成本。

3. 按照预防成本、鉴定成本、内部和外部损失成本的具体内容和用途，将它们细分为若干具体的质量成本项目。

（二）质量成本项目的名称和内容

1. 预防成本。预防成本是指用于预防产生不合格与质量故障所发生的费用，具体包括：

（1）质量工作费。指为保证和控制质量，开展符合性质量管理所发生的办公费。TQC 小组活动费，以及收集质量信息、制定质量标准、编制质量工作手册、制定质量计划和研究工序能力等所发生的有关费用。

（2）质量培训费。指为使产品达到质量要求，对有关人员进行质量意识、质量管理理论教育和质量检测技术、生产操作技术培训等发生的费用。

（3）质量评审费。指对新产品设计方案评价、新产品质量评审等所需要的费用。

（4）质量改进措施费。指为提高产品符合性质量而改进产品设计，调整生产工艺，开展工序控制，进行技术革新等发生的费用。

（5）质量奖励费。指为鼓励改进和提高产品符合性质量而支付的奖励费用。

（6）工资及附加费。指质量管理部门和生产车间从事符合性质量管理的专职人员的工资及附加费。

2. 鉴定成本。鉴定成本是指评定生产要素和产品是否符合质量要求所发生的费用，具体包括：

（1）检测设备及工具使用维护费。指用于质量检测的有关设备的折旧及修理费用，各类质量检测工具的摊销费用。

（2）检测试验费。指按照一定的质量标准对购入的原材料，外购配套件，工模量具以及生产过程中的在产品、自制半成品和产成品进行检查、测试及对检测设备进行维护、校正等发生的有关费用。

（3）检测管理费。指为检验或试验所发生的办公费用。

（4）工资及附加费。指专职质量检验，计量工作人员的工资及附加费。

3. 内部损失成本。内部损失成本是指产品出厂前因不符合规定的质量要求而发生的有关费用。具体包括：

(1) 废品损失。指技术上无法修复或经济上不值得修复的不合格品报废而造成的损失。

(2) 返修损失。指对质量不合格的在产品、自制半成品、产成品进行返修所耗用的材料、人工费用。

(3) 事故分析处理费。指对质量事故进行分析处理所发生的有关费用。

(4) 停工损失。指由于质量事故引起的停工损失。

(5) 产品降级损失。指产品因外观或局部达不到质量标准，但不影响主要性能而降低质量等级所产生的损失。

4. 外部损失成本。外部损失成本是指产品出厂后因不符合规定的质量要求，导致因索赔、修理、更换、退货而支付的有关费用。具体包括：

(1) 产品降价损失。指销售后的产品不符合质量标准而降价处理造成的损失。

(2) 保修费。指根据合同规定或在保修期内为用户提供修理服务所发生的费用。

(3) 索赔费。指产品销售后，由于质量缺陷导致用户损失而赔偿用户的费用。

(4) 退货损失。指产品销售后，由于质量问题而造成退货、换货所发生的费用。

(5) 诉讼费。指为处理因产品质量问题而引起的诉讼事宜所支付的费用。

(三) 关于“减产损失”项目设置问题

质量成本项目的设置是按照一定的原则和标准，对质量成本的经济内容进行合理分类的结果。按照不同的原则和标准，质量成本项目的设置有多有少，有粗有细，但无论如何划分，都应以满足质量成本管理要求为目的。与国外质量管理学者对质量成本项目的划分相比，我国质量成本推荐项目大多数具有相对应的可比性，但逐项比较后发现我国质量成本推荐项目中未包含“减产损失”的内容。

什么是“减产损失”？在生产过程中，废、次品的产生对企业效益的影响是双重性的，即一方面发生废品净损失费用，包括不可修复废品的材料、人工费用和可修复废品的修复工料费用。这是一种“显见性”的经济损失，能从成本核算资料中通过归集和计算得到反映。另一方面，由于生产废品或修复废品占用生产资源，必须相对减少合格品的生产量，由此丧失的为企业创造价值的机会，是一种“隐含性”的经济损失，不能直接从成本核算资料中得到反映。由此可见“减少损失”是属于内部损失成本的一项内容，是伴随废品的产生而存在的，生产资源无效占用机会成本。因而设置“减少损失”项目用以反映这种经济损失，是符合质量成本管理要求的。

由于减产损失如同质量降级、折价损失一样，属于潜在的经济损失，因而在计算上主要依靠统计方法。一般而言，减少单位产量所造成的经济损失近似地等于该产品的单位边际贡献，减产损失总额也就近似地等于减产总量与该产品单位边际贡献之乘积，其中减产总量就是产生废品的数量，也可以表示为废品生产（含废品返修）占用总工时除以单位产品定额工时单耗的结果。

四、质量成本核算的原始资料

质量成本核算作为会计核算内容中的一个组成部分，在核算前同样必须具备一定的前提条件，除需进行设置账户外，还必须搜集整理原始凭证、归集和汇总质量成本资料等工作。

1. 原始凭证和数据来源。质量成本核算所依据的原始凭证，一般可以是工时单、材料单、检查报告、废品单、修理单、现场修理报告、降低折价单等。其来源还可以从企业的业务核算、统计核算和会计核算方面取得。

2. 资料的归集和汇总。质量成本资料的归集，可按质量成本项目、按责任中心、按产品品种或工序、按时间顺序等。质量成本资料的汇总，一般期初编制目标质量成本预算表，应包括摘要栏、本期目标质量成本栏、增减栏（应包括金额和百分比）、备注栏等。报表按月、季、年编制均可。除以上的报表汇总形式外，还可以采用图表式或陈述式。

3. 质量成本核算，在设置总账及明细账时，既要考虑保证日常工作的顺利进行，又要考虑质量成本核算本身的“成本—效益”问题。即要用增加最低的费用，为企业管理提供基本的、重要的、有效的资料，这就需要结合各企业的特点，从实际出发，各部门分工合作。一般而言，质量管理部门的责任是确定需要用哪些质量成本因素，并作出说明，以便最后归集的资料符合质量成本概念的要求。而制定核算办法，设置质量核算科目，核算每一个账户的金额，将质量成本资料归集和汇总，并向有关部门报告，则是会计部门的责任。但是，要完成以上责任，还需要各生产经营部门广泛参加。

五、质量成本的核算方法

质量成本核算，实际上是将计入“生产成本”、“管理费用”、“销售费用”、“制造费用”、“辅助生产费用”等账户中有关质量管理措施及质量损失方面的费用，按其经济内容进行汇集和分类的结果，以综合反映生产经营过程中从事质量管理活动所发生的全部耗费。目前，质量成本核算方法尚无固定模式。按是否纳入会计核算账户体系划分，可考虑选择采用下述两种核算形式。

（一）非独立核算形式

采用这种核算形式，是将质量成本核算纳入现有的会计核算账户体系，成为会计核算的组成内容之一。在这种方法下，设置“质量成本”总账账户，同时取消“废品损失”总账账户。在“生产成本”账户内，保留“废品损失”成本项目。“质量成本”账户属成本费用类。该账户的借方汇集本期发生的全部质量费用，贷方反映结转计入“生产成本”账户中“废品损失”成本项目中的废品净损失费用及其他内部损失成本；结转计入“原材料”账户的废品残值收入，以及结转计入“管理费用”、“销售费用”、“制造费用”、“其他应收款”、“营业外支出”等账户的质量预防成本、质量鉴定成本、内部损失成本和外部损失成本。“质量成本”账户期末如有借方余额，表示应由以后会计期间负担的质量预防成本。为了分类反映质量成本的构成，应在“质量成本”总账之下分设“预防成本”、“鉴定成本”、“内损成本”和“外损成本”等二级账户。

现举一例说明如下：

【例 11－1】 W 公司生产的甲种产品，售价 500 元/台，某月完工产品 1000 台，无期初、期末在产品，本月发生生产费用总额 300000 元，其中，直接材料费用 240000 元，燃料及动力费用 12000 元，直接工资费用 30000 元，制造费用（包括已转入的质量鉴定费用）18000 元。有关质量成本会计情况如下：

（1）产品入库检验时，发现不可修复的废品 20 台，残值 200 元/台，其中 5 台由于技术操作不当所致，应由责任人赔偿损失。

（2）可修复废品 10 台，平均修复费用 150 元/台，其中原材料更换费 120 元/台（无残值），修复工时 2 小时/台，由辅助生产部门修复，定额小时工资率 15 元/小时。

（3）次品 30 台，降价 20%销售。

（4）本月支付质量改进措施费 30000 元，分 6 个月摊销。

（5）本月支付质量事故预防措施费 12000 元，分 6 个月摊销。

（6）本月有质量检测设备折旧费 400 元，由辅助生产部门维修检测设备 40 小时，定额工资率 15 元/小时，支付质量检测人员工资费用 2000 元。上述费用均已计入“制造费用”账户。

（7）本月销售部门支付产品质量保修费用 800 元。

（8）本月发生质量“三包”管理费用 1000 元。

根据上述材料，本月质量成本核算如下：

1. 计算结转不可修复废品损失费用。

单位产品直接材料费用分配率 $=\frac{240000}{1000}=240$（元/台）

单位产品直接工资费用分配率 $=\frac{30000}{1000}=30$（元/台）

单位产品燃料及动力费用分配率 $=\frac{12000}{1000}=12$（元/台）

单位产品制造费用分配率 $=\frac{18000}{1000}=18$（元/台）

结转不可修复废品损失费用：

借：质量成本——内损成本　　6000

　贷：基本生产成本——甲（直接材料）　　4800

　　　　——燃料及动力　　240

　　　　——直接工资　　600

　　　　——制造费用　　360

残值入库：

借：原材料　　　　4000

　贷：质量成本——内损成本　　　　4000

结转应由责任人赔偿的损失费用：

借：其他应收款——×××　　　　500

　贷：质量成本——内损成本　　　　500

2. 计算结转可修复废品损失费用。

借：质量成本——内损成本　　　　1500

　贷：原材料　　　　1200

　　辅助生产成本　　　　300

3. 计算结转废品损失成本。

本月内部损失成本合计 = 6000 − 4000 − 500 + 1500

= 3000（元）

借：基本生产成本——甲——废品损失　　　　3000

　贷：质量成本——内损成本　　　　3000

4. 本月支付及摊销质量改进措施费、质量事故预防措施费。

借：质量成本——预防成本（改进措施费）　30000

　——预防成本（预防措施费）　12000

　贷：银行存款　　　　42000

借：管理费用　　　　7000

　贷：质量成本——预防成本（改进措施费）　5000

　——预防成本（预防措施费）　2000

5. 结转质量鉴定费用。

借：质量成本——鉴定成本　　　　3000

　贷：累计折旧　　　　400

　　辅助生产成本　　　　600

　　应付职工薪酬　　　　2000

6. 本月支付及结转质量保修费用和质量“三包”管理费。

借：质量成本——外损成本　　1800

　　贷：银行存款　　1800

借：管理费用　　1000

　　销售费用　　800

　　贷：质量成本——外损成本　　1800

7. 结算次品降价损失。

借：质量成本——外损成本　　3000

　　贷：销售费用　　3000

借：销售收入　　3000

　　贷：质量成本——外损成本　　3000

借：银行存款　　487000

　　销售费用　　3000

　　贷：销售收入　　490000

经上述核算处理后，本月汇集质量成本总计 17800 元。其中，内损成本 3000 元，预防成本 7000 元，鉴定成本 3000 元，外损成本 4800 元。“质量成本”账户借方期末余额 35000 元，为以后期间待摊的质量预防成本。

质量成本核算账户处理的一般程序如图 11－1 所示。

采用这种核算形式的优点是：

1. 有利于将质量成本管理工作纳入会计管理体系的监督和控制之中，使质量成本核算成日常会计核算的内容之一。

2. 通过质量成本核算账户体系的设置与应用，有利于与责任成本体系相结合，以考核质量成本的发生情况。

但是，这种核算形式也存在一些缺点：

1. 由于需增设“质量成本”账户，调整了原有的会计核算程序，因而增加了会计核算工作量。而且，由于各类企业在质量成本构成内容上差别较大，难以从核算制度上作出统一要求。

2. 某些性质的质量成本，例如商品折价损失，既有质量因素，也可能有滞销因素，有的停工损失也有可能含有非质量事故因素，等等。在质量成本核算中较难分清原因，单列出来核算。

3. 不能独立地反映由于提高质量水平、降低质量成本而产生的经济效益情况。

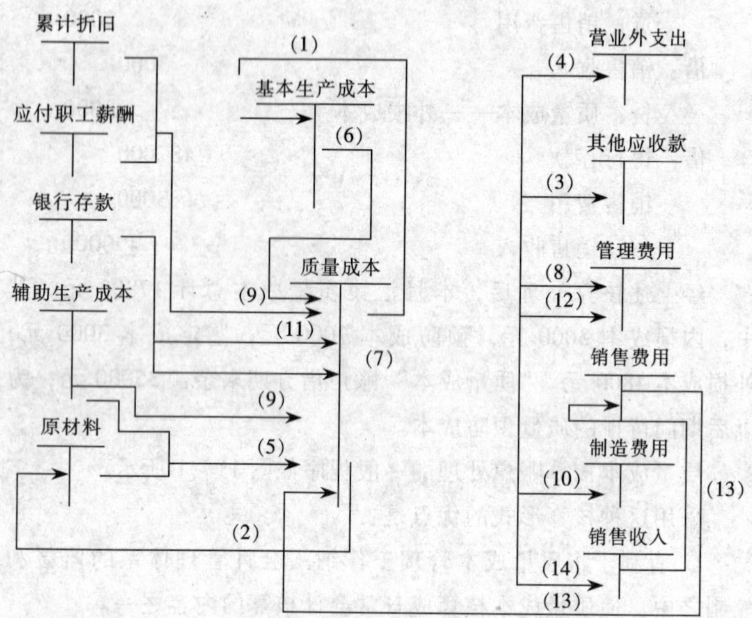

图 11－1　质量成本核算账务处理程序

说明：(1) 结转不可修复废品损失费用；(2) 废品残值入库；(3) 责任人赔偿损失；(4) 意外事故损失；(5) 结转可修复废品费用；(6) 结转内部损失成本；(7) 支付质量预防费用；(8) 结转本月预防成本；(9) 结转质量鉴定费用；(10) 结转鉴定成本；(11) 支付质量“三包”费用；(12) 结转外部损失成本；(13) 次品降价损失；(14) 结转外部损失成本。

（二）独立核算形式

采用这种核算形式，质量成本核算不纳入现有的会计核算体系，而是单独组织质量成本的核算，同时也核算质量收入和质量净收益，从而形成质量成本核算的独立体系。在这种方法下，可以采用统计台账的形式，企业内部各责任单位设置“质量成本”账户，按照质量成本的各项构成内容、发生地点、责任主体、发生数额和主要原因，逐项予以登记。质量成本发生的数额有的可直接从会计核算账户中取得，例如废品净损失费用、停工损伤费用等；有的则需要从发生的生产费用中通过分析、计算和汇总取得。设置“质量收入”账户，记录因提高质量水平而相对增加的收入，包括实际合格率、平均等级率、优质率高于计划指标而增加的收入，以及实行优质优价而增加的收入。设置“质量净收入”账户，集中反映一定时期质量收入抵减质量成本后的余额，以体现质量成本管理的效益。

采用这种核算形式，除了与非独立核算形式一样，需建立和健全各种反映质量成本和质量收入的原始凭证之外，通常还需定期根据核算结果编制质量成本和质量收益报表，并根据质量成本管理的需要设计和编制质量控制与分析报告。

采用这种核算形式的优点是：

1. 不影响现有的会计核算体系，能较好地适应各类企业质量管理的特点和要求，设计相应的质量成本核算体系，以完整地反映质量成本情况。

2. 能在一定程度上反映因加强质量成本管理而产生的经济效益，为质量成本责任控制提供了依据。

但是，这种核算形式也存在一些缺点：

1. 由于独立于会计核算体系之外，因而某些核算资料不易取得。同时脱离了会计管理的监督和控制，使原始凭证的真实可靠性受到影响。

2. 质量收入与质量成本在时间和内容上存在不配比性，使质量净收益的核算结果失去意义。

3. 需设置专职的质量成本核算部门或人员，增加了管理工作量。

六、质量成本报告

质量成本报告是根据企业质量管理的需要，按照质量成本项目核算企业实际发生的质量成本，用以反映、分析和考核一定时期内质量成本预算执行情况的内部成本报表。

（一）质量成本表的内容

质量成本是企业在生产经营中，为了保证和提高产品质量所支出的一切费用以及未达到质量标准而产生的损失。主要包括事故成本、检验成本、预防成本等内容，这也是质量成本表的基本项目。

质量成本信息发生在生产经营过程中的各个环节，在每一个环节控制质量成本需要解决的问题，可能会涉及到许多部门，这就需要确定追踪和控制质量成本的网点。根据质量管理的内部分工，通常厂内事故成本由生产部门负责，厂外事故成本由销售部门负责，鉴定成本由检验部门负责，预防成本由质量管理部门负责，质量总成本由财会部门和质量管理部门共同负责。质量报告表的内容是由对质量管理分工的要求来确定的。各网点汇总的质量成本表，都应反映质量成本有关项目的预算控制数、实际数和差异数。

（二）质量成本表的编制

1. 质量成本表的编制依据。本表编制的依据主要有：（1）表中质量成本的实际数一般来源于原始记录和原始凭证。如废品通知单、返修单、检验工时报告单、质量事故减产损失计算表及各种台账的统计数据。质量管理各网点的核算人员应负责收集原始资料，进行登记、汇总，并据以编制质量成本表。(2) 表中质量成本的预算控制数，应根据计划年度企业制定的质量成本预算控制数逐项计算填列。(3) 表中的差异数应根据质量成本实际数与预算控制数逐项填列。差异栏中用金额表示的差异应等于实际数减去预算控制数，用百分比表示的差异应用差异额除以预算控制数求得。

2. 质量成本表的编制方法。质量成本表是根据质量成本的日常核算资料进行编制的，因而进行质量成本核算时，必须搞好统计工作，及时、准确地统计因发生废品而损失的材料、工时等，为正确进行质量成本核算提供可靠的原始资料。质量成本有显见成本与隐含成本之分，显见成本可用会计方法进行核算，对未实际支出的隐含成本，如质量事故的停工损失、产品降级损失、产品降价损失等，很难用会计方法进行核算，只能用统计方法计算确定。因此，质量成本的核算可以说是以会计核算为主，统计核算为辅，相互配合，才能全面、准确、及时地反映质量成本。质量成本表可分为两类：一类汇总反映全厂质量成本预算的执行情况；另一类分别反映各个责任层次的质量成本预算的执行情况。质量成本表参考格式见表 11－2、表 11－3、表 11－4 或表11－5。分责任层次的内部质量成本表，在编制时，应分别按责任单位（即分级归口单位），分车间、科室进行编报。

表 11－2　　厂部质量成本汇总表

200×年×月　　　　单位：元

类别		单位项目	质量成本							合计
			一车间	二车间	三车间	质量科	检验科	销售科	其他	
事故成本	厂内事故成本	1. 废品次品损失	1000	1100	1200					3300
		2. 返修费用	200	100	200	100				600
		3. 复检引用					200			200
		4. 停工损失								
		5. 其他						50		50
		小计	1200	1200	1400	100	200	50		4150
	厂外事故成本	1. 赔偿损失						400		400
		2. 折价损失						600		600
		3. 违约损失							1000	1000
		4. 包修损失								
		5. 退货损失			100					100
		6. 其他	600	500	400	40				1540
		小计	600	500	500	40		1000	1000	3640
检验成本		1. 进料检验费	600							600
		2. 外购配件检验费		700						700
		3. 产品及工序检验费			200					200
		4. 设备检验费					300			300
		5. 其他								
		小计	600	700	200		300			1800
预防成本		1. 培训费				700				700
		2. 措施费								
		3. 控制费						250		250
		4. 管理费						150		150
		小计				700		400		1100
质量成本合计			2400	2400	2100	840	500	1450	1000	10690
本期产品生产总成本			18000	21000	25000	4000	5000	7000	4000	84000
质量成本率（%）			13.33	11.43	8.4	21	10	20.71	25	12.73

表 11－3　　质量成本预算执行表

编报单位：××厂　　200×年×月　　单位：元

项　目	预算数		实际数		差异数		差异因素
	金额	占总额（%）	金额	占总额（%）	金额	占总额（%）	
厂内事故成本							
废次品损失	3400		3300		100		
返修费用	700		600		100		
复检费用	180		200		－20		
停工损失	100				100		
其他	60		50		10		
小计	4440	38.64	4150	38.82	290	36.25	
厂外事故成本							
赔偿损失	500		400		100		
折价损失	650		600		50		
违约损失	900		1000		－100		
退货、包修损失	150		100		50		
其他	1600		1540		60		
小计	3800	33.07	3640	34.05	160	20	
检验费用							
进料检验费	650		600		50		
外购配套件检验费	710		700		10		
产品及工序检验费	300		200		100		
设备检验费	310		300		10		
其他							
小计	1970	17.15	1800	16.84	170	21.25	
预防费用							
培训费	780		700		80		
措施费	300		250		50		
控制费	200		150		50		
管理费							
其他							
小　计	1280	11.14	1100	10.29	180	22.5	
合　计	11490	100	10690	100	800	100	

表11－4　　车间质量成本报表

编报单位：××车间　　200×年×月　　单位：元

项目	预算费		实际数		差异数		差异因素
	金额	占总额（%）	金额	占总额（%）	金额	占总额（%）	
（一）厂内事故成本		（略）					
1. 废次品损失							
2. 返修费用							
3. 停工损失							
4. 其他							
小计							
（二）预防费用							
1. 培训费							
2. 措施费							
3. 控制费		（略）					
4. 管理费							
5. 其他							
小计							
（三）检验费用		（略）					
1. 材料检验费							
2. 半成品检验费							
3. 设备检验费							
4. 产品、工序检验费							
5. 其他							
小计							
合计							

表11－5　　科室质量成本报表

编报单位：××科　　200×年×月　　单位：元

项目	预算费		实际数		差异数		差异因素
	金额	占总额（%）	金额	占总额（%）	金额	占总额（%）	
（一）厂外事故成本							
1. 赔偿损失							
2. 退货损失							
3. 折价损失							
4. 保修费							

续表

项　目	预算费		实际数		差异数		差异因素
	金额	占总额（%）	金额	占总额（%）	金额	占总额（%）	
5. 其他							
小计							
（二）厂内事故成本 1. 产品降级降价损失 … …							
小　计							
合　计							

第三节　质量成本控制、分析与考核

一、质量成本控制程序

质量成本控制程序是企业对质量成本进行日常控制的基本工作步骤，是企业成本管理的内容，主要包括：

（一）建立和完善质量成本管理的组织体系

因为企业的质量成本涉及面广，包括产品的设计、开发、生产、供应、销售、质检和财会等各个部门。为了有效地对质量成本进行日常控制，必须首先建立和健全质量成本的组织体系，确定和控制质量成本的网点，实行归口分级控制。

在实际工作中，许多大中型企业均已在厂部设立“全面质量管理中心”，由厂长和“三总师”（总工程师、总经济师、总会计师）共同负责。这类中心的主要任务是：

1. 制定企业的全面质量管理制度。

2. 编制各期质量成本计划，确定质量成本控制的总体目标，并逐层分解下达给各个质量成本控制点，分别对质量成本四个主要项目进行监督、指导、调节和限制。

3. 定期编制质量成本控制报告，监督各项质量保证措施的实施。

企业应按质量成本的四类项目，分别在相关的经营管理单位设置控制网点，实行自主管理、自我控制，及时掌握质量成本的升降情况，并进行日常核算和事后分析，以保证质量总成本的降低。在各控制点下，可进一步按质量成本各明细项目形成的部门或车间设置控制分点。在控制分点下面，还可根据各单位的具体情况，把质量成本明细项目再作深入分解，落实到各控制网点。但必须注意，每个质量网点都应贯彻经济责任制，使责、权、利紧密挂钩。这样，整个企业对质量成本的控制就形成了上下左右、统一协调的控制系统，既可以及时输出并反馈质量成本的原始信息，又能分级归口控制质量成本。这对提高产品质量、降低成本、增加效益，必将产生积极作用。

总而言之，企业建立和健全质量成本管理体系（即施控系统），是促使质量成本控制获得成功的重要保证。

（二）确定预算控制指标和误差范围

首先，根据全面质量管理的要求和最佳质量成本决策的数据，为各个质量成本项目分别确定其预算控制数。其实，一个企业要想真正保证产品质量，必须树立“以预防为主”的指导思想，把不合格产品消灭在形成的过程中。因此，在正常情况下，应适当提高预防费用的比例。

其次，由于质量成本的控制与实现的质量水平有关，因此，控制质量成本支出，必须建立在能保证一定质量水平的基础上，不得任意降低。这就要求我们在控制质量成本时，要为各质量项目分别制定出可容许的误差范围。一般来说，对检验费用和预防费用的偏差可稍大一些，但对内部事故成本必须严格控制。可将制定的各质量成本项目误差的上下限作为控制的依据，也可按“例外管理”原则进行控制。

（三）对产品生产整个寿命周期进行全过程的控制

由于产品质量贯穿于设计、制造和使用的整个过程，因此对质量成本进行控制就不应只重视制造阶段，而忽略设计和使用阶段，应该对产品整个寿命周期进行全程控制。

1. 设计阶段，是指产品投产前的全部技术准备过程。由于质量成本中的预防费用绝大部分发生在这个阶段，为了做好过程的质量成本控制，通常应按控制目标加强“前馈控制”。它的具体做法是：

（1）对产品质量的要求进行市场调查，并对产品质量成本进行预测分析。

（2）依据预测资料开展价值工程活动，对产品质量进行技术经济分析，重视产品质量同价格的配合、功能同成本的配合。同时对产品的最佳质量成本进行决策，并确定最佳质量水平。

（3）严格审核设计任务书，并在此基础上确定设计过程的质量成本项目或预算数，借以对日常执行情况进行评价与考核，以便控制预防费用，提高设计水平。

（4）严格把好试制、检验关，凡经鉴定不合格的产品，一律禁止投入生产。

2. 制造阶段，是指产品的形成过程。该阶段的质量成本通常由以下三个变量组成：

（1）为预防出现废品、次品而开展的科研工作以及采取的改进措施费用。

（2）进行工艺环节监督而发生的费用。

（3）废品、次品损失和返修费用，等等。

对制造过程的质量成本进行控制，关键在于以最低的质量保证费用，来维持并达到最佳的加工，生产出符合设计质量要求的产品。其控制的主要方法有：

（1）制定质量成本计划，确定质量成本控制目标，对重要的质量成本项目按标准成本控制。

（2）制定工序的最佳质量控制目标，严格控制那些由于对在制品质量要求过高或过低而造成的工艺成本的升降，以保证质量成本计划目标的实现。

（3）合理确定质检方式，掌握各项质量与成本之间的关系和变化规律，有效地把产品质量和质量成本控制在最佳水平。

3. 使用阶段，是指产品出售后直至使用寿命结束的过程。对该阶段质量成本进行控制的主要方式有：

（1）对质量成本实施反馈控制，对照质量成本目标找出差异程度，并分别情况采取对策。

（2）通过对销售、发货、运输以及售后服务等工作质量的改善，来降低使用阶段的质量成本。

（3）通过对设计和制造两个阶段质量成本控制的加强，来减少使用阶段的质量成本。

二、质量成本分析

对质量成本的分析一般是指进行事后分析，可先由各成本控制网点根据管理的需要，定期编制“质量成本报告”，然后据以对质量成本预算的执行情况进行分析研究。

“质量成本报告”通常应按质量成本的四类及前项目，分别设置“预算数”、“实际数”、“差异数”、“原因分析”四栏，供管理当局及时了解质量成本的开支情况，以及各类质量成本占总成本的百分率，以便进一步分析研究，提出改进措施。

应予以明确的是，在过程中如发现内部和外部的质量损失大于质量总成本的70%，预防费用小于质量总成本的10%，即显示该企业产品质量水平过低，今后质量成本管理的重点应该放在加强预防控制方面，积极探索提高产品质量的有效措施。若厂内事故和厂外事故成本小于质量总成本的40%，检验费用大于质量总成本的50%时，即反映该企业产品质量水平偏高，今后质量成本管理的重点则应放在巩固工序控制的成效方面。对检验费用应加强调查研究，放宽检验标准，减少检验程序，并对最佳质量成本决策进行复审。如果厂内和厂外事故成本接近质量总成本的50%，预防费用接近质量总成本的10%时，即反映该企业产品的质量水平适当，今后质量成本管理的重点应放在维持并控制在现有的质量水平上。当然，在实际工作中由于不同类型的企业、不同的产品各有其特点，上述质量成本项目的控制区域百分比往往不尽相同。因而，每个企业应根据自身的特点和特定的产品质量管理要求制定成本控制区域百分比。但不论用怎样的比例，通过质量成本的核算，可以分析出产品的质量水平，找出产品质量低劣的原因，为企业今后改善质量管理、降低消耗、提高效益指明方向。

三、质量成本的考核

为了明确经济责任，使企业内部的质量成本中心在行使权力、履行职责的同时，能够取得预定的工作成绩，并获得相应的经济利益，必须对该成本中心的业务活动及其实绩进行严格考核。

（一）质量成本考核的基本步骤

在质量成本会计下，衡量质量成本中心工作成绩的优劣主要是结合有关经济指标看质量成本预算执行情况的好坏，看其质量成本预算指标同实际完成结果的吻合程度。对质量成本进行考核，一般要经过以下几个步骤：

1. 计算并确认差异。这一步骤主要是计算有关质量成本指标，确认质量成本预算同质量成本实际完成额之间有无差异，以及发生差异的成本（费用）项目是什么、属于何种性质的差异、具体的差异数额有多大，等等。

2. 分析及查明原因。这一步骤主要是根据质量成本有关指标的完成效果及与预算成本额发生差异的成本项目和差异的性质，深入分析和查找产生各种差异的外部原因或内部原因、价格原因或数量原因等。

3. 追踪岗位责任。该步骤主要是从分析、查明原因入手，进一步明确经济责任，弄清每个质量控制点及相关人员对有关差异应担负的责任，从而为最终并最好地实现质量成本控制目标创造条件。

（二）质量成本考核的主要指标

1. 目标质量成本节约额。目标质量成本节约额是一个绝对数指标，它以绝对数形式反映目标质量成本的最终完成情况（节约或超支）。这一指标的计算公式如下：

$$\text{目标质量成本节约数} = \text{质量成本预算数} - \text{质量成本实际完成数}$$

2. 目标质量成本节约率。目标质量成本节约率是一个相对数指标，它以相对数形式反映目标质量成本的完成情况，这一指标的计算公式为：

$$\text{目标质量成本节约率} = \frac{\text{目标质量成本节约数}}{\text{质量成本预算数}} \times 100\%$$

3. 质量成本率。质量成本率是一个相对数指标，是质量成本合计数与本期产品生产总成本之比率，反映了质量成本在整个生产成本中的比重和水平。其公式如下：

$$质量成本率=\frac{质量成本合计数}{产品生产总成本}\times 100\%$$

4. 质量效益率。质量效益率也是一个相对数的指标，该指标反映了质量成本所得与所花费的多少对经济效益的影响程度与关系。其计算公式如下：

$$质量效益率=\frac{质量收入}{质量成本}\times 100\%$$

以上公式也可根据企业的经营特点和需要演变成若干公式。例如：

公式一：

$$质量成本效益率=\frac{实际（计划）质量收入}{实际（计划）质量成本}\times 100\%$$

这一指标可以用来评价质量管理的绩效，在某种程度上也反映了企业全面质量管理水平。

公式二：

$$销售质量成本率=\frac{质量成本}{产品销售收入}\times 100\%$$

上式表明，企业每取得100元产品销售收入，其中含质量成本多少元，该指标反映了质量成本占用水平的高低。

（三）质量成本实绩考核报告

对成本中心的质量成本进行实绩考核，主要是对其可控成本进行计算、分析和评价，着重了解可控成本质量预算的执行情况。在实际工作中，成本中心的质量成本一般可按采购、生产、检验、销售等若干部门分别进行管理、核算和考核。

每个预算期末，需就各该成本中心的实际业绩进行考核，并编制书面的业绩报告。其格式参见表11－3、表11－4、表11－5所示。该业绩报告通常反映成本中心质量成本的预算数、实际数以及二者之间的差异，并对其中重大差异进行适当说明。另外，还应结合质量成本有关指标的计算，对各部门或责任人的质量成本控制水平及各种影响因素进行全面、综合的分析评价，以不断提高企业质量管理的能力和层次。

思考与练习题

（一）思考题

1. 质量成本的经济内涵是什么？
2. 质量成本如何分类？
3. 开展质量成本核算有何意义？
4. 组织质量成本核算应遵循哪些原则？
5. 如何设置质量成本项目？
6. 质量成本核算有哪些形式？
7. 什么是质量成本报表？如何编制？
8. 如何进行质量成本分析？

（二）练习题

【资料】某企业生产的A种产品，售价400元/件，2005年10月完工产品800件，无期初、期末在产品，本月发生生产费用总额250000元，其中，直接材料费用200000元，燃料及动力费用10000元，直接工资费用25000元，制造费用（包括已转入的质量鉴定费用）15000元。有关质量成本资料情况如下：

1. 产品入库检验时，发现可修复废品8件，平均修复费用120元/件，其中原材料更换费90元/件，修复工时3小时/件，由辅助生产部门修复，定额小时工资率14元/小时；发现不可修复的废品150件，残料价值160元/件，其中3台由于技术操作不当所致，应由责任人赔偿损失，发现次品30台，降价20%销售。

2. 本月支付质量改进措施费24000元，采用一次摊销法摊销。

3. 本月支付质量事故预防措施费 10000 元，采用一次摊销法摊销。

4. 本月质量检测设备折旧费 350 元，由辅助生产部门维修检测设备 28 小时，定额工资率 14 元/小时，支付质量检测人员工资费用 1600 元。上述费用均已计入“制造费用”账户。

5. 本月销售部门支付产品质量保修费用 700 元。

6. 本月发生质量“三包”管理费用 600 元。

【要求】根据上述资料进行质量成本核算。

参考文献

1. 中华人民共和国财政部：《企业会计准则（2006）》，经济科学出版社 2006 年版。

2. 中华人民共和国财政部：《企业会计准则应用指南（2006）》，立信会计出版社 2006 年版。

3. 中华人民共和国财政部：《企业财务通则（2006）》，财政部网站。

4. 于富生：《成本会计学》，中国人民大学出版社 2002 年版。

5. 欧阳清：《成本会计学》，东北财经大学出版社 2001 年版。

6. 罗飞：《成本会计》，高等教育出版社 2000 年版。

7. 李定安、孟祥霞：《成本会计研究》，经济科学出版社 2002 年版。

8. 林万祥：《成本论》，中国财政经济出版社 2001 年版。

9. 中国注册会计师教育教材编审委员会：《成本管理会计》，中国人民大学出版社 1998 年版。

10. 徐政旦：《成本会计》，上海三联书店 1996 年版。

11. 傅桂林：《物流成本管理》，中国物资出版社 2006 年版。

12. 汪祥耀：《现代成本会计学》，浙江人民出版社 2004 年版。

13. 乐艳芬：《成本会计》，清华大学出版社 2005 年版。